》叢書・歴史学研究《

江戸幕府御用金の研究

賀川隆行著

法政大学出版局

本書は，財団法人日本生命財団の出版助成を得て刊行された。

目次

表目次

はじめに

本書は第一に、幕府御用金の政策課題と実態とについて明らかにすることを課題とする。幕府御用金は三都、ことに大坂と江戸の有力な都市豪商に、見かけの資産に比例してあまねく課せられたもので、御用商人であるかどうかは問われないが、政策課題がそのまま実施されたというわけではない。御用金は米価引き上げを目的とする当初のものから財政補塡的なものに次第に変化し、その時々の事情によってそれぞれ固有の問題を孕んでいる。ここで取り上げるのは宝暦一一年と天明五年の御用金についてであり、文化期以降のものについては取り上げていない。

本書は第二に、近世最大の豪商であった三井家の、幕府の御用引き受けをめぐる問題について取り上げる。具体的には幕末期の貨幣引替と大坂銅座、箱館産物会所についてである。それは幕府の貨幣、金融、貿易、流通に関する諸政策についての問題点を取り上げたものでもある。三井家は元禄三年（一六九〇）に幕府の大坂御為替金御用を引き受けて以来、各種の御為替御用や貨幣引替、そのほか貿易、金融に関する御用を引き受けているが、これらによって御用商人としての経営の間口を広げていった。天明三年に始まる公金貸付政策は融通方といわれる大坂両替商が引き受けたもので、三井が引き受けたものではないが、天明御用金との関連で取り上げる。

各章ごとの論文名と課題、研究史とを次に示す。

第一章「宝暦期の大坂御用金」（同題、『三井文庫論叢』一八号、一九八四年）

幕府が御用金政策をとったのは宝暦一一年（一七六一）の大坂御用金が最初である。幕府の御用金は大坂に限ってもその後、天明三年、五年、六年、寛政元年、一二年、文化七年、一〇年、天保一四年、嘉永六年、万延元年、元治元年、慶応二年と何度も繰り返される。御用金政策とは江戸、大坂の町人や御料の百姓から強制的に金銀を借り上げて、それを運用し、一定の期間ののち償還する政策であり、幕府の債券政策でもある。しかしそれは近代の債券とはまったく異なっている。同じ御用金でも宝暦期の大坂御用金は、天保一四年以降の幕府財政補塡のためのものとは大きく異なり、天明期のものとも、文化期のものとも異なる性格を有している。宝暦期の大坂御用金はそれ独自の性格と過程を持っており、それは宝暦・明和期の経済状況のなかで位置づけられなければならない。第一に全国のなかで中心的な大坂金融市場の宝暦・明和期の状況との関連であり、第二に諸藩が大坂町人からの藩債の整理を中心課題として藩政改革を行うなかでの大坂御用金の関連である。ほかに都市にとっての御用金の意味、米価変動のなかでの御用金の機能、幕藩関係のなかでの御用金の意味などが考慮されなければならない。

御用金政策のなかで、買米のための資金調達を目的としたのは、宝暦期と文化期の御用金である。買米によって米価引き上げをはかり、幕藩財政を救済しようとしたのであるが、文化期には幕府が自ら買米を行ったのに対して、宝暦期には町々に御用金を貸与して買米を行わせたところが異なる点である。

そこで宝暦御用金に限って戦前、戦後の研究史をみる必要がある。戦前、戦後を問わず最も代表的で包括的なのが『大阪市史』(1)第一巻の「宝暦の用金一件」である。それは主に「草間伊助筆記」(2)に依拠して御用金政策の実施過程の事実関係を明らかにしている。すなわち宝暦一一年一二月一六日を第一回として三回にわたって大坂町人二〇五名に一七〇万三〇〇〇両の御用金を指定し、その用金令によって市中経済が混乱したために二月二八日に上納未済高を免除し、実納高は七〇万両未満に終わった。北浜―本町間の二五町に一町あたり二〇六〇両を貸与し、三分の二の額で米切手を買い入れさせ、三分の一の額を希望者に利子付きで相対で貸し付けさせる。用金令の撤廃により買米に要した三分の二は返還させ、三分の一の拝借金は据置とした。米価は一月に一時的に騰貴したが、二月には下がり、そのため七月に町年寄を召喚して米価の騰貴しない理由を詰問している。町々からの拝借金を借り入れた諸藩はなかなか償還できず、町々が迷惑したために出願し、町から諸藩への貸金を金主と諸藩との貸借関係とした。しかし諸藩が償還しないために金主は出願し、その結果、最長二〇〇年賦以内の無利足年賦返済となった。以上の経過を『大阪市史』第一巻は明らかにしたのである。

戦前の宝暦御用金研究としては、幸田成友の『江戸と大阪』[3]が宝暦期の御用金は買米令の変態であるとするとともに、宝暦一一年一二月の空米切手の禁止政策に米価政策としての御用金政策との共通性を見出している。ほかに本庄栄治郎『徳川幕府の米価調節』[4]、松好貞夫『日本両替金融史論』[5]、須々木庄平『堂島米市場史』[6]などがある。

戦後の研究では、中井信彦氏は御用金徴募と諸蔵の過米切手発行禁止とを密接なものとしてとらえ、「従来諸大名が個々にその蔵屋敷で過米分を含む米切手を振り出すことによって行ってきた金融の途をとざし、一様に御用金による幕府資金に依存することを余儀なくさせることにほかならなかった」[7]としている。さらに「大坂の利貸・貨幣取扱資本を御用金として幕府が一括して強制的に借り上げた上で、改めて諸大名に貸し付けるという金融面での大名支配が意図されていた」ともしている。幕府による大名支配のためのテコとして御用金を位置づけている。しかしそのような強固な意図を御用金の経過から読み取ることができるであろうか。

次に森泰博氏は、御用金の公銀としての貸付が特定親藩や返済能力に劣る関東大名にもなされたことから譜代大名救済策として位置づけている。[8] 戦後の研究では買米制の点よりも大名金融としての性格が検討されている。

本章では三井文庫所蔵史料から御用金の指定、上納、町貸付、返還の経緯について明らかにすることを目的とする。ただし銀主の側からの分析であるという限界がある。町方文書ではないために、御用金と町、町拝借金の諸大名への貸付、町の買米についての分析を欠いているために後の課題として問題を残さざるをえない。

第二章「天明五年の大坂御用金と対馬藩」(同題、『三井文庫論叢』二七号、一九九三年)

老中田沼意次がその政権末期に行った政策のなかで、その倒壊のスピードを速めるもととなったのは天明六年六月に全国に出された貸金会所政策であったが、その前提となったのが天明五年(一七八五)一二月に大坂町人に課された御用金である。それは宝暦一一年に次いで二度目のものであったが、大坂町人は課された御用金を町奉行所に直接上納する必要はなく、相対で大名に年利七パーセントで貸し出し、そのうち一パーセント分を、受け取った利足の中から幕府に上納させる政策で、その際に大名領地の田畑を担保とし、利足支払いが滞った場合には年貢米を元利返済にあてるというものである。これは基本的に大名財政の救済策であり、かつ幕府自身が収益を得ようとする政策であった。これは田沼意次の経済政策のなかでも重要な局面に属しているが、当時すでに田沼意次は一橋家や御三家など門閥派と抗争中という複雑な政局のなかにあり、かつ長男で若年寄の田沼意知が殺傷された直後という状況下で、権力独占への世間の批判が厳しい折柄、田沼意次は大名救済策を打ち出すことで譜代大名から支持を取り付け、自己の政権の安定を確固としたものにする必要があったから出されたものであった。第二の点は、流通過程に営業税を課そうとする田沼意次の経済政策の特徴と共通している。貸付高の一パーセントという課税構想は、割付高が厖大な額に及んだために税収高もきわめて高額に及ぶことになる。宝暦一一年に出された大坂御用金は、低迷していた米価を引き上げるために、大坂町人に一七〇万両に及ぶ御用金を課し、実際に上納されたのは六〇万両足らずであったが、それを大坂の各町に配分して渡し、各町がその三分の二の額で米切手を買い持ち、三分の一の額を主に大名に貸し出して利足を収取した。その御用金は米価引き上げにはほとんど効果をあげなかったが、大名への低利の資金融通政策としては大いに機能した。天明期においても大名は一様に財政的にも極めて困難な状況にあったわけで、田沼意次は大名を救済する手段として二四年前の宝暦一一年の御用金から教訓を引き出してそれを再度実現しようとしたのである。七パーセントという利率は低利とはいえないが、借入そのものが困難となっている状況では大名救済という意味はあったにちがいない。しかも田沼意次は、大名の元利返済が滞った場合には代官所が大名の田畑を預かり、年貢米から返済するというように銀主への公的保証をするという点で手直しをして臨んだ。しかし宝暦御用金の償還には二〇年賦の例があるなど、かなりの長期にわたる年賦償還方式をとるものがあって、大坂経済を低迷させたが、天明年間でもまだ償還の最中であったわけで、大坂町人にとって、すなおに従って出金した者が損をしたという二四年前の教訓は忘れ去るほど古い事件ではなかった。今回は銀主への譲歩をして貸付を大名との相対貸としたために、それが方法的な欠陥となって、結局、大坂町人からの抵抗と黙殺を受けることになった。それは一方ではすでに田沼政権の基盤が動揺していたために、譜代大名からは政局がらみで扱われた。その行き詰まりの結果、天明六年六月に御用金徴収を全国的に及ぼそうとする貸金会所を実施するとの御触が出され、それからまもなくの八月に将軍徳川家治が死亡し、それを契機とする田沼意次排斥の動きが表面化し、政権は倒壊してしまう。

この御用金については、最近の田沼政権の研究においてもほとんど扱われていない。大正二年刊の『大阪市史』において御用金の町触が出されたことが記されているが、辻善之助は「しかるにこれは行われなかった。というのは豪商たちの考では、たとい幕命といえども、諸大名がこれを返さなかったならば、自分たちは元金をも失ってしまう。それよりもむしろ始めから幾分かを幕府に納めて置く方が増しだという事で、遂にその事が行われなかった[9]」とし、幸田成友は「右用金を諸家に貸付け、その利息の一部を幕府が取る。諸家の融通を看板にして、内実幕府が利益を占めようといふのですから、実際には殆ど行はれず、間もなく廃止となって仕舞った[10]」としている。実態がほとんど知られていないのであるが、中井信彦氏は、この御用金について「宝暦末以来積重ねられてきた個別領主権の相対的な意味での自立性を抑圧して経済的な一元支配を志向する幕府政策が、領主権下の土地保有者に対する直接の御用金徴集と、それを原資とし土地所有権そのものを担保とする貸付金にまで到達したとき、政権打倒のための共同謀議が、御用金令準備と時間的に並行して進められ、その発令と同時に決行されたと解することは、恣意にすぎるであろうか[11]」と評価している。田沼政権の個別領主の自立性を抑えようとする政策傾向は、全国的な御用金徴収である貸金会所にも貫徹しているわけであるが、中井信彦氏は諸大名が田沼政権から離反していき、政権が倒壊するようになる直接的要因の中心に、御用金と貸金会所との領地を担保とするという連続性を据えていて、それを紀州藩の動向から類推しているのである。幕府が個別大名の財政窮乏を捨てて措けなくなった段階にあったのであり、したがってそのような土地所有権の担保だけを抽出する直線的な解釈はそのままでは首肯できないが、幕府経済政策をめぐる田沼派と門閥派との対立関係と幕府と町人との対立関係の中で、御用金政策は行き詰まり、かつ実施されていった。しかし幕府にとって御用金の貸付実施高は予定をはるかに下廻るものとなり、その意味で御用金はより強硬な手段として全国の農民と町人へ御用金を課す貸金会所政策へと連なっていき、田沼政権の命脈を最終的に断つことになったのである。

森泰博氏は、天明三年に八七〇〇貫目の御用金を出金した一一軒を除く大坂町人に御用金を賦課し、請高は一五二万両となったが、「鴻池善五郎家では、指定高三万両のうち宗猪三郎へ二〇〇〇両貸付け、文化二年全額返済を受けた」(12)と記している。次第に実態が明らかになってきているが、田沼期の経済政策を明らかにする上では欠くことのできない課題のひとつであるということができる。

第三章「天明三年の融通御貸付銀と高崎藩」(「高崎藩の大名金融と融通御貸付銀」『三井文庫論叢』二八号、一九九四年)

高崎藩の大名金融を鴻池両替店の場合において検討することを課題とする。個別的な大名金融の長期的な経歴をみると、貸出開始、利足収取、行き詰まり、「お断り」、年賦償還、破綻が絡み合った駆引の繰り返しである。近世中後期に実施される藩政改革の重点は「お断り」になるにしろ、年賦償還方法を立てるにしろ、借金の踏み倒しにあったわけで、それは町人収奪ということができるが、商人資金の大名金融への吸引が、商業資金の枯渇をもたらし、流通による生産の刺激という機能を衰えさせていく。高崎藩松平家は譜代大名であり、松平右京大夫は老中職を勤めるなどの家格であった。一般的に言って、関東地方の譜代大名は、大坂城代を勤めると所替によって大坂周辺地に自己の領地を持つことができ、そこの年貢米を担保として大坂両替商からの資金借入を行う端緒となることがあった。高崎藩の場合もこれにあてはまることになる。鴻池の場合、高崎藩への貸出が「お断り」、年賦償還という経過をとるようになって、融通御貸付金をもって行うようになった。それは天明三年に幕府が大坂町人を融通方に指名して内密に御用金として借り上げた資金を、再度拝借して公金として貸し付けるもので、その貸付業務は公的性格を帯びるようになる。しかしその貸付の公的保証もそれほど有効に機能するものではなかった。

第四章「文久・慶応期の御為替三井組」(同題、『三井文庫論叢』三〇号、一九九六年)

元禄四年（一六九一）に幕府が一二人の町人に大坂御為替御用を申し付けて以来、御為替組は幕府の御用達として財政運営の一端を引き受けてきたのであるが、幕府の御為替御用は大坂御為替だけでなく、二条御為替、大津御為替、南都御為替と御為替御用の幅は広がっていった。さらに幕府公金の御為替御用にとどまらず、各種の公金運用にあたることになった。御為替組としては三井組の外に、十人組あるいは上田組があったが、上田組は寛政期に御為替組を退いている。三井が幕府から御用を命じられるにあたり、明確に御為替三井組と十人組の両組に対するものと、御為替三井組単独の場合があり、そして三井三郎助に対する御用というものがあった。御為替三井組単独というのは三井三郎助、次郎右衛門、元之助の三名連記宛の御用の場合である。三井三郎助あての御用としては京都において幕府、あるいは町奉行所より御用を申し付けられる場合がある。ここでは京都、大坂における幕府の御用達としての御為替組の機能について幕末期に限って考えることにしたい。

大坂御金蔵銀の定式御為替は一九世紀になると月に三度、平年で年に三五度で、一度あたり五〇貫目が御為替組に渡され、一年あたり平年で一七五〇貫目の御為替高となる。三井組には一度あたり二六貫目が、十人組に二四貫目が渡された。三井組は平年で年に九一〇貫目、閏月のある年は九八八貫目の配分高となるのであり、この配分高は天保期後半より一定となっている。臨時御為替銀は天保八年（一八三七）以降、嘉永六年（一八五三）までなくなったのであるが、安政元年以降また渡されるようになった。それは安政元年から西国幕領に対して海防のための御用金が課されるようになり、(13)それが江戸まで為替送金されたのである。幕府の公金御為替は天保期頃には形式化したといってもよいであろう。しかし幕末期において御為替組の機能が低下したということはできない。公金御為替以外の、貨幣引替御用および公金出納御用などが活発化していったのである。元文二年（一七三七）に幕府の御触では金銀取集方として三井三郎助、次郎右衛門、元之助の三名のほかに泉屋三右衛門、中川清三郎、海保半兵衛、谷勘左衛門、富山与惣兵衛、竹川彦左衛門、荒木伊右衛門の七名の名が書き上げられている。(14)この七名は御為替十人組に属する両替商である。その後も文政期から幕末期にかけて御為替両組が貨幣引替の際に重要な役割を与えられているのである。また幕末期には将軍が京都に滞在するという事態となり、財政構造がそれまでとは大きく異なることになる。その激動する政局のなかで御為替組は新たな役割を与えられることになる。文久期から慶応期にかけての御為替組の御用引き受けの実態を明らかにすることによって、幕末期における幕府の財政運営を浮き彫りにすることができよう。

第五章「文政・天保期の大坂銅座の財政構造」（同題、『三井文庫論叢』一六号、一九八二年）

文政二年（一八一九）に大坂銅座の掛屋を引き受けた御為替三井組の「銅座差引帳」を分析することによって、大坂銅座の近世経済史上の位置を確定しようとする。大坂銅座は元禄一四年（一七〇一）に設立され、二度の改廃を経て明治元年まで存続した。長崎貿易において銅が重要な輸出品となったため、その輸出銅の統制と国内銅の流通統制とにあたったのである。三井組が住友吉次郎とともに大坂銅座掛屋を引き受けることになったのは文政二年である。そして三井・住友両家は金銀出納業務、為替送金業務についての一一カ条からなる掛屋仕法書を差し出している。

三井組では仕法書に従って大坂銅座の廃止されるまで掛屋御用を勤めたが、その取扱金銀は三井大坂両替店の帳面に記帳されることになる。本章ではその帳面を分析することで長崎貿易をめぐる資金循環のなかでの大坂銅座の位置を確定することを意図している。分析の対象とするのは、(1)「銅座差引帳」、(2)「銅座掛屋割印帳」、(3)「御銀請払勘定帳」である。(1)は三井大坂両替店の取り扱った銅座の金銀出入のすべてを含んでいるため、日々の入金と出金との差が大坂両替店の銅座からの預り金となる。(2)は預り銀のみが記載され、市中からの借入銀のすべてが記される。(3)は(1)とほぼ同じで一カ月毎に入方と払方とで集約されているが、嘉永元年以降のものが残されているのみである。これらの帳面の分析には二つ限界がある。その第一は負債・資産分析が不可能なことである。もとより大坂銅座は幕府の役所であり、自己完結した組織ではなく、長崎貿易の資金循環に組み込まれているため、銅座の金銀出入の特質を明らかにし、収益・費用の分析を行うにとどまる。限界の第二は、三井と住友とが掛屋を引き受けたため、その両者の間での役割分担が明らかとならないことにある。両者の経営的性格が異なるため機能分担がなされたと考えるのだが、同一の仕法書にもとづいて掛屋を勤めており、取扱金銀高の均等分割分担としての性格も有している。

以上のように長崎貿易をめぐる資金循環のなかの大坂銅座の位置と機能を確定し、大坂金融市場の中での大坂銅座をめぐる金融の性格を考えるのが本章の課題であり、三井の営業組織のなかからそれらを検証することとする。

第六章「箱館産物会所と三井両替店」（同題、『三井文庫論叢』二六号、一九九二年）

三井八郎右衛門と三井三郎助とが引き受けた、幕府の箱館産物会所の為替、ならびに元仕入金懸集め御用について、筆者は『三井事業史』[16]第一巻のなかの一節として記したことがある。ここでは三井文庫に残されている箱館産物会所の会計帳簿から、その経営実態を検討することを課題としたい。安政元年（一八五四）三月に締結された日米和親条約によって、下田と箱館とが開港されることになり、同年六月には箱館とその周辺が幕府領となった。同二年になると全蝦夷地を幕府直轄地として、箱館奉行をおいたが、津軽、秋田、盛岡、仙台、会津、庄内の諸藩によって分領されることになった。安政二年三月から箱館は開港された。それは外国船舶への薪や水、食糧を供給するためのもので、貿易のための開港ではないため、そこでは密貿易を取り締まる必要も生じてきた。そうしたなかで、安政四年には蝦夷地産物の国内流通を掌握することと、そこに課税して収益をあげること、新しい産物の販売を促すことを目的として産物会所を設立する案が出された。兵庫の北風荘右衛門の願書では、「近年来関東筋、西国筋ともニ不漁続キ、蝦夷地一方ニ限り漁事有之候ニ付、肥物類追々価高直ニ相成[17]」と記されているように、蝦夷地産の魚肥が畿内に供給される肥料のなかでも比重が重くなってきていたわけで、蝦夷地の海産物の上方への流通を掌握することは、当時の産物政策としては確かに有効な手段であった。肥料にとどまらず数の子や身欠鯡、棒鱈、それに昆布や鮭などの食料品も蝦夷地から上方に輸送されていた。安政四年八月に、江戸で箱館産物会所が設立され、そこで蝦夷地産物を一手に取り扱うから、それを商売する者には入札によって売り捌くとの御触が出されている[18]。安政五年三月に大坂で箱館産物会所が設立された。掛屋には加嶋屋作次郎が任命され、近江屋熊蔵と伊丹屋四郎兵衛とが御用達を命じられた。同年には兵庫や箱館でも箱館産物会所が設立されている。兵庫で御用達となったのが北風荘右衛門、箱館で用達総元締となったのが杉浦嘉七である。また箱館役所は青森や野辺地に御用達をおいて、瀧屋善五郎や藤林源右衛門などの青森の御用達は注文によって米や食料品を買い集めて箱館に廻送した。[19] 安政五年四月には三年間の仮仕法書が作成されて流通統制が実施に移された。そして万延元年（一八六〇）一二月になると三年間の期限も切れて、永続仕法として蝦夷地の場所請負人に産物を買い集めるために貸し付ける前貸資金を大坂商人から集めるために、大坂元仕入仕法が定められ、三井八郎右衛門と竹川彦太郎とが箱館役所付御為替御用を命じられ、元仕入金の掛集めにあたることになった。その後、蝦夷地産物の流通取締のために主要な港に会所を増設していった。文久元年に堺に会所を置き、文久二年には敦賀にも設置して、京都に売捌所を置いた。そのほか下関や新潟、蝦夷地の松前にも置いた。

文久元年一二月からは京都で元仕入仕法が実施されることになり、京都元仕入仕法が定められて、三井三郎助、嶋田八郎左衛門、小野善助が箱館産物会所の京都御用達に指名され、元仕入金の掛集めにあたることになった。堺においても元仕入仕法が実施された。元仕入仕法は幕府による産物会所の具体例といわれているが、幕府自身はそれに出金はしていない。それは上方町人の資金を集めて、蝦夷地の場所請負人に前貸金として貸し付け、蝦夷地の産物を買い集めて大坂や堺、敦賀に送って売り捌き、そこから生じた利潤を御用達と会所とで分配するのである。大坂と京都における元仕入仕法において三井は掛屋として政策実施に関与した。元仕入金の御用を引き受けた三井両替店の経営動向にとっても、元仕入金仕法から生ずる利益が一時期はかなりの比重を占めていたことは間違いないことであった。

箱館産物会所に関しては、先駆的には宮本又次氏や永井信氏の研究があり、[20] 比較的最近では守屋嘉美氏や田嶋佳也氏の研究がある。幕領となった蝦夷地の直接経営と官貿易を目論む海防掛り勘定奉行と、商人資本の商業活動に依拠しようとする海防掛り目付層との意見の対立が、場所請負制度の廃止、存続をめぐる論議の対立を生み、海防掛り目付層に立場の近い箱館奉行が場所請負制度の存続を求めるとともに、福島屋など新興場所請負人の提言を受け入れて、蝦夷地産物の流通統制とそこから会所益金を収納して蝦夷地開拓費を捻出するという箱館産物会所の設立案をまとめ実現していったという、箱館産物会所の政策意図や政策過程は、守屋嘉美氏によって余すところなく明らかにされている。田嶋佳也氏は、蝦夷地の場所請負人への松前問屋の金融に代わるものとして箱館産物会所の元仕入金の金融の位置を確定している。本章ではそれらの優れた論考にあまり付け加えるものはないが、三井文庫に残る箱館産物会所の会計帳簿からその元仕入金仕法の経営の推移を追うことにしたい。

幕府は蝦夷地産物の買い集めや大坂や敦賀への輸送のための資金を出すことはなく、大坂、京都で集めた商人の資金によってそのすべてをまかなうことにし、御用達に出金を強制していった。しかし大坂においても、京都においても加入金の掛集めは思うようには集まらず行き詰まっていった。ここでは幕府の産物会所案の実現としての箱館産物会所の成否は三井などの商人資本の動向にかかっていたわけであった。幕府の企図した以上に蝦夷地産業は発展していて、そのことが流通統制の実効性を損なわせたのであるが、本章では、発展した蝦夷地産業、商品流通量に比して幕府の動員することができた資金量が不十分なものであり、元仕入資金が幕府の蝦夷地産物の国内流通の統制にとって不十分であったということは前提であって、結論ではない。幕府は御用金の徴収の場合には町人に経営破綻を導きかねないほど過大なものを課すが、この箱館産物会所には上方町人から徴収しえた金額はわずかなものでしかなかった。それに応じた町人数もわずかで、おおむね御用達の出金にとどまった。守屋氏は箱館産物会所が破綻していった事情を、弱体化した幕府に上方商人資本が協力しなくなったからであると説明されている。蝦夷地に潤沢な資金を供給できなかったということは、たしかに箱館産物会所の経営を行き詰まらせた。しかし年間に三万両でしかないが、資金循環の軌道は敷かれたのであって、それが循環しなくなったところに問題があった。元治元年を中心として短期間に活況を呈しただけで、箱館産物会所はまもなく経営破綻に陥った。経営破綻とは元仕入金に見合う産物が蝦夷地の場所請負人から届かなくなることである。元仕入金が産物の仕入資金として機能しなくなることである。そのことの真因を明らかにすることは本章の考察の範囲に余るところであり、ここではそのような経営の経緯を実証的に明らかにしたい。

ところで各地に設置された箱館会所は上納金を納めさせたために、従来の問屋や仲買が得ていた口銭を侵すことになった。兵庫においても四十物《あいもの》といわれる食料品の場合に荷物口銭が七歩六厘で、肥料の場合に六歩六厘であった。

それが会所ができてからそのうち二歩六厘を上納するようになり、四十物の場合に口銭が五歩に、肥料が四歩となった。兵庫の会所付仲買や干鰯仲買、干魚塩魚仲買の行司らが口銭には筆紙に尽し難い雑費がかかっているのだから上納分を減らしてほしいと嘆願している。[21] 大坂や堺、敦賀においても同様であった。このように、問屋、仲買からの協力が得られにくいという事情のあった上に、妨害までも受けるようになり箱館産物会所は破綻を示していく。

第七章「会計元立金と小西新右衛門」（同題、『地域研究いたみ』三一号、二〇〇二年）

慶応三年（一八六七）一二月九日に王政復古によって樹立された新政府は、同月二七日に金穀出納所を設置し、福井藩士由利公正と名古屋藩士林左門を参与として任に当たらせることになった。新政府の会計事務にあたる部局である。三井三郎助と小野善助、嶋田八郎左衛門が金穀出納所の御用達を命じられた。しかし財政基盤をもたないままに成立した維新政府は当面の資金に事欠く次第で、三井は一二月三〇日に金一〇〇〇両を献納するとともに、相国寺の薩摩藩の陣にも軍資金一〇〇〇両を運び込んだ。翌年正月三日より始まる鳥羽伏見の戦争以後、大量の軍事費が必要となり、そのために、まず旧幕時代と同様に三〇〇万両の御用金の徴収にあたることになったのである。「兵力アル者ハ其力ヲ以テシ貨財アル者ハ其財ヲ以テシ上下一般ノ力ヲ合セ[22]」という大政官布告が出されたのは五月八日であるが、一月二九日には京都二条城で会計御基立金三〇〇万両を調達するとの方針が出され、それに先立ち、京都、大坂、および山城、摂津、近江、伊勢の富豪の名前書上が御用達に命じられている。二月一三日には三井・小野・嶋田三家や下村正太郎に一万両ずつ、伊勢屋弥太郎などの六軒の京都の両替商に合わせて一万両というようにまず五万両が急御用途金として出金させられている。これは月一分の利足付であった。大坂においても一五名の両替商が金穀出納所の御用掛に任命され、京都と同じように二月一三日に合わせて五万両を御親征入用金として出金している。[23] これらを含めて明治元年から二年にかけて明治政府によって徴収された御用金を会計元立金と総称する。その内訳の数値を示す史料が「会計官調達金元帳[24]」二七冊である。その内訳については、中井信彦氏が集計して山城、摂津が中心的な応募地であると記している。[25] ここではその「会計官調達金元帳」二七冊を基本的な出典として、伊丹地域、および小西家について考えることにしたい。

(1) 大阪市参事会、大正二年。
(2) 『大阪市史』第五巻。御用金に関する刊本史料としてはその他に、「浜方記録」(『近世社会経済叢書』第二巻)、「米商旧記」(『大阪経済史料集成』第三、四巻)、『大阪商業史資料』第四巻、『大阪編年史』などがある。
(3) 冨山房、昭和九年。幸田成友は『日本経済史研究』(大岡山書店、昭和三年)でも宝暦期の大坂御用金について触れている。
(4) 弘文堂書房、大正一三年。
(5) 文藝春秋社、昭和七年。
(6) 日本評論社、昭和一五年。
(7) 『転換期幕藩制の研究』(塙書房、昭和四六年)。
(8) 『大名金融史論』(大原新生社、昭和四五年)。
(9) 『田沼時代』大正四年。
(10) 「御買米及び御用金」『日本経済史研究』大岡山書店、昭和三年。
(11) 『転換期幕藩制の研究』塙書房、昭和四六年。
(12) 「文化期までの御用金と鴻池家」(『商学論究』第三二巻第三号、昭和六〇年)。『新版大阪市史』(平成二年)では「升屋平右衛門は五〇〇〇両を引き受けて貸し付けなかった」と記している。
(13) 「御用留」(三井文庫所蔵史料、本二六四)。
(14) 『御触書寛保集成』(岩波書店、昭和九年)。
(15) 大坂銅座の研究としては、永積洋子「大坂銅座」(『日本産業史大系』六、近畿地方篇)、宮本又次・作道洋太郎『住友の経営史的研究』があり、『大阪市史』、小葉田淳『日本鉱山史の研究』、同「江戸古銅吹所について」(『日本歴史』第三四一号)でも触れられている。
(16) 三井文庫発行、一九八〇年。
(17) 『北風遺事』一九六二年。
(18) 『大阪編年史』二三巻、大阪市立中央図書館。一九七七年。
(19) 「御用状」青森市・瀧屋文書。雄松堂版『近世の廻漕史料』。
(20) 箱館産物会所の研究史について、関連する論文を列挙すると次のようになる。
　①松好貞夫「幕末期及明治初年北海道産物の配給統制」(『経済史研究』二二巻二号、一九三九年)。②宮本又次「箱館産物会所」(『経済史研究』二八巻一号、一九四二年、『近世商業経営の研究』)。③田中修「場所請負制の解体と三井物産」(北海学園大学『経済論集』八号、一九五九年)。④永井信「箱館産物会所の性格と意義」(『北大史学』八号、一九六一年)。⑤守屋嘉美「幕府の蝦夷地政策と産物会所」(『幕末維新期の研究』吉川弘文館、一九七八年)。⑥田嶋佳也「箱館産物会所の実態と特質」(神奈川大学大学院経済学研究科『研究論集』三、一九七九年)。⑦田嶋佳也「漁業経営における資金需要の実態と特質」(地方史研究協議会編『蝦夷地・北海道』一九八一年)⑧守屋嘉美「箱館

産物会所と『元仕入仕法』」（『北海道の研究』4、清文堂、一九八二年）。⑨守屋嘉美「幕府の蝦夷地政策と在地の動向」（東北学院大学『東北文化研究所紀要』一六号、一九八四年）。なお県市町村史で箱館産物会所に触れているものとして次のものがある。⑩『大阪市史』第二巻、一九一四年。⑪『北海道史』第一巻、一九一八年。⑫『堺市史』第三巻本編第三、一九三〇年。⑬『新撰北海道史』第二巻、一九三七年。⑭『新北海道史』第二巻通説一、一九七〇年。⑮『敦賀市史』通史編上巻、一九八五年。⑯『松前町史』通説編第一巻下、一九八八年。⑰『奈良市史』通史三、一九八八年。⑱『大阪府史』第七巻、一九八九年。⑲『函館市史』通説編第二巻、一九九〇年。⑳『新修大阪市史』第四巻、一九九〇年。その他に、『北海道漁業史稿』（北水協会編纂、一九三五年刊）や『敦賀経済発達史』（天野久一郎著、一九四三年）がある。

このなかで時期的に最も早いのは⑩で、『北海産荷受問屋組合沿革史』（一九〇一年）を出典として安政五年の仕法書から、幕府が松前物の一手取扱により三分の収益を得ていることを初めて記した。⑬は京都元仕入仕法に初めて言及し、会所の財政主導の性格を記している。①も⑩と同じ文献から売捌仕法を詳しく記している。そして②が箱館産物会所研究の起点となった。商業史の立場から杉浦家文書や『敦賀貿易史稿』を用いて京都元仕入仕法を詳述している。③は三井の北海道進出の契機としての箱館産物会所を取り上げ、三井、島田、小野の京都元仕入仕法の実態を断片的に引用している。④は箱館産物会所設立を幕府の財政的要因にとどまるものでなく、国益主法掛など幕府の国産統制策との関連でみる視点を出している。特権と利益を保証された箱館商人の積極性と大坂、兵庫商人の消極性を対比している。

(21)『神戸市史』資料二。

(22)『法令全書』（内閣官報局）。

(23)「金穀出納所御用留」（三井文庫所蔵史料、本三八八）。

(24)三井文庫所蔵史料。

(25)中井信彦「商人地主の諸問題」（『明治維新と地主制』岩波書店、昭和三一年）。会計元立金について触れた文献は数多いが、代表的なものとして、沢田章『明治財政の基礎的研究』（宝文館、昭和九年）をあげることができる。また本庄栄治郎「明治初年大阪の御用金」（『明治大正大阪市史』第五巻、昭和八年）。『子爵由利公正伝』（岩波書店、昭和一五年）、『三井事業史　本篇二巻』（三井文庫、昭和五五年）をあげることができる。

第一章　宝暦期の大坂御用金

一　御用金の上納と町拝借金

宝暦一一（一七六一）年一二月二日に江戸から御目附の三枝帯刀、勘定吟味役の小野左大夫をはじめとする役人一行が大坂に着いた(1)。そのもとで御用金政策が実行されていった。

一二月一六日に西町奉行所から越後屋大坂本店に対して店預かり手代喜兵衛が罷り出るようにとの差紙があった。大坂本店支配役の西村嘉兵衛が出頭すると、六〇人ほどが呼び出されていて、そこで西町奉行の興津能登守より越後屋八郎右衛門に金五万両の御用金を差し出すようにと申し渡された。同日、御用金差出を申し渡されたのは、金五万両を一〇人、金二万五〇〇〇両を一〇人、金一万五〇〇〇両を一一人、金一万両を三人、金五〇〇〇両を三七人で、合計して七一人に金一一三万両が課せられたのである。金五万両を課せられたのは、越後屋八郎右衛門のほかには、鴻池善右衛門、鴻池松之助、辰巳屋久左衛門、油屋彦三郎、平野屋五兵衛、加島屋喜斎、鉄屋庄左衛門、布屋十三郎、和泉屋次郎左衛門の九人である。

大坂本店では御用金高があまりに高額であったために驚き、大坂両替店と京本店に相談している。

覚(2)

一　金五万両　　　　鴻池善右衛門

一　同　　平野屋　五　兵　衛
一　同　　鴻　池　松　之　助
一　同　　辰巳屋　久左衛門
一　同　　布　屋　十　三　郎
一　同　　鉄　屋　庄左衛門
一　同　　越後屋　八郎右衛門
　　　　　代　嘉　兵　衛
一　同　　油　屋　彦　三　郎
一　同　　加島屋　喜　　斎
一　同　　泉　屋　次郎右衛門（ママ）

米相庭之儀ニ付、其方共へ右御用金被仰付候旨、三枝帯刀、小野左太夫を以御城代松平周防守殿ニ従江戸表被仰越候、依而此段可申渡由周防守殿被仰聞候、何れも身分ニ応御用被仰付候儀、誠ニ以冥加之至ニ候条難有奉畏、御請印形仕之、来午正月十日限我小御役宅へ可持参候

宝暦十一年巳十二月十六日

能　登　印

これが御用金を申し渡された際の書付の写である。

御用金は一二月一六日ばかりでなく、同月二三日と翌一二年正月五日にも大坂町人を呼び出して申し渡している。御用金賦課高は合計して二〇五人に対して金一七〇万三〇〇〇両に及んだ。正月五日には米屋平右衛門に金五万両が課せられた。

御用金の上納期限は正月一〇日で、一二月一六日からは一カ月に満たない期限であった。町人側でも余裕資金を有

銀として持っている者は少なく、高額の御用金の上納のためには売掛金や、貸付資金を回収する必要があり、困難に直面した。そこで町人側では日延願を出して、その間に貸付金を回収して資金を用意しなければならなかった。金五万両を指定された一〇人も集まって日延の願書を作成した。それに対して西町奉行所より正月一〇日までに全額は上納しなくてもよいから、今すぐどれほどの金額を上納できるかとの質問があった。三井八郎右衛門は鴻池善右衛門とともに、金二万六〇〇〇両は下知次第に上納するとの書状を一二月二五日に奉行所に差し出した。三井八郎右衛門が最初に御用金を上納したのは正月一六日の金一万六四八〇両である。正月四日に一度奉行所に同金額を持参したが、急な御用ができたために持ち帰っていた。その内訳は金二〇六〇両を八口であり、八ケ町への買米代一三七四両と、貸付金六八六両の合計である。残高の上納期限は正月晦日に延期された。

この御用金令の目的は米相場引き上げにあるが、幕府は上納銀で自ら米を買い上げることは行わず、享保期の買米制と同様に、町に買米を行わせた。そのために町に御用金を配分したのである。宝暦一二年正月一六日に北浜から本町までの二五町の町役人を呼び出して買米代金を渡し、買米を申し渡したのである。同日の日付で町は町人惣代と年寄の連印で町奉行に対して、金一三七四両で去年の米切手を買い入れ、何程の切手を何枚買い入れたかを届け出る、および金六八六両を拝借金名目で月一分半までの利足で貸し出す、との二通の請書を差し出した。

覚(3)

金千三百七拾四両

此銀八拾弐貫四百四拾匁

右は米相場之儀ニ付、其元ゟ出金高之内為買米代書面之金高、於御奉行所町内江借用被仰付難有請取可申所実正也、追而御奉行所ゟ被仰渡次第返済可申候、利分之儀ハ銀壱貫目ニ付一ケ月一朱宛之積、毎年七月十二月両度ニ無遅滞相渡可申候、為後証依而如件

宝暦十二壬午年正月十六日

何町町人惣代
何屋誰　印
同
何屋誰　印
同町年寄
何屋誰　印
惣年寄
今井与三右衛門　印
中村左近右衛門　印
渡辺又兵衛　印
野里屋四郎右衛門　印
永瀬七郎右衛門　印
江川庄左衛門　印

右之趣承知致奥印候以上

越後屋八郎右衛門殿

覚(4)

金六百八拾六両
此銀四拾壱貫百六拾目

右は米相場之儀ニ付、其元ゟ出金高之内書面之金高、於御奉行所町内江借用被仰付難有請取申所実正也、追而御奉行所ゟ被仰渡次第返済可申候、利分之儀ハ銀壱貫目ニ付一ヶ月一朱宛之積、毎年七月十二月両度ニ無遅滞相渡

可申候、為後証依而如件
宝暦十二壬午年正月十六日

何町町人惣代
何屋誰 印
同
何屋誰 印
同町年寄
何屋誰 印
惣年寄
今井与三右衛門 印
中村左近右衛門 印
渡辺又兵衛 印
野里屋四郎右衛門 印
永瀬七郎右衛門 印
江川庄左衛門 印

右之趣承知致奥印候以上

越後屋八郎右衛門殿

町人惣代と町年寄はさらに連印でこのように銀主に対しても借用証文を書いている。利足は月に〇・一パーセントである。町が銀主にその利足を払うのであり、その利足払と買米入用損銀の補塡のために拝借金を他所に月一・五パーセント以内の利足で貸し出すのである。

御用金を指定された町人は、一部を上納しながら、残りの上納の日延や残金の赦免を願い出たりしたために、町奉行所の上納の説得も威圧的になされるようになった。正月一三日の大坂本店の番状では「末ニ至不調達之節は御咎如何体ニ可有之も難計候[5]」と記しているように、それ自身強制的なものである上に、直接的威嚇をもってなされた。期限日翌日の二月一日の番状では、前後に出金者を奉行所に集めて未明まで上納の強要を行った様子が記されている[6]。

右昨日罷出被申候内、日限御差延被下候ハヽ、皆納可仕段相願被申候仁も少々在之、偖又都合何程は上納可仕候相残り候所ハ所詮調達難仕候残金御赦免被下候様相願被申候仁も多ク在之候由、然ニ右一統ニ下宿ニ御待せ置、初夜時分ニ不残白洲江御召出、壱人も出不申候様ニ入口御〆切り置候而、御奉行様御出席御直ニ被仰候ハ、右罷出候者之内日延願候分と残金御赦免相願候分と左右方江相分れ候様被仰付、扨被仰出候ハ先達而右御用金御書物を以申付候節、銘々身分ニ応シ御用金被仰付冥加之至難有奉存候と申書付江印形為致候、右文言如何相心得候哉、追而急度御返済有之事ニ付右之通申渡候、然ニ兎や角今日迄皆納不仕不届ニ候、日限猶予相願候者ハまだしもニ在之候、残金御赦免相願候者共多ク有之、甚不埒之至、尤此内ニハ是迄之納金高抔も互ニ申合候而、認出候族も有之、又今日之書付迚も申合之体ニ相見得候、畢竟此内ニ発頭人有之右之仕儀と存候、其者も此方ニ能存知居候得は後日ニ急度相咎可申候、偖々不届千万成仕方ニ候へハ何れも致着候上下を剥、牢屋へ遣シ可申と被仰捨、甚御立服之体ニ而御退座被遊候由、偖暫置候而懸り之与力衆三人被出候而被申渡候は、其方共右之通心得違いたし不届ニ思召甚御立服被遊候、定而今日罷出候者とも妻子等抔ニも致暇乞再度我家江罷帰り候了簡ニ而は有間敷候、金子工面難出来候とも家質差入れ候歟、又ハ日限来候借シ付銀なと取集成たけ可相整筈、扨々不了簡千万成次第と殊外厳敷呵被申候而罷立被申候、又暫置候而懸り之惣年寄中罷出候而被申候は、先刻段々御呵被遊候通之御事ニ而甚御立服被遊拙者共ニおゐても笑止千万ニ存候、何卒御取合可申上と存候へとも以之外御機嫌悪敷候へハ中々何事も難申上候、依之御用人中迄御内々申上、漸今晩之所は拙者共御預り申上候、可申渡事も有之候得は是ゟ直ニ南組惣会所へ罷越シ可被申候、阿れニ而可申談と被申候而夜八ツ時前何れも白洲を罷出惣会所江罷越申候由このように午前二時頃まで白洲で御用金上納を強要されたわけで、町奉行所の処罰権を背景とする強制によりその後も御用金上納は進められた。

正月一六日には西町奉行所で町奉行興津能登守と三枝帯刀、小野左太夫立会いの上で、二五丁年寄、月行司に金二〇六〇両ずつ渡されたのである。三井の上納した金一万六四八〇両は、今橋二丁目、上人町、四軒町、道修町一丁目、

表1-1　三井八郎右衛門の御用金の町拝借金（宝暦12年2月24日）

町　名	買米代	貸付金	合　計
	貫　匁	貫　匁	貫　匁
今橋二丁目	82,440.0	41,160.0	123,600.0
上人町	82,440.0	41,160.0	123,600.0
四軒町	82,440.0	41,160.0	123,600.0
道修町一丁目	82,440.0	41,160.0	123,600.0
本町一丁目	82,440.0	41,160.0	123,600.0
本町二丁目	82,440.0	41,160.0	123,600.0
本町三丁目	82,440.0	41,160.0	123,600.0
本町五丁目	82,440.0	41,160.0	123,600.0
山本町	82,440.0	41,160.0	123,600.0
立売堀南裏町	82,440.0	41,160.0	123,600.0
薩摩堀東ノ町	82,440.0	41,160.0	123,600.0
薩摩堀中筋町	82,440.0	41,160.0	123,600.0
吉野屋町	82,440.0	41,160.0	123,600.0
炭屋町	82,440.0	41,160.0	123,600.0
南久太郎町二丁目	82,440.0	41,160.0	123,600.0
南久太郎町三丁目	82,440.0	41,160.0	123,600.0
北久宝寺町二丁目	82,440.0	41,160.0	123,600.0
江戸堀五丁目	74,040.0	36,960.0	111,000.0
雛屋町	74,040.0	36,960.0	111,000.0
安堂寺町二丁目上半	74,040.0	36,960.0	111,000.0
安堂寺町二丁目下半	74,040.0	36,960.0	111,000.0
江ノ子嶋西町	74,040.0	36,960.0	111,000.0
南本町一丁目上半	74,040.0	36,960.0	111,000.0
南本町一丁目下半	74,040.0	36,960.0	111,000.0
玉水町	74,040.0	36,960.0	111,000.0
鍛冶屋町二丁目		10,800.0	10,800.0
合　計	1,993,800.0	1,006,200.0	3,000,000.0

出所）「内無番状刺」（三井文庫所蔵史料　別635）.

表1-2　町拝借金の内訳

配分高	町　数
3,910両	40丁町
2,060	57
1,850	50
1,570	34
1,255	43
940	53
748	48
合　計	325
配分高合計	559,389両

出所）「内無番状刺」（三井文庫所蔵史料　別635）.

本町一丁目、本町二丁目、本町三丁目、本町五丁目に渡された。同月一八日にも二五丁町に対して、金二〇六〇両ずつ渡された。三井は正月二八日にも金二〇六〇両を九口の金一万八五四〇両を上納し、続けて二月五日に金一八五〇両を七口の金一万二九五〇両を、一〇日に金一八五〇両を、二四日に一八〇〇両を上納した。それは表1-1のとおりである。

上納された御用金は奉行所で町年寄に渡された。二月二四日までに各町に配分された拝借金の全体の内訳は表1-2のとおりで、合計して五五万九三八九両となる。必ずしも金二〇六〇両単位ではないが、買米代と貸付金との比率は二対一である。金三九一〇両は金二〇六〇両と金一八五〇両の合計であり、北浜、今橋、高麗橋、道修町といった中心部の町には金二〇六〇両配分された後、再度一八五〇両受け取ったのである。町数は三二五丁町である。当時の大坂三郷の町数六一五町のほぼ半数の町が受け取ったことになる。一人からのみ拝借金を受け取った町もあれば、複数の銀主から少額ずつ受け取った町もある。

三井八郎右衛門は二月二四日の金一八〇〇両の上納で指定高五万両を完納した。手持資金に余裕があったからである。当時三井家の大元方では穴蔵金を大量に所持していた。宝暦一一年末で大元方では本封付として金二二万両と黄金一〇二枚が積み立てられていた(7)。京本店や江戸本店、大坂本店、京都両替店の穴蔵や戸棚に封印付で退蔵されていたのである。そのなかで金六万四〇〇〇両はすでに借り出され、ほかの用途に用いられたが、まだ余裕はあった。五万両の御用金はその本封付から借り出すという形で上納したのである。

町に渡された御用金のうち三分の二の額で米切手を買い入れ、三分の一の額を町人・大名に貸し付けたのである。町の貸付金とはいえ、町に住む町人の意志で貸付先も選ばれたであろうが、次に特異と思われる例を引用する(8)。

一平野町壱丁目江御借金相渡金高、丁中割合ニ預り申候ニ付証文左ニ写置

預り申御拝借金之事

一銀三貫五百七拾目也

右は当正月十六日、同二月七日両度丁中江御渡被為成候御拝借金代之内、慥預り申所実正也、御上納被為仰付次第急度返済可仕候、為後証仍而如件

宝暦十二年午二月

河内屋又右衛門

平野町壱丁目

丁中

年寄銭屋四郎兵衛殿

右銀壱貫目ニ付壱ヶ月ニ拾匁宛毎年晦日相渡可申候以上

右前文之銀子御相談之上御渡被成、此方江慥請取申候ニ付奥印仕候以上

越後屋八郎右衛門　印

越後屋八郎右衛門が平野町一丁目に掛り屋敷を持っており、河内屋又右衛門はその屋敷の家守である。平野町一丁目では貸付金を町人、大名に貸付ける代わりに町中で配分してしまい、家主の越後屋八郎右衛門が銀三貫五七〇目を引き受けた。ただし利子は月一パーセントで、御用金出金者の受け取る利子の一〇倍である。この年一割二分の利子は当時の大坂両替店の貸付金利子に比べてかなり高率であった。

二月二八日に御用金令は撤回された。御用金の未納部分を上納する必要がなくなったのである。上納が遅れていた者は残額の上納が免除された。そのために指定高と上納高には大きなばらつきが生じた。指定総額は金一七〇万三〇〇〇両であるにもかかわらず、上納高は表1-3に明らかなように、金五五万九三八九両であった。三三パーセントの割合でしかない。そのなかで五万両と二万五〇〇〇両を指定された者の上納高を表1-4に示した。五万両の部では全額上納したのは三井八郎右衛門のみで鴻池善右衛門もほぼ完納であるが、米屋平右衛門はまったく上納していない。油屋彦三郎、布屋重三郎も少額である。なお鉄屋庄左衛門は五万両を指定されていたが、宝暦一一年一二月の両

替商取締の際に過料に処せられ、まったく上納していない。二万五〇〇〇両の部でも指定高に対して上納高の比率は一八パーセントにすぎない。大量の銀高であったため困難であったとともに、たとえ利子付きであっても月〇・一パーセントの低利子であったためであり、さらに「先年松浦河内守様拾人両替江御用金被仰付候処、右金子御返済無之候、此度之義ハ左様之義ニ而ハ無之、追而は急度御返済被為成候御様子ニ御座候」[9]と惣年寄中の説明にあるにもかかわらず、十人両替の前例のように、償還に関する不信感があったものと考えられる。

二月二八日に急拠御用金令が撤回されたのは、市中の金融逼迫が原因と考えられる。一度に金五六万両もの大量の貨幣が徴収されれば金融循環が困難になることは当然であり、江戸への為替送金にも差支が生じてくる。

御用金令が撤回された際に、出金した町人は次のように申渡文に誓約させられたのである。[10]

一当表分限之町人共是迄差出候貯金、追々買米代貸附金町々江相渡し候残金高、此節不及差出ニ候、追而差出させ候ハ、前広ニ可申渡候、銘々金子不貯置、通用第一ニ可相心得旨可申聞候

表1-3　御用金上納高
（2月24日まで）

指定高	人数	上納高
五万両	10人	174,403両
二万五千両	10	44,579
二万両	1	2,598
一万五千両	14	75,029
一万両	4	15,404
五千両	69	135,545
三千両	96	111,831
合　計	204	559,389

出所）「内無番状刺」（三井文庫所蔵史料　別635）．
注）５万両指定の１人につき史料上欠落がある．

表1-4　御用金上納高（正月16日より２月24日まで）

五万両之部		二万五千両之部	
鴻池善右衛門	49,988両	鴻池善八	24,969両
平野屋五兵衛	5,690	堺屋佐右衛門	3,700
三井八郎右衛門	50,000	袴屋弥右衛門	—
油屋彦三郎	2,790	綛屋久左衛門	2,160
布屋重三郎	2,790	川崎屋源兵衛	1,850
鴻池松之助	15,430	加賀屋与兵衛	1,850
鹿島屋喜斎	25,060	泉屋新右衛門	1,570
辰巳屋久左衛門	11,730	大庭屋次郎右衛門	3,700
和泉屋次郎左衛門	10,925	近江屋久兵衛	3,943
米屋平右衛門	—	川崎屋四郎兵衛	837
合　計	174,403	合　計	44,579

出所）「内無番状刺」（三井文庫所蔵史料　別635）．
注）五万両之部で鉄屋庄左衛門の記載が欠落している．

右之通被仰渡奉承知候以上

出金町人不残連印

右之書附江銘々印形御取之被成候

この申渡文には幕府の町人資金と御用金に対する認識の一端が表われている。御用金とは町人の所有資金の幕府による権力的、恣意的運用であるが、町人の蓄積に対する批判を含んでいる。御用金は町人が溜め込み、退蔵している金銀の活用であるという認識があり、御用金令撤廃後も、金銀を単に退蔵することなく通用させることを求めているのである。三井の蓄積は穴蔵金として明らかに退蔵であるが、大坂の多くの町人にとっては、御用金は営業資金の圧迫となったに相違ない。

町奉行所では大坂から江戸へ送金する大名の江戸為替に支障がないかと心配し、何度も出金した町人に尋ねている。二月二六日に惣年寄中が出金者二〇〇人ほどを集め、「先達而諸屋敷仕送り并為替金等差支不申様御申渡有之、勿論銘々差支無之趣書付差出被申候、然ニ此節為替金等指支之由達御江戸表ゟ被仰遣候ニ付、又々御尋被為成候」[11]と、出金者に大名金融を行う者が多いため、江戸為替への影響を尋問した。そして二月二七日に惣年寄はその返事をまとめて町奉行に書付を出した。そこでは第二条で次のように記している[12]。

一御仕送り金外々臨時御用金之儀ハ、縦令は千両と被仰付候而も手廻り不申節は、五百両或ハ三百両程ニ而も御用立候儀在之、一向ニ御断は不申上候様ニ仕来候得共、臨時御用金之儀は御引当も薄ク候故、御先様ニ寄一向ニ御断申上候儀、不限当時ニ多々有之儀ニ御座候、此段ハ只今迄御用立候金銀御返済御指滞之御方様も有之候間、無是非御断申上候儀ニ御座候、此度之出金ニ而差滞セ候訳ニは決而無御座候得共、御用立不申候御先様御役人中ニは右出金ニ付滞候様ニも思召被下候哉、其段は難計奉存候、臨時御用有之儀は被仰付候御屋敷方ゟ此已後共無滞可指出旨は難申立候ニ付、此段ハ町人とも御相対次第ニ被成置可被下候、併此上達而指出候様ニも思召候ハヽ、年来元利とも御滞、又ハ元金計、或ハ利分計可被下旨御約束之処一向御断等ニ而、町人とも難儀

仕候趣も御座候間、右之趣御聞済被成下、

この書付は当時の大名への貸付の状況を示している。大坂町人の大名への資金融通は大名の求めに応じて、たとえ満額ではなくても行ってきたが、大名の側で元金返済や利子払いが滞ったり、返済お断りの場合があり、臨時の場合は融通を断ることがあった。このたびの御用金のために新たな融通を断っているわけではないが、大名の側では御用金のためと解釈しているであろう。町人側も難渋しているため今後の大名への融通は「相対次第」にしてほしいとしている。この惣年寄の書付の翌日に御用金令が撤回された。諸藩の江戸藩邸から江戸為替差支が訴えられ、撤回されたのであろう。御用金令に空米切手禁止令が重なったために、金融逼迫が現実化していったのである。

御用金令が撤回された一カ月後に御用金の一部が戻され始めた。三井の場合、三月二九日に道修町一丁目から銀九貫六〇〇目が、三カ月分の利足銀二八匁八分を付けて戻された。そして四月二九日には今橋二丁目より銀三二貫八〇〇目が、南久太郎町三丁目より銀三貫七五〇目が、安堂寺町二丁目上半より銀一六貫六二五匁が、それぞれ銀一三一匁二分、銀一五匁、銀四九匁八分七厘五毛の利足付きで戻された。宝暦一二年上期だけで一九町より銀三九五貫三五八匁一分六厘が銀二貫三四八匁八分一厘三毛の利足付きで戻された。利足は一カ月につき〇・一パーセントである。それに買米代残、貸付金代の利足を加えて、同年上期に銀一九貫八三〇目六分五厘六毛の利足を受け取った。(13)

三月末から買米代が戻され始めたが、貸付金に関しては、五月一五日に西町奉行所に町年寄がすべて集められ、町方、武家方、寺社方に残らず貸し出すように申し渡された。(14)

御用金の結果として米価の動向はどうなったであろうか。

大坂での米価の動向は西国、北国から大坂へ登せられる米の量と相関関係があり、越年米の動向と密接な関係がある。宝暦二年、三年にも米価は下落し、宝暦三年末の越年米は二四八万九〇〇〇俵に達している。宝暦元年の越年米は一三七万俵であるから一一〇万俵も多くなっている。この時は宝暦五年の東北の大飢饉によりかえって米価は高騰した。その後宝暦一〇年頃から米価は下落し始めた。正月初相場でみると、加賀米の場合は宝暦九年には銀六二匁三分、一〇年に銀五〇匁五分、一一年に銀四三匁、一二年に銀三八匁二分と低下した。[15] 越年米も宝暦一一年末には一八三万九〇〇〇俵に増加した。町に買米を命じた結果、宝暦一二年正月四日の初相場にくらべて正月一九日には騰貴して、肥後米は五四匁五分から七〇匁に、筑前米は五五匁から六八匁、あるいは六九匁となった。[16] しかしその高騰は一時期に限られた。同年八月には買米を申し渡された町の年寄と御用金出金者に対して、米価が上がらない理由をたずねている。米価引き上げに失敗したとの認識の表われである。

二　明和三年の一〇年賦直証文

御用金令は宝暦一二年（一七六二）二月二八日に撤回され、三月二九日には三井に買米代銀が戻され始めた。買米を売り払って銀主に戻したのである。大坂本店では御用金について半期毎に勘定して決算簿を作成していた。それを明和三年まで示したのが表1-3である。宝暦一二年には銀六一〇貫目が、一三年には銀八一六貫目が戻された。町々は指示に従い買米を売り払って代銀を西町奉行所に渡し、西町奉行所から銀主に払米代銀が渡されるのである。それと同時に銀主は御用金出金高の利足を受け取ることになる。利銀は宝暦一二年には銀三四貫五五六匁が、宝暦一三年には銀二二貫四二一匁余が渡された。利銀は明和三年まで月〇・三パーセントの率で渡されてきた。

御用金全体の返還は明和元年になり検討されはじめた。関東郡代の伊奈半左衛門が宝暦一三年に勘定吟味役となり、明和元年に大坂に着いて御用金を取り扱うようになった。同年四月に越後屋八郎右衛門に伊奈半左衛門の旅宿へ出向くようにとの書付が渡された。鴻池善右衛門、油屋次兵衛、奈良屋惣右衛門もいっしょに呼び出され、御用金出金の経緯について尋ねられた。

そこで同月、越後屋八郎右衛門、油屋次兵衛、助松屋忠兵衛、亀屋伊兵衛、奈良屋惣兵衛の五名は連名で書付を伊奈半左衛門に渡した。そこで御用金の指定から上納、返還の過程の概略を述べるとともに、次のように記している。[17]

残金之分早ク返金被為仰付被下候様銘々一分ニハ奉乞願候得共、町々買置米売払候節、米相場下直ニ付、直違損金も有之、猶又米ふけ損等有之候而、丁人共損銀ニ相成申候町々多ク御座候、尤私共も右買米仕候町々ニ相加り居候義ニ御座候へハ、一同ニ歎敷奉存候、乍恐此上御慈悲を以町々損銀荒形ニモ相償候迄之内、御貸付金返金之儀町々損金ニ応シ、延引被為仰付被為下候ハヽ、買米仕候町々一統難有奉存候、猶又私共へ被為下置候利金之義ハ、町方家質利金並ニも被為仰付被下候ハヽ、冥加至極難有奉存候

この五名は御用金の出金者であるとともに買米を行った町の構成員でもある。そこで一方的な返金要求ばかりでなく、買米損銀を補填できるまでの間、町々の貸付金の返済を延期することを願い出ている。そして御用金出金者への利足を家質貸並みにすることを要求したのである。それが買米損銀をかかえる町々と御用金出金者の双方を満足させる提案であった。

明和元年（一七六四）四月二六日付の大坂本店手代より京本店への番状には次のようにある。(18)

内番状

一筆致啓上候

一昨朝西御番所ゟ麻上下を着八ツ時迄ニ罷出候様廻り状を以御召出シ有之候、右名前見請候所何れも先達而出金之銘々に有之候ニ付、即右刻限宇右衛門罷出候処、暮前ニ不残御呼出シ、御役所ニ御待せ置初夜過ニ至り、御前江金主都合百九拾人余一同に御召出シ、興津能登守様、伊奈半左衛門様御列座ニ而、能登守様ゟ被為仰付候は、其方共先年米相場之儀ニ付出金申渡、右金子を以町々江買米貸附等に申付候、右買入米江戸京両地江廻米又ハ他国売申渡、右米代金其時々金主へ差戻させ候、然ニ貸附金之所如何相成可申哉と其方共不安堵ニ存知居可申候、右貸附金之儀買米払損銀償之為ニ申付置候、右買米代残幷貸附金共当暮迄之内何れも返金致候様買米之町々江可申付渡候へハ、損銀償済置候町は、申出次第追々返金可申渡候間、何れも難有可奉存候、若当年中ニ返金不致町有之候ハヽ、其金主ゟ貸附之町々相渡り、如何之訳ニ而返金不致哉、損銀何程相立候哉之訳与得

聞請置候様可仕旨被為仰付候、猶又右之趣御書付ヲ以御読聞せ被遊候得共、御文言長ク候故何れも与得覚不申候、右御書付江金主不残御請印形御取被遊昨夜四ツ時相済罷帰申候、尤印判持参不致仁ハ宿所ニ印形取ニ差遣候類も多ク、其分ハ帰宅九ツ過ニ相成候由ニ御座候、先以金主方ニは結構成被仰渡ニ而先ハ大慶千万奉存候
一右被仰付之御書付与得拝見仕度手寄心懸罷在候へとも未手掛り無御座候、何卒手寄相求写貰候様ニ可仕候
一右之通之御事ニ御座候へハ、先日伊奈様江差上ケ候書付之儀は弥其分ニ而相納り事済之御儀と奉察候、先々右一件可得御意如此御座候以上

四月廿六日

同　次右衛門　〇(印)
義右衛門　〇(印)
宇右衛門　〇(印)
茂右衛門　〇(印)
喜　十　郎　〇(印)

三井忠左衛門殿
六郎兵衛殿
清兵衛殿
利右衛門殿
文右衛門殿

この番状に明らかなように、これまで返済されてこなかった貸付金についても町々から銀主に返済する方針を明確にして、銀主に請書として押印させたのである。買米損銀の補償の済まない町はそのままにおき、補償の済んだ町々は明和元年中にすべて銀主へ戻すというのである。越後屋八郎右衛門など五名連名の書付の効果であるとも認識して

いる。

貸付金の返済の方針に従い、明和元年一二月には南本町一丁目下半と吉野屋町、雛屋町で合計して銀八八貫〇六〇目の貸付金が返済され、明和二年までに銀九三貫一二〇目が返済されたことになる。吉野屋町と雛屋町とで貸付金が完済された。しかし表1-5にみるように貸付金残高は銀九一三貫〇八〇目もあった。

買米は他所へ売り払うことによって、その払米代金を銀主へ返還することはできたが、貸付金は大名への貸付となったものがほとんどであったため、明和元年末までに町々から貸付金を銀主へ返還することは容易でなかった。空米切手が禁止された状況下で、大名は町々からの貸付金を返済して、ほかに融通の口を探すことは困難であったからである。

明和二年の御用金出金勘定書では貸付金は銀九三貫一二〇目が返還されたが、そのうち銀八二貫目が後貸となったのである。廻船御用達の苫屋久兵衛に銀五二貫目を、阿部伊予守に銀三〇貫目を貸し付けることになった。苫屋久兵衛の越後屋八郎右衛門への一〇年賦証文を次に引用する。(19)

覚

銀拾五貫目

此金弐百三拾九両壱歩ト銀八匁五分九厘五毛

銀六拾弐匁六分六厘

右は其元出銀之内、今度我等江御貸附来酉年ゟ拾ヶ年賦返済被仰付、難有右銀請取申所実正也、然ル上ハ壱貫目ニ付壱ヶ月壱朱宛之利足相加、毎年十二月返済可致候、為後証仍而如件

明和元年申十二月二日

廻船御用達

苫屋久兵衛　印

越後屋八郎右衛門殿

明和元年一二月二日に南本町一丁目下半より、銀七貫七〇六匁の買米代残りとともに、銀一五貫目の貸付金が戻された。その一五貫目が三井から苫屋久兵衛への貸付金となった。苫屋久兵衛が同じ町から借りていた銀一五貫目が、そのまま越後屋八郎右衛門からの一〇年賦の借入に書き替えられたのである。利子は月に〇・一パーセントで町々から銀主へ渡された利率と同じである。苫屋の支払う利子は軽減されたことになる。吉野屋町からも銀三七貫目の貸付

表1-5　三井八郎右衛門の御用出金差引勘定（その1）

年　期		買米代残	貸付金	後　貸	合　計
		貫　匁	貫　匁	貫　匁	貫　匁
宝暦12年	上	1,993,800.00	1,006,200.00	—	3,000,000.00
	下	1,598,441.84	1,006,200.00	—	2,604,641.84
13年	上	1,382,925.84	1,006,200.00	—	2,389,125.84
	下	765,204.24	1,006,200.00	—	1,771,404.24
明和元年	上	566,735.90	1,006,200.00	—	1,572,935.90
	下	284,727.60	1,006,200.00	—	1,290,927.60
2年	上	250,339.20	917,240.00	82,000.00	1,249,579.20
	下	245,041.20	913,080.00	45,000.00	1,203,121.20
3年		245,041.20	913,080.00	43,500.00	1,201,621.20

年　期		戻り銀	後貸引	戻り銀差引	差　引
		貫　匁	貫　匁	貫　匁	貫　匁
宝暦12年	上	395,358.16	—	395,358.16	2,604,641.84
	下	215,516.00	—	215,516.00	2,389,125.84
13年	上	617,721.59	—	617,721.59	1,771,404.24
	下	198,468.34	—	198,468.34	1,572,935.90
明和元年	上	282,008.30	—	282,008.30	1,290,927.60
	下	123,348.40	82,000.00	41,348.40	1,249,579.20
2年	上	46,458.00	—	46,458.00	1,203,121.20
	下	1,500.00	—	1,500.00	1,201,621.20
3年		63,952.07	—	63,952.07	1,137,669.13

年　期		買米代残	貸付金	後　貸	利　銀
		貫　匁	貫　匁	貫　匁	貫　匁
宝暦12年	上	1,598,441.84	1,006,200.00	—	19,830.65
	下	1,382,925.84	1,006,200.00	—	14,726.22
13年	上	765,204.24	1,006,200.00	—	12,045.91
	下	566,735.90	1,006,200.00	—	10,376.05
明和元年	上	284,727.60	1,006,200.00	—	8,682.28
	下	250,339.20	917,240.00	82,000.00	8,969.79
2年	上	245,041.20	913,080.00	45,000.00	8,975.18
	下	245,041.20	913,080.00	43,500.00	7,158.72
3年		185,629.13	908,540.00	43,500.00	14,366.25

出所）「内無番状刺」（三井文庫所蔵史料　別635，別624）．

金が返済されたが、それも苫屋久兵衛への一〇年賦貸に書き替えられた。阿部伊予守の場合は、三井両替店に融通を頼み込み、越後屋大坂本店が雛屋町から正金で返された銀三六貫目余から三〇貫目を貸し出すことになった。

加島屋作兵衛から苫屋久兵衛への年賦銀の、明和二年度の受取証文を引用する。[20]

覚

一銀四貫百拾六匁

外ニ銀六百五拾八匁五分六厘

申十月二日ゟ十二月迄十六ヶ月分利分

右者買米一件之節、我等出銀之内四拾壱貫百六拾目、去申年十月二日於御奉行所其元江御貸渡させ、銀壱貫目ニ付月壱朱宛利足を加江、返済之儀者当酉年ゟ拾ヶ年賦之積り被仰渡、右年賦割合銀当酉年ゟ書面之通請取申所実正也、皆済之節元証文引替可申候、仍如件

明和弐乙酉年十二月

玉水町

加嶋屋作兵衛　〇(印)

代　嘉兵衛

廻船御用達

苫屋久兵衛殿

町々の貸付金の銀主への返還が進まないのは、町々で買米損銀の補償が進まないばかりでなく、貸付先から町々への返済が困難であったからであることが次第に明らかになっていき、明和三年には西町奉行所としても新たな対策が必要となってきた。明和三年六月一五日に銀主一統は西町奉行曲淵甲斐守より呼び出され、御用金返済の方策を示された。それを番状より示すと次のとおりである。[21]

五ケ年以前買米代之儀ニ付、出金被仰付銘々致出情金子差出候処、其後払米代町々ゟ返金為致候得共、貸付金之方未其通りに相成在之候へ者、金主之者共返金いつ相済、如何成行可申哉と不案心ニ可存と察候、右貸付金町々ゟ借り請居候者共、急に返済方申付候而ハ差当り身上相立不申者も可有之候、又ハ屋敷方江貸付ニ相成在之候を、是又急に返済申付候而ハ御公儀難相勤方も在之候仕儀ニ付、於江戸表ニ色々評議之上双方難渋無之様、此度御仕法被仰付、右町々ゟ貸付ニ差出有之候金子、此以後何れも其金主ゟ借り主先キへ直々貸付ニ相改、借用主ゟ拾ケ年賦ニ返金致させ、尤返済仕方ハ借り主ゟ当御役所江年々七月極月両度ニ為相納其時々金主江差返し遣し可申候、扨利銀之儀は是迄月一朱ニ候得共、此度相改月三朱之利足ニ申渡候、扨又買米代損銀之儀未損毛償出来不致候町々在之、此分ハ与得相しらべ追而否可申渡候

この曲淵甲斐守より申し渡された趣旨は、町の貸付金を銀主に返し、銀主と借り主との間で、一〇年賦の直証文にするというものである。利率も月に〇・一パーセントから〇・三パーセントに引き上げるものである。町貸付金の利率は三倍の額の御用金の〇・一パーセントの利子と買米損銀を補塡するものであるため、最低月〇・三パーセント以上でなければならなかったが、銀主にとっては利子の三倍増となった。そして銀主ばかりでなく、町々や蔵屋敷、名代、蔵元にもその仕法替を知らせ、それぞれから連印の請書をとったのである。

〔金主請書〕

差上申一札(22)

一五ケ年以前午之年、米相場之儀ニ付私共銘々江出金被仰付、右金町々江御貸渡させ、町々ゟ所々江貸付置候内、武家方江御借入元利返済相滞候分、御取立之期月過候而も不埒ニ而、皆済銀も不相見得候処、私共儀銀壱貫目ニ付壱匁宛少分之利足請取罷在候段、難儀可仕と思召候、依之以来者銀壱貫目ニ付三匁宛ニ利足増方被仰付、御取立期月以後之利足をも、私共方江相渡させ、元貸付之町々を被差除、借り請先き之武家ゟ私共銘々江十ケ年賦ニ直返済之様ニ被仰付、則諸御蔵屋敷名代蔵元等ゟ証文御渡させ被成候、尤毎年七月十二月於御奉行所ニ

年賦銀取渡可被仰渡候間、其趣ニ相心得、先達而町々ゟ私共方へ差入置候預り銀証文ハ右町々江可差返候旨

一買米売損諸入用等可償程之利足不相溜分ハ、未貸付金御取立不被仰渡候間、其分ハ利足高幷返金之次第とも諸事是迄之通相心得可罷在旨

右被仰渡候趣逸々承知仕奉畏候、御請証文仍而如件

年号

金主　連印

御奉行所

〔武家方借り入判人共請書〕

差上申一札(23)

一五ケ年以前午之年、米相場之儀ニ付御当地町人共へ出金被仰付、右金子町々江為御貸渡、町々勝手ニ貸付候所、右金子之内相対を以利足指出シ、私共銘々印形仕屋敷江借り入、元利返済相滞皆済之銀不相立候故、今般右滞金之分十ケ年賦、利足之儀ハ銀壱貫目ニ付一ケ月三匁宛之積ニ御定、金主銘々江私共ゟ直返済ニ被仰付、則証文為御差入被成候、尤毎年七月十二月於御奉行所返銀取渡可被仰付候条、其趣相心得、此上年賦渡方無滞様出情可仕候、右之通ニ罷成候上ハ、是迄私共ゟ町々江差遣置候預り銀証文差戻し候様被仰渡候之間、請取可申旨、貸付金之利足ニ而買米損銀其外諸入用相償候積ニ付、口々利足之高下を御尋、右償可相済程利銀溜り候時節を御見合、貸付金御取立之期月御定被成候事ニ候之間、右期月迄之利足ハ是迄内分相対利銀高を以、年賦元銀之内へ差加へ候、期月過候上之利銀ハ右償之沙汰無之事故、内分相対之高を減シ何れも三朱宛之積りに御引下ケ、是又年賦ニ被仰付候間、其趣ニ相心得、期月以後ニも相減し候利銀在之分ハ町々ゟ取戻し可申候、勿論右之段町々江も被仰渡候旨

一町々貸付金之内、いまた御取立無御座其儘御貸居ニ被成置候も在之候間、借請居候者共ハ諸事是迄之通ニ相心

得返済并利銀渡シ方等も町々江相対可仕旨
右被仰渡候趣逸々承知仕奉畏候、御請証文仍而如件
年号月日
誰蔵屋敷
名代蔵元之内
連印
御奉行所

〔買米町請書〕
差上申一札(24)
一五ケ年以前午之年、米相場之儀ニ付御当地町人共へ出金被仰付、右出金之内三歩弐ハ買米代、三歩一ハ為御貸付私共町々江御貸付させ之上、右貸付金ハ私共ゟ何れ江成とも勝手ニ貸渡、其利足ヲ以買米之方諸入用売損等をも償可申旨被仰渡候処、右御貸付金私共ゟ借置候先き々ゟ元利返済差滞金主へ之返銀相延候ニ付、月延等願上是迄返金為延引候ニ付立替返済可被仰付候返済共、買米之節出情仕、右一件は町役同事ニ仕来候処、右返済不埒之内武家方之儀は十ケ年賦に御定、銘々金主江武家方ゟ直返済ニ被仰付、私共町々ハ被差除皆済之姿ニ罷成、是迄金主江私共町々ゟ差遣し置候預ケ銀証文御差返させ被成候間、私共手前ニ在之内請取証文共と引替又貸之先キ々ゟ取置候貸付証文も其向々江指戻し可申旨
一金子貸付先キ々ゟ利足渡方滞候故、買米金も残金在之、且諸入用償銀等不請取町々も有之候、右可請取利足高買米売損江可相渡町々之分は譬右利銀請取候而も是非金主江相渡候事ニ而全無益之取渡しニ付是又借り主ゟ金主江直返済ニ被仰渡候旨
一買米売損償は相済、右利銀ニ而私共町々ゟ差出候、諸入用償可申分は金主江可請取銀子ニ無之候故、右之分ハ

借り方ゟ私共へ早々相済候様ニと被仰渡候間、猶又申談夫々ゟ請取可申旨

一貸付銀取立、期月以後之利銀は私共町々入用償銀之外ニ御座候得ハ、私共へ可請取筋無之候間、期月以後も請取候利銀在之候ハヽ、早々借り方へ可差戻候旨

一買米売損其外諸入用、先達而勘定書ニ認差上候、外之入用銀は全私共町々未熟之取計ひゟ出来候事と思召候間、最初被仰渡在之候通、弥不被及御沙汰候間、金主江相滞在之分は早々金主へ相渡可申候、此段兼而承知仕罷在候事に御座候へ共、心得違為無之猶又被仰渡候旨

一買米売損其外諸入用可償程之利足不相溜分は貸付金其儘御差置被下候間、利銀渡方返金仕候節も諸事是迄通相心得可申旨

右被仰渡候趣逸々承知仕難有奉畏候、御請証文仍而如件

年号

買米町々
年寄　町人連印

御奉行所

金主請書、武家方請書、町々請書はともに明和三年（一七六六）の御用金仕法替に対する請書であり、いずれも御用金の町拝借金を武家方と銀主との間の直接の一〇年賦証文にする、利足を月〇・三パーセントにする、買米売損の償いのできない町貸はこれまでどおりとする、という内容である。直証文となることによって武家方の払う利足は〇・三パーセントに引き下げられ、銀主の受け取る利足は〇・三パーセントに引き上げられたのである。

三井八郎右衛門が出金した御用金の町拝借金は、明和三年末には買米代金残りが銀一八五貫目、貸付金が銀九〇八貫目余、そして後貸が銀四三貫目余で、合計して銀一一三七貫目余であった。表1-6にその町別内訳を記した。表1-1と比べて、買米代は一割弱を残して返済されているが、貸付金は銀九七貫目が返済されたにすぎない。しかも

その半分が後貸として一〇年賦となっている。吉野屋町と雛屋町への貸付が消えたにすぎない。明和三年六月から町貸付金が、銀主との年賦直証文に書き替えられていった。松平信濃守（佐賀藩）の年賦証文を次に引用する。[25]

覚

但此利足壱貫目ニ付一ケ月ニ三匁宛可相渡候

一銀四拾三貫三百七拾八匁九分七厘

右者御貸附証文前銀四拾壱貫百六拾目、利銀滞弐貫弐百拾八匁九分七厘相加、此銀高ニ相成候

一銀弐貫弐百九拾七匁八分弐厘九毛

右者期月後元銀四拾壱貫百六拾目利足月三朱之積引下ケ候高

合銀四拾五貫六百七拾六匁七分九厘九毛

右者去午年町々買米之節、其元出金之内南久太郎町弐丁目御貸附ニ相成候銀高ニ而、右南久

表1-6　三井八郎右衛門の御用金の町拝借金（明和3年末日）

町　名	買米代残	貸付金	合　計
	貫　匁	貫　匁	貫　匁
今橋二丁目	25,052.500	41,160.000	66,212.500
上人町	17,543.350	41,160.000	58,703.350
四軒町	8,843.750	41,160.000	50,003.750
道修町一丁目	29,152.400	41,160.000	70,312.400
本町一丁目	11,156.000	41,160.000	52,316.000
本町二丁目	—	41,160.000	41,160.000
本町三丁目	4,610.674	41,160.000	45,770.674
本町五丁目	5,887.800	41,160.000	47,047.800
山本町	6,000.000	41,000.000	47,000.000
立売堀南裏町	29,190.000	38,160.000	67,350.000
薩摩堀東ノ町	3,266.662	41,160.000	44,426.662
薩摩堀中筋町	5,123.953	41,160.000	46,283.953
炭屋町	—	41,160.000	41,160.000
南久太郎町二丁目	2,218.970	41,160.000	43,378.970
南久太郎町三丁目	1,155.797	41,000.000	42,155.797
北久宝寺町二丁目	—	40,000.000	40,000.000
江戸堀五丁目	6,509.899	36,960.000	43,469.899
安堂寺町二丁目上半	9,971.000	36,900.000	46,871.000
安堂寺町二丁目下半	2,134.629	36,960.000	39,094.629
江ノ子嶋西町	11,524.250	36,960.000	48,484.250
南本町一丁目上半	—	36,960.000	36,960.000
南本町一丁目下半	—	21,960.000	21,960.000
玉水町	6,287.500	36,960.000	43,247.500
鍛冶屋町二丁目	—	10,800.000	10,800.000
苫屋久兵衛		後　貸	13,500.000
阿部伊予守		後　貸	30,000.000
合　計	185,629.134	908,540.000	1,137,669.134

出所）「内無番状刺」（三井文庫所蔵史料　別624）.

太郎町弐丁目ゟ当蔵屋敷江借入置候処、書面之通元利返済相滞候ニ付、右元利之銀高当戌年ゟ来ル未年迄拾ヶ年賦ニ被仰付候、依之壱ヶ年ニ銀四貫五百六拾七匁六分七厘九毛九弗宛之積、毎年七月十二月両度ニ割合年賦無滞可致返済候、為後日証文依而如件

明和三年戌六月

松平信濃守蔵屋敷用達
肥前屋清兵衛　印
右同名代蔵元
肥前屋次郎兵衛　印

高麗橋壱丁目
越後屋八郎右衛門殿

右前書之通相違無之候、年賦無滞返済可申候、為後日奥書如件

松平信濃守内
半田久左衛門　印
石井二右衛門　印
古賀太次右衛門　印
川副干兵衛　印

これは松平信濃守の南久太郎町二丁目からの借入金が越後屋八郎右衛門からの年賦証文に書き替えられた際の証文である。銀四三貫目余のほかに期月後の利足が銀二貫目余加算され、銀四五貫目余の証文となっている。三井八郎右衛門出金の御用金で明和三年末に年賦証文高に書き替えられた額は銀五三九貫一三八匁一分八厘五毛であるが、銀二一貫九五七匁二分四厘二毛の利足が加算された。明和三年末までに町から大名への御用金の貸付金が、銀主と借り主

との年賦直証文に書き替えられていった。それを示したのが表1-7である。今橋二丁目、上人町、四軒町、道修町一丁目、本町五丁目、江ノ子嶋西町、江戸堀五丁目には記載がない。「右八丁町ハ買米損銀償未相立期月不来候ニ付是迄之通」[26]とあるように、買米により生じた損銀の穴埋めができないために町の拝借銀の清算もできないのである。本町二丁目と立売堀南裏町は「右ハ町人江貸付ニ相成有之候ニ付、当地亥正月晦日限取立被為仰付候」、あるいは「当亥六月限取立」[27]となり、年賦証文に書き替える必要がなかったのである。本町三丁目の場合は松平信濃守と松浦肥前守の年賦直証文に書き替えられた。本町三丁目の銀四五貫七七〇目余のうち貸付金は銀四一貫一六〇目で、銀四貫六一〇目余は買米代残りであった。買米代も大名への貸付金として用いられていたのである。山本町、薩摩堀東ノ町、薩摩堀中筋町、南久太郎町二丁目、同三丁目、安堂寺町二丁目下半、玉水町の場合も買米代残が貸付金となっていたのである。

大名金融としての御用金では、銀主と大名との関係は、銀主にとっては個別的にはそれほど多額ではないが、貸付先大名数が多く、かつ大名も多くの銀主から借り入れ、錯綜したものであった。

年賦直証文高を明和三年末の時点で、貸付先別にみると、松平信濃守（佐賀藩）が銀一九二貫〇八〇目二分七厘三毛、佐竹右京大夫（秋田藩）が銀七八貫二四七匁五分、阿部伊予守（福山藩）が銀七六貫九六〇目、松江丹後守（明石藩）が銀三六貫九〇〇目、松平周防守（浜田藩）が銀二九貫三六九匁五分二毛、松平出羽守（松江藩）が銀二一貫目、松浦肥前守（平戸藩）が銀五貫一二四匁、それに銀座が銀九九貫四五六匁九分一厘であった。森泰博氏が指摘するような譜代大名救済策とは必ずしも限定することはできない。

明和三年末までに償還ないしは年賦直証文への書き替えができなかった町貸を表1-8から見てみよう。銀五五五貫目余で一一町がまだ残っている。そのうち本町二丁目と安堂寺二丁目上半は明和四年中に皆済され、四軒町、本町一丁目、本町五丁目、江ノ子嶋西町は明和四年に一部が返済され、残りが大名の年賦証文に書き替えられた。立売堀南裏町と江戸堀五丁目が年賦返済となったほかは、明和七年までに年賦直証文への書き替えは終わった。

表1-7　三井八郎右衛門の御用金の年賦直証文（明和3年）

年　賦　直　証　文
明和3年　松平信濃守年賦直証文40貫646匁6分7厘4毛，松浦肥前守年賦直証文5貫124匁.
明和3年　松平信濃守年賦直証文47貫目.
明和3年　銀座年賦直証文44貫426匁6分6厘2毛.
明和3年　銀座年賦直証文23貫074匁4分5厘1毛，松平周防守年賦直証文23貫209匁5分2毛.
明和3年　佐竹右京大夫年賦直証文35貫目，松平周防守年賦直証文6貫160目.
明和3年　松平信濃守年賦直証文43貫378匁9分7厘.
明和3年　松平出羽守年賦直証文21貫目，銀座年賦直証文21貫155匁7分9厘7毛.
明和3年　阿部伊予守年賦直証文40貫目.
明和3年　松平丹後守年賦直証文36貫900目.
明和3年　松平信濃守年賦直証文39貫094匁6分2厘9毛.
明和3年　阿部伊予守年賦直証文36貫960目.
明和3年　松平信濃守年賦直証文21貫960目.
明和3年　佐竹右京大夫年賦直証文43貫247匁5分.
明和3年　銀座年賦直証文10貫800目.

別624).

表1-8　三井八郎右衛門の御用金町貸の年賦直証文

7年戻り高	
明和6年　阿部伊予守年賦直証文59貫295匁.	
明和6年　阿部備中守年賦直証文36貫703匁3分5厘，細川中務少輔年賦直証文18貫目.	
貫　匁	
12,000.000	明和7年　紀州中納言年賦直証文58貫312匁4分.
—	
—	
4,800.000	明和7年末残高12貫目.
2,800.000	明和7年末残高21貫目.
賦直証文13貫603匁3分7厘5毛，津軽出羽守年賦直証文33貫429匁5分5毛.	
賦直証文48貫140目.	
賦直証文45貫760目.	
賦直証文36貫960目.	

町　名	町貸高
	貫　匁
今橋二丁目	66,212.500
上人町	58,703.350
四軒町	50,003.750
道修町一丁目	70,312.400
本町一丁目	52,316.000
本町二丁目	41,160.000
本町三丁目	45,770.674
本町五丁目	47,047.800
山本町	47,000.000
立売堀南裏町	67,350.000
薩摩堀東ノ町	44,426.662
薩摩堀中筋町	46,283.953
炭屋町	41,160.000
南久太郎町二丁目	43,378.970
南久太郎町三丁目	42,155.797
北久宝寺町二丁目	40,000.000
江戸堀五丁目	43,469.899
安堂寺町二丁目上半	46,871.000
安堂寺町二丁目下半	39,094.629
江ノ子嶋西町	48,484.250
南本町一丁目上半	36,960.000
南本町一丁目下半	21,960.000
玉水町	43,247.500
鍛冶屋町二丁目	10,800.000
合　計	1,094,169.134

出所）「内無番状刺」(三井文庫所蔵史料

ところで西町奉行曲淵甲斐守は、一〇年賦直証文に書き替えた大名の返済状況の調査も行った。それを次に引用する明和三年一二月二九日の大坂本店支配人より京本店支配人への内番状より見てみよう。大名の側では利足もなかなか払えない状況で、年賦償還に応じることができたのは、松平土佐守など四屋敷に限られた。

内無番(28)

一筆致啓上候

一先便得御意候御貸附金御屋敷方年賦之義ニ付、昨廿八日金主方不残御召出し、曲淵甲斐守様於御前被為仰渡候趣荒増左之通ニ御座候

一年賦銀之義、此節迄ニ何れも返済在之筈之処、彼是差支筋被仰立不調達之方在之候

紀州様

町　名	明和3年末貸高	4年戻り高	5年戻り高	6年戻り高
	貫　匁	貫　匁	貫　匁	貫　匁
今橋二丁目	66,212.500	—	—	6,917.500
上人町	58,703.350	—	—	4,000.000
道修町一丁目	70,312.400	—	—	—
本町二丁目	41,160.000	41,600.000	—	—
安堂寺町二丁目上半	9,971.000	9,971.000	—	—
立売堀南裏町	67,350.000	37,190.000	8,560.000	4,800.000
江戸堀五丁目	43,469.899	12,469.899	4,400.000	2,800.000
四軒町	50,003.750	2,970.870	明和4年	阿部伊予守年
本町一丁目	52,316.000	4,176.000	明和4年	松平信濃守年
本町五丁目	47,047.800	1,287.800	明和4年	松平信濃守年
江ノ子嶋西町	48,484.250	11,524.250	明和4年	津軽出羽守年

出所）「御用出金指引勘定附内無番状刺」(三井文庫所蔵史料　別674)．
注）阿部伊予守は明和6年に阿部備中守となった．

阿部伊予守殿
右両屋敷何角御物入筋〆候故、延引之御断にて有之候故、当季元利共返済無之候
津軽出羽守殿
先達而御国元大変ニ付、江戸表御普請御手伝抔も御免有之候程之儀ニ付、不調達之旨御断ニ付当季元利とも返済無之候
松平周防守殿
佐竹右京大夫殿
松平丹後守殿
右三屋敷元銀不調達ニ付、当七月ゟ之利銀計為致返済候
松平信濃守殿
右屋敷不調達ニ付、当年分元利之高一歩通返済致させ候
右何れも返済期月之願有之候へハ、其節は金主此方ゟ呼出し返済可申渡候
銀座
右は此節江戸御上納在之候ニ付、当季返済方不調達之段願出候ニ付、正月晦日限無相違返済致候様申付候、若相滞候ハ丶、請人伊豆蔵伝蔵ゟ相建候様ニ可申付候
苫屋久兵衛
右は江戸表当年御拝借金御渡シ方御延引ニ付、年賦返済之義相延候様江戸表御勘定方より被仰越候ニ付、当季返済無之候
松浦肥前守殿
右今日当季年賦銀并利足共返済申渡し候

右之通於御前殿様御直ニ金主方江被為仰渡候御事ニ御座候、此間ゟ惣体御不調達之趣ニハ相聞へ候得共、ヶ程ニハ有御座間敷と奉存候処、案外之至難渋ニ奉存候

右口々之内返済銀利銀等何れも昨日直ニ御渡方被仰付、手前分夫々請取申候、委細之義ハ追而勘定書差登せ候節、相記し登せ可申候間、左様御心得可被下候

一当季御定之通年譜御返済有之候御屋敷左之通

松平土佐守様

松平出羽守様

鍋嶋伊三郎様

松浦肥前守様

右御四屋敷計、外ニ御旗本様方少々有之、此分ハ先頃ゟ追々御返済相済候由承申候

一町人貸之分、先達而当暮迄ニ取立被仰付候得共、不調達ニ付日延御願被申上候ニ付、来亥六月限急度致返済候様被為仰付候段承知仕候

一買米町々之内、内損多ク買米残金返済方調達不仕ニ付、年賦御願申上候町々三拾七丁町有之候、右之分并ニ右金主之分一昨廿七日御召出し、年賦願御聞届無之候間、来亥十二月限ニ急度返済可仕旨被仰付、尤来ル正月ゟハ利足三朱ニ而勘定可仕旨被仰渡候御事ニ御座候

右之通ニ御座候、此段可得貴意如此御座候以上

十二月廿九日

同　次右衛門　○(印)

義右衛門　○(印)

宇右衛門　○(印)

喜十郎　○(印)
藤兵衛　○(印)

三井忠左衛門殿
六郎兵衛殿
清兵衛殿
利右衛門殿
吉郎兵衛殿

一〇年賦直証文に書き替えて半年ほどで、元金返済どころか、利足も払えない大名がいる。阿部伊予守の場合では明和四年上期に前年分の利足額の二割五分を支払い、五年下期に同じく明和三年分の利足額の一割五分ほどを支払い、六年下期に同じく二割近くを支払っている。七年には支払いはない。このような状況では、早晩償還仕法の変更が必要となってくることになる。

三　安永六年の年賦証文

明和三年（一七六六）に町々の貸付金は銀主から貸付先への一〇年賦直証文として書き替えられた。事実上は御用金出金者の大名への年賦貸となった。明和四年から安永五年までの三井八郎右衛門の御用出金差引勘定をみると表1-9のとおりである。すでに表1-8にもみたが、年賦直証文への書き替えは明和七年の紀州家への年賦証文で終わった。年賦直証文は明和七年に銀八九八貫目余の最高値となった。年賦直証文の返済の内訳を表1-10に示した。町貸付金の年賦直証文への書き替えが明和四年、六年になされ、津軽出羽守、細川中務少輔が記載され、阿部伊予守、松平信濃守が増額された。明和三年から六年まで銀二七貫目余の元本返済がなされていったが、同表で年賦償還が規則どおりなされたのは松平出羽守のみである。松平周防守、佐竹右京大夫、阿部伊予守、銀座と阿部伊予守後貸では元本返済がまったくなされていない。

明和三年一二月二四日の大坂本店手代の番状では次のようにある[29]。

一当七月年賦直証文ニ被仰付候貸附金代、当年分之所借主方へ此節迄ニ元利返済致候様被仰付候処、何れ之御屋敷も御逼迫ニ而、日延御断等被仰上候由ニ相聞へ申候、手前方之内松平出羽守様御屋敷一口ハ当月十六日於御番所ニ年賦銀利足共御返済被成候、其外之御屋敷方幷銀座共此節不調達之由

明和三年七月にすべて年賦直証文に書き替えられたが、同年末ですでに松平出羽守以外で年賦償還するものがいないことを嘆いている。

明和七年以降の年賦証文の戻り高を示したのが表1‐11である。立売堀南裏町は安永二年に、松平出羽守は安永四年に完済となり、江戸堀五丁目、細川中務少輔は規則的に返済されているが、そのほかはほとんど、あるいはまったく返済がなされていない。

このような状況のもとで、明和五年には御用金出金者が寄合をもち、御用金の一〇年賦返済金を規則どおり返済してくれるようにとの願書を作成して町奉行所に提出しようとした。同年八月二六日の内番状にその経緯が明らかとなる。

内番状[30]

一筆致啓上候

一御用出金之内、去ル戌之年ゟ追々十年賦直証文ニ被仰付候分、何方共年賦元入聢々相済不申、其上利銀等一向相渡り不申も有之、済方相滞右之通りニ而はいつ可済儀とも相見得不申、金主方難渋千万成次第ニ御座候ニ付、御歎之御願可申上抔と折々噂被致候方も相聞へ申候へとも、是迄誰一分ニ願出候仁も無御座候、然るに此間今橋鴻善ゟ手代衆壱人店表へ相見へ出金之儀ニ付支配人江逢申度段被申ニ付、壱人罷出応対致し候処、西辺金主方之

内ゟ被申候ハ、年賦元利共済方不埒ニ御座候而及難渋候得ハ、何れ御番所江御願申上候積ニ御座候、其元ニは如何思召候哉、御同心ニ候ハヽ、今日打寄内談可仕と被申越候

このように鴻池善右衛門の手代が越後屋大坂本店に来て、年賦金返済の訴願の相談をした。そして八月二四日に二四人の御用金出金者が集まり[31]相談をもって、九月三日に願書を出した。九月七日の内無番状では、銀主五〇人ほどが奉行所に呼ばれ、「是迄於此方無如才借り方へ返済之儀厳敷申渡候儀ニ候へ共、調達方難儀之趣申立色々断申ニ付、無拠聞届遣候事ニ候、此末返済方随分致出情候様借り方へ猶更急度可申渡候間、其旨相心得候様[32]」との返事を得ている。

（その2）

残　而	利足，貸高へ加エル	合　計	利銀之入
貫　匁	貫　匁	貫　匁	貫　匁
1,080,236.03	2,721.06	1,082,957.09	7,743.13
1,031,537.02	166.12	1,031,703.15	9,000.00
1,024,736.95	—	1,024,736.95	4,261.56
1,008,248.94	—	1,008,248.94	11,014.15
996,473.75	73.49	996,547.24	7,002.99
982,534.98	656.44	983,191.42	4,967.55
964,272.26	1,009.20	965,281.46	3,075.08
958,390.15	—	958,390.15	3,770.46
951,525.69	—	951,525.69	2,543.66
944,495.94	—	944,495.94	3,443.04
938,235.07	—	938,235.07	1,364.42
932,186.07	—	932,186.07	2,796.60
920,500.04	—	920,500.04	5,939.08
910,509.60	—	910,509.60	4,489.26
900,722.15	—	900,722.15	4,747.86
894,358.79	—	894,358.79	523.80

（同　別656）．

（その1）

明和4年証文高	5年戻り高	6年戻り高	6年証文高
貫　匁	貫　匁	貫　匁	貫　匁
17,850.000	3,150.000	2,100.000	12,600.000
4,734.576	271.572	15.372	4,447.632
30,340.811	—	—	30,340.811
82,609.170	—	—	82,609.170
291,111.602	—	—	291,111.602
35,484.147	1,918.062	—	33,566.085
95,323.234	—	—	191,835.515
102,769.821	—	—	102,769.821
73,091.543	3,654.576	3,654.576	65,782.391
—	—	—	18,216.000
12,000.000	1,500.000	1,500.000	9,000.000
30,000.000	—	—	30,000.000
775,314.904	10,494.210	7,269.948	872,279.027

表1-9　三井八郎右衛門の御用金差引勘定

年　期		町貸高	年賦直証文	後　貸	合　計	戻り銀
		貫　匁	貫　匁	貫　匁	貫　匁	貫　匁
明和4年	上	555,030.94	556,477.29	43,500.00	1,155,008.24	74,772.21
	下	400,192.94	652,764.15	30,000.00	1,082,957.09	51,420.07
5年	上	256,388.25	745,314.90	30,000.00	1,031,703.15	6,966.20
	下	251,228.25	743,508.70	30,000.00	1,024,736.95	16,488.01
6年	上	243,428.25	734,820.69	30,000.00	1,008,248.94	11,775.18
	下	173,415.75	793,131.49	30,000.00	996,547.24	14,012.26
7年	上	110,912.40	842,279.02	30,000.00	983,191.42	18,919.16
	下	36,800.00	898,481.46	30,000.00	965,281.46	6,891.31
8年	上	33,000.00	895,390.15	30,000.00	958,390.15	6,864.46
	下	29,200.00	892,325.69	30,000.00	951,525.69	7,029.75
安永元年	上	25,400.00	889,095.94	30,000.00	944,495.94	6,260.87
	下	21,600.00	886,635.07	30,000.00	938,235.07	6,049.00
2年		17,800.00	884,386.07	30,000.00	932,186.07	11,686.03
3年		12,600.00	877,900.04	30,000.00	920,500.04	9,990.43
4年		9,800.00	870,709.60	30,000.00	910,509.60	9,787.44
5年		7,000.00	863,722.15	30,000.00	900,722.15	6,363.36

出所）「御用出金指引勘定附内無番状刺」（三井文庫所蔵史料　別674），「大坂御用金佐印発端ゟ諸通達」

表1-10　三井八郎右衛門の御用金年賦直証文高の元本返済

大　名　名　前	元　銀	利　足	証文高	明和3年 戻り高	4年戻り高
	貫　匁	貫　匁	貫　匁	貫　匁	貫　匁
松平出羽守	21,000.000	—	21,000.000	2,100.000	1,050.000
松浦肥前守	5,124.000	153.720	5,277.720	527.772	15.372
松平周防守	29,369.502	971.309	30,340.811	—	—
佐竹右京大夫	78,247.500	4,361.670	82,609.170	—	—
松平信濃守	192,080.273	6,955.561	199,035.834	1,990.358	—
松平丹後守	36,900.000	1,461.240	38,361.240	—	2,877.093
阿部伊予守	76,960.000	4,740.831	81,700.831	—	—
銀座	99,456.910	3,312.911	102,769.821	—	—
津軽出羽守	—	—	—	—	—
細川中務少輔	—	—	—	—	—
笘屋久兵衛	13,500.000	—	13,500.000	—	1,500.000
阿部伊予守　後貸	30,000.000	—	30,000.000	—	—
合　計	582,638.185	21,957.242	604,595.427	4,618.130	5,442.465

出所）「御用出金指引勘定附内無番状刺」（三井文庫所蔵史料　別674）．

乍恐御訴訟(33)

高麗橋壱丁目

越後屋八郎右衛門代

藤右衛門

一去ル宝暦十一年巳十二月、米相場之儀ニ付出金被為仰付、翌年午正月金高追々皆済奉上納候、右金子町々弐拾六丁町江被為御貸渡、則買米代幷御貸附金ニ被為仰付候、其後於右町々買米売払候大金幷御貸附金追々返金被為仰付難有奉存候、然ル所去ル戌之年六月私共被為召出、御貸附金相残候町々ゟ御蔵屋敷方幷銀座江貸渡有之候を、私ゟ直之貸附ニ被為仰付、元銀返済方十ケ年賦、利足月三朱、毎年七月極月両度於御奉行所元利返済有之候様被為仰付、御慈悲難有奉存候

一右出金月一朱宛少分之利足町々ゟ請取罷在候儀、私共難義可仕と被為思召上、利足三朱ニ増方被仰付候、御慈悲難有奉存候、然に其後諸御蔵屋敷方ハ不及申上、銀座年賦御仕法之通返済無御座、其上利銀等相渡り不申候も多

(その2)

3年戻り高	4年戻り高	5年戻り高	戻り高合計	安永5年末貸高
貫 匁	貫 匁	貫 匁	貫 匁	貫 匁
—	—	—	16,800.000	—
2,800.000	2,800.000	2,800.000	19,600.000	4,200.000
2,100.000	2,100.000	—	12,600.000	—
1,821.600	1,821.600	1,821.600	12,751.200	5,464.800
216.720	6.989	—	766.330	3,681.302
—	—	—	—	30,340.811
—	—	—	—	82,609.170
—	—	—	—	291,111.602
967.310	725.630	241.760	4,655.065	28,911.020
288.200	477.300	—	4,016.700	61,765.691
—	—	—	—	191,835.515
296.608	355.929	—	652.537	58,669.063
—	—	—	—	102,769.821
1,500.000	1,500.000	1,500.000	6,000.000	3,000.000
—	—	—	—	30,000.000
9,990.438	9,787.448	6,363.360	89,841.832	894,358.795
			12,000.000	

(同　別656).

なり，1貫009匁2分が期月後利足として紀州中納言貸に加えられた.

ク御座候而難渋千万歎敷奉存候、偖又御蔵屋敷方之内元銀最初ゟ一向御返済無之方も御座候、尤御調達御手支之御様子先達而委細被為仰付奉承知罷在候、前段奉申上候通、御仕法被為仰付候上者御願可申上様無御座儀と奉存候得共、私義大金差出置元利御定之通相渡り不申、甚難渋仕候故不顧恐を御願奉申上候、御慈悲之上何卒御仕法之通年々無遅滞返済在之、扨又是迄相滞在之候元利、何卒此節被相渡候様被為仰付被為下候様乍恐奉願上候

右之趣去々子ノ年九月御願奉申上候処、其後私共被為召出、貸附金返済方相滞ニ付、書付差出相願候段無余儀事ニ思召候、是迄度々返済之儀被仰付候へ共、猶又無遅滞返済有之候様被仰付可被下候間、其旨相心得候様被為仰渡候冥加至極難有奉存候

一右之通被為仰渡難有奉存候、然共其已来迚も元利共聢々返済無御座難渋至極仕候ニ付、乍恐又候御願奉申上候、右之段被為聞召分ケ御慈悲之上元利年々無滞被相渡候様被為仰付被

表1-11　三井八郎右衛門の御用金年賦直証文高の元本返済

町　名	明和6年末 貸　高	明和7年 戻り高	8年戻り高	安永元年 戻り高	2年戻り高
	貫　匁	貫　匁	貫　匁	貫　匁	貫　匁
立売堀南裏町	16,800.000	4,800.000	4,800.000	4,800.000	2,400.000
江戸堀五丁目	23,800.000	2,800.000	2,800.000	2,800.000	2,800.000
松平出羽守	12,600.000	2,100.000	2,100.000	2,100.000	2,100.000
細川中務少輔	18,216.000	1,821.600	1,821.600	1,821.600	1,821.600
松浦肥前守	4,447.632	123.840	132.370	61.920	224.491
松平周防守	30,340.811	—	—	—	—
佐竹右京大夫	82,609.170	—	—	—	—
松平肥前守	291,111.602	—	—	—	—
松平丹後守	33,566.085	1,111.330	808.240	438.155	362.640
津軽出羽守	65,782.391	1,053.700	1,432.000	288.200	477.300
阿部備中守	191,835.515	—	—	—	—
紀州	—	—	—	—	—
銀座	102,769.821	—	—	—	—
苫屋久兵衛	9,000.000	—	—	—	1,500.000
阿部備中守　後貸	30,000.000	—	—	—	—
合　計	983,191.427	25,810.470	13,894.210	12,309.875	11,686.031
道修町一丁目	70,312.400	12,000.000			

出所）「御用出金指引勘定附内無番状刺」（三井文庫所蔵史料　別674），「大坂御用金佐印発端ゟ諸通達」
注）道修町一丁目の町貸金は明和7年上期に12貫目が内戻となり，58貫312匁4分が紀州中納言年賦貸と

為下候ハ、莫大之御慈悲難有可奉存候以上
明和七年寅九月十一日

高麗橋壱丁目
越後屋八郎右衛門代
藤右衛門

御奉行様

以上に引用したように、明和七年九月にも越後屋八郎右衛門は町奉行所に御用金の年賦銀を返済するように借り主武家方に申し付けてほしいとの願書を出した。その願書の中では明和五年九月の願書の内容を記し、それに対して町奉行が返済を厳しく催促するといった内容を記した上で、それにもかかわらず償還が進まなかった事態を述べて、再度厳しく申し付けてほしいと訴えているのである。この願書にもかかわらず、四、五年間はまったく変化がみえなかった。

安永四年頃に一〇年賦の期限切れが近づいたため、償還仕法の変更が必要となってきた。安永四年（一七七五）一二月に三井八郎右衛門は鴻池善右衛門、鴻池善五郎、加嶋屋久右衛門、加嶋屋作兵衛とともに町奉行所に呼び出され、御用金の償還仕法の変更を申し渡された。それを安永五年正月の大坂本店手代から京本店への番状からみると次のとおりである。

内無番(34)
一筆致啓上候
一出金貸附年賦之儀ニ付、旧蠟廿六日掛り惣年寄中ゟ惣会所江呼出し有之候銘々左之通

鴻　池善右衛門殿
同　善五郎殿

手　前
加嶋屋久右衛門殿
同　作兵衛殿

右五軒江一同ニ被申渡候者、御貸附年賦返済方相滞金主共致難渋候段、伊予守様気毒ニ思召、御憐愍之上此度御仕法御改被遊候思召ニ付、金主方へ相尋可申旨被為仰付候、是迄之姿ニ而はいつ可済寄共際限無之候、依之当時元銀滞高ニ期月後利銀指加へ、銀高ニ応今年ゟ相改凡百貫目迄ハ十ケ年賦、弐百貫目迄は弐十年賦、三百貫目迄は三十年賦と改定、是迄三朱之利銀滞は令用捨、勿論此以後ハ無利足ニ而夫々年賦ニ被仰付、返済方相滞不申様急度被仰渡候御積ニ有之候、尤右御仕法江戸表江被仰遣於彼地返済方之所其主人達へ急度被仰付候思召ニ有之候、右之通御慈悲之上被仰出候御事ニ候へハ、得心之御請書来正月十二日迄ニ指出シ可被申候、若各存入も有之候ハヽ、其段拙者共迄可被申聞候、右之通被申附候ニ付、早春ニ至鴻池、加嶋屋共存寄尋合申候処何も未了簡相極り不申由被申越候御儀ニ御座候、右一件書通ニ而は難相分御座候ニ付、中西庄右衛門今夜舟ニ指為登申候間、委細庄右衛門ゟ御承知之上主中様方江御申上、其御地思召入御座候ハヽ、被仰遣可被下候、右可得御意如斯御座候以上

正月八日

同　次右衛門　〇(印)
義右衛門　〇(印)
平右衛門　〇(印)
藤九郎　〇(印)
六右衛門　〇(印)
忠兵衛　〇(印)

三井宗　助殿
清兵衛殿
利右衛門殿
吉郎兵衛殿
文右衛門殿
理兵衛殿

すなわち年賦銀高にこれまでの滞り利足を加えて、銀一〇〇貫目までは一〇年賦、銀二〇〇貫目までは二〇年賦、銀三〇〇貫目までは三〇年賦にするという仕法替である。同年以降は無利足となる。

翌五年一月に町奉行所から上記の五軒以外の銀主を呼び集めて仕法替を伝えて請書を出させた。その際の年限期限は、銀一〇〇貫目までは二〇年賦、銀二〇〇貫目までは三〇年賦、銀三〇〇貫目までは四〇年賦と、一〇年ずつ延長されていた。五軒ものちにその請書に押印した。

ところがその御用金償還仕法は、そのままでは進まなかった。安永六年二月には西町奉行所に銀主一六八人を集めて仕法の変更が伝えられた。それは大名毎に大金、小金について返済年限を定めたものである。来状写から見てみよう。

来状写(35)

一筆致啓上候

一御用出金掛惣年寄中ゟ金主之銘々御用之儀有之候間、昨三日西御番所江罷出候様廻文ヲ以申来り候ニ付、則手前ゟ森忠兵衛罷出候所、金主百六十八人程一緒ニ御召出シ、於御前被為仰渡候者、去春調へ申渡候年賦銀之儀、江戸表へ窺候所、御紀之上夫々年賦年限申来候御差図有之、其段承知可仕旨被仰付御印請御取被遊候処、手前貸付有之候之分左之通り

一紀州様　　　　　　大金小金共
　　　　　　　　　　　百五十年賦
一阿部備中守様　　　大金　百年賦
　　　　　　　　　　小金　五十年賦
一松平周防守様　　　同　七十年賦
　　　　　　　　　　同　三十五年賦
一佐竹右京大夫様　　右同断
一松平肥前守様　　　大金　八十年賦
　　　　　　　　　　小金　四十年賦
一津軽越中守様　　　大金　四十年賦
　　　　　　　　　　小金　弐拾年賦
一松平左兵衛佐様　　大小金共
　　　　　　　　　　　　廿五年賦
一松浦壱岐守様　　　同　十年賦
一銀座　　　　　　　同　三十五年賦
〆　但
　　右大金ハ拾貫目以上
　　小金ハ拾貫目已下
右之通ニ御座候、扨々案外之長年賦ニ被仰附当惑千万奉存候、然共一統之儀故御請印形仕候、扨又掛り惣年寄ゟ訳て被申聞候者、去ル春金主ゟ年賦年限書上候刻者無利足ニても元銀無滞相渡候様申出候得共、長年賦ニ被仰附、滞利銀去々未ノ極月差上候勘定書表之通、未ノ年迄之利足銀ハ右年賦銀高へ御指加へ被遣候、其趣ヲ以名代蔵元へ夫々引合、来ル十五日迄新古証文引替、新証文者金主ゟ此方へ指出可申候、御役所御添印被遊候上金主へ新証文御渡被遊候之由被申渡候御事ニ御座候、余り長年賦ニ付金主之内向談致居候仁も有之趣ニ相聞へ申候、何れニ様子内々承り合、多分之了簡ニ相随ひ取計候様可仕候之間、此段主中様方へ宜被仰上可被下候、右可得御意如此御座候以上

酉二月四日

明和三年の一〇年賦直証文の期限がそろそろ終わりとなり、しかもそのほとんどが返済されていないために、新たな仕法替えが必要となったのである。

仕法変更の過程で、大名側の抵抗があったものと推測され、紀州家が一五〇年賦になるなど、一部大名の一年当たりの返済高を減額し、全体として長年賦となっている。「草間伊助筆記」では最長二〇〇年賦であるとしている。一〇年賦証文の時より償還が確実になるとはいえ、年限が長くなり、大名にとり有利なかたちでの仕法替となった。安永六年（一七七七）二月には証文の書き替えが進んでいった。紀州家より三井八郎右衛門への、阿部備中守より加嶋屋作兵衛への証文を示すと次のとおりである。

新証文之写(36)

年賦証文之事

合銀七拾貫七百弐拾三匁壱分壱厘

右者買米之節、其元出金之内先達而紀州様御屋鋪江御借り入ニ相成、八年以前寅年以来三朱之利足相加へ、十ケ年賦ニ被仰付置候処、元利返済相滞候ニ付、此度猶又於御奉行所御紀之上、向後致無利足書面滞銀高当酉年ゟ百五十年賦ニ被仰付候、然ル上ハ壱ケ年ニ渡高当酉年銀四百八拾四匁五分壱厘、来戌年ゟ四百七拾壱匁四分宛、毎年七月十二月両度ニ割合、無相違可致返済候、仍証文如件

安永六年酉二月

紀州様御屋敷名代

天満魚屋町

日野屋五右衛門　印

高麗橋壱丁目

越後屋八郎右衛門殿

右前書之通相違無之、仍奥書如件

猪飼忠右衛門　印

年賦証文之事(37)

合銀弐拾三貫三百拾五匁壱分六厘

右者買米之節、其元出金之内先達而致借用、十二年已前戌年以来三朱之加利足、十ケ年賦被仰付置候所、元利返済相滞候付、此度猶又於御奉行所御糺之上、向後致無利足書面滞銀高当酉年ゟ百年賦被仰付、然ル上は一ケ年渡高弐百三拾三匁壱分、尤当酉年者銀弐百三拾八匁二分六厘、当酉七月ゟ毎年七月十二月両度ニ割合無相違可致返済候、依証文如件

安永六年酉歳二月

阿部備中守殿蔵屋鋪名代

玉沢町

明石屋庄右衛門　印

加嶋屋作兵衛殿

前書之通相違無之候、年賦無滞返済可申候、為其奥書依如件

阿部備中守内
森嶋　伊丹　印
菅谷丹右衛門　印

三井八郎右衛門出金の御用金年賦金の証文書き替えの全体は次に示される。大名八家と銀座の元銀八五一貫六九三匁余に銀二一九貫八八三匁余の利足滞高を加算して、年賦金元高は銀一〇七一貫五七七匁となった。それぞれの年賦金元高を年賦期間で除した銀高が一年間の償還高となる。明和三年から安永六年までの未納利子は加算されたが、それ以後の利子はすべて切り捨てられた。

安永六酉年ゟ御貸附銀年賦新証文貸付銀高(38)
但シ壱ケ年分割合之高、毎年七月十二月両度ニ相渡り候定ニ御座候
紀州様
一五拾八貫六百六拾九匁六厘三毛　年賦残
一拾弐貫五拾四匁四厘七毛　未閏極月迄三朱利足滞高
合七拾貫七百弐拾三匁壱分壱厘
右者百五拾年賦
阿部備中守様
一百九拾壱貫八百三拾五匁五分壱厘五毛　年賦残
一五拾壱貫五百三匁六分弐厘三毛　未閏極月迄三朱利足滞高
合弐百四拾三貫三百三拾九匁壱分三厘八毛
右者百年賦

松平肥前守様
一弐百九拾壱貫百拾壱匁六分弐毛七弗　年賦残
一七拾七貫弐百弐拾壱匁六分六厘壱毛三弗　未閏極月迄三朱利足滞高
合三百六拾八貫三百三拾三匁弐分六厘四毛
右者八十年賦

松平周防守
一三拾貫三百四拾匁八分壱厘壱毛　年賦残
一八貫八百弐拾八匁弐分七毛　未閏極月迄三朱利足滞高
合三拾九貫百六拾九匁壱厘八毛
右者七十年賦

佐竹右京大夫様
一八拾弐貫六百九匁壱分七厘　年賦残
一弐拾三貫弐百三拾七匁五厘　未閏極月迄三朱利足滞高
合百五貫八百四拾六匁弐分弐厘
右者七十年賦

津軽越中守様
一六拾壱貫七百六拾五匁六分九厘壱毛　年賦残

一拾四貫九百六拾七匁弐厘五毛　未閏極月迄三朱利足滞高
合七拾六貫七百三拾弐匁七分壱厘六毛
右者四十年賦

松平左兵衛佐様
一弐拾八貫九百拾壱匁弐厘　年賦残
一七貫五拾三匁五分九毛　未閏極月迄三朱利足滞高
合三拾五貫九百六拾四匁五分弐厘九毛
(朱字)「是ハ新証文表
銀高三拾六貫弐百六匁二分八厘九毛也
但シ
此度新証文表銀高、都而未閏極月迄之勘定書銀高を以証文引替被仰付候処、去申十月弐百四拾壱匁七分六厘元入相渡申候、右元入之銀高証文ニ加り有之候ニ付、当酉ノ年分年賦追而相渡り候節、夫丈ケ致減少請取候相対ニ御座候、依之右申十月請取候元入丈ケ引落シ貸附高相記シ置申候」
右者廿五年賦

松浦壱岐守
一三貫六百八拾壱匁三分弐毛　年賦残
一五百六拾三匁五分六厘　未閏極月迄三朱利足滞高
合四貫弐百四拾四匁八分六厘弐毛

右者十年賦

銀座

一百弐貫七百六拾九匁八分弐厘壱毛　　年賦残

一弐拾四貫四百五拾四匁四分七厘七毛　　未閏極月迄三朱利足滞高

合百弐拾七貫弐百弐拾四匁弐分九厘八毛

右者三十年賦

（朱字）「但シ先達而三十五年賦と申登せ候得共承り違ニ而三十年賦ニ御座候」

右之外是迄之姿ニ而貸附之分

一五貫四百六拾四匁八分　　細川中務少輔様年賦残

一四貫弐百目　　江戸堀五丁目年賦残

一三貫目　　苫屋久兵衛年賦残

一三拾貫目　　阿部備中守様別貸

惣高合千百拾四貫弐百四拾壱匁九分五厘五毛

内

八百九拾四貫三百五拾八匁七分九厘五毛七弗

　　酉正月勘定貸附高

弐百拾九貫八百八拾三匁壱分五厘九毛三弗

　　未閏極月迄三朱利足滞高

〆　　九口証文へ加り候高

右之通ニ御座候以上

酉三月

同　次右衛門　〇(印)

平右衛門　〇(印)

庄右衛門　〇(印)

藤　九　郎　〇(印)

忠　兵　衛　〇(印)

甚　四　郎　〇(印)

三井宗　助殿

清　兵　衛殿

利右衛門殿

吉郎兵衛殿

文右衛門殿

利　兵　衛殿

次に安永六年に年賦償還の方法が決められて以降の償還はどのようになされたのであろうか。安永六年から天明二年までの六年間の元本返済を表1-12（六二―三ページ）に示した。江戸堀五丁目と苫屋久兵衛への貸金は安永七年に、細川中務少輔への貸金は安永八年に従来の方法によって償還が完了した。同表から明らかなように年賦償還がすべて規則どおりになされたわけではない。天明二年まででも規則どおり返還されたのは松平左兵衛佐のみにすぎない。ほかはいずれも返済額が減っていっている。それでも松浦壱岐守の返済は一三年目の寛政元年には完了した。全体として返済が順調に進まないために、次に引用するように町奉行所では寛政三年（一七九一）にその取り立てを強化したのである。

寛政三年亥三月朔日[39]
一宝暦十一巳年暮大坂身元宜町人へ御用金被仰付候面々今日御役所江被召出被仰渡候趣左之通
一其方共先年御用金被仰付、其後諸家へ用達ニ相成有之分済方相滞候も有之候由、右済方已来相対通無相違年々相渡候様諸家へも被仰渡候間、其旨相心得候様被仰付候由
一諸御蔵屋敷役人中被召出、右済方無相違年々出精相渡候様被仰渡候由、銀座なとも右御用金借受居不埒之由ニ而被召出同様被仰付候由

残りの年賦年数で未返済高全額を除して、一年あたりの償還高を計算しなおしたのである。阿部備中守の場合は一四年間の返済高が六年分の銀一五貫八二四匁余でしかなかったために、残高を八六年間で除して一年返済高を銀二貫四三三匁三分から銀二貫六四五匁五分と改め、それ以降は定期的に返済されるようになった。松平肥前守の場合も寛政二年までに返済高は四年分の一九貫四五〇目余でしかなかったため、残高を六六年賦で計算して一年返済高を銀五貫二八四匁九分と改め、以後定期的に返済されていった。同じように、松平周防守は一年返済高を銀六四四匁四分に、佐竹右京大夫は銀一貫七六四匁九分に、津軽越中守は銀二貫六三五匁に、松平左兵衛佐は銀一貫四四八匁に改められた。年賦返済銀の取り立ての強化によって御用金の償還は順調に進められていき、松平左兵衛佐は享和元年に銀一貫三六八匁八分を残して打ち切りとなり、津軽越中守も文化一三年には完了した。

ところで銀座はその財政困難のために年賦返済が難航した。寛政一二年（一八〇〇）七月に二七人の銀主が町奉行所に呼ばれて次のように伝えられた[40]。

一銀座三ケ津共近年段々逼迫、其上不埒筋在之趣相聞へ、此度退転申付、勿論当地手代共六人暇差遣、地面等御取上ニ相成、依之其方共貸附金此末御公儀江相願候而も御取上ケ無之、此旨可相心得候

同年に銀座人を粛清したのであるが[41]、同時に銀座の債務も棄捐したのである。

二七人の銀主の御用金年賦銀を合計するといくらになるかは明らかでないが、三井八郎右衛門の銀座への年賦銀の

銀一二七貫二二四匁二分九厘八毛のうち銀四九貫七八九匁二分二厘六毛が寛政一〇年までに返済されていたが、銀七七貫四三五匁七厘二毛は滞銀となってしまった。

また紀州家への年賦証文高は安永六年二月に銀七〇貫七二三匁一分一厘であったが、銀二二貫一六八匁九分一厘が返済されたところで、残りの銀四八貫五五四匁二分が、「右は文政七申年御内沙汰も有之銀主家々被致永納候ニ付此方様も永納ニ成[42]」と永納になってしまった。

天保八年に御用金の年賦返済銀の調査を行った。大坂本店が大塩の乱の際に焼失し、御用金一巻帳面も焼失したため、京本店の帳面を写したのである。それを示すと次のとおりである[43]。

鍋嶋様

　松平肥前守様

　　八十年賦

　　　但シ初之頃は少銀渡りニ付如此八十年賦ニ

　　成ル

安永六酉年

一三百六拾八貫三百三拾三匁弐分六厘四毛

内

8年戻り高	9年戻り高	天明元年戻り高	2年戻り高
貫　匁	貫　匁	貫　匁	貫　匁
471.400	471.400	471.400	235.700
2,433.300	1,216.650	1,459.980	1,216.650
575.500	575.500	575.500	1,151.000
279.750	279.750	279.750	279.750
1,890.000	936.684	657.760	328.560
1,819.400	767.800	576.600	767.800
1,448.000	1,448.000	1,448.000	1,448.000
362.800	424.000	212.000	424.000
4,240.000	4,240.000	2,756.000	2,862.000
1,821.600	—	—	—
—	—	—	—
—	—	—	—
—	—	—	—
15,341.750	10,359.784	8,436.990	8,713.460
1,059,703.184	1,049,343.400	1,040,906.410	1,032,192.950

百九拾九貫百四拾弐匁弐分九厘八毛
但シ安永六酉年ゟ天保七申年迄六十ケ年之内四
十八年御渡銀有之候入銀高也
残
百六拾九貫百九拾匁九分六厘六毛
天保八酉年改高
（中略）
阿部様
阿部備中守様
百年賦
但シ初メ之頃御渡銀は少銀ニ付如此年賦ニ
成ル
安永六酉年ゟ
一弐百四拾三貫三百三拾九匁壱分三厘八毛
内
百三拾七貫五百拾八匁六分三厘八毛
但シ安永六酉年ゟ天保七申年迄六十ケ年之間入
銀高
残
百五貫八百弐拾匁五分

表1-12　三井八郎右衛門の御用金年賦銀の元本返済

大名名前	年賦金高	年　賦	安永6年戻り高	7年戻り高
	貫　匁		貫　匁	貫　匁
紀州	70,723.110	150年賦	484.510	471.400
阿部備中守	243,339.138	100年賦	2,442.438	2,433.300
松平肥前守	368,333.264	80年賦	4,617.264	1,151.000
松平周防守	39,169.018	70年賦	281.759	—
佐竹右京大夫	105,846.220	70年賦	1,518.229	197.316
津軽越中守	76,732.716	40年賦	1,448.116	1,441.600
松平左兵衛佐	35,964.529	25年賦	1,212.529	1,448.000
松浦壱岐守	4,244.862	10年賦	428.862	273.200
銀座	127,224.298	30年賦	4,264.298	4,240.000
細川中務少輔	5,464.800	是迄之姿ニ而貸付	1,821.600	1,821.600
江戸堀五丁目	4,200.000	同　　上	2,800.000	1,400.000
苫屋久兵衛	3,000.000	同　　上	1,500.000	1,500.000
阿部備中守　別貸	30,000.000	同　　上	—	—
戻り高合計	—	—	22,819.605	16,377.416
差引貸高合計	1,114,241.955	—	1,091,422.350	1,075,044.934

出所）「大坂御用金佐印発端ゟ諸通達」（三井文庫所蔵史料　別656）.

天保八酉年改高
（中略）
浜田様
松平周防守様
七十年賦
但シ初メ之頃御渡銀は少銀ニ付如此年賦ニ成ル
安永六酉年ゟ
一三拾九貫百六拾九匁壱厘（ママ）八毛（ママ）
内
三拾三貫八百五拾匁八分九厘八毛
但シ安永六酉年ゟ天保七申年迄六十ケ年之間入銀高
残
五貫三百拾八匁弐分八厘壱毛
天保八酉年改高
（中略）
佐竹様
佐竹右京大夫様
七十年賦
但シ初メ之頃御渡銀は少銀ニ付如此年賦ニ成ル
安永六酉年ゟ

一百五貫八百四拾六匁弐分弐厘
内
八拾八貫弐百七拾匁八分四厘九毛
但シ安永六酉年ゟ天保七申年迄六十ケ年之間入銀高
残
拾七貫五百七拾五匁三分七厘壱毛
天保八酉年改高
（後略）

佐賀藩（松平肥前守）、福山藩（阿部備中守）、浜田藩（松平周防守）、秋田藩（佐竹右京大夫）の四藩の年賦償還銀が天保八年には銀二九七貫九〇五匁余残っていた。福山藩、浜田藩、秋田藩ではおおむね規則どおり返済されている。しかし佐賀藩では六〇年中四八年分の返済しかなされていない。無利足長年賦証文は比較的債権回収の確率の高いものであったが、例外もみられたのである。

大元方勘定目録の数値から御用金の返済状況を見てみよう。宝暦一一年下期の大元方勘定目録の貸方に金五万両の大坂御用金当座貸しが記された。その後御用金が返還されても、そこから差し引かれるのではなく、預り方に「大坂御用金佐（五）万両之内、段々請取当座預」(44)として積み立てられていった。その預り高は宝暦一二年末で金六五〇〇両、一三年末で金二万三五〇〇両、明和二年に金三万両となり、以後しばらくそのままで、安永二年末に金三万〇三二三両一歩と銀一五匁二分八厘、同三年末で金三万〇三二三両一歩と銀四〇四貫三七二匁二分八厘となった。そののちは金三万〇三二三両一歩はそのままで、返済額が銀で積み立てられた。安永三年の二〇年後の寛政六年には銀六二五貫六九三匁八分五厘に、五〇年後の文政七年には銀一〇二二貫六五七匁六分五厘となった。文久三年の銀一一七九貫二七八匁四分二厘と金三万〇三二三両一歩で積立は終了している。銀一〇八六貫三九四匁五分五厘を積み立てた段階の天保八年には前述したように、まだ佐賀藩、福山藩、浜田藩、秋田藩の四藩の年賦銀未償還高が銀二九七貫九〇五匁残っており、天保八年から文久三年まで銀九二貫目余しか積み立てられておらず、銀二〇五貫目余は結果として償還されないままに終わった。

最後に御用金年賦証文の流通の事例を二件、次に引用する。

（1）

乍恐書付を以奉申上候(45)

一御為替銀之内銀高弐拾六貫五百四拾目、百間町志布子屋意八郎、橘町志布子屋相三郎、薩摩堀中筋町志布子屋甚兵衛、同町志布子屋源蔵連判手形を以、去々年三月廿日限相究御銀相渡置申候、右之内百六拾目去々午十二月請取残銀弐拾六貫三百八十目ニ御座候、尤為引当志布子屋意八郎ゟ佐竹右京大夫様へ出銀高四拾八貫八拾五匁四分三厘壱毛之御証文取置申候、右之内拾貫四百壱匁四分弐厘壱毛、明和二酉年ゟ寛政十一未年迄追々年賦済、残元高三拾七貫六百八十四匁壱厘ニ御座候、然ル処意八郎儀先年御用金奉差上候付、外方借銀御済方御切金ニ被為仰付候得共、当時調達難出来身上限被為仰付候御趣承知仕候付、右引当ニ取置申候佐竹右京大夫様御証文、私方へ被下置候様東御役所江先月廿八日奉願上候処、一昨日四日願之通被仰渡難有奉存候、然ル上は右佐竹右京大夫様御年賦銀年々私方へ御渡被成下候様奉願上候、依之此段乍恐書付を以奉申上候以上

寛政十二年申十月六日

三井組名代
杉本久次郎

御

（2）

乍恐書付を以奉申上候(46)

一富田屋町平野屋又兵衛、同手代九兵衛へ相渡置候御為替銀出入ニ付、右又兵衛去ル九日身体限被仰付候、右之

内先年又兵衛ゟ御用金奉差上、其後御貸附相成御屋敷方御証文左之通
安永六年酉二月
一銀四貫六百九十七匁七毛
佐竹右京大夫様御証文壱通
内
銀弐貫百六拾弐匁壱分弐厘
安永六酉年ゟ寛政十二申年迄御渡高
残而銀弐貫五百三拾四匁八分八厘七毛
安永六年酉二月
一銀拾四貫七百七拾目四分弐厘四毛五弗
松平肥前守様御証文壱通
内
銀弐貫五百九拾壱匁九分四厘
安永六酉年ゟ寛政十二申年迄御渡高
残銀拾弐貫百七拾八匁四分八厘四毛五弗
安永六年酉二月
一銀弐拾貫三百四拾七匁五厘七毛
阿部備中守様御証文壱通
銀三貫百弐拾四匁六厘六毛
安永六酉年ゟ寛政十二申年迄御渡高

残而銀拾七貫弐百弐拾弐匁九分九厘壱毛
右之通御証文三通私方へ被下置難有奉存候、然ル上は右御屋敷方御年賦銀年々私方へ御渡被成下候様奉願上候、
依之此段乍恐書付を以奉申上候以上
享和元年酉五月廿一日
三井組名代
杉本久次郎
御

以上の二件の事例は、三井大坂両替店が貸し出した御為替銀が滞りとなり、(47)引当として年賦証文を引き取ることになった際の願書の写である。志布子屋意八郎が三井両替店から借りた御為替銀のうち銀二六貫三八〇目が滞りとなり、身代限となったために、三井両替店は代わりに佐竹右京大夫（秋田藩）の御用金年賦証文を渡してくれるように願い出たものである。その結果、大坂両替店では寛政一二年下期から御屋敷貸中に佐竹右京大夫貸銀二八貫〇九三匁六分二厘が記載された。また平野屋又兵衛が身代限になった際にも大坂両替店は御為替銀の引当として佐竹右京大夫、松平肥前守（佐賀藩）、阿部備中守（福山藩）の御用金年賦証文三通を引き取った。年賦銀を三井大坂両替店に渡してほしいとの願書を町奉行所に出したのである。それらは享和元年上期から御屋敷貸に記載された。これらの年賦証文は無利足で長年賦ではあるが、町奉行所が償還を管理したために、元本は確実に回収できるものと認識され、債券として身代限のあった場合には流通したのである。大坂両替店の目録では返済のたびに銀高が差し引かれていった。

佐竹右京大夫の年賦銀四八貫〇八五匁余は明和二年の証文となっていて年限は明らかではないが、年に銀八〇一匁八分ずつ償還されていき、弘化四年には完済となった。同じく佐竹右京大夫の銀四貫六九七匁余の年賦銀は来状写から見ると三五年賦であるが、償還額が二五年賦に相当する銀一九四匁で、年限より二年後の文化一一年に完了した。寛政三年に償還額の変更がなされたものと推測される。松平肥前守の銀一四貫七七〇目余も八〇年賦で、償還高は銀

二一一匁二分で、寛政三年に変更されたものであろうが、文政六年から滞りがちとなり、嘉永元年に残り銀六貫八八四匁五分六厘六毛まで償還されたところで滞りとなった。阿部備中守の銀二〇貫三四七匁余は一〇〇年賦で、銀二二一匁二分ずつ償還され、文久三年に残り銀三貫二八七匁余となったところで同じく滞りとなった。

安永六年より明治元年まで九一年間あり、規則どおり償還されていても、それより長い期間の年賦銀は、幕府の倒壊のために結果として償還されないことになる。文化七年、同一〇年、および天保一四年の御用金の償還は弘化四年に無利足三五年賦償還に改められたが、慶応三年で償還が打ち切られ、弘化四年時の残高の四割は切り捨てられた。宝暦御用金は幕府に償還義務はなかったが、幕府御用金と同じように未償還部分が大坂町人には残ったのである。

四　宝暦御用金の歴史的位置

宝暦一一年から安永六年までの大坂御用金の指定、上納、町貸付、返済、一〇年賦直証文、長年賦証文の過程を検討してきたが、そこには政策として一貫したものはみられない。御用金政策も宝暦・明和期の経済政策全体の中で位置づけなければならないが、大坂町人から御用金を上納させている過程で急遽上納を取り止め、買米制の効果を見る間もなく返済を開始して、買米制については何の効果もあげないで終わった。宝暦一二年八月に御用金出金者に米価が高値にならないことの理由をたずねていることはその表現である。大坂町人に幕府政策への不信感を植えつけるものであった。市中米価を引き上げて幕藩領主財政を救済しようとして出された御用金政策は、大坂両替商の大名への金融活動を停滞させたために行き詰まってしまい、政策変更を余儀なくされた。町貸付金の三分の二で買米を行い、三分の一を大名へ貸し付けて、買米損銀と銀主への利足を補塡するという、短期的買米制と長期的大名金融との結びつきは明らかに矛盾である。短期的な買米制が町貸付金として長期的な問題を残した。すでに幸田成友が指摘して(48)いるように、空米切手禁止政策と同時に出されたために、町貸付金はいきおい大名への金融という性格を強固なものにした。一時的に金五六万両もの貨幣が市中から吸い上げられたためになおさらである。むしろそれを想定したものということもできる。それは米切手の流通統制によって生じる大名財政困難に際する、大名金融への権力的資金供給政策といわねばならない。大名金融を行ってこなかった、両替商以外の町人資金も大名金融に供給したのである。低利の資金供給政策は、買米制に代わって大名救済政策を満足させるものとなった。この御用金は買米制としてよりも、大名金融の一形態として次の二点で性格づけがなされねばならない。その第一は低利子の権力的資金供給政策であったため、大坂金融市場に打撃を与えたことである。第二は大名借金の長年賦償還を幕府が公認したことである。この御用金は大名救済を目的とする御用金の先駆となり、それが天明期、寛政期、文化一〇年の御用金に引き継がれていくことになる。

この御用金を金融面での大名支配であるという見解がある(49)。たしかに大名から銀主への年賦銀償還で町奉行所が仲介にあたったが、その指定から返済までの過程でどのような質の大名支配がみられたのであろうか。むしろ町人資金を強力に編成して大名金融に供給したのであり、しかも大名側の利害にそって長年賦償還とし、幕府は大名と町人との相対の金融関係として放置したといわねばならない。

第一の点に関して、寛政九年七月に大坂両替店は京都両替店に対して願書を出している。貸付金に滞り貸や引当不足の増したことを訴えて、京都両替店からの融資金への利子の引き下げを願い出たものである。その前文を引用する(50)。

書附を以御願申上候

一大坂店、去ル宝暦十二午年身元宜敷町人江御用金被仰付候以後、家質差配所出来、是ハ無程御免被仰出候得共、大ニ家直段ニ相構、其後川浚冥加金被仰付、幷川筋新築地等出来、其外所々冥加銀被仰付候ニ付而は、弥家直段売買下直ニ相成、当店年来之徳意方年々差支、引当屋敷直下り、旁流込屋敷多相成、猶又明和三戌年紀州様大金御用被仰付候節、於当地他借も被遊候程之御儀ニ付

これは三井大坂両替店が経営の困難な状況を説いて本店にあたる三井京都両替店に利足引き下げを願い出た書状の

前半の部分であるが、一般的な大坂経済の停滞の状況の前提として、貸付金の引当となる家値段の低下を指摘し、その原因の初発のものとして宝暦御用金を位置づけている。三井家に限れば、紀州家大名貸の滞りや加賀藩米質貸の滞りなど、明和期に大量の資金が焦げついたために大坂両替店の資金不足がもたらされたが、なおかつ大坂市場では利子率の低下傾向がみられ、大坂両替店の経営に影響を与えたのである。引用文では家値段の低下が指摘されているが、それは問屋商人側からみると、担保価値を低下させ、借入金限度額を減少させ、商業金融そのものを縮小させていった。御用金の政策的低利子が市中金融に影響を与えたのである。

「草間伊助筆記[51]」には「此度大坂市中諸問屋始メ富有之銘々、夫々厳敷御用金御取立被成候事故、銘々手元金銀手詰り、諸国万物運送交易仕切銀不調、或ハ諸屋鋪蔵元懸ヶ屋之月仕送り銀幷臨時之受負銀ニ至迄、都而断申立、出金銀一切差閊、諸大名幷ニ諸商人甚手支へ、迷惑難儀ニおよび、大坂市中ハ勿論諸国ニ至るまで、皆以交易金銀融通必至と差閊、其騒動大方ならず、依之急ニ御下知有之、相止メらるる」とある。御用金令のために大坂で金銀手詰りとなり、物資の流通が滞りがちとなって御用金令の撤回に至った事情を記している。その流通渋滞が一時的に限らず、長期化していったのである。市中金銀不足と政策的低利子とが事実上結びついて、一般的な経済停滞をもたらしたのである。

次に第二の点で、寛政、文化期に諸藩が大坂町人からの債務を整理しようとする動向との関連が問題となる。諸藩は江戸藩邸での入用や参勤交代などの費用のために年貢米を大坂に廻送、販売して、江戸へ為替送金し、それに充てたが、なおかつ大坂町人から借財を重ねる結果となり、その元利償還のために藩財政を窮乏させていった。諸藩では一八世紀後半に債務整理を重要な課題とする藩政の改革を進めていった。それに関しては中部よし子氏[52]と安岡重明氏[53]の研究がある。草間直方の「文化十一戌年四月十五日、高月半下殿ゟ御備金密談之控[54]」から諸藩の藩債処理の方途をうかがい知ることができるわけである。その当時の筑前藩、長州藩、土佐藩、阿波藩の債務整理の状況が記されている。筑前藩では元銀に三割の増銀を加えて新証文に書き替え、文化九年から八〇年賦とした。長州藩でも寛政期に年三朱の利足をつけて元銀五〇年賦割済とした。阿波藩においては新借は四割を返して残銀を年五朱の利足つきで二〇年賦割済とし、中借は三割を返して残銀を据え置き、年々元銀の三パーセントを返済し、五、六〇年で皆済となるというのである。

そのほかに加賀藩、薩摩藩、筑後藩においても無利足の一〇〇年賦や一五〇年賦の債務償還がなされ、肥前藩では一千年賦までもあるという。この当時の藩債整理の方法がいずれも無利足あるいは低利子で長年賦返済というかたちをとっている。大名借財の年賦返済はこれ以前の時期にもみられたが、百年近くの期間の常軌を逸した年賦返済は、この時期からみられるようになった。宝暦御用金の百年前後の期間の無利足長年賦償還方法は、幕府権力中枢によって安永五、六年にかけて案出され、実施されていった。幕府による長年賦返済の公認によって、天明・寛政期以降の藩債整理のための藩政改革の中にその返済方法は引き継がれていったのである。

（1） 宝暦一一年一二月一〇日頃の書状では次のように記されている。

一此度江戸表ゟ御用ニ付御役人中様方彼是御登り被遊、当月三日御一同ニ御着坂被遊候、御用之筋は相知れ不申候得とも、来二三月頃迄も御逗留との噂御座候、其御地ニても定て御承知可被成と奉存候（「内無番状刺」三井文庫所蔵史料、別六三五）

三井では当初、役人の来坂の理由がわからなかったもようである。目付の三枝帯刀、勘定吟味役の小野左大夫は江戸で御用金令実施の使命を帯びて大坂に来たのであるが、目的は御用金令のみではなかった。当時の米相場、金銀相場の調査と、大坂東町奉行所の吟味が大きな使命のひとつであった。一二月六日には堂島米屋年行司から当時登り米高と有り米高を調査し、七日に蔵屋敷名代、蔵元より各国登り米高を調査した。そして八日に両替商一七人を西町奉行所に呼び集めて吟味を始めた。そのなかには三井大坂両替店の別家越後屋又次郎や米屋平右衛門、炭屋五郎兵衛、炭屋安兵衛などが含まれていた。その様子を次に引用する。

右之銘々暮過御番所年寄五人組付添罷出候処、いつれも三役所へ御呼込、初夜過ゟ本人壱人宛〆出シニ而御白洲へ御召出、興津能登守様、三枝帯刀様、小野左大夫様正面ニ御列座、左脇ニ江戸御役人様方四五人控、右脇ニ御掛り与力衆三人被成御座、興津様又次郎へ御尋被成候は、八九月頃小判多買込之由趣意ハ如何と御意ニ付、買込之儀は無御座候（後略）（「日記録」三井文庫所蔵史料、本二八）

宝暦一〇年頃に大坂の金相場は高騰していた。三井大坂両替店の決算時の金銀換算値を用いると、宝暦九年末までは一両あたり銀六一匁台であったが、一〇年七月には銀六三匁に、同年末に銀六四匁二分、一一年七月に銀六四匁五分と急騰したのである（「目録帳」三井文庫所蔵史料、本一七五一）。金相場の高騰は、大坂から為替送金する幕藩領主にとり財政困難をともなうものであった。そして宝暦一一年三月に本両替仲間行司は西町奉行より、仲間の者で金を買い占めている者があるため、仲間として吟味をとげるようにと申し渡されている（「永録」三井文庫所蔵史料、本一一六）。三枝帯刀は当時の金相場高騰の原因を両替商の金買い占めにあるとして数人の両替商を取り調べたのである。それらの両替商は越後屋又次郎も含めて町預けとなった。その金相場高騰抑制のために一二月二九日に帳合金禁止の町触が出された。町預けとなった両替商は一二月晦日に赦免となったが、炭屋五郎兵衛など両替商と遣繰両替の吉文字屋市郎兵衛などは入牢に処せられた。そして天満与力も一二月より入牢に処せられていた。その理由は明らかにされていないが、当時は地方役人粛清のなされていた時期でもあり、米価下落、金相場高騰の責任をとらされたとも言うことができる。宝暦一二年一二月に最終的に処分が完了し、東町奉行所与力田中卯左衛門と同じく同心坂部弥平太、銭小貸願人樋屋市郎兵衛が死罪に、東町奉行与力金井塚与一右衛門と西田喜右衛門が押込に、田中卯左衛門の子息で東町奉行与力の田中忠蔵と坂部弥平太の子供二人が遠島に処せられた。東町奉行所同心の上田新左衛門と人見十内の二人が中追放となった。両替商の鉄屋庄左衛門も竹田近江とともに、過料を申し渡された。さらに天満下眼の綿屋九兵衛が摂河御払、相生町綿問屋三人が手錠、仁木矩州が十ケ国払、今橋壱丁目年寄帯屋次郎右衛門と牧村屋九郎兵衛が京摂河東海道江戸十里四方日光街道追放、両替商の炭屋五郎兵衛と瓦町二丁目年寄壺屋十兵衛、吉文字屋市郎兵衛と堀口屋吉兵衛、吉文字屋弥兵衛の三人の堂島米問屋、岸和田屋敷名代の和泉屋屋惣左衛門、それに山城屋小兵衛の七人が中追放となった（「内無番状刺」三井文庫所蔵史料、別六三五）。両替商、米問屋が天満与力、同心とともに処罰を受けたところに米相場、金相場の責任を追及されたことを推測させる。東町奉行岡部対馬守も宝暦一二年正月に死去したが、「存命ニ候得は御吟味も可有之、不埒之事共有之ニ付」（「柳営補任」五、『大日本近世史料』）と岡部自身も追及を受ける立場にあり、東町奉行所全体の吟味となった。

(2) （「内無番状刺」三井文庫所蔵史料、別六三五）。
(3) 同右。
(4) 同右。
(5) 同右。
(6) 同右。
(7) 拙稿「三井両替店の御為替銀裁許と家屋敷」（『三井文庫論叢』一四号）。
(8) 「永録」（三井文庫所蔵史料、本一一六）。
(9) （「内無番状刺」三井文庫所蔵史料、別六三五）。
(10) 同右。
(11) 同右。
(12) 同右。

(13) 越後屋大坂本店では半期に一度ずつ御用金出金の勘定書を作成した。宝暦一二年上期の勘定書を次に示す。そこから同期間の上納と町貸付、戻り銀、利足が明らかになる(「内無番状刺」三井文庫所蔵史料、別六三五)。

御用出金午春季指引勘定

覚

一金五万両　元方より請取

内

銀三千貫目高　上納

但六拾目金五万両之辻

此金四万九千六百八拾八両弐分ト

銀三匁七分五厘

差引金三百拾壱両壱分ト

銀拾壱匁三分五厘

残金高

但此残金ハ閏四月ニ不残差登遣済

右銀三千貫目　上納高町々相渡り候仕分ケ左之通

内

正月十六日

百弐拾三貫六百目　今橋弐丁目

但八拾弐貫四百四拾目　買米代

四拾壱貫百六拾目　貸附金

正月十六日

百弐拾三貫六百目　上人町

但割合右同断

同

百弐拾三貫六百目　四軒町

但右同断

同

百弐拾三貫六百目　道修町壱丁目

但右同断

同

百弐拾三貫六百目　本町壱丁目

但右同断

同

百弐拾三貫六百目　本町弐丁目

但右同断

同

百弐拾三貫六百目　本町三丁目

但右同断

同

百弐拾三貫六百目　本町五丁目

但右同断

正月廿八日

百弐拾三貫六百目　山本町

但右同断

同

百弐拾三貫六百目　立売堀南裏町

但右同断

同

百弐拾三貫六百目　薩摩堀東ノ町

但右同断

同

百弐拾三貫六百目　　薩摩堀中筋町
　但右同断
同
百弐拾三貫六百目　　吉野屋町
　但右同断
同
百弐拾三貫六百目　　炭屋町
　但右同断
同
百弐拾三貫六百目　　南久太郎町弐丁目
　但右同断
同
百弐拾三貫六百目　　南久太郎町三丁目
　但右同断
同
百弐拾三貫六百目　　北久宝寺町弐丁目
　但右同断
二月五日
百拾壱貫目　　江戸堀五丁目
　但七拾四貫四拾目　　買米代
　　三拾六貫九百六拾目　　貸付金
二月五日
百拾壱貫目　　雛屋町
　但割合右同断
同
百拾壱貫目　　安堂寺町二丁目上半
　但右同断

同
百拾壱貫目　　安堂寺町二丁目下半
　但右同断
同
百拾壱貫目　　江ノ子嶋西町
　但右同断
同
百拾壱貫目　　南本町一丁目上半
　但右同断
同
百拾壱貫目　　南本町一丁目下半
　但右同断
二月十日
百拾壱貫目　　玉水町
　但右同断
二月廿四日
拾貫八百目　　鍛冶屋町弐丁目
　但貸付金計
〆
一銀三千貫目
　但千九百九拾三貫八百目　　買米代
　　千六貫弐百目　　貸附金代
　内
三月廿九日
九貫六百目　　道修町壱丁目
　　内戻

四月廿九日
三拾弐貫八百目　今橋弐丁目
内戻
同
三貫七百五拾目　南久太郎町三丁目
内戻
同
拾六貫六百弐拾五匁　安堂寺町二丁目上半
内戻
閏四月廿八日
八貫目　江戸堀五丁目
内戻
五月廿八日
拾六貫六百五拾弐匁　吉野屋町
内戻
同
弐拾弐貫三百四拾四匁　安堂寺町二丁目上半
内戻
同
六貫九百四拾八匁七分五厘　南久太郎町弐丁目
内戻
五月廿八日
拾貫七百五拾目　南本町一丁目下半
内戻
六月廿九日
三拾九貫三百三拾六匁弐分五厘

四軒町
内戻
同
三拾四貫六百八拾九匁六厘　本町弐丁目
内戻
同
弐拾三貫七百五拾目六分　南久太郎町弐丁目
内戻
同
弐拾六貫五拾目　立売堀南裏町
内戻
同
拾五貫七百五拾目　吉野屋町
内戻
同
拾三貫八拾目　炭屋町
内戻
同
拾三貫九百七拾五匁　山本町
内戻
同
拾貫八百弐拾五匁　薩摩堀東ノ町
内戻
同
三拾三貫四百目　南本町壱丁目上半

同
内戻
拾七貫五百六拾目　南本町壱丁目下半
内戻
同
拾弐貫八百六拾目　江ノ子嶋西町
内戻
同
六貫九百五拾弐匁五分　江戸堀五丁目
内戻
同
拾壱貫五百目　雛屋町
内戻
同
八貫百六拾目　安堂寺町二丁目下半
内戻
戻り銀
合三百九拾五貫三百五拾八匁壱分六厘
引
残而
弐千六百四貫六百四拾壱匁八分四厘
内
千五百九拾八貫四百四拾壱匁八分四厘　買米代残
千六貫弐百目　貸附金
利銀之寄
三月廿九日

一弐拾八匁八分　道修町壱丁目
戻り銀九貫六百目
三ケ月分利足
四月廿九日
一百三拾壱匁弐分　今橋弐丁目
戻銀三拾弐貫八百目
四ケ月分利足
同
一拾五匁　南久太郎町三丁目
戻銀三貫七百五拾目
四ケ月分利足
同
一四拾九匁八分七厘五毛　安堂寺町弐丁目上半
戻銀拾六貫六百廿五匁
三ケ月分利足
閏四月廿八日
一三拾弐匁　江戸堀五丁目
戻銀八貫目
四ケ月分利足
五月廿八日
一百目　吉野屋町
戻銀拾六貫六百五拾弐匁
六ケ月分利足
同
一四拾壱匁六分九厘　南久太郎町二丁目
戻銀六貫九百四十八匁七分

五厘
六ケ月分利足

同
一百拾壱匁七分弐厘　安堂寺町弐丁目上半
戻銀弐拾弐貫三百四十四匁
五ケ月分利足

同
一五拾三匁七分五厘　南本町壱丁目下半
戻銀拾貫七百五拾目
五ケ月分利足

六月廿九日
一弐百七拾五匁三分五厘　四軒町
戻銀三拾九貫三百三拾六匁
二分五厘
七ケ月分利足

同
一弐百四拾弐匁八分弐厘三毛　本町弐丁目
戻銀三拾四貫六百八拾九匁
六厘
七ケ月分利足

同
一百六拾六匁弐分五厘　南久太郎町弐丁目
戻銀弐拾三貫七百五拾目六
分
七ケ月分利足

同
一百八拾弐匁三分五厘　立売堀南裏町
戻銀弐拾六貫五拾目
七ケ月分利足

同
一百拾匁弐分五厘　吉野屋町
戻銀拾五貫七百五十目
七ケ月分利足

六月廿九日
一九拾壱匁五分六厘　炭屋町
戻銀拾三貫八拾目
七ケ月分利足

同
一九拾七匁八分弐厘五毛　山本町
戻銀十三貫九百七十五匁
七ケ月分利足

同
一七十五匁七分七厘五毛　薩摩堀東ノ町
戻銀拾貫八百廿五匁
七ケ月分利足

同
一弐百目四分　南本町一丁目上半
戻銀三拾三貫四百目
六ケ月分利足

同

一百五匁三分六厘　南本町壱丁目下半
戻銀拾七貫五百六十目
六ケ月分利足
同
一七拾七匁壱分六厘　江ノ子嶋西町
戻銀拾弐貫八百六拾目
六ケ月分利足
同
一四拾壱匁七分壱厘五毛　江戸堀五丁目
戻銀六貫九百五拾弐匁五分
六ケ月分利足
同
一六拾九匁　雛屋町
戻銀拾壱貫五百目
六ケ月分利足
同
一四拾八匁九分六厘　安堂寺町二丁目下半
戻銀八貫百六拾目
六ケ月分利足
八月八日
一六百三拾五匁六分　今橋弐丁目
買米代残四拾九貫六百四拾目
貸附金代四拾壱貫百六拾目
正月ゟ六月迄
七ケ月分利足
同
一八百六拾五匁弐分　上人町
買米代残八拾弐貫四百四拾目
貸付金代四拾壱貫百六拾目
右同
同
一五百八拾九匁八分四厘六毛　四軒町
買米代残四拾三貫百三匁七分五厘
貸付金代四拾壱貫百六拾目
右同
同
一七百九拾八匁　道修町壱丁目
買米代残七拾弐貫八百四拾目
貸付金代四拾壱貫百六拾目
右同
同
一八百六拾五匁弐分　本町壱丁目
買米代残八拾弐貫四百四拾目
貸付金代四拾壱貫百六拾目
右同
同
一六百弐拾弐匁三分七厘六毛

本町弐丁目
買米代残四拾七貫七百五拾
目九分四厘
貸付金代四拾壱貫百六拾目
右同

同
一八百六拾五匁弐分
本町三丁目
買米代残八拾弐貫四百四拾
目
貸付金代四拾壱貫百六拾目
右同

同
一八百六拾五匁弐分
本町五丁目
買米代残八拾弐貫四百四拾
目
貸付金代四拾壱貫百六拾目
右同

同
一七百六拾七匁三分七厘五毛
山本町
買米代残六拾八貫四百六拾
五匁
貸付金代四拾壱貫百六拾目
正月ゟ六月迄
七ヶ月分利足

同
一六百八拾弐匁八分五厘
立売堀南裏町
買米代残五拾六貫三百九拾
目
貸付金代四拾壱貫百六拾目
右同

同
一七百八拾九匁四分弐厘五毛
薩摩堀東ノ町
買米代残七拾壱貫六百拾五
匁
貸付金代四拾壱貫百六拾目
右同

同
一八百六拾五匁弐分
同中筋町
買米代残八拾弐貫四百四拾
目
貸付金代四拾壱貫百六拾目
右同

同
一六百三拾八匁三分八厘六毛
吉野屋町
買米代残五拾貫三拾八匁
貸付金代四拾壱貫百六拾目
右同

同
一七百七拾三匁六分四厘
炭屋町

買米代残六拾九貫三百六拾目
貸付金代四拾壱貫百六拾目
右同

同
一六百五拾目三分四毛　南久太郎町弐丁目
買米代残五拾壱貫七百四拾目六分五厘
貸付金代四拾壱貫百六拾目
右同

同
一八百三拾八匁九分五厘　南久太郎町三丁目
買米代残七拾八貫六百九拾目
貸付金代四拾壱貫百六拾目
右同

同
一八百六拾五匁弐分　北久宝寺町弐丁目
買米代残八拾弐貫四百四拾目
貸付金代四拾壱貫百六拾目
七ケ月分利足

同
一五百七拾六匁弐分八厘五毛　江戸堀五丁目
買米代残五拾九貫八拾七匁五分
貸付金代三拾六貫九百六拾目
二月ゟ六月迄
六ケ月分利足

同
一五百九拾七匁　雛屋町
買米代残六拾弐貫五百四拾目
貸付金代三拾六貫九百六拾目
二月ゟ六月迄
六ケ月分利足

同
一四百三拾弐匁壱分八厘六毛　安堂寺町弐丁目上半
買米代残三拾五貫七十一匁
貸付金代三拾六貫九百六拾目
右同

同
一六百拾七匁四厘　安堂寺町二丁目下半
買米代残六拾五貫八百八拾目
貸付金代三拾六貫九百六拾目
右同

同
一五百八拾八匁八分四厘
江ノ子嶋西町
買米代残六拾壱貫百八拾目
貸付金代三拾六貫九百六拾
目
右同

同
一四百六拾五匁六分
南本町一丁目上半
買米代残四拾貫六百四拾目
貸付金代三拾六貫九百六拾
目
右同

同
一四百九拾六匁壱分四厘
南本町一丁目下半
買米代残四拾五貫七百三拾
目
貸付金代三拾六貫九百六拾
目
右同

同
一六百六拾六匁
玉水町
買米代残七拾四貫四拾目
貸付金代三拾六貫九百六拾
目
右同

八月九日
一六拾四匁八分　鍛冶屋町弐丁目
貸付金代拾貫八百目
二月ゟ六月迄
六ヶ月分利足

利足
合拾九貫八百三拾目六分五厘六毛
右戻り金幷利足惣勘定
戻り銀
三百九拾五貫三百五拾八匁壱分六厘
利銀入
拾九貫八百三拾目六分五厘六毛
合四百拾五貫百八拾八匁八分壱厘六毛
内
六拾弐貫九百九拾九匁八分七厘五毛
此銀高閏四月指引委調書相認差登遣候節算用仕
切登ス
金百弐拾七両　閏四月廿九日
但両替六拾弐匁九分三厘かへ之受取
代七貫九百九拾弐匁壱分壱厘
金九百三両
六月四日登ス
但両替六拾弐匁七分弐厘かへ之受取
代五拾六貫六百三拾六匁壱分六厘
金四千弐百六拾弐両　七月朔日ゟ十三日迄四度ニ
登ス
但両替六拾弐匁八分三厘かへ之受取
代弐百六拾七貫七百八拾壱匁四分六

厘
〆三百九拾五貫四百九匁六分五毛引
残而拾九貫七百七拾九匁弐分壱厘壱毛
内
三拾三匁七分　右閏四月廿八日已後八月九日
迄戻り金
并利足受取ニ罷出候度毎下宿
賃并男雇賃
引残而
拾九貫七百四拾五匁五分壱厘壱毛
右之引残り銀子此度金方ゟ差登遣申候
午ノ七月ゟ貸渡銀高
合弐千六百四貫六百四拾壱匁八分四厘
内
千五百九拾八貫四百四拾壱匁八分四厘　買米代残
千六貫弐百目　貸附金代
右之通り相違無御座候以上
午八月　同　忠右衛門　○(印)
次右衛門　○(印)
義右衛門　○(印)
武兵衛　○(印)
宇右衛門　○(印)
茂右衛門　○(印)
三井久左衛門様
六郎兵衛様
清兵衛様
利右衛門様
文右衛門様

(14)「内無番状刺」(三井文庫所蔵史料、別六三五)。
(15)「八木相場帳」(三井文庫所蔵、D四四二—一七)。
(16)本庄栄治郎『徳川幕府の米価調節』。
(17)「大坂御役所へ差出候書付写」(三井文庫所蔵史料、本一四五二—一八—一)。
(18)「内無番状刺」(三井文庫所蔵史料、別六二四)。
(19)同右。
(20)「御買米出銀貸附年賦銀渡之覚」(国立史料館所蔵史料、加島屋長田家文書)。
(21)「無番状之控」(三井文庫所蔵史料、別一八七)。
(22)同右。
(23)「大坂御用金佐印発端ゟ諸通達」(三井文庫所蔵史料、別六五六)。
(24)同右。
(25)「御用出金指引勘定附内無番状刺」(三井文庫所蔵史料、別六七四)。
(26)「内無番状刺」(三井文庫所蔵史料、別六二四)。
(27)同右。
(28)同右。
(29)「御用出金指引勘定附内無番状刺」(三井文庫所蔵史料、別六七四)。
(30)同右。
(31)二三人の内訳は以下のとおりである。加嶋屋久右衛門、平野屋仁兵衛、辰巳屋久左衛門、播磨屋九郎兵衛、助松屋忠兵衛、長浜屋源左衛門、鴻池善右衛門、平野屋又兵衛、鴻池善八、鍵屋半右衛門、鴻池又右衛門、天王寺屋杢兵衛、大庭屋次郎右衛門、平野屋嘉右衛門、和泉屋新右衛門、尼崎屋市右衛門、近江屋久兵衛、森本屋吉右衛門、升屋平右衛門、升屋次右衛門、加嶋屋十郎兵衛、加嶋屋作兵衛、越後屋八郎右衛門（「御用出金指引勘定附内無番状刺」三井文庫所蔵史料、別六七四）。

(32) 「御用出金指引勘定附内無番状刺」（三井文庫所蔵史料、別六七四）。

(33) 「大坂御用金佐印発端ゟ諸通達」（三井文庫所蔵史料、別六五六）。

(34) 同右。

(35) 「宝暦十二午歳御用金控」（三井文庫所蔵史料、本一三六一）。

(36) 「大坂御用金佐印発端ゟ諸通達」（三井文庫所蔵史料、別六五六）。

(37) 「阿部備中守蔵屋鋪名代明石屋庄右衛門買米貸附滞ニ付無利年賦証文」（国立史料館所蔵史料、加嶋屋長田家文書）。

(38) 「大坂御用金佐印発端ゟ諸通達」（三井文庫所蔵史料、別六五六）。

(39) 「後鑑」（三井文庫所蔵史料、本三三八）。

(40) 「宝暦十二午歳御用金控」（三井文庫所蔵史料、本一三六一）。

(41) 田谷博吉『近世銀座の研究』（吉川弘文館、昭和三八年）。

(42) 「宝暦十二午歳御用金控」（三井文庫所蔵史料、本一三六一）。

(43) 同右。

(44) 「大元方勘定目録」（『三井事業史、資料編一』資料15）。

(45) 「御用帳」（三井文庫所蔵史料、本三四三）。

(46) 同右。

(47) 拙稿「三井両替店の御為替銀裁許と家屋敷」（『三井文庫論叢』一四号）。

(48) 『江戸と大阪』（富山房、昭和九年）。

(49) 中井信彦『転換期幕藩制の研究』。

(50) 「永要録」（三井文庫所蔵史料、本一一〇七）。

(51) 『大阪市史』第五巻。

(52) 「寛政文化期大坂前期的資本と藩政改革」（『近世都市社会経済史研究』晃洋書房、昭和四九年）。

(53) 「寛政・文化期における藩債処理にかんする草間直方の意見」（『同志社商学』一四巻二号）。

(54) 同右。

第二章　天明五年の大坂御用金と対馬藩

一　御用金政策の発令と撤回

天明五年（一七八五）一二月一三日に越後屋大坂本店に大坂西町奉行所から呼び出しがあった。翌一四日に出頭せよというもので、この時に呼び出しがかかったのは有徳の者六、七〇人ほどであった。越後屋では支配役手代小畠久兵衛が出頭すると、升屋、富山、伊豆蔵という呉服屋の手代の顔も見えた。大坂西町奉行佐野備後守が六〇人ほどの前で次のような内容を申し渡している。(1)

指上申一札之事

一近年御当地金銀之通用不宜、諸家方御差支之趣相聞候処、右者畢竟御返済方差滞候故、金主共手を引罷在候儀ニ可有御座哉、丈夫之引当有之、御返済滞り無之義相見へ候ハヽ、たとへ利足ハ安ク候とも金子差出し可申儀ニ而、諸家方御用幷一体金銀之融通も宜可相成義ニ付、今般御下知を以、私共分限ニ応御用金被仰付候、尤差出し候金子ハ直ニ其者へ御貸附被置、相対を以諸家方へ者利足七朱ニ限貸付、右利足之内壱朱分上納仕、尤利足之外諸懸り物等決而無之様仕、右為引当御借用高ニ応、諸家方之貸附者、御領分之内田畑取置、若御返済滞御願申上候者、元利返金相済候迄最寄御代官へ田畑御預り置、年々之物成御取立右貸方町人共江御渡し可被下候一右出金銘々正金ニ而持参候而ハ、大造之儀、迚も直ニ御貸附ニ相成候間、何程可差出旨、書付を以申上候ハヽ、直々御貸附可被成候、左候ヘ者一旦金子持出候ゟ勝手も宜、費も無之事ニ御座候間、随分出情増金高差出し可申候

一右金貸付之儀、御三家、御三卿方、其外重キ御役人方之分者金主之存寄ニ而貸付候儀ハ格別、従御公儀御差構之筋無御座、尤相対貸之儀ニ候得者、此度之御仕法ニ紛候ニ付田畑者引当等ニ難相成旨

一右御下知之趣を以被仰渡候得者相弁可申候、私共差出し候金高直々御貸附ニ相成、出金高書付を以申上候儀ニ而、追々諸向へ貸付候金子之分ハ重キ御名目を以貸付、御返済滞候節者、従御公儀御取立被下候義、格別難有御趣意ニ而、安堵之貸付ニ候間、銘々分限ニ応し随分出情仕、出金高明日中可申上旨

一右被仰渡候通之御趣意ニ而、外取引ニ拘り候筋無之、是迄之内金銀貸借相対相済有之分ハ勿論、都而平日之通相心得、此度難有御趣意被仰出候儀故、例暮ゟハ手広ク取引仕、別而為替金銀等為相滞申間敷候、若右御用金之義を申立ニ仕、銀取引見合候歟遠慮等仕為差滞候ハヽ、別段ニ被遂御吟味、急度可被及御沙汰ニ候、心得違無之様可仕旨被仰渡、逐一承知仕難有奉畏候、為御請一札指上申処如件

天明五巳十二月十三日

金主連印

これは御用金の請書案として出されたもので、第一条にその基本的な内容が記されている。諸大名は金繰りが悪くなっているが、それは返済を滞らせるから銀主が手を引いてしまうのであり、返済が滞らず、確実な引当があれば借りることができる。このたび、町人に御用金を課し、相対で大名に年利七分で貸し、そのうち一分は上納することになるが、もし返済が滞るような場合には返済が完了するまで領内の田畑を代官所が預かり、年貢米の中から銀主に返済することにする。第二条以下では、大名への貸付は相対貸によって直接行い、公儀が介入することはないから、出金高を明日書付で申告するように、と記し、最後にこの御用金を理由として金銀貸借を滞らせることのないようにと

指示している。

その後の御用金の経緯を三井の動向から見てみよう。三井八郎右衛門の名代小畠久兵衛は主人が京都住まいであることを理由として一九日までの日延べ願を出している。二一日には、三〇〇両と書こうとしたが少なすぎると考え、五〇〇両と書いた願書を持参したが、掛り与力から門前払いとなってしまった。二二日に、呼び出しがあったため小畠久兵衛が西町奉行所に出頭すると、三井には七万両という数字を示されたのである。三井だけでなく、大坂の重立った豪商に対して一方的に御用金高を指定した。それは表2‐1のとおりである。なお天明三年に鴻池善右衛門、加嶋屋久左衛門など一一人の両替商が融通御用として八七〇〇貫目を町奉行所に出しているのであるが、この一一人は今回の御用金賦課の対象から除外された。表2‐1にあるように、三井は米屋平右衛門、鴻池善五郎、和泉屋次郎左衛門とともに七万両を指定されている。五万両は八人、四万両と三万五〇〇〇両が三人、三万両が一四人、二万両が六人、一万五〇〇〇両が二〇人でこれらを合計すると五八人に対して一七四万五〇〇〇両という規模となる。宝暦御用金とほぼ等しい額となった。ところが「十三日ゟ十六日迄御召出し惣人数弐百弐三拾軒計と相聞へ申候、十七日、十八両日ハ御召出し無御座よし、今日ハ近郷遠近之有徳仁被召出候様子ニ御座候[2]」と記されていて、一三日から一六日までに呼び出しを受けた大坂町人は二二〇軒から二三〇軒ほどの人数に上り、一九日までには合わせて三〇〇軒ほどが呼び出しを受けた。あと二四〇軒ほどにも御用金が課せられたわけで、それらの一万両以下の指定高を加えると宝暦期の規模をはるかに超過することになる。大坂市中の三〇〇軒ほど以外では「追々兵庫、灘目辺幷伊丹、池田、木津村、難波村、天王寺村、今宮村都而近郷之御代官支配有徳之仁御呼出有之、且当地幷御料所之近在有徳成寺社方も追々御呼出有之由之事[3]」と御用金の出金者を近在の町場や村々に広げていった。さらに市中の噂によると町人への御用金の割付高は、六、七〇〇軒に対して六〇〇万両に及んだという[4]。その噂の正確さは不明であるが、巨額に及んだことは間違いのないことで、それに近い数字であるとすると、この御用金政策は大名への財政補助政策を主眼とするというよりも、幕府が大坂町人による大名金融のすべてを掌握し、かつ編成し直そうとする厖大な構想であったと

表2-1　御用金の指定高（天明5年12月22日）

七万両	内平野町二丁目	米屋平右衛門	今橋二丁目	鴻池屋善五郎
	高麗橋一丁目	越後屋八郎右衛門	新難波西ノ町	泉屋次郎左衛門
五万両	今橋一丁目	堺屋七左衛門	玉水町	加嶋屋十郎兵衛
	九郎右衛門町	北村六右衛門	木挽北ノ町	松屋清兵衛
	雛屋町	天満屋六次郎	高麗橋一丁目	升屋九右衛門
	塩町四丁目	小橋屋利兵衛	北久太郎町三丁目	近江屋富太郎
四万両	堂島新地中二丁目	播磨屋仁兵衛	玉水町	加嶋屋安兵衛
	中筋町	錺屋次郎兵衛		
三万五千両	北久太郎町三丁目	奈良屋忠兵衛	瓦町一丁目	炭屋五郎右衛門
	粉川町	紙屋利右衛門		
三万両	今橋一丁目	堺屋佐兵衛	内平野町二丁目	米屋長兵衛
	四軒町	平野屋仁兵衛	肥後嶋町	山家屋権兵衛
	天満十一丁目	桑名屋七之助	備後町二丁目	銭屋権兵衛
	玉水町	嶋屋市郎兵衛	安堂寺町一丁目	大和屋利兵衛
	南久太郎町三丁目	菱屋宇右衛門	嶋町二丁目	大黒屋源兵衛
	堂島新地三丁目	升屋源左衛門	徳寿町	金屋嘉兵衛
	新戎町	矢倉与市	宇和島町	雑喉屋三郎右衛門
二万両	北浜二丁目	塩屋孫左衛門	船越町	嶋屋孫兵衛
	納屋町	大津屋吉兵衛	本町二丁目	平野屋新兵衛
	四軒町	平野屋本之助	阿波町	大津屋九兵衛
一万五千両	梶木町	播磨屋九郎兵衛	四軒町	平野屋嘉十郎
	江戸堀三丁目	伝法屋五左衛門	釜屋町	金屋堅之助
	塩町二丁目	銭屋弥助	天満九丁目	蓮屋善右衛門
	上人町	綷屋久右衛門	上人町	油屋善兵衛
	過書町	天王寺屋忠兵衛	奈良屋町	多田屋伝兵衛
	四軒町	上村屋九兵衛	淡路町二丁目	錫屋五兵衛
	道修町一丁目	川崎屋源兵衛	伊勢町	茶屋吉右衛門
	尼崎町一丁目	鴻池屋市兵衛	北久太郎町三丁目	絵具屋吉兵衛
	金田町	平野屋惣兵衛	白髪町	岩田屋七郎兵衛
	宇和島町	雑喉屋藤右衛門	唐物町二丁目	信濃屋勘四郎

出所）「本店筋融通方通達状留」（三井文庫所蔵史料　続1440）.

言わねばならない。幕府が各藩の財政事情を掌握することができるわけである。しかもその一パーセントの税収は六万両にも達することになる。

宝暦御用金の場合は途中で打ち切られて、日延願を出し続けた者が結局容赦された恰好となったという経緯があったために、御用金の引受高を申告するように申し渡された大坂町人らは一様に日延願を出すことを戦術としたのであるが、大坂町奉行所は先手を打って御用金高を指定してきた。しかしそれらの指定高がそのまま決定をみたわけではなかった。これから指定高をめぐる攻防が始まることになる。京都に本店をおく呉服商である塩町四丁目の小橋屋利兵衛の場合も、御用金令に際して主人幼少を理由として日延願を出したが、一二月二二日には五万両を指定されたのである。小橋屋は指定高を引き下げてもらう交渉を行うとともに、同月二五日に次のように願書を町奉行所に出している。(5)

乍恐口上

一此度結構之御仕法ヲ以御用金被為仰付奉畏候、私儀近年困窮ニ罷有候得とも、格別出情仕、金高ハ万両御受可奉申上候、右金子其儘私へ永久御貸付被成下、私方商売元立ニ仕度奉存候、依之一朱通之御利足年々無滞上納可仕ニ付、此段書付ヲ以奉申上候、尤小橋屋兵之助義ハ私出店ニ御座候ニ付、御断奉申上候、以上

小橋屋利兵衛
幼少ニ付
代判次郎右衛門
北久宝寺町五丁目
小橋屋惣右衛門支配かしや
小橋屋兵之助

「ハ万両」は符牒のため正確にはわからないが、その額をそのまま自分方に永久に貸し付けてくれれば、一パーセ

ントの利足は滞りなく支払うとの願書である。大名に貸し付ける意図はみられず最初に記した辻善之助の言い分はこれとそっくりである。

三井の場合では七万両という指定高に接して驚愕し、請書の提出の延期願を出している。一二月二六日には一万両までは引き受けるつもりで、まず五〇〇〇両と書いて提出し、即座に身分不相応とお叱りを受け、その場で一万両と書き改めたが、それも返されている。三井は二万両で決着がつくと判断し、一二月二八日にはその二万両という数字を書き入れて提出したが、それも認められなかった。

ところで紀州藩庁ではこの御用金令に関心をもって三井に対応してきている。その事情を次の一二月二六日の越後屋大坂本店から京本店への書状から見てみよう(6)。

一紀州当地御屋敷江商ニ参り候若キ者、昨日猪飼氏様江罷越候処、御子息様ゟ此度御用金之儀御尋御座候ニ付、荒増御咄申上候処、其方ニも嘸難渋可被致気毒ニ存候、此方ニ而も其噂而已及聞居申候と被仰候ニ付、店預り之者共殊之外心労仕居申候、宜敷御賢察も御座候ハヽ、御指図被遊被下候様申上候処、忠右衛門様江其趣御相談可被仰旨被仰候ニ付、宜敷奉頼上候段申上帰宅仕候、然ル処今般御使を以店預久兵衛ニ御逢可被成旨只今罷越候様被仰下候ニ付、早速久兵衛参上仕候処、此間ゟ之様子委敷御尋之上京都主人達始各嘸心痛之事ニ存候、屋鋪江立入之町人共之内御用金御用捨之聲掛り頼来候者も有之候得共取合不申候、其方ハ手前領分之町人ニ付外之と者格別之事ニ候、此方江願書差出候ハヽ、取計方も可有之と御心入之段被仰聞候ニ付、難有段御礼申上、京都江申遣シ御願奉申上候様可仕候へ共、御猶予日限今日限日ニ御座候、過急之儀ニ付当惑仕候趣申上候処、日限猶予之儀者八郎右衛門紀州表、或者松坂表へ罷越候抔と申立も可有之候間、日延之処何分取計可被申候、此方一存ニ而者難差計候、願書を以相願被申候ハヽ、其趣早飛脚を以御国表へ申遣シ、返事次第当地番所江可申出と甚御深切成被仰ニ付、傍輩共へ相談仕、御願可奉申上と申上罷帰り申候

猪飼忠右衛門は紀州藩大坂留守居役であり、三井は領分の町人であるから、願書を出せば手段もあると言いつつ、

田沼意次の政策への容喙に関心をもったわけであった。越後屋大坂本店では、一二月二六日に支配役規矩文兵衛の名前で次の願書を猪飼に送っている。長文となるが引用する。(7)

乍恐口上書を以御願奉申上候

一去ル十四日当地西御番所ゟ被為御召、佐野備前守様於御前、此度江戸表ゟ御下知ニ付金銀通用為融通、御用金被為仰付候間、面々可差出金高可奉書上候急速ニ書上可仕旨被為仰付、御請印形御取被為成候ニ付、私方義八郎左衛門京住仕候へ者御猶予御願申上、早速京都へ右之趣申遣候上、去ル廿一日小金書上仕候処、追而可被召出旨被仰付、翌廿二日被為御召成金高七万両可奉書上旨、尤右金子者不及指出ニ、其者へ永久御貸付被為成候間、右金高之壱朱通毎年上納可仕旨被為仰付、甚当惑仕候、早速八郎左衛門へも対談等仕候へ共、近年甚逼迫難渋仕居申候故段々御嘆キ願上罷在候へ共、中々御許容之御様子無御座嘆ケ敷奉恐入候、乍憚兼而被為成御聞達候通、私方近年御国御用等も他借等仕漸御用を相達候仕合ニ御座候処、毎年大金之壱朱通上納仕候而者弥不操合ニ相成、家業相続之程も無覚束当惑至極仕候、左候而者此末御国表御用筋相勤兼可申哉と千万嘆敷奉存候、此段被為聞召分、何卒此度之御用金御宥免御座候様、御国表ゟ御達被為成下候ハヽ、難有可奉存候、尤右金高御請之儀兼々可申上旨被仰渡、日延等之儀一切御聞届無御座、猶更恐入罷在候、右之趣御国表江八郎左衛門ゟも御願可申上候へ共、差懸り候業ニ付不取敢私ゟ乍恐口上書を以御願奉申上候以上

天明五年巳十二月廿六日

三井八郎左衛門

出店預　文兵衛

猪飼忠右衛門様

三井は大坂西町奉行所には日延べ願を出して、一方で紀州藩庁に働きかけるという戦術をとった。紀州藩庁から幕閣への影響力の行使を期待したわけであった。この願書では御用金七万両の一パーセントにあたる七〇〇両を毎年上納しなければならず、それが家業の圧迫となることを訴えている。正月一五日の越後屋大坂本店から京本店への書状

でも「被仰聞候通エ《(七)》万両イ《(二)》朱通りと申候而ハ壱ケ年ニサシ〆ゝ《(五十貫目)》程ニ相当り右ニて者末々大難渋ものニ御座候故」[8]と記して、年々銀五〇貫目ほどを上納することの負担を心配しているのである。

一二月二八日の書状によると「御召出之内色々有之候処、決着金高相究り候分百八拾壱軒、今日請印御取被遊候御事ニ御座候、惣金高船サシセ《(百五十二)》万両之由ニ御座候、大金之内未相済不申者食氏と手前両家斗ニ而御座候」[9]と記されているように、一二月二八日に一八一軒で一五二万両の請書が町奉行所に差し出されたわけで、三井と食氏だけの請書がまだ出されていないという状況であった。食氏とは和泉佐野の食野（泉屋）次郎左衛門のことである。三井以外の町人の指定高と請高との関連は不明であるが、おおむね配分高の七割ほどの請高で許されていた。[10]五万両を指定された升屋の場合は二万両の請書を出していて、おおむね指定高よりは少なくなっている。

天明六年（一七八六）正月七日になると、大坂で御用金令を告知する町触が出された。今回大坂町人に御用金を課し、それを諸家に領内の田畑を担保として相対で年利七パーセントで貸し出し、もし滞りとなった場合には代官所が物成より取り立てるから、一〇万石につき一万五〇〇〇両ほどを限度として御用金貸付金を借りるように、と諸大名に告知したわけである。これにより請書を出した銀主は大名への貸付を開始することになるのである。

ところが三井の場合は請書提出までが難航して年を越してしまった。次に示すのは天明六年正月一〇日の大坂町奉行所への願書である。[11]

乍恐口上

高麗橋壱丁目
越後屋八郎右衛門
病気ニ付
出店預
久兵衛

一旧冬廿二日被為成御召、御用金七万両可奉書上旨被為仰付奉畏候、大金之儀ニ付御猶予御願申上、去ル廿七日金高壱万両書上候処、御前へ被為成御召、家柄不相応不束之儀、既ニ先年米相場之儀ニ付五万両出金申付候節致皆納候、此度之儀ハ甚重キ御用金ニ有之、殊更正金不及指上ル之事ニ候へ者、急度出情可仕筈、心得違之段被為仰聞奉恐入候、依之翌廿八日増金仕、金高弐万両奉書上候処、猶又出情増金可仕旨御猶予被為成下、難有奉存候、八郎右衛門病気ニ付、親類共、老分手代共相談仕、色々勘弁出情仕、去四日金高三万両奉書上候処、猶増金仕候様被為仰付、当惑難渋仕候、乍恐私義廿六ケ年已前巳ノ十二月、米相場之儀ニ付出金被為仰付候節奉皆納候金高之内、御下金被成下候引残、諸御屋敷方へ貸付ニ相成候分無利足長年賦ニ被為仰付候処、右年賦滞克ニ而、未銀高千貫目余相残御座候、其上紀伊国様ゟ大金御用被為仰付、其後御下ケ金不被為成下、甚逼迫難渋仕候ニ付、其砌ゟ八郎右衛門初親類共、何れも居宅表を〆逼塞仕罷有候仕合ニ御座候、商売見世之儀ハ為渡世之店を張居申候得共、乍恐御公察之外、内分ハ甚困窮仕罷有候、然レ共御大切成御趣意之御用金御意重々御座候得者、身分之難渋御歎キ而已奉申上候段重々奉恐入候付、傍輩共相談之上、去ル五日金高三万五千両書上仕候へ共、御聞済不被為成下、当惑至極仕候、依之猶又親類共ハ不及申彼是別家之者共迄も対談仕候、弐千両相増、都合金高三万七千両書上候、乍恐最早此上之増金難出来御座候得者、此段被為聞召上御許容被為成下候ハヽ、広太之御慈悲難有之可奉存候已上

天明六年午正月十日

八郎右衛門病気ニ付代

久兵衛　印

御

この願書から天明五年一二月二八日から六年正月一〇日までに幾度となく請高を書き上げては返されている様子が窺える。正月四日には三万両、五日には三万五〇〇〇両、一〇日には三万七〇〇〇両を書き上げているのである。この願書では宝暦期の御用金の償還がまだ終わっていないという苦情を書くことを忘れてはいなかった。なおこの願書

も認められることなく、その後は同じ一〇日に四万両、一三日に四万二〇〇〇両、一五日に四万五〇〇〇両と書き、二三日に四万六〇〇〇両を書き上げ、町奉行所はこの四万六〇〇〇両で妥結し、三井は二七日に外の一〇〇軒余りといっしょに請印を出した。同日に請書を出した食野次郎右衛門の請高は四万一〇〇〇両であった[12]。すでに正月一三日にはさらに一五〇人ほどの町人を大坂町奉行所に呼び出し、御用金を課していて、そのなかには、加東藤助、村井新十郎、渡辺新右衛門という越後屋の別家にも一〇〇〇両ずつ課されていた[13]。一九日には三井両替店の三井次郎右衛門も御為替上田組の上田三郎左衛門とともに御用金を課されているが、幕府御用の事例を並べたてて辞退願を出したために、三井次郎右衛門は四月になり出金を免除された[14]。

請高の決定に難航したのは、政策を完遂させようとする意図と回避しようとする意図との衝突の結果であるが、三井が御用金の請高について紀州藩庁に働きかけたことは、効果を上げたであろうか。請書提出に関してはむしろ逆効果であったかも知れない。正月三日の書状では、「紀州表江手入被致候儀いつ方ゟ聞請被申候哉、旦那耳ニ入甚不快ニ被存候」、「仮令此度紀印御声掛りニ而事済致し候とも、此末如何体之差障り出来可致も難斗、左候時ハ其家之ためニ相成申す間敷候得者、紀印ゟ御使者之儀品能取計ひ差留候様[15]」と記されていて、幕閣が態度を硬化させたことがわかる。ここに記した旦那とは、西町奉行佐野政親の家老森繁平である。三井は御用金政策に容喙する紀州藩の同調者とみられたことになり、紀州藩を後ろ盾とする三井への、田沼政権の風当たりは強く、何度も交渉が繰り返されたのであった。

正月二七日に三井は請書を差し出した。この請書の提出によっていったんは落ち着いたが、大名への貸付は相対貸であったため、銀主への強制力は乏しいものであった。

四月晦日に、請書を出した町人を北組惣会所に呼び集めて、これまでに貸し付けた御用金の貸付先の名前を、まだ貸し付けていない場合にはその理由を翌日までに書き上げるように申し渡している。それに対して三井はまったく貸付を行っていない旨の返事をしているが、六月一〇日付けの三井八郎右衛門手代から町奉行所への口上書を次に引用

する。(16)

一先達而私へ御貸付被仰付置候金高四万六千両之内、諸家方へ此節迄ニ貸付候有無幷貸付候分者、御借請之方御名前、金高、且又御借請之儀被仰込当時御対談中、又者御対談相済候得共金子取渡不仕分、諸家方ゟ被仰込有無、或及御断候方も有之候ハヽ、其御名前等を委細可申上旨奉畏候、去ル四月上旬仙台様当地従御屋敷手紙を以被仰込有之候得共、不操合ニ付其節御断申上候、右之外被仰込候御方も無御座候、御尋ニ付乍恐此段奉申上候已上

高麗橋壱丁目
越後屋八郎右衛門
出店預り
久兵衛
病気ニ付
代　助三郎

天明六年午六月十日

久兵衛病気ニ付
代　助三郎

御

乍恐口上

四月に仙台藩役人(17)が手紙で相対貸の交渉を行ったことになるが、三井の側は断っているのである。そのほかには申し込みはないと返答している。三井は御用金請書を差し出しながらも、まったく貸出は行っていないことになる。六月一七日の書状では食野や鴻池善五郎らは貸付の交渉にあたっていたが、そのほかには貸出はしていない模様という。一五二万両以上の請高が出されていながらも、それがほとんど実施されないといわれるのは、相対貸とされて、借入

要求を仲介するわけでもなく、個別的な強制力をもたなかったからであり、諸藩からも忌避されたという側面も考えられる。しかしなお一般的な貸付勧告はなされていた。三井では六月に御用金出金免除の願書を紀州藩を通して勘定奉行松本秀持あてに出して了解を得、老中田沼意次はそれを拒否しなかったという。しかしなお心配で田沼意次への紀州藩からの直接の声掛りを頼み込んでいる。この段階になると紀州藩の幕閣への働きかけは三井を免除するという以上の意味をもったといわねばならない。そのような事情もあり、収集した情報の三井から紀州藩庁への報告によると御用金一件は差支があるために、明確な停止令はないが、何となく沙汰なしとなるだろうと記している。

天明六年六月になると、全国の寺社山伏に上之分一ケ所で一五両としてそれ以下は相応の金高を、百姓には持高一〇〇石につき銀二五匁を、町人には家屋敷の間口一間につき銀三匁を、五年間にわたって出銀させ、それを大坂の会所から年利七パーセントで大名に貸し出す貸金会所を実施することが万石以上以下ともに告知され、七月に全国に触れ出された。その貸付の際には、米切手か相応の村高証文を書き入れさせ、滞りとなった場合には代官所が年貢米を取り立て返済にあてるという内容である。行き詰まってしまった大坂町人への御用金を全国的に拡大再編しようとしたものであることは明らかである。

天明六年八月末に将軍家治が没し、その信任を得ていた老中田沼意次は失脚した。貸金会所仕法は印旛沼の開拓事業などとともにすぐに停止されたが、この御用金令が取り止めとなったのは閏一〇月一〇日である。すでに貸し付けられた御用金は年賦返済までこれまでどおりとされたが、新たな貸付は差し止めとされた。御用金を担当した西町奉行佐野政親は同年一〇月に罷免されていたのである。

二　御用金の実施状況

辻善之助や幸田成友はこの御用金は実施されなかったと記しているが、はたしてそのとおりであろうか。領主の土地所有権を担保とすることから、忌避されるという側面があったとしても、財政困窮が一般化している諸藩の事情からは、御用金貸付金は歓迎されたであろう。しかしそれが相対貸であったため、借り入れようとする諸藩は、銀主と個別に交渉しなければならなかった。大坂町奉行所は貸付の勧告を行うが、必ずしも公的強制力は伴わず、銀主は理由をつけては断っていたのである。ここで間接的なものであるが、御為替三井組が引き受けている大坂御金蔵銀御為替の「配分帳」から、御用金の貸付け実施状況を示している史料を次に引用する。(18)

一銀四拾六貫目　割弐拾三貫目　未四月五日請取
　内小玉銀九貫目　同七月六日上納

壱貫八百九拾七匁六分九厘七毛
大坂町人共之内江御用金御貸付被仰付、年七朱之利金を以、宗猪三郎江
金主三拾弐人ゟ年賦相対を以去午十一月ゟ当正月迄追々ニ貸付、右利足
之内壱朱分銀納之積金高月数ニ応割合銀高上納

三拾五貫百弐匁三分三毛
大坂町人共之内江御用金御貸付被仰付、年七朱之利金を以、諸家江貸付、
右利足之内壱朱分銀納之積、去午年中貸付候分月数ニ応右壱朱分月割ニ
而取立上納之内

九貫目
去々巳年肥後肥前豊後石見国御年貢長崎瀬崎御蔵納米代銀幷掛包賃銀増
銀共皆納之内
　但小玉銀

一　銀四拾三貫五百目　十人組
一　銀拾貫五百目　上田組　都合銀百貫目

内小玉銀弐拾貫目

これは「配分帳」の天明七年四月五日の一ページ分であるが、さらに三井文庫には御為替十人組の「御為替配分帳」が残されている。四月五日と同じ日付のもので、そこから御用金に関する部分を引用する。(19)

一　銀四拾三貫五百目　未四月五日渡り
　　内小玉銀九貫目　七月六日上納
　　拾九貫五匁二分六厘七毛　大坂町人共之内江御用金御貸付被仰付、年七朱之利金を以、諸家江貸付、右利足之内壱朱分銀納之積、去午年中貸付候分月数ニ応右壱朱分月割ニ而取立上納之内

天明七年の四月五日分の御為替銀は全体で一〇〇貫目であり、そのうち四六貫目は三井組が引き受け、十人組に四三貫五〇〇目が、上田組に一〇貫五〇〇目が配分されたのである。この両組の御為替銀のなかで、一貫八九七匁余が三二人の大坂銀主から対馬藩主宗猪三郎へ貸し付けられた御用金の一パーセントの利足であり、それを江戸御金蔵に送金したのである。この対馬藩への御用金貸付金については次節で記すが、天明六年一一月から七年正月までの三カ月分の利足の中の上納金部分である。同期間の御用金の七パーセントの利足はおおよそ三〇二両であり、したがって一パーセントは四三両余となり、一両を六〇匁で銀換算すると二貫五〇〇目前後となって、残りは上田組に渡されたと推測することも可能である。

次に三井組の三五貫一〇二匁余と十人組の一九貫〇〇五匁余が、大坂町人から諸家への御用金貸付金の一パーセントの利足である。貸付金の一パーセントを上納するのであるから、この合計を一年分の利足と考えると五四〇〇貫目余の貸付金となり、それは金換算すると九万両弱となるのであるが、この利足を半年分として計算すると貸付高は一八万両ということになり、対馬藩の場合と同様に三カ月分の利足と考えると三六万両の貸付金となるのである。御為替組上田組にもこれが配分されているとも考えられ、この史料からは大坂銀主から対馬藩への御用金貸付金の利足の

一パーセントの上納銀が一貫八九七匁余であり、諸家への御用金貸付金の利足の上納銀が五四貫目余であるという点が現在確認できるにとどまり、大名への貸付金の総額は明らかとならない。

その後はこの御用金貸付金の利足の上納はなされたのであろうか。「御為替配分帳」は継続的な史料であるため、記載のない年度には上納金の江戸への為替送金がなされていないことになるのであるが、三井組の「御為替銀配分帳」からみると、大坂町人から宗猪三郎への御用金貸付金の利足のうちの一パーセントの上納銀は天明八年一〇月一六日に天明七年二月から八年正月までの上納高として九貫三三二匁八分二厘が渡されている。一両を六〇匁で換算すると貸付高は一万五五五四両余となる。寛政元年には記載はないが、寛政二年五月一六日には寛政元年二月から二年正月までの分として八貫三二七匁八分三厘四毛が、寛政三年三月二三日には寛政二年二月から三年正月までの分として七貫七二九匁九分八厘が三井組に御為替金として渡されている。それは一万二八八三両余の貸付金となる。また寛政二年一二月二三日には諸家への御用金貸付金の上納金として三貫三九八匁六分六厘七毛が三井組に渡された[20]。さらに十人組の「配分帳」では、天明八年正月二三日に大坂町人より諸家への御用金貸付金の利足の一パーセントの上納金として一四貫九四九匁九分一厘七毛が記されている。十人組の「配分帳」はそれ以降は残されていないため不明である。両組ともにそれ以外の記載はみられないが、大坂御用金の幕府上納銀は松平定信政権に引き継がれて寛政三年まで御為替組の手によって江戸に為替送金されて、わずかではあるが幕府の財源となっていたのである。

以上のように大坂御用金の貸付が実施されたことは間違いのないことであるが、銀主による具体的な貸付の事例について見てみよう。

和泉佐野浦の食野（和泉屋）次郎左衛門[21]は天明五年一二月二二日には七万両の御用金を指定されたが、請高について交渉が長引き、その結果、天明六年正月二七日に四万一〇〇〇両の請書を出している。一二月二六日には小橋屋と同様に永久に貸し下げになれば一パーセントの利足は支払うという願書も出している。食野はその後大名とのあいだで御用金貸付けの交渉がもたれ、四万一〇〇〇両の請高のうちまず四〇〇〇両を領主の岸和田藩主岡部美濃守に貸し付けることに決まり、次に尾張藩に二万一〇〇〇両を貸し付けることとなった。残りの一万六〇〇〇両については、七〇〇〇両をさらに尾張藩に貸す約束となり、九〇〇〇両については小倉藩小笠原左京太夫に貸すという交渉がなされた。

食野家文書には御用金に関する天明六年（一七八六）六月と閏一〇月の次のふたつの写しがあるので引用する。

（1）

乍恐口上[22]

新難波西ノ町
和泉屋次郎左衛門
代　与兵衛

一先達而私江御貸附被仰付置候金高四万千両之内、諸家様方江此節迄貸附候有無、并貸附候分ハ御借受之方御名前金高、且亦御借請之儀致仰込、当時御対談中又は御対談相済候得共金子取渡不仕分、諸家様方ゟ被仰込之有無、或及御断候方有之候ハヽ、其御名前等も委細可申上旨御尋ニ付、左ニ奉申上候

一金四万千両　御受高

内

四千両

御地頭岡部美濃守様江御貸附申上候

二万千両

尾州様へ御貸附申上候

但シ右之内壱万四千両出金、相残ル七千両ハ未取渡不仕候

右御両家様之儀ハ先達而以書附奉申上候

又

壱万六千両
有馬中務大輔様江御貸附申上候、但シ右之内壱万両出金、相残ル六千両未相渡不仕候
都合四万壱千両
右之金高不残御貸附申上候、尤先達而小笠原左京太夫様江御対談申懸在之候得共、無拠義ニ付御断申上候、右御尋ニ付乍恐以書附奉申上候以上
天明六年午六月十二日
和泉屋次郎左衛門
代　与兵衛
御奉行様

（2）

覚[23]

御用金
御受高金四万千両
内
一金弐万千両　尾州様江御貸付高
此内
五千両　午二月廿七日納
三千両　午三月廿六日納
四千両　午四月廿七日納
〆壱万弐千両
但し此分当十月御返済有之済切申候、尤再出金之儀被仰懸、当時対談中ニ御座候

弐千両　　午五月八日納メ
但シ此分今以御返済無之候、尤来ル十一月限御返済之御約束ニ御座候
合壱万四千両
残テ
七千両
但し此分追々調達次第差出申御約束ニ而未出金不仕候
一金壱万六千両　　有馬中務大輔様江御貸付高
内
五千両　　午五月廿三日納
但し此分当十月御返済有之済切申候、尤再出金之儀被仰懸候ニ付、当時対談中ニ御座候
五千両　　午六月五日納メ
但シ此分未御返済無之候、尤来十一月限りニ御返済之御約束ニ御座候
〆壱万両
残テ
六千両
但し此分追々調達次第差出し申御約束ニ而未出金不仕候
一金四千両　　岡部美濃守様江御貸高
但し午三月納、未タ御返済無之候、
惣合
金四万千両

此内

壱万七千両　当十月口々御返済有之候分

壱万壱千両　当時出金有之分

壱万参千両　いまた出金不仕分

〆

右之通御座候以上

午閏十月

（1）の天明六年六月の「口上書」は御用金貸付の有無についてたずねられた際の返答書であるが、四〇〇〇両を領主にあたる岸和田藩岡部美濃守に貸し付け、二万一〇〇〇両を尾張藩に貸し付ける約束となっている。残りの一万六〇〇〇両は、前述した尾張藩、小倉藩とは異なり、久留米藩有馬中務大輔に貸し付けられることになっている。ただし全体で二万八〇〇〇両が貸し付けられて、一万三〇〇〇両がまだ貸し付けられていない。（2）の閏一〇月の「覚」は御用金が取り止めとなった際の記録であるが、それによると尾張藩には二月から五月まで四度にわたって一万四〇〇〇両が貸し付けられ、そのうち一万二〇〇〇両がすでに一〇月には返済されているのである。七〇〇〇両はまだ貸し付けられていない。久留米藩に対しても五月と六月の二度にわたって一万両を貸し付け、五〇〇〇両がすでに返済されていて、六〇〇〇両はまだ貸し付けられていない。岸和田藩には四〇〇〇両が貸し付けられた。返済された分については再出金の交渉がされているが、なお対談中であるという。全体では四万一〇〇〇両のうち二万八〇〇〇両が貸し付けられて、すでに一万七〇〇〇両が返済済みである。なお天明七年二月の食野から大坂町奉行所への書状によると、岸和田藩の四〇〇〇両と久留米藩の残りの五〇〇〇両はともに六年一一月に返済されているのである。そしてその岸和田・久留米両藩の一万四〇〇〇両の貸付金については、食野は三六貫七五〇目の利足を収取し、そのうち五貫七五〇目を上納しているのである。尾張藩分については不明である。御用金貸付金はこのように取り止めとなった際に返済されたものが多かったために、前述した大坂から江戸への諸家に対する御用金貸付金の上納金の為替送金は急速に減少していったのである。ところで、老中田沼意次と対立関係にある門閥派大名、しかも御三家のひとつの尾張藩がこの御用金貸付金を大量に借り入れているということは、この御用金による土地所有権の担保だけをもって政権倒壊の理由とする論理の有効性を失わせるものであるということができる。

三　対馬藩の御用金の借入

前節で記したように、江戸に為替送金された御用金貸付金の上納金には、諸家への貸付金と対馬藩宗家への貸付金とが別々に記されている。そのことからでも、対馬藩宗家への御用金貸付金はほかの大名への貸付金とは性格を若干異にすると考えられる。ここで対馬藩への御用金貸付金の性格について見てみよう。

対馬藩は島内で米をほとんど産出せず、不毛の地で、肥前田代領の産米を加えてもなお食料品の自給もできないという厳しい土地条件をもっていたが、朝鮮との交易を行って、そこで生じた利潤が藩の主要な財政基盤となったという特殊な性格を有していた。対馬藩は朝鮮との間で使節を往来させて外交業務を担当したため、朝鮮との間での貿易の益金は知行に等しいという認識があった。ところが一八世紀に朝鮮との交易が次第に行き詰まってくるようになり、財政運営は困難になってきたのである。延享三年（一七四六）の一万両を勝手向難渋を理由とする財政援助の手初めとして、幕府から拝領金や拝借金を引き出し、次第にその財政援助に依存するという財政的体質を帯びてきた。延享三年（一七四六）からは朝鮮貿易が不振のために毎年一万両ずつ幕府から拝領金として下賜され、それが宝暦元年に打ち切られると、宝暦五年（一七五五）には再度三年間に限って年に一万両を下賜された。宝暦一三年には通信使接待のための費用として九万七〇〇〇両を下賜されてもいる。そして明和七年（一七七〇）からは交易の断絶による収入の減少を補う意味で幕府から銀三〇〇貫目の拝領金を年々下賜されることになった。対馬藩はそのほかに返納を要する拝借金を何度も幕府から借り入れていて、近くには明和四年（一七六七）の一万五〇〇〇両の拝借金があった。幕府からの拝借金は返済されることなく累積していたが、明和七年に拝借金の一〇年間の返済繰り延べを認められていた。そのような過程で御至願運動の結果、安永五年（一七七六）になり対馬藩は銀三〇〇貫目にかわって一万二〇〇〇両の拝領金を永続手当金という名目で年々下賜されることになった。[24] 対馬藩の財政にとってこの一万二〇〇〇両は非常に大きな意味があったが、対馬藩の財政収入は、おおむね貿易利銀と対馬島、田代領の年貢米、永続御手当金とがそれぞれ三分一ずつの割合を占めるようになった。[25] 対馬藩はそのほかに京都、江戸、大坂の銀主からの多額の借銀を借り入れてそれで財政の不足を補ってきた。寛延三年（一七五〇）には勘定奉行で長崎奉行兼帯の松浦河内守が、大坂で鴻池善右衛門をはじめとする九人の町人に「長崎交易方御手当」という名目の御用銀を課した。それは長崎方銀が九一二貫目、対州方銀が一六八三貫目で合わせて二五九五貫目余であったが、対馬藩は対州方銀の一六八三貫目をそのまま「朝鮮人参代幷交易銀」として借り入れて、財政補塡にあてていた。[26] それは宝暦二年まで若干返済されたが、利足を加えて一四〇七貫五〇〇目がそのまま滞ってしまった。寛政元年にその返済問題が浮上することになる。

ところで安永五年三月に初めて渡された一万二〇〇〇両の永続手当金の中から、明和四年に借り入れた拝借金一万五〇〇〇両（銀換算して九〇〇貫目）の返済残りの四〇〇貫目を年賦償還するため、年に一〇〇貫目ずつ引き落とされることになり、一六六六両二歩と永一六六文六分七厘が差し引かれた。[27] その年賦償還は安永八年に終了した。対馬藩は安永七年に幕府から六〇〇〇両を拝借しているが、それも安永九年より天明五年まで年に一〇〇〇両ずつ永続御手当金の中から引き落されている。それが完済すると、天明六年（一七八六）からは今度は天明二年に借り入れた五〇〇〇両の拝借金の一〇年賦による五〇〇両ずつの引き落しが始まった。以上のように、明和四年以前の拝借金が古拝借金として繰り延べされて以降は、幕府からの拝借金は一万二〇〇〇両の永続御手当金から年賦償還として引き落しがなされていた。そのような経験を得て、対馬藩では一万二〇〇〇両の永続御手当金を年賦償還の原資として新たな借入金を行うという知恵がついていた。

対馬藩は天明五年（一七八五）正月頃から幕府の拝借金を獲得する運動を開始し、老中水野忠友の家老土方縫殿助や田沼意次の用人三浦庄二に働きかけた。一〇月一七日には老中水野忠友に書状を出しているが、そのなかで「町御奉行所より町家江一ケ年五歩之利足を以御貸付之御金御座候様粗承知仕候、何卒此上之以御仁恵、右之御金弐万両拝借被為仰付、此元金十ケ年御貸据被下利足金斗上納被仰付、十一ケ年目ゟ元金弐拾ケ年賦ニシテ元利返納之積、別紙差引通被為仰付被下候ハヽ、猶御蔭を以永続之道相立重畳御大恩難有仕合可奉存候」[28]と記している。町奉行所から町家に対して年利五パーセントの貸付金があると聞きつけ、その拝借金を二万両借り入れたい、一〇年間据え置いた上で、その期間は利足だけを払い、一一年目から二〇年賦で償還したい、と申し出たのである。対馬藩では藩主宗猪三郎がまだ継嗣が決まっていないままで天明五年七月に没したため、弟富寿を猪三郎に仕立てあげるという藩主すり替えの一件をおこしたが、その相続に多額の費用を要し、さらに朝鮮より訳使が渡海してきてそれにも多くの費用を要した。このように臨時の出費が重なったために、借入金が必要となったが、天明五年の一〇月から一二月にかけては連日老中の家老や用人宅に出向き貸付金の借入について頼み込んでいる。ところがこの町家への貸付金の借入は実現しなかった。また対馬藩宗家文書のなかで「御貸付金此表富家町人御撰立、拾壱軒之手元ゟ都合金高拾四万七千両先般御用金差出居、尤田畠引当郷判ニ而歩銀月八朱ニ而諸家様江貸付、右八朱之内五朱半ハ銀主手取ニ相成り弐朱半ハ奥御用として公義江上納ニ相成」[29]と記されている。これは天明三年に鴻池善右衛門や加嶋屋久右衛門など一一軒に課した銀八七〇〇貫目の隠密御用金[30]の年利八パーセントの貸付金で、同様に領内田畑の年貢米を担保としているが、対馬藩ではこれを借り入れることはできなかった。天明六年正月二二日になり土方縫殿助から大坂御用金の貸付金について新たな説明を受けた[31]。

此度御差図ニ依、於大坂表利足七朱ニシテ御貸附金有之、其金子者町家ゟ差出、尤証文郷判ニ而御知行拾万石ニ付壱万四五千両当ニも可相成由候得者、御家様者拾万石以上之御格合ニ付、思召通弐万石迄者可相成儀候、依之先達御書付被差出置候御貸付ハ難相成、此節被差返候間大坂ニ而ケ様々々之御貸附金有之候段被成御承知、此分

御拝借被成度と之趣御書付御認替被差出候様、然上ハ相心得追々様子相考御示談可致之旨懇ニ被申聞候付厚及挨拶置

この説明を受けて、対馬藩では年利五分の町家への貸付金を借りることは無理ということになり、年利七分のこの大坂の貸付金を二万両同じような条件で借り入れたいと交渉を始めたのである。一〇年間の据え置きと一一年目からの二〇年賦返済という条件を提示した。土方縫殿助との交渉では、「此度之御貸附者、拾万石ニ付凡壱万四五千両当り之積ニ相聞候得共、対州様ハ諸家様と御訳も違、拾万石以上之御格、拾九万石迄之御勤向故、金弐万両之辻御借請ニ相成候時不差支と相見、殊年々御拝受金慥成御引当公義ニ有之事故、右之数御貸附調候様宜被取計金子之儀者此元江為替下ニ相成候様御世話いたし(32)」という、拝領金を引当として二万両までは借りることができるという承諾を得た。正月二八日の勘定奉行松本秀持からの書状では、対馬藩は田地がないため郷判による貸付はできないが、一万二〇〇〇両の拝領金を引当にすることの同意を得た。二月には対馬藩家老杉村直記は老中水野忠友の家老土方縫殿助のもとに頻繁に通って、この御用金貸付金について頼み込んでいる。杉村直記の願書では「猪三郎方引当之儀者年々拝領之御金引当之儀ニ付、町家共郷判同様ニ呑込兼危踏申、且拾万石ニ付壱万五千両位之貸附ニ被仰出置、猪三郎方拾万石以上拾九万石迄之格並相勤来候儀共ニ領掌仕兼候付、其段大坂町御奉行様江彼地役人共ゟ申出候処、於御奉行所も差極候御下知も難被成由ニ御座候、依之先達而奉願候節被仰出置候通、拝領之御金を以田畑同様ニ貸附、引当ニ致候様早速被仰遣被下候様奉願候(33)」と記して、町奉行所の指導を求めているが、幕府拝領金はいつ取り止めになるかもわからないという意味で、引当とすることに不安をもたれていたのであった。対馬藩の格式についても理解されてはいないようであった。そして二月二七日の土方縫殿助の書状では次のように記されている(34)。

宗猪三郎儀拝領金を引当ニ致、弐万両借入申度儀ニ付、被仰含候趣委細承知仕候、然処此度被仰出御用金御貸附方之儀、町人共ゟ諸家江者相対を以利足七朱ニ而貸附、返済為引当領分田畑取置、万一返済滞願出候ハヽ、元利返金相済候迄ハ右田畑最寄御代官江預り置、年々物成を以金主江相渡可遣段御下知之趣を以出金申付、尤上金迄而

御取立等聊以無之、諸家江之貸附者、奉行所其外ゟ差構候筋無之候間、安心可致旨訳而金主共江申渡、其段請書江書入取置候儀故、右借り方ハ諸家ゟ金主之相対次第ニ而、奉行所ゟ貸附方取計差図等およひ候筋ニ而ハ無御座候間、声掛等難仕儀ニ御座候、然処宗猪三郎方之儀者拝領金引当ニ相成候得者此儀金主共江申渡も無之儀ニ付、其段是非共御役所ゟ不申渡候而者仮役人中対談在之候共金主共承引致間敷、右ニ付而ハ拝領金田畑替ニ相立引当ニ差入候儀幷拾万石余之当ニ而弐万両借入有之度儀、其御地ニ而相済拙者方江申来候歟、又者拙者方江表向猪三郎方ゟ申立在之候ハヽ、松本伊豆守江及掛合取計可申候

一諸家江之貸附方之儀ハ、前段之通之訳故、此方ゟ金主を見立、呼出、声掛等ハ所詮難仕筋ニ付、猪三郎方ニ而何れ成共金主相頼、借り入方之儀及対談、金主之性名《ママ》申聞候ハヽ、右金主共呼出、拝領金引当之儀申渡、諸事相含取計方も可有御座哉、拝領金引当之儀者猪三郎ニ限り候事ニも可有御座哉、右ニ付而者別段之儀ゆへ、貸附方之儀ニ付而声掛り之筋ニ者不相当候間、御下知者勿論外諸家江貸附方之差障も有之間敷哉ニ被存候

このように御用金貸付金は大名と銀主との話し合いの上での相対貸であるから、大坂町奉行所が声掛りなどの強制力を発揮することはできないが、宗家の場合には田畑引当とは異なり、拝領金を引当とするものであるから、申し立てがあれば勘定奉行松本秀持に取り計らわせると土方縫殿助は通告している。そして三月には水野忠友は田沼意次、牧野貞長とも相談の上、勘定奉行松本秀持に対して、御用金を取り扱っていた大坂西町奉行佐野政親に対馬藩の永続御手当金を引当とする御用金借入の趣旨を伝えさせた。天明六年の四月になり対馬藩では家老杉村直記の指示のもとで、大坂留守居役岩村伝右衛門が御用金貸付金の借入の交渉を始めた。まず対馬藩の借入の場合の担保はほかの藩とは異なるが、確実なものであることを銀主に説明しなければならなかった。大坂西町奉行佐野政親と協議の上、次のような口上の手引きを作っている(35)。

手覚

当節御貸附金猪三郎方江借請之儀外諸家と違、毎歳従公義御手当金壱万弐千両宛被下置候付、右御金引当ニ而借

請返済之儀者銀主中江対談之金高程毎歳右御金之内ゟ公銀江御引落御渡被下、勿論利金七朱元金も少々宛内入之積ニ江戸表御聞届相済、其段江戸表ゟ佐野備後守様御方江被為仰越候、依之右之旨を何れ成とも銀主中致対談、其上者右引当等之儀備後守様ゟ銀主中江被仰達候筈ニ付、各御方御用金之内御対談出来候たけ之員数致拝借度御座候、此段偏御頼申候間否被仰聞可被下候、尤外諸家之田畑と違、初年ゟ右御金之内を以、元利御引落御返済被下候儀ニ付、何れ備後守様ゟ銀主中江別段ニ被仰渡候様相成、引当等之儀丈夫成儀ニ付何分御相談被下候様致度候、右之通御手当金之内御引落被下候儀ニ而、全猪三郎方ニ限候事故、証文等も外諸家と者違可申候付、何れ共御注文次第取計可申候間、是又被仰聞被下度候、尚委細之儀者口上ニ御頼申上候以上

四月　　　　　岩村伝右衛門

銀主当

岩村伝右衛門はまず初めに鴻池善五郎など八、九軒の両替商と掛け合ったが、いずれも断られた。そこで与力と相談の上、二三人の銀主の名前を書き上げて佐野政親に差し出している。すぐに二三人の銀主が大坂西町奉行所に呼びつけられ、佐野政親の家老森繁平から対馬藩に御用金を貸付けるようにと説得され、引当の説明がなされた。その上で、岩村は一五人の銀主と個別に交渉することができた。六月二一日には、鴻池屋善五郎が五〇〇両を貸すことを承諾し、鴻池屋庄兵衛ら八人が一〇〇両ずつを、四人が五〇両を承諾したが、残りの二人は様子を見てまだ決めかねていた。これだけではまだ一五〇〇両にすぎなかった。そこでさらに一〇人と交渉したが、六人からは断られ、一人はすでに諸方へ貸し付けていて貸切であるといって断った。三人は返答を渋った。具体的な貸付金の返事は得られなかった。さらに八人の銀主と交渉し、二人から一五〇両の回答を得たにとどまった。そのなかで、米屋平右衛門からはすでに御用金請高の過半は諸方に貸し付けていて、残りも交渉中であるとの理由で断られた。六月二一日の段階でそのような事情であった。二万両を目標として一六五〇両という回答であった。七月二日になると、鴻池屋善五郎、米屋平右衛門の二〇〇〇両を筆頭に二五人に対し一〇〇〇両と五〇〇両ずつ個別に借受高を決めて、再度交渉に臨んだ

ために引受高は若干増加した。設定高は合わせて二万一五〇〇両であったが、引受高は二二二〇両となった。しかしそれとて目標高とはほど遠いものであった。そのような事態を受けて、七月二六日になり、大坂西町奉行佐野政親は銀主一統を役所に呼び集め、強権を発動した。佐野政親の口達の内容の史料の一部を示すと次のとおりである。(36)

不相応之少金を申立、帳面改之儀者用捨可致旨我儘のミ申立、畢竟御役所ニ而之取調方不受様ニも相当重々不埒ニ付、昨日銘々差出候書付差返候間、得と勘弁いたし、厚キ申含之趣飲込候ものハ猪三郎役人対談通割合之金高如何様ニも差繰いたし貸金可致旨書付、明日昼時迄指出可申候、此上も無事ニ事済候様ニと厚キ存寄を以具ニ申含候而も、不得心之ものハ先ツ三ケ年以前辰年ゟ之諸取引相分候帳面勿論、其外金銀出入相分候帳面等不洩様明日五ツ時迄ニ可差出候

あやふやな返事をしている銀主に対して帳面改めをすると迫ったのである。帳面を取り上げられれば商売にも差し支えることになる。それらの結果、二三人で一万五二二〇両という金額を確保することができた。すでに相対貸という段階を踏み越えて、老中と大坂町奉行とが一体となって対馬藩への御用金の貸付を銀主に強制しているわけである。鴻池屋善五郎は二〇〇〇両で、播磨屋仁兵衛と加嶋屋十郎兵衛の二人が一〇〇〇両というように指定され、一万五二二〇両となった。七月二日の設定高を満たすものではないが、その後九月になり、九人の銀主から二〇〇〇両の承諾をえることができた。合計して一万七二二〇両となった。(37)八月には大坂銀主から対馬藩への貸出が開始され、鴻池屋善五郎の五〇〇両をはじめとして二一軒から五九一五両が貸し付けられた。九月に一一〇〇両が、一〇月にも一八〇〇両が貸し出された。八月末に将軍家治が没し、田沼意次が老中を罷免されると、九月の末には御用金が取り止めになるという噂が広まり、この御用金借入によって財政の乗り切りを図ろうとしていた対馬藩にとって、気にかかる状況となった。田沼意次の失脚とともに印旛沼の開墾や貸金会所が取り止められたため、当然の風聞ということもできる。しかし御用金政策は水野忠友によって継続された。この御用金の貸付が取り止めとなったのは天明六年閏一〇月一〇日で、請書を出した銀主が町奉行に呼び集められて、以後の御用金の貸付については、その差し止めが通告され

た。しかし対馬藩への御用金貸付はすでに決まったことであったため、変更されることはなかった。その後も、閏一〇月、一一月と徐々に対馬藩への貸出がなされていき、同年一二月末までに一万六一八〇両が貸し付けられた。それは表2-2に示されるとおりであり、一一月納と一二月納とにまとめられている。しかし一〇四〇両がまだ貸し付けられなかった。油屋次郎兵衛は指定高の二〇〇両を正月に皆納している。指定高六七〇両のうち一二月に三〇〇両だけを貸し付けていた錫屋五兵衛は、唐物商売を商っていたが、薬種の大下落によって損失を生じ、身上不如意となり七年正月に三〇両を貸し付けるにとどまった。北国からの荷受問屋であった小山屋吉兵衛は、経営がうまくいかなくなり、三軒の大坂問屋からの借入金の返済も滞ってしまい、そのため出訴されて日限済方の最中であって、御用金どころではなかったが、七年正月に五〇両だけ対馬藩に貸し出した。[38] したがって一万七二二〇両のうち実際の貸付高は

表2-2　対馬藩への御用金出金高（天明6年）

名　前	指定高	11月納	12月納
鴻池屋善五郎	2,000両	1,000両	1,000両
播磨屋仁兵衛	1,000	400	600
加嶋屋十郎兵衛	1,000	200	800
炭屋五郎右衛門	970	400	570
嶋屋孫兵衛	800	300	500
平野屋仁兵衛	780	350	430
嶋屋市郎兵衛	740	300	440
堺屋佐兵衛	740	300	440
山家屋権兵衛	670	340	330
錫屋五兵衛	670		300
釘屋弥左衛門	650	330	320
近江屋冨太郎	500	250	250
銭屋権兵衛	500	250	250
塩屋孫左衛門	500	250	250
米屋長兵衛	500	250	250
鴻池屋市兵衛	500	250	250
鴻池屋庄兵衛	470	235	235
紙屋次兵衛	470	200	270
肥前屋又兵衛	470	170	300
銹屋次郎兵衛	340	170	170
紙屋吉右衛門	340	140	200
泉屋次郎右衛門	340	170	170
奈良屋忠兵衛	300	150	150
加嶋屋安兵衛	300	150	150
平野屋孫兵衛	300	150	150
天王寺屋忠兵衛	200		200
升屋伝兵衛	200	200	
吉屋伝右衛門	100	100	
綷屋久右衛門	100	100	
平野屋作兵衛	100		100
油屋次郎兵衛	200		
小山屋吉兵衛	470		
合　計	17,220	7,105	9,075

出所）「於大坂御貸附金記録　利」（対馬歴史民俗資料館所蔵史料）.

注）天明6年末まで小山屋吉兵衛の470両，錫屋五兵衛の370両，油屋次郎兵衛の200両が未納であったが，7年正月に油屋は200両を皆納し，錫屋は30両を，小山屋は50両を納めた.

一万六四六〇両であった。

対馬藩が幕府より一万二〇〇〇両の永続御手当金を受け取るのは毎年正月であった。それで御用金を借り入れてまもなくの天明七年正月には、永続御手当金からの引き落しによって対馬藩の御用金の元利償還が始まっている。二万両につき年に一一〇〇両という割合の元金返済であったため、一八年賦償還となるが、元金の一年当たりの返済高は九四七両と銀六匁であった。それに一一月に借り入れた七一〇五両の二カ月分の利足が七六両二歩と銀九匁であり、一二月に借り入れた九〇七五両の一カ月分の利足が四八両三歩と銀六匁九分となる。その両者に正月に借り入れる一〇四〇両を含めた一万七二二〇両の一カ月分の利足が一〇〇両一歩二朱と銀四匁四分となる(39)。それらの合計が一一七二両三歩二朱と銀三匁二分となり、御手当金から引き落されて、銀主に渡されることになる。そのなかから差し引かれた一パーセント分が天明七年四月五日に御為替組に渡されて江戸勘定所に為替送金されたのである。毎年の返済高は表2-3に示したとおりである。天明八年正月の元利返済高は一九九四両と銀七匁七分四厘であった(40)。その内訳は九〇五両一歩と銀三匁が年賦償還高であり、一〇八八両三歩と銀四匁七分四厘が残高一万五五五四両二歩二朱と銀四匁五厘の年利七パーセントの利足にあたる。元利償還は年々引き落しによってなされ、文化二年正月に一八三両一歩二朱と銀五匁四分一厘を支払って年賦償還は終了した。

表2-3　永続御手当金より御用金元利返済金の引き落し高

天明7年正月	1172両3歩2朱	銀3匁2分
8年正月	1994両	銀7匁7分4厘
寛政元年正月	1929両2朱	銀7匁2分2厘6毛
2年正月	1879両2歩2朱	銀4分7厘4毛
3年正月	1809両3歩2朱	銀3分6厘
4年正月	1740両3歩2朱	銀4匁1分3厘9毛
5年正月	1687両2歩2朱	銀5匁7分2毛
6年正月	1614両2歩2朱	銀4分1厘3毛
7年正月	1559両3歩	銀1匁6分8厘8毛
8年正月	1492両	銀3匁8分1厘
9年正月	1425両2朱	銀2匁3分2厘5毛
10年正月	1367両3歩	銀6匁9分4毛
11年正月	1301両1歩	銀7匁3分8厘
12年正月	1235両2歩2朱	銀4匁2分3厘9毛
享和元年正月	1175両3歩2朱	銀4匁6分3厘2毛
2年正月	1110両2歩2朱	銀3匁4分5厘
3年正月	1046両2朱	銀6匁1分5厘1毛
文化元年正月	988両3歩2朱	銀3匁2分3厘9毛
2年正月	183両1歩2朱	銀5匁4厘1毛

出所）「義功様御代年々頂戴御金記録」（対馬歴史民俗資料館所蔵史料）

ここで対馬藩が借り入れた御用金のもうひとつの事例として、前述した寛延三年（一七五〇）の長崎御用金について見てみよう。対馬藩は寛政元年(一七八九)に古拝借金の返済猶予期限が迫ったためにその宥免を願い出たが、老中となった松平定信は、元禄一四年の三万両の拝借金の返済残りをはじめとして延享期から明和期までの期間に借り入れた、当時一五万二四五〇両あった対馬藩の古拝借金の上納を繰り延べとする措置をとった。(41)その際に、幕府拝借金とは異なるが、寛延三年に鴻池屋善右衛門など大坂町人九人が上納した長崎御用金を対馬藩が借り入れた銀一六八五貫目のうち宝暦二年までに返済された残りの一四〇七貫五〇〇目についても同様に取り扱い方が問題となった。(42)鴻池屋善右衛門など大坂町人よりの返済の要求が出されていたわけである。(43)当然、一万二〇〇〇両の永続御手当金からの引き落しによって年賦返済することが考慮されたが、当時はなお大坂御用金の引き落しが始まったばかりであったため、そこで対馬藩に代わり幕府が立て替えて大坂町人に返済する方法をとった。幕府からは大坂銀主九人にたいして寛政元年から二五年間にわたって年に九〇〇両ずつ渡されていたのである。それに関しては文化一一年四月に大坂の八人の銀主から対馬藩の役人あてに出した、御用金の利足を返済してほしいという願書にその事情が記されているため、それを引用する。(44)

(前略)長崎為御手当御用銀被為仰付、前書之通奉蒙御褒美御意候段、誠ニ以難有奉存、依之又々操合之上他借銀等取揃、御用銀追々上納仕候所、御証文通御利足銀御下ケ被為在候処、宝暦三酉歳元銀御利足御下ケ御滞御座候ニ付、一統難渋仕、度々御願奉申上候得共、三拾七ケ年之間何之沙汰も不被為成下、殊ニ永年之御義故必至と難渋仕罷在候所、寛政元酉歳二月御召被為成被為仰渡候者、長崎御用滞元銀之内江、年々御下ケ金被為成下候間一統其方相心得、元銀者当寛政酉歳ゟ無利足ニて仕候旨被仰渡候、尤右御用銀者御当家様江御借請ニ相成候所、御勝手向御差支被為在候ニ付、御下ケ銀御延引ニ相成候得共、私共損銀ニ不相成御趣被為仰渡、且利足之方江者、尚又御下ケ銀之御沙汰御取調も被為成下候趣被仰渡難有奉存候、然ル所同年七月被為成御召被為仰渡候者、御当家様御勝手向御差支故、御利足銀御下ケ之義、十ケ年之間差延十一ケ年目未歳ニ至り御沙汰被為成下候趣、松平越中守様被為仰出、依之右之御趣当地於御奉行所被為仰渡、其後十ケ年相満テ十一ケ年目寛政十一未歳ニ至り利足銀御下ケ御願可奉申上候処、御元銀御下ケ御年限中故利足銀御下ケ御願之儀奉恐入差控候罷在候所、其後年々御下ケ金被為成下候而、昨文化十酉歳ニ而元銀御皆済ニ相成、一統難有奉存候、（後略）

これによると、大坂の銀主には寛政元年から文化一〇年（一八一三）までの二五年間にわたって九〇〇両ずつ返済されたことになる。それは二万二五〇〇両となるが、それによって一四〇七貫五〇〇目は完済した。しかしなお長崎御用金の寛延三年から寛政元年までの期間の利足については問題を残していた。文化一一年四月の大坂町奉行平賀信濃守からの申し渡しの請書では「最初公儀御用銀ニ准シ差出し候義ニ付、元銀之分ハ公儀ゟ御下ケ戻し被遣候事ニ付、此後右利足銀之義ハ対馬守方ゟ可相済処、勝手向従来不如意之上、去ル未歳朝鮮人来聘御用ニ付物入不少、別而難渋之砌ニ付、急束済方之手都合も難整候得とも、追々可然申談候様可致段申立候間、右利銀之分ハ対馬守方江程能応対之上請取候様可致候」(45)と記されている。公儀御用金に準ずるのであるから幕府が元銀を返済するが、利足は対馬藩から受け取るようにという申し渡しであった。ところで幕府から大坂町人へ年々九〇〇両ずつ渡された返済金の原資は、大坂における御用御貸付金の利足であった。「上田三郎左衛門外八人ゟ宗対馬守借入滞銀千四百七貫五百目之分、寛政元酉ゟ金九百両宛当表御貸附十三ケ年賦利銀之内ニ而年々相渡来候、十三ケ年賦者享和元酉ニ而皆納相成候ニ付」と大坂御為替銀の「配分帳」(46)に記されている。その一三年賦というのは、明和二、三年に大坂町奉行が大坂市中の株仲間の冥加銀や江戸堀川、堀江川などの地代銀を町人や近在村々へ御貸付金として運用してその利足銀を収取していたが、その元銀が寛政元年から一三年賦で町奉行所に償還され、その利銀をこの大坂町人への返済にあて、残りを大坂御金蔵に収納されることになったものである。(47)それは享和元年に皆納となり、かつ返済の原資が不足してしまったために、寛政九年、一二年、享和元年の三度、大坂御金蔵から大坂町奉行に対して、一三年賦の元銀として合計して一一二〇貫目余が渡された。その貸付銀利足が償還に用いられたのであった。(48)このように文化一一年段階で大坂町人にとっては長崎御用金の利足の取り扱いについては問題を残しているが、元銀については幕府が公銀を用いて完済している。他方で対馬藩と幕府との問題がある。対馬藩には長崎御用金を償還しなければならないことを明示した上で、一〇年間の返済猶予を与えたわけであるが、幕府から対馬藩への拝借金に等しい扱いを受けたことになる。寛政一一年からは毎年二〇〇両ずつ返済し、大坂御用金の年賦償還金の引き落しが終了したために、文化三年（一八〇六）になり対馬藩は永続御手当金から年々九〇〇両ずつを返納することになったが、その説明では「是者寛政元酉年ゟ同十午年迄拾ケ年之間、壱ケ年金九百両宛御立替金を以大坂町人九人之者江御下ケニ相成候分、当寅年ゟ来ル亥年迄拾ケ年之間、壱ケ年金九百両充書面金高之内ニ而引落し返納」(49)と記されている。年々九〇〇両ずつの引き落しが行われたが、それは一〇年間分に限ってであり、残りについては不問にされて亥年の文化一二年（一八一五）に終了している。

以上に記した天明期の御用金の歴史的位置を要約すると以下のようになる。

一八世紀半ば以降は全国の諸藩は財政窮乏に陥っていたが、大名財政の救済策であるとともに、政局安定をねらう政策として、田沼意次政権は天明五年に二度目の大坂御用金政策を打ち出した。大坂町人に課した御用金をそのまま諸大名に貸し付けるもので、その利子の一部を幕府に納めさせるというしたたかさもみせた。流通過程に課税しようとする田沼政権の特徴が表われている。そして御用金の指定高が厖大な額に及んだために、大名金融全体を編成し掌握しようとする政策構想である可能性も否定できない。それは貸金会所政策に共通する性格のものであった。しかし宝暦御用金への反省もふくめて相対貸としたため、それが政策的欠陥となって大坂町人のサボタージュを呼び、実施が危ぶまれる状況となった。しかし食野次郎左衛門の事例では岸和田、尾張、久留米の諸藩に貸し付けていて、大名の側で田畑を担保とすることに拒絶反応があったということはできないであろう。朝鮮貿易が衰退してきて幕府からの援助金に依存するという財政的体質を帯びていた対馬藩は、この御用金の借入に努めたが、大坂町人からはいったん断られている。対馬藩は田沼意次や水野忠友らの老中に頼み込み、幕閣の指示を受けた大坂西町奉行佐野政親は相対貸という基本路線を踏み越えて、対馬藩への貸出を強硬に実施していった。田沼失脚後は老中水野忠友によって推し進められた。対馬藩は田畑を抵当に入れる代わりに、一万二〇〇〇両の幕府の永続御手当金から引き落しを行うという条件で、天明七年正月までに一万六四六〇両の御用金を借り入れることに成功した。寛政初年に老中松平定信は対馬藩の二〇万両にのぼる古拝借金の上納を迫り、朝鮮貿易衰退後の対馬藩の立ち行き方について調査を行ったが、結局、松平定信、松平信明らの幕閣は同藩の年賦金上納の宥免願いを毎年認めて、繰り延べとなっていった。[50]しかし、この大坂御用金は永続御手当金からの引き落しによって年七朱利子付きの一八年賦で元利償還は文化二年に無事終了し、宝暦御用金のように数十年から百年以上にわたる長年賦償還となることはなかった。

(1)「《内無番状刺》」(三井文庫所蔵史料、本二〇四〇)。
(2)同右。
(3)「後鑑」(三井文庫所蔵史料、本三三八)。
(4)「御用金被仰付候諸書付」国立史料館所蔵食野家文書。
(5)「天明五巳年十二月十二日夕三郷月番惣年寄名前を以書面之写」国立史料館所蔵小橋屋文書。
(6)「《内無番状刺》」(三井文庫所蔵史料、本二〇四〇)。
(7)同右。
(8)「証無番状刺」(三井文庫所蔵史料、別五五七)。
(9)「《内無番状刺》」(三井文庫所蔵史料、本二〇四〇)。
(10)「大概イ(一)万両被仰付候者はエ仙(七千)両、サ仙(五千)両被仰付候ものハマ仙サ舟(三千五百)両位御受申上御聞済有之候事」(「後鑑」三井文庫所蔵史料、本三三八)。
(11)「《内無番状刺》」(三井文庫所蔵史料、本二〇四〇)。
(12)「本店筋融通方通達状留」(三井文庫所蔵史料、続一四四〇)。
(13)「《内無番状刺》」(三井文庫所蔵史料、本二〇四〇)。
(14)「両替店筋融通方通達状留」(三井文庫所蔵史料、続一四四一)。
(15)「《内無番状刺》」(三井文庫所蔵史料、本二〇四〇)。
(16)同右。
(17)難波信雄氏が「仙台藩は一七八六(天明六)年越後屋に金融方を申し入れ、拒絶されている」(『講座日本近世史』第五巻)と記しているのは、この御用金借入の一件のことである。なお仙台藩役人は食野(和泉屋)次郎左衛門方にても御用金借入の交渉にあたったが、実現には至らなかった(「御用金被仰付候諸書付」国立史料館所蔵食野家文書)。
(18)「御為替配分帳」(三井文庫所蔵史料、別一二六一)。
(19)「京都大坂南都配分帳」(三井文庫所蔵史料、本四五八)。
(20)「御為替配分帳」(三井文庫所蔵史料、別一七一五)。
(21)食野家の経営に関する研究としては、上村雅洋「泉州の豪商食野家の金融活動」(『大阪大学経済学』三一巻四号)がある。
(22)「御用金被仰付候諸書付」国立史料館所蔵食野家文書。
(23)同右。
(24)対馬藩の幕府からの拝領金、拝借金については、『長崎県史　藩政編』、田代和生『近世日朝通交貿易史の研究』(創文社、一九八一年)、荒野泰典『近世日本と東アジア』(東京大学出版会、一九八八年)参照。

(25) 長野暹・鄭成一「一八世紀末対馬藩財政における朝鮮貿易の地位」(『佐賀大学経済論集』二二巻六号)。

(26) 「長崎御用願書控」(大阪大学経済学部所蔵鴻池家文書)。「交易銀御借用之処御返済滞高等記録」(国立国会図書館所蔵宗家文書)。

(27) 「義功様御代年々御頂戴御金記録」(対馬歴史民俗資料館所蔵宗家文書、以下宗家文書)。

(28) 「於大坂御貸付金記録　元」(宗家文書)。東京大学史料編纂所にも同じ史料が所蔵されている。

(29) 「於大坂御貸付金記録　利」(宗家文書)。

(30) この八七〇〇貫目は、天明三年(一七八三)に田沼政権が鴻池善右衛門の一五〇〇貫目を筆頭として、加嶋屋久右衛門、加嶋屋作兵衛、近江屋久兵衛、炭屋善五郎など一一名の有力な大坂両替商を融通方に指定し、その一一名に課した内密御用金の合計であるが、大坂町奉行佐野政親によって実施されていった。本書第三章参照。それは幕府に上納された御用金をいったん銀主に再度貸し付けるというかたちをとって、銀主がそれを公金として大名に相対で貸し出して、幕府には年五パーセントの利足を上納するのである。利足高の合計は四三五貫目となる。その債権取立には公的な保護が加わるのである。この公金貸付は幕末期まで行われたが、天明五年の大坂御用金の雛形のようなものでもあった。ところで将軍襲職の場合には朝鮮より通信使を招聘する慣例であり、天明七年の一一代将軍家斉の襲職に際してもそれは懸案となったが、財政困難のために延期され、対馬において使節を招くということになった。朝鮮側との交渉には難航したが、文化八年に朝鮮使節が来島し、行事は無事終了した。その易地来聘は対馬藩にとっては多くの負担を課すものとなった。そこで幕府は易地来聘の功績に対して文化九年(一八一二)に対馬藩に毎年二五〇〇両を二〇年間にわたって御手当金として下賜し、さらに寛政五年の拝借米一万石と文化四年の拝借金三万両の返済を一〇年間延期するとともに、一一年目の午年にあたる文政五年より三〇年賦とすることにした。その申し渡しは次のようであった。

　　宗対馬守

朝鮮信使於対州聘礼相整候、御用向年来物入有之候上、彼国入送米及減少旁可為難儀ニ付、格別之思召を以当申年ゟ二十ケ年之間年々為御手当金弐千五百両充被下、且又寛政五年之拝借米一万石、去ル巳年之拝借金三万両返納方も十ケ年被差延候条来午年より三十ケ年賦可有返納候、委細之儀ハ御勘定奉行可被談候(「為御手当二十ケ年之間年々二千五百両充御頂戴記録」宗家文書)

文化九年より幕府から対馬藩に渡される年々二五〇〇両の御手当金は、一両を銀六〇匁で換算すると、一五〇〇貫目となるが、それは大坂で鴻池善右衛門など一一人の融通方の両替商より対馬藩の大坂留守居役に対して渡されることになり、その財源は融通方の御貸付金の利足で、幕府が収納する四三五貫目のうちから渡されたのである。また鴻池家文書の中の文化九年八月付の一一軒の願書にも「右御手当金出方之儀者、御貸附益銀四百貫目余御金蔵納ニ可相成分之内ゟ金弐千五百両宛対馬守様御方江私共ゟ直々相納可申積り、且又対馬守様御方御用米不足候得者、九州筋御料所収納米之内を以弐千五百両丈之買請之儀願次第被仰付候御積ニ付、右金高程買請候節者勿論之儀、右金高之内ニ而御用米買請候得者夫丈之石代御引落御渡被成下候御積り」（「御貸附掛合之控」大阪大学経済学部所蔵鴻池家文書）と記されていて、従来朝鮮よりも買い入れていた米の入手が困難になったことへの対策としての買米代金という性格ももっていた。しかし文化一〇年代には融通方両替商の公金貸付には滞り貸しも増えてきて、一一軒は公金貸付金の行き詰まりを訴えて幕府への上納金の減額を願い出るほどになり、御手当金の財源にも黄信号が灯っている。そのことを理由とするわけではないが、文化一四年に対馬藩には肥前国松浦郡、筑前国怡土郡、下野国都賀・安蘇二郡に二万石の領地が与えられ、御手当金は同年に取り止められた（「為御手当二十ケ年之間年々弐千五百両充御頂戴記録」宗家文書、鶴田啓「天保期の対馬藩財政と日朝貿易」『論集きんせい』八号）。

(31) 「於大坂御貸付金記録　元」（宗家文書）。

(32) 同右。

(33) 「杉村文書」（東京大学史料編纂所所蔵対馬古文書）。

(34) 「於大坂御貸付金記録　元」（宗家文書）。

(35) 同右。

(36) 「於大坂御貸付金記録　亨」（宗家文書）。

(37) 『長崎県史　藩政篇』においてこの一万七二二〇両の大坂町人からの借入金について記されているが、幕府の大坂町人への御用金の借入としての認識はみられない。

(38) 「於大坂御貸付金記録　利」（宗家文書）。

(39) 同右。

(40) 「於大坂御貸付金記録　貞」（宗家文書）。

(41) 鶴田啓「寛政改革期の幕府・対馬藩関係」（『日本前近代の国家と対外関係』吉川弘文館、一九八七）。

(42) 「古拝借御金御上納御宥免筋御願立ニ付御身代之姿松平越中守様江被及御内意候記録」（宗家文書）。森晋一郎「近世後期対馬藩日朝貿易の展開」（『史学』五六巻三号）参照。

(43) 大坂町人とは、鴻池善右衛門、平野屋五兵衛、平野屋又右衛門、泉屋新右衛門、油屋彦三郎、天王寺屋久左衛門、天王寺屋六右衛門、泉屋助右衛門と御為替組の上田三郎左衛門の九人である。

(44) 「長崎御用願書控」（大阪大学経済学部所蔵鴻池家文書）。

(45) 同右。

(46) 「御為替配分帳」（三井文庫所蔵史料、別一七一七）。

(47) 「大坂御金蔵金銀拝借帳」（三井文庫所蔵）。

(48) なお大坂御金蔵から寛政九年付で大坂町奉行の山口丹波守、成瀬因幡守に三四一貫一八六匁一分九厘が、享和元年付で大坂町奉行の水野若狭守、佐久間左京に三八七貫五一七匁九分三五厘毛が貸し出されている。これは一一二〇貫目余りの内に含まれるが、寛政九年の場合では「上田三郎左衛門外八人江御下ケ金之儀、大坂表御貸附利銀之内を以年々相渡来り候処、寛政十午年ゟ者不足ニ相見江候ニ付、十三ケ年賦之口同八辰年相納候壱ケ年分之元銀、同九巳年月五朱之利足ニ而貸渡、右利銀を以御下ケ金年々相渡候積」（「大坂御金蔵金銀拝借帳」三井文庫所蔵）と記されて、それらは一三年賦口の貸付金の一年分の返済高が大坂町奉行に渡されたのであった。

(49) 「義功様御代年々御頂戴御金記録」（宗家文書）。

(50)「古拝借御金御上納御宥免筋御願立ニ付御身代之姿松平越中守様江被及御内意候記録」(宗家文書)。

第三章　天明三年の融通御貸付銀と高崎藩

一　鴻池両替店と高崎藩

鴻池両替店より高崎藩への貸出金の開始の時期についてははっきりしていないが、明和三年（一七六六）時点では鴻池善右衛門名義で四五〇〇両、別家善八名義で四五〇〇両の高崎藩への貸出高があった。(1) 宝暦一三年頃より滞りとなった模様であるが、これまで利足等も渡されていなかったため、明和三年に次のような返済の計画が立てられた。善右衛門名義の四五〇〇両は同年暮に二五〇〇両を返済するが、そのうち二〇〇〇両は預け金として取り扱い、貸付証文高は四〇〇〇両とする。善八名義の四五〇〇両についても善右衛門と同様に、二五〇〇両を暮までに返済し、四〇〇〇両の証文高と二〇〇〇両の預け金として扱う。それぞれには一〇〇〇両余の滞り利足がある。善右衛門名義と善八名義の貸出高にそれぞれの滞り利足を加えると一万両となり、それについては摂津、河内、越後の領地の米二万石を引当としているため、秋にその米が大坂に着き次第返済にあてられる予定であった。このような計画を立てたのであったが、摂津、河内の収納米がほかの引当となっていたため、実行されることはなく、明和四年になってまた別の仕法が立てられた。鴻池善右衛門名義の貸出金は四五〇〇両で、その滞り利足はおおよそ一〇〇〇両であったが、それに対して五〇〇両を入金する。残りは五〇〇〇両となる。鴻池善八名義の貸出金も同様であった。そうすると善右衛門、善八両名名義の貸出金の合計は一万両となる。それぞれの残金は年に二パーセントの利子付きとして年に二〇〇両を利足として支払う。また鴻池は高崎藩に四〇〇〇両を才覚金として新たに貸し出すが、それはそのまま鴻池両替店に預けておき、一度に引き出すことはしない。高崎藩庁では武州野火止知行所で損毛が激しいなどの事情もあり、一万一〇〇〇両の借入金のうち一〇〇〇両だけを返済して残りの一万両については利足の支払いを約束し、その代わりに新たな借入金を求めたのであるが、鴻池としても預け金の自由な引き出しを規制しようとして対抗した。ところがこの案も実行されることなく、明和五年になり高崎藩は鴻池と新たな取り決めを行おうとした。

鴻池両家は新たに四〇〇〇両を出金し、その代わりにそれまでの貸出金四五〇〇両を年一パーセントの利子付きで二〇年賦償還するというもので、利足の二〇〇〇両は同年暮までに支払うという内容であった。旧債の年賦償還と新調達金の抱き合わせは、お断りの状態の中で債務者である藩庁と銀主との間でなされる妥協であるが、それも簡単には決着せず、明和六年（一七六九）六月に一五年賦償還と年に二パーセントの利足支払いという内容で折り合いがついた(2)。鴻池善右衛門・善八の両人は高崎藩の御勝手方御用人である深井権左衛門との間でそういう条件で出金を承諾した。三井の高崎藩への貸出の場合は明和五年に年利一パーセントで二〇年賦償還仕法が立てられたのであるが、鴻池では年限を短くし、かつ年利を二倍にすることで決着した。善右衛門の場合は四五〇〇両の貸出高の滞り利足が一〇一二両二歩で、善八分を加えれば、滞り利足の合計はおおむね二〇〇〇両であった。しかしこの二〇〇〇両分の利足は返済されず、年賦金の元金に加えられた。明和六年一二月には鴻池善右衛門の四五〇〇両と利足一〇一二両二歩とを加えた五五一二両二歩を年賦償還の元金として、三六七両二歩の同年分の年賦金と一一〇両と銀一四匁六分四厘の利足が支払われた。なお善八分の年賦金は三六〇両二歩であった。逆算すると年賦元金は五四〇七両二歩になる。その年賦償還の見返りとして明和五年には三〇〇〇両が、明和六年には四〇〇〇両が鴻池両家から高崎藩に貸し出されている。鴻池善右衛門に対しては、年賦償還は安永元年まで四回分、一四七〇両が返済され、以後年賦償還は停止された。残高は四〇四二両二歩であった。このように年賦償還がなされる一方で高崎藩への新貸出金はまた増していった。安永元年（一七七二）には鴻池両家からの新貸出金は六五〇〇両に達していた。明和八年からの繰り越しがその大半であったが、これも滞りとなったのである。安永元年には江戸で大火があり、高崎藩の江戸屋敷も類焼している。目黒行人坂の火事である。高崎藩は一時的に松平伊予守の屋敷を借用したが、屋敷普請のための入用が嵩み、銀主からの新たな借用が必要となった。そのために鴻池両家から一〇〇〇両を拝借している。安永三年になると新たな年賦償還仕法を立てることが試みられた。六五〇〇両と一〇〇〇両、それにそれぞれ九一〇両と一四〇両の安永二年分の利足を加算し、八五五〇両を新たな年賦金として計算した。[3] 最初は年に三パーセントの利子だけがついた。二五六両二歩である。三井の場合も安永三年に年利二パーセントで一九年賦という償還方法が立てられている。しかし鴻池の場合は安永三年から五年までは元利返済は停止されたのである。

ところで安永五年（一七七六）には将軍家治による日光社参が行われることになった。それは田沼意次が幕威発揚のために発案した一大イベントであったが、老中であった松平輝高としてはお供御用を仰せつかり、「来申年日光御社参ニ付右京大夫御供蒙仰、此節ゟ段々用意申付候所不軽義ニ而夥鋪入用有之」[4] という事態となった。そのため日光用意のためとして鴻池より一八〇〇両が貸し出されている。また越後米引当借りとして高崎藩は安永二年に一七六〇両が滞っていて、それに八六二両一歩が利足として加算され、二両一歩が返済されたために二五七〇両が年賦元金となった。以上のように、三口の借入金が滞りとなっていたが、安永七年になり次のように年賦償還方法を定めた。第一に安永三年の八五五〇両については年三パーセントの利付きであったが、当分は無利足として、一年に一五〇両ずつ償還する。それは五七年賦となる。第二に日光社参のための用意金の一八〇〇両は年五パーセントの利付きであったが、年三パーセントの利付きとし、年に九両で二〇年賦で元金を償還する。第三に越後米引当の二六二〇両については年に五〇両ずつ返済する。それは五三年賦となる。なお明和六年に年賦償還が開始され、安永二年に停止された残高の四〇四二両二歩については、年賦償還の対象にもなっていない。それらの実施過程については表3-1のとおりである。安永八年、九年と天明元年に九両、一五〇両、五〇両の元入金とそれぞれに対する利足を、高崎藩は鴻池両家に支払っている。ところが天明二年（一七八二）には元利金ともに渡されていない。年賦償還は事実上打ち切りとなったのである。

天明初年は高崎藩にとっては危機的な状況となっていた。天明元年（一七八一）六月に藩主松平輝高は老中として絹糸改会所の設置に関与した。上州、武州で絹商人から改料を徴収して絹の規格を統一しようとしたのであるが、それに対して西上州の糸生産農民が一揆をおこし、とくに高崎城下が最も激しくなった。松平輝高はその責任を問われ、同年九月には没している。その後一一月には輝和が襲封したが、天明三年には浅間山が噴火し、降灰は高崎藩領の農村を襲った。天明三年一〇月に鴻池は高崎藩より次の書状を受け取った。(5)

当七月御聞及之通、信州浅間山大焼ニ付高崎表五万五千石皆無ニ而、当年之処一向致方無之、尤御家儀者下地以段々御世話被下候、近来大キニ御不沙汰ニ相成、中々御相談之義者難申入甚気毒千万ニ奉存候へ共、此度之義者格別大変故、不得止事御頼申入候、何卒両家ゟ弐千両出金仕候旨、尤御返済之義者来極月迄ニ高崎表納り物を以御済切被遊候旨（以下略）

このような事態に対して高崎藩は鴻池両家に二〇〇〇両の融通を申し入れ、鴻池では「三万石余之亡所」を理解して、月〇・八パーセントの利子付きで五年賦償還という条件で天明四年に一〇〇〇両だけ引き受けている。しかし高崎藩の財政危機の原因は天明三年の浅間山の降灰だけにとどまらず、毎年のように領内は不作となったことにある。天明五年には田方植付時の水不足と虫付のために、六年には七月、八月の大雨と大出水による稲の水腐と不熟のために、七年には長雨による水腐のために、八年には出水による水冠と長雨による稲腐のために不作となり、年貢米徴収も天明八年ま

表3-1　高崎藩の鴻池への償還高

年　月	償還高	残　高	償還高	残　高	償還高	残　高
安永7年8月		8,550両		2,620両		180両
7年12月	150両	8,400	50両	2,570	9両	171
9年5月	150	8,250	50	2,520	9	162
天明元年2月	150	8,100	50	2,470	9	153
元年12月	150	7,950	50	2,420	9	144
2年		7,950		2,420		144

出所）「高崎掛合之控」（大阪大学経済学部所蔵鴻池家文書）.

でで九万六〇〇〇俵ほど減り、その外に屋敷の普請料なども四万二〇〇〇両ほどかかった。(6) そのような事情があり、寛政元年六月の高崎藩財政の窮状を訴えた書状の前文に次のように記されている。(7)

口達之覚

去ル辰春無拠御無心被申入、新古御調達被下候金子御返済方去申迄御断御頼申置候、年限中勝手向格別ニ取縮メ致規定候者、卯年高崎領分収納米全皆無之外、浅間焼降積り候砂石取片付地面亡所高三万石余永引相除之残高、五万二千石之収納米金を以入用割合、且御頼中様約米金ニ而年限明ケ御返済可及御相談致治定置候処、存外之非定臨用幷辰年已来亡所三万石之外、年々不作ニ而左ニ相記候通臨用不作引、多分別而勝手向難渋差詰候、然レとも辰ノ春無理成御無心申置、右ニ随勝手向格外之取縮メ仕法相定居候間、旦那公務幷家中扶助誠ニケ成取続、是迄相凌候事畢竟年来之御馴染不相替御入情被下候故と此段は旦那始役人共一統厚忝被存候、依而損失年も無之候は、当年頃は臨用責而弐三歩通も積ニ金ニ相成、勝手向格別ニ立直リ各様江も御約束之通聊相違なく如何様ニも可被及御相談候処、存外之難年打続卯年已来臨用収納ニ引当ニ候得者、三、四ケ年之皆無ニ相当り年々押送りニ相成、勝手向必止と難渋御察被下度候、乍去誠ニ天災不及是非事ニ候、依之追々勝手向猶亦格外ニ取縮メ且年々公納金壱ケ年ニ四千八百両宛有之候、此内先代拝借上納残り最早未年ニ付、両三年ニは皆納ニ相成候、然は此上五六ケ年も振合付候はケ成ニは立直り可申哉と存候、依而当酉ゟ来ル巳迄五ケ年之内只今迄之通ニ御心得何分御入情被下候様無拠猶又御頼被申入候

辰年と申年とは天明四年と八年であるが、このようにこれまでの新古借銀の五年間の返済の猶予を願い出ているのである。天明四年から八年までの損毛や臨時の出費などで米で九万六四〇〇俵余、金四万二三〇〇両余の出費や損失となり、それらを合わせれば九万両となるが、天明六年の水害による普請金などを加えれば一〇万両にも及ぶことになることを訴えて五年間の猶予を鴻池に願い出て、鴻池も三年間と譲らなかったが、事実上はそのままお断りとなっている。

天明期までの鴻池両替店の高崎藩への貸出の経歴については以上のようである。明和六年と安永七年に年賦償還仕法を実施し、天明初年にそれは破綻している。三井の場合も明和六年と安永三年に年賦償還仕法を実施し、天明三年に破綻している。[8]年限や利子など詳細については異なるが、高崎藩はおおよその点では三井と鴻池とに同じような対応をしていることがわかる。

二　公儀御貸付銀と高崎藩

天明五年（一七八五）三月二六日に大坂西町奉行所与力安井新十郎、松井官左衛門は融通方の両替商一一軒を西町奉行所に呼び出して、高崎藩松平右京亮が財政が難渋しているために早々に貸し付けるようにと申し渡した。[9]その席には融通方一一人のほかに、平野屋五兵衛、油屋彦三郎、大庭屋治郎右衛門の三軒の両替商も呼ばれていた。当時の大坂西町奉行は佐野備後守で、翌六年には田沼意次の腹心として大坂御用金の徴収にもあたることになる。

幕府が大坂の有力な両替商を融通方として指名し、大名への公金貸付政策に組織したのは天明三年が最初であった。一一軒の銀主は指定された銀高を上納すると、それをすぐに永々拝借して、大名への公金としての貸付に運用するという形をとる。文化一三年の一一軒の御貸付御役所にあてた願書の前文にこの貸付の経緯について次のように説明している。[10]

乍恐以書附奉願上候

一御貸附銀之儀者、天明三卯年十一人之者西御奉行佐野備後守様、御代官大屋四郎兵衛様ゟ御内密御用御召出之上、於御前被為仰渡候者、此度従江戸御前表依御下知十一人之者銘々江上ケ銀被為仰付候、都合銀八千七百貫目上納仕候処、為御利足壱ケ年弐朱半余之御積ヲ以銀弐百拾七貫八百三拾九匁三分弐厘四毛被為下置上ケ銀高直様私共江拝借被為仰付、右銀高世上為融通之手広ニ貸出候様被為仰渡（後略）

したがって宝暦御用金のように銀主に町奉行所に実際に出銀させることはない。上納は形だけのもので、指定された資金を準備して、大名からの公金の借入の申し出に備えるというものである。天明五年の大坂御用金[11]の雛型のようなものであったが、しかしその貸付の有無がまったく銀主に任されていたというわけでもない。藩役人の借用証文に、御役所の添証文もつけることになるのである。そこには返済が滞りそうな場合には御役所銀をもって返済にあてるという文面がみられる。天明三年一二月に壬生藩の鳥居丹波守が加嶋屋作兵衛より四〇〇両を借り入れた際には、浅羽久米右衛門、牧野平左衛門、成瀬九郎左衛門、勝部丈右衛門という四名の大坂町奉行所与力が加嶋屋作兵衛にあてた添証文を付けている[12]。この公金貸付は市中には告知されていなかったため内密御用金とも呼ばれていた。天明三年の幕府からの指定高の合計は八七〇〇貫目となる。金一両を銀六〇匁で金換算すると一四万五〇〇〇両である。その内訳は鴻池善右衛門が一五〇〇貫目で、加島屋久右衛門が一〇八〇貫目、次に加嶋屋作兵衛が九〇〇貫目、炭屋善五郎と近江屋休兵衛が八一〇貫目、鴻池屋又右衛門、助松屋忠兵衛、長浜屋次右衛門、辰巳屋久左衛門、嶋屋市兵衛、炭屋安兵衛の六軒が六〇〇貫目ずつというものであった。それは最初は大坂西町奉行佐野備後守と大坂谷町代官大屋四郎兵衛とが取り扱ったため、両御役所拝借金とも呼ばれたが、その後も大坂町奉行と谷町代官とが取り扱い、谷町代官所には御貸付御役所がおかれた。この上ゲ銀に対しては両御役所より年に二・五パーセントの利足が渡された。九〇〇貫目の加嶋屋作兵衛には「世上金銀融通之ため差上為利足壱ケ年弐朱半余之積銀[13]」として二二貫五三五匁一分二毛が渡されている。他方で融通方は月八朱までの利子で拝借金を大名に貸し出し、そこで収取した利足の中から益銀として年利五パーセント分を払わなければならなかった。上記の同じ願書で「右御貸付銀為御益壱ケ年五朱之積ヲ以銀四百三拾五貫目毎歳十二月十日奉上納候」と記されていて、幕府の収取する益銀は四三五貫目であった。差し引きして二・五パーセントを幕府が得ることになる。大名財政が一般的に窮乏化している段階で、町人の資金を強制して大名の財政救済に動員しようとするものであるが、しかも幕府自らも利潤を得るというしたたかさは田沼期の特徴であるのかも知れない。

高崎藩では領内農村が浅間山の噴火による降灰によって被害を受けているが、とりあえず屋敷普請のための資金が必要となっていた。「松平右京亮殿江戸上屋敷去年中類焼、又候当春中屋敷類焼度々類焼ニ而甚差支」[14]という状況であった。藩主松平輝和は当時寺社奉行を勤めていて、早速普請をしなければならないがその資金がない。その調達の目途もない。それで大坂町奉行所から「其方共へ御貸附金之内壱万両此節早々貸附可申哉、返済方之儀者年々御役所江御引受納銀之内ヲ以追々元利皆済可被遣候間其段致安心出金候」[15]と高崎藩への一万両の貸付を申し渡した。そして「当時は銘々諸向へ貸附遊金無之儀も可有之哉ニ候へ共、格別之訳有之右貸附之義御声被懸候程之仕義ニ而」と続けている。この公金としての貸付の仕法については明文化されていないが、基本的に相対による貸出となり、御役所が貸出を強制するものではない。しかし声掛りといわれている[16]のは、町奉行所や谷町代官所が貸出について斡旋するわけであり、松平右京亮の場合は「御下知同様之御儀」と、強制力をもつものと認識された。谷町代官所に出向くと代官大屋四郎兵衛より「此度関東表御勘定所ゟも格別ニ被為仰出候御趣、当御役所銀ニ而右京亮様へ御貸附も有之御積り之所、当時御役所銀戻り銀無之故無拠十四軒へ御頼被遊候御事」[17]と江戸の勘定奉行よりの直々の声掛りであったことを知らされている。田沼政権の末期に近く、高崎藩では江戸の幕閣に頼み込んでの調達依頼であった。この公金貸付では声掛りということが頻繁に行われていて、幕閣としても大名に大坂両替商からの資金調達の周旋を行うことは、田沼時代の特徴を表わしているということができる。それは寛政期にもそのまま引き継がれていっている。一四軒ではそれに対して寄合をもって相談し、火急の御用であったため、三〇〇〇両ないしは五〇〇〇両を引き受ける旨の返事をしているが、声掛りについてはやめてほしい旨を書き添えている。しかしとても避けることはできないと考えて次の請書を出している。[18]

乍恐口上

此度被為召松平右京亮様江金壱万両調達之儀被為仰附奉承知候、早速申談仕候得共、銘々共貸附も都合仕御座候得者、臨時調達之御儀被為仰出候而者、差繰難仕御座候へ共、此度者格別之御趣意具ニ被為仰聞、御返済方之儀者御役所銀ヲ以御渡可被成下候旨被為仰聞、誠ニ丈夫之御返済方ニ付、右金高壱万両調達之御請奉申上候、尤御利足者月八朱ニ御定被成下、御役所御溜り金ヲ以御返済之義乍恐御添御証文被下置候様奉願上候以上

午四月三日

十四人代連印

御奉行所

一万両の貸出金のうち融通方の一一軒は七八五七両、平野屋五兵衛、油屋彦三郎、大庭屋治郎右衛門の三軒が二一四三両という配分であった。そのうち鴻池屋善右衛門は一〇五七両、加嶋屋久右衛門は八三〇両、加嶋屋作兵衛は八〇〇両などという割合であった。利率は月〇・八パーセントであった。返済は御役所銀を渡す旨記されている。天明六年四月の松平右京亮家来木原甚平の借用証文の文面にも「江戸表右京亮上屋敷中屋敷致類焼候ニ付普請入用金壱万両」[19]と使途が明記されているとともに、「右返済之儀者大坂町御奉行所御貸附溜り銀之内年々御渡候」と記されるが、年限についての記載はない。この高崎藩への融通御貸付金については途中の経過についてははっきりしないが、寛政一二年の次の口上書がある。[20]

乍恐口上

松平右京太夫様江去天明六午年御貸附金之内、七千八百五拾七両貸附候処、佐野備後守様御裏印御添一札幷ニ東西御勘定方御連印御添一札御渡被成下候所、前書元金年々御渡当申年御皆済ニ付、則右京太夫様御役人中御証文相対を以返納仕候、依之右御添一札二通返上仕候段御届奉申上候、以上

申二月

御貸附十一人代

辰巳屋久右衛門　印

鴻池屋善右衛門　印

御貸附方御掛り

御役人中様

高崎藩への公儀御貸付金一万両のうち、融通方一一軒の貸出高は七八五七両であったが、一一軒は松平右京亮の証文のほかに、大坂西町奉行佐野備後守の裏印のある与力安井新十郎と松井官左衛門の名前の添証文と、浅羽久米右衛門、牧野平左衛門、成瀬九郎左衛門、勝部丈右衛門という大坂東西町奉行所の勘定方与力の添証文が渡されていた。文面に「年々御渡」とあり、年賦による返済であったことがわかるが、寛政一二年になって皆済となったため、それらの証文を返納するというものである。天明六年の融通御貸付金は寛政一二年になって完了した。

ところでその前年の寛政一一年に高崎藩は鴻池善右衛門より公銀一八六貫目を借り入れているのである。その証文を見てみよう。(21)

御貸附銀借用証文之事

銀百八拾六貫目

右者公儀御貸附銀其元拝借之内此度右京亮殿月々為賄仕送銀借用申所実正也、尤割賦出銀度毎其地詰合役人印形を以御引取可致候、右返済之儀者月八朱利足を相加元利無相違一二月可致返済候、勿論御大切之公銀ニ候得者、此為引当高崎米三千五百石除置右売払代銀を以可致勘定候、若相滞儀候ハヽ外銀子を以聊無相違可致勘定候、自然役人共転役又者致退役候者跡役共江得と申送り、無滞急度返済可申候、為後日仍如件

寛政十一己未年正月　　　　松平右京亮内

（役人名前六人略）

鴻池善右衛門殿

これは月々の仕送り銀として正月に公銀を一八六貫目借り入れたもので、月八朱の利足付で一二月には返済約束の短期的なものである。寛政一〇年一二月に藩主松平輝和が大坂城代に就任したために費用がかかるというのであるが、越後の二万三〇〇〇石の領地が河内国に一万四〇〇〇石、摂津国に四五〇〇石、播磨国に四三〇〇石と替地となったことも借入の条件を備えることになった。そして享和元年の記録では、高崎藩は寛政一二年一二月の証文として二〇

七貫七四一匁六分、四〇貫六七三匁四分、三九貫九四五匁の三口の公銀を月八パーセントの利足で借り入れている。寛政一一年の一八六貫目の公銀は月々返済された上で再度借り入れたわけである。高崎藩藩主松平輝和は寛政一二年八月に大坂城代に在任のまま大坂で没し、高崎藩としてこの年と翌年に鴻池屋善右衛門・善五郎の両家からの借入が続いたのである。二〇七貫目余は河内国の領内村々の身元の良い者五人の引き受けによる三五〇〇両の貸出であった。また三九貫九六六匁と三五貫一五四匁の二口の鴻池屋善右衛門と鴻池屋善五郎の両家連名の貸出もあった。これらは公銀として貸し出されたのである。三井の場合に町人への貸付に御為替銀貸付という名目をつけて貸し付け、しかもそれが幕府より受け取った御為替銀の数倍という規模になっていたように、鴻池の場合も融通拝借銀の益銀を上納することで、その数倍の規模で自己資金に公銀という名目をつけて大名に貸し付けていたと考えられる。鴻池としては大名への貸付銀を公銀という名目で行うことにしたのであったが、享和元年には三ケ年の年延となっている。この融通御貸付金は「寛政五丑年右御貸附之儀、弥以無年限御店被置候間、融通手狭無之様取斗、若滞候向済方厳敷申付候上、不相済節者於当地町奉行所厳重ニ申渡、其上ニも不相済向者、御勘定所江申上次第諸家留主居江済方急度可被仰渡旨御下知之趣、先懸り羽倉権九郎ゟ町人共江申渡置候儀ニ御座候[22]」と記されるように、寛政五年正月に松平定信によって、年限も無期限となり、滞りとなった場合に留守居役を呼び立て、取り立てを厳重にするなどの仕法についても明確にして、公金貸付として公認したのであるが、大名の側の条件が変わらない限り、滞りにならないということはなかった。融通金を借り入れた大名が元利返済を滞らせる例がみられるために、文化期には融通方の両替商で益金を上納することが困難となった者が出てきて、文化三年（一八〇六）には長浜屋喜右衛門が融通方の辞退願を出したりした。融通方は例年四三五貫目ずつ益銀を上納していたが、文化五年一二月には貸付銀の利足が一四〇貫目ほど滞りとなったという理由で一一軒がそろって減額を願い出て、文化七年には上納銀は三〇〇貫目に減額され、八年以降は二七〇貫目となっている。前章で記したように、高崎藩が文化八年に因利安年賦調達講を組織した時には、鴻池屋善右衛門は二〇貫目を出銀している。

融通方の公銀貸付は文化期には大名の返済滞りの増加によって困難な状況になったが、高崎藩では寛政一二年に藩主となった輝高の三男輝延は文化一二年に大坂城代となり、それを契機に鴻池に貸出を働きかけるようになった。文政元年（一八一八）に高崎藩庁では鴻池屋善右衛門・善五郎の両家の手代を呼び出し、二〇〇〇両を融通するように頼んだ。それに対する両家の返事は一五貫目であった。八分一の額である。このような交渉では当然古借銀の取り扱いが焦点となる。高崎藩では文政元年一一月に再度二〇〇〇両の融通を頼んだ書状で、次のように古借銀の年賦償還の方法を示している[23]。

> 去ル寛政十二申年已来御両家様江御不義理ニ相成候口々都合金高八千九百両余、此度一紙証文ニ書替、右之内江銀拾八貫目宛、当寅ゟ来ル未迄都合三十ケ年賦御両家様へ御渡可申候、并無利足古借壱万七千百五拾両余之内金百両宛年々無相違御渡可申候、

高崎藩の調査では鴻池屋善右衛門、善五郎の両家からの借金は八九〇〇両で、それを金一両を銀六〇匁で換算すると五三四貫目となる。それを年に一八貫目ずつ三〇年賦で償還するという。ほかに一万七一五〇両の無利足の古借銀があり、これは年に一〇〇両あてで償還されることになる。この時の調査では鴻池両家の高崎藩への貸出銀は次のとおりになっている。鴻池善右衛門調達分として三〇二貫一二四匁九分三厘四毛と金八五七八両二歩、永二二〇文、鴻池善五郎分として一五九貫五五六匁六分四厘五毛と金八五七八両二歩、永二二〇文、また両名連名分として七二貫八六二匁九分九厘五毛で三口を合計すると五三四貫目余と金一万七一五七両一歩二朱余となる[24]。鴻池善五郎分はここではおくとして、善右衛門分の内訳は寛政一二年一二月証文分の二〇七貫七四一匁六分と、四〇貫六七三匁四分の二口、享和元年四月証文の三九貫九四五匁となり、それらの三口の合計が二八八貫三六〇目でそれら三口の文政元年までの利足の合計が四九貫七六四匁九分三厘七毛となる。それらのうち、一二貫目ずつ三度にわたって返済されているため上記の三〇二貫目余となる。金八五七八両二歩余については詳細は不明であるが、天明年間に年賦償還が打ち切られた古借銀とみることができるであろう。また鴻池屋善右衛門・善五郎両家連名分の内訳は、寛政一二年一二月証文の

三九貫九六五匁二分五厘と寛政七年出金の六〇〇両より同一一年までの返済残高の二一貫六〇〇目の二口でそれぞれの寛政一二年より文政元年までの利足が合わせて一一貫二九七匁余あり、合計すると七二貫八六二匁余となる。ここではいずれも利子を年一パーセントとして計算されている。これは最初の取り決めというのではなく、高崎藩の希望を表わしているものと考えられる。

これに対する鴻池の側の返事に記された数字はこれとは大きく異なっている。寛政一二年、享和元年の高崎藩への公銀貸付高とその滞り利足高を書き上げているが、その部分だけを引用する。(25)

元銀弐百七貫七百四拾壱匁六分

此利三百四拾貫六百九拾六匁弐分弐り

戌ゟ寅迄拾七ヶ年賦滞利

一此分対談中利足請取不申候

元銀四拾貫六百七拾三匁四分

此利六拾六貫七百四匁三分八り

一右同断

元銀三拾九貫九百四拾五匁

此利六拾五貫五百九匁八分

一右同断

元銀弐拾八貫七百拾壱匁弐分

此訳ケ享和二戌年請取対談利足証文分未対談中請取不申候

右之通ニ相成御座候間、御益上納之節ニハ甚以差湊手元危ミ手繰仕方者店方ニ而詰銀等仕候而漸々ケ成りニ御益上納仕来り居候程之仕合、夫さへも近来冬分何歟差支相成、段々御歎キ申上奉願上、冬春両度ニ手繰仕、多分自

銀等迄も差加へ漸御益上納仕居候仕合故、頃日奉申上候銀拾五貫目も精々申談候上之義ニ付、此上増銀仕候義ハ何分当惑至極奉存候（以下略）

これは文政元年に鴻池が高崎藩の貸出の求めに応じていったんは一五貫目の貸出を引き受けることになったが、高崎藩が増額を求めたために、鴻池が増額を断っている時のものである。その時に書き上げた高崎藩への貸出高四口の三一七貫目余のうち、三口分だけで四七二貫目余の利足が滞りとなっているという。享和二年より文政元年までの一七年間の滞り利足は元金の一六五パーセントにもなる。利子は年に九・六パーセントに相当する。ここでは、この貸付金は公銀貸付であるため益銀を勘定所に上納していることを強調しているのである。文化一五年の公銀貸付高を記した「融通大福帳」では、松平右京大夫分としては二〇七貫目余、四〇貫目余、三九貫目余、二八貫目余の四口が記されている。[26]これは元銀だけの数字であるが、証文を書き替えて年賦償還仕法を取り決めるには滞り利足を元銀にどれだけ加算するかという問題が生じる。文政二年一〇月に鴻池屋善右衛門と高崎藩は新証文への書き替えを行った。寛政一二年の二〇七貫目余と四〇貫目余、享和元年の三九貫目余の三口には一八年分の年二・五パーセントの利足として一三〇貫目余を加算し、享和元年の二八貫目は無利足となる。善右衛門と善五郎の連名の六一貫目余のうち、善右衛門分の三五貫目余には同じく年二・五パーセントの利足として一六貫目弱を加算し、それらの元利合計が四九八貫目余となるが、そこからすでに返済分を差し引きして、元銀は四四五貫三六二匁四分六厘となった。そのうち二六三貫三六〇目を公銀の御貸付銀として、毎年二・五パーセントの利足を支払うものとし、一四五貫六一六匁余を無利足年賦とした。これは滞り利足の累積高に相当する。また三五貫目余を善右衛門、善五郎両名貸出分のうちの善右衛門分とした。

文政期には融通方が益金上納の減額を願い出る際に、滞りとなっている大名の名前を具体的に書き上げて、その根拠を示すようになった。文政八年には松平右京大夫の二五三貫目余の公銀について、文政五年より七年までの三年分の利足の滞りがあげられている。[27]文政二年に高崎藩庁では鴻池屋善右衛門に対して二六四貫目余の公儀御貸付銀の借用証文を書いているが、若干の返済があったため二五三貫五七五匁八分の貸出残高となっているのである。その年利は六貫三三九匁となる。嘉永三年（一八五〇）の調べでは、この公儀御貸付銀の文政五年から天保七年までの一五カ年分の滞り利足合計の九五貫九〇〇目のうちから若干が返済された残りの七五貫五九〇目が新たな貸出銀として書き上げられている。このように鴻池屋善右衛門は大名への貸付銀に公儀御貸付という名目をつけることができても、大名の側の事情が変わらない以上、それはなんら有利な条件とはならなかった。なお高崎藩は鴻池屋善右衛門より文政三年に二八〇貫目、五年に三四貫目を借り入れているため、嘉永三年の調査では前述の四四五貫目余よりの返済残高を加えると、八二〇貫目[28]余と金八三七八両の貸出高となっている。鴻池はその後も高崎藩から若干の利足支払いと元入を受けているが、三井の場合と同様に多額の滞り貸しを抱えたまま維新期を迎えたのである。

（1）「明和三戌年高崎掛合之控」（大阪大学経済学部所蔵鴻池家文書）。
（2）同右。
（3）同右。
（4）同右。
（5）同右。
（6）天明四年より八年までの損毛や臨時出費については次のように記されている（「明和三戌年高崎掛合之控」大阪大学経済学部所蔵鴻池家文書）。

辰年ゟ申年迄領分損毛幷非定臨用調へ左之通

一米壱万四千五百弐拾三俵余　辰年高崎領分之内東北之方浅間焼砂降不難之田方定水利根川堤不作引

一同弐万弐千六百八拾俵余　巳年諸領分田方植付時分水不足幷八月中風雨不作、越後虫付不作引

一同三万七千八百廿三俵余　午年諸領分田方七月八月中大雨降川々出水稲毛水腐幷気候不順不熟損毛引

一同壱万三千百五拾俵余　未年高崎越後領分永雨ニ付田方水腐損毛引

一同八千弐百三拾俵余　申年高崎越後川々出水畑方水冠越後領分八月中雨降続稲毛萌腐不作引

〆米九万六千四百六俵余
　年々御用番様へ御届申上ニ成ル
外ニ高三万石程　高崎亡所引
　但追々少々ツヽハ立戻り候共、一体地面猶予
　無之領分ニ付斗ゝ敷立戻り不申事
一金三千五百両　辰年幷未年高崎、銚子、越後領分困窮ニ付夫食代
一同四千四百五拾両　辰年屋鋪替幷御加役入用
一同四千八百七拾両　卯年高崎領分皆無ニ付辰二月ゟ家中扶持米買上代
一同九千両余　辰年上屋鋪類焼入用
一同壱万五百両程　辰年小石川深川両屋敷類焼ニ付入用
一同壱万両余　午年高崎領分不作引続無取箇附ノ後収納ニ至り不納ニ付未年江戸高崎家中扶持米買上代
〆金四万弐千三百弐拾両余

（7）「明和三戌年高崎掛合之控」（大阪大学経済学部所蔵鴻池家文書）。
（8）拙稿『近世大名金融史の研究』（吉川弘文館、平成八年）。
（9）「寛政十一己未年高崎掛合之控」（大阪大学経済学部所蔵鴻池家文書）。
（10）「御貸附掛合之控」五番（大阪大学経済学部所蔵鴻池家文書）。
（11）拙稿「天明五年の大坂御用金と対馬藩」（『三井文庫論叢』二七号）。
（12）「鳥居丹波守領分村々御貸附取替金借用ニ付藩役人添証文」（国立史料館所蔵加嶋屋長田家文書）。
（13）「世上金銀融通之為上納銀請取継添証文」（国立史料館所蔵加嶋屋長田家文書）。
（14）「融通一件控」（大阪大学経済学部所蔵鴻池家文書）。
（15）同右。
（16）「融通一件ニ付内々御声掛り之控　弐番」（大阪大学経済学部所蔵鴻池家文書）。
（17）「融通一件控」（大阪大学経済学部所蔵鴻池家文書）。
（18）同右。
（19）同右。
（20）「御貸附掛合之控」四番（大阪大学経済学部所蔵鴻池家文書）。
（21）「寛政十一己未年高崎掛合之控」（大阪大学経済学部所蔵鴻池家文書）。
（22）「御貸附掛合之控」四番（大阪大学経済学部所蔵鴻池家文書）。
（23）「寛政十一己未年高崎掛合之控」（大阪大学経済学部所蔵鴻池家文書）。
（24）同右。
（25）同右。
（26）作道洋太郎『近世封建社会の貨幣金融構造』（塙書房、

昭和四六年）。

(27) 「文政三庚辰年高崎掛合之控」（大阪大学経済学部所蔵鴻池家文書）。

(28) 拙稿『近世大名金融史の研究』（吉川弘文館、平成八年）。

第四章　文久・慶応期の御為替三井組

一　貨幣引替御用

御為替組の基本的な役割は大坂御金蔵銀御為替の御用である。幕末期になると、御為替高が定額化したために御為替組の役割は相対的に低下したということができるが、そのほかの役割が重要性を増してきた。そのひとつが新旧貨幣引替の御用である。文政二年（一八一九）九月に小判、壱分判の吹直しにともなう新旧貨幣の引替に関する御触が出され、そこでは引替所として後藤三右衛門役所や江戸本両替商などとともに三井組の為替御用取扱所と十人組の為替御用取扱所とが書き上げられている。文政三年の銀の改鋳にともなう新旧銀貨の引替でも銀座などとともに三井組、十人組の為替御用取扱所がその引替所として書き上げられている(1)。また文政七年（一八二四）二月の二朱判の引替の際の御触でも銀座や江戸本両替商とともに三井組、十人組の為替御用取扱所が書き上げられている。この御為替組は江戸市中での引替を担当する本両替とは異なり、京都、大坂での引替を引き受けるものであった。文政二年の最初の事例では、一一月一八日に大坂の十人組役所に三井組の分を合わせて新金二万両を差し立て、それが一二月八日に大坂の十人組役所に着き、そこから一万両を三井組が受け取っている(2)。同年一二月一八日に三井組と十人組は旧金一万両ずつを江戸に送り、翌三年正月七日に江戸で受け取っている。江戸の三井組、あるいは十人組の両替店が新金を受け取り、宿次証文で大坂まで継ぎ送り、大坂御金蔵に上納し、代わりに旧金を受け取り、江戸に継ぎ送るのである。

大坂両替店の「日記録」[3]では文政三年二月二八日付で「当地引替御元金弐万両、道中無難今七ツ時迄当番十人組へ着候間、手前分壱万両吉十郎出勤請取」と記され、三月六日付で「先月廿八日着いたし候引替御元金イ万両、今日迄ニ引替限り候事、拾人組も同断ニ候事」、三月一一日付で「先月廿八日着御引替元金イ万両去ル六日迄ニ引替相済、今日江戸表へ差立申候」と記されている。江戸から送られてきた新金一万両を御金蔵に上納し、代わりに旧金一万両を受け取り、江戸に送るのである。文政三年末までに三井組が二三万八〇〇〇両、十人組が二二万二〇〇〇両、住友が二万両の新金を受け取っている。文政四年にも三井組と十人組が一二万両ずつ、住友が八万両の新金を受け取り、同五年中に三井組が一〇万三〇〇〇両、十人組が九万四〇〇〇両、住友が八万三〇〇〇両、同六年に三井組と十人組、住友がともに五万両の新金を受け取っている。[4]以上は大坂の分であるが、御為替組は京都にも宿継で輸送し、文政三年末までで三井組と十人組はともに一四万二五〇〇両の新金を受け取り、両組は同四年に一四万四七四〇両、同五年に一四万両、六年に五万両を受け取っている。また九月二九日付の大坂両替店の「日記録」[5]では「御金蔵納新銀九百貫目、道中無難今八ツ時到着請取申候事」と記され、一〇月五日付で「此度為御登銀九百貫目無故障上納相済、代り古銀九百貫目請取候事」と、七日付け「御金蔵納新銀代り古銀九百貫目宿次御証文を以今朝店表ゟ差立候事」と記されているように、御為替組は新銀の御金蔵への上納と古銀の江戸差立にあたった。以上が御為替両組の新旧貨幣引替の御用であるが、天保八年（一八三七）より始まる貨幣改鋳の引替御用もほぼ同様の御用を引き受けていた。

天保期の改鋳後は安政元年（一八五四）に一朱銀と二分金が鋳造されたが、開港を迎えるにあたり貨幣の改鋳が相次ぐようになった。御為替組が幕末期に新旧貨幣の引替の御用を命じられるのは安政六年（一八五九）五月の御触においてであった。[6]三井組と十人組の為替役所が保字小判、壱分判の引替所にあげられ、安政六年一二月の御触においても同様であった。

万延元年（一八六〇）二月に銀座より御為替両組に対して一人ずつ出頭するようにとの呼び出しがあり、そこで次のように申し渡された。[7]

申渡

為替三井組
十人組

此度吹直政字丁銀弐百八拾五貫目、小玉銀拾五貫目宛両度ニ大坂御金蔵江御差登セ之分其方共江相渡候間、宿次御証文を以東海道筋宿送ニ而為差登、大坂表引替所へ着之節、其段町奉行所幷御金奉行江申立、同所御金蔵江相納、且同所御有高之内保字銀壱万貫目、壱立三百貫目宛、月ニ三、四度宛取下方之儀者、同所御金蔵ゟ引替所へ請取、其段町奉行所へ申立、御城代証文受取次第荷造之上、是迄之引替銀差下方之振合を以、是又東海道筋宿送りを以当表為替御用所へ向ケ差立至着次第銀座江相届取計方可相伺候

申二月

大坂両替店の「御用留」では、それに続いて次のように記されている。(8)

右之通被仰渡候上、御銀三百貫目幷御証文共来ル廿一日当組江相渡り、翌廿二日朝差立之積、御口達を以被仰渡候間、尚差立候上其訳可得御意候

一十人組方も前同断、御銀三百貫目幷御証文とも来ル廿三日相渡り、翌廿四日朝差立之積被仰渡候間、此段為御心得申入候

政字丁銀二八五貫目と小玉銀一五貫目の三〇〇貫目を東海道筋を宿次で輸送し、大坂の引替所に到着したら、それを受け取り、大坂御金蔵に上納するようにとの申し渡しであり、さらに大坂御金蔵にある保字銀一万貫目を一度に三〇〇貫目ずつ受け取り、東海道筋を宿次で江戸に輸送することになり、それらは一体の御用となっている。政字銀は安政期に鋳造された新銀貨であり、保字銀は天保期に鋳造された旧銀貨である。御為替組がその保字銀と政字銀との引替業務にあたるのである。江戸の三井組が二月二一日に受け取り、二二日朝に発送すると記され、十人組の場合も同様に二三日に三〇〇貫目を受け取り、二四日に送ると記されている。大坂の三井組と十人組にはともに三月一四日

に政字銀三〇〇貫目が到着した。三月二三日に大坂御金蔵に上納した。

三井大坂両替店の「日記録」[9]によると万延元年三月一四日付で「去月廿二日江戸表ゟ差立相成候当地御金蔵納政字銀弐百八拾五貫目、同小玉銀拾五貫目、都合三百貫目今朝五ツ時至着」と記され、同じく「日記録」の三月二三日付で「去ル十四日当組へ着当地御金蔵納政字銀三百貫目、今日上納無故障相済、代り保字銀三百貫目相渡申候事」と記されている。江戸より大坂に着いた政字銀三〇〇貫目を大坂御金蔵に上納し、その代わりに保字銀を江戸に輸送するために受け取るのである。十人組の場合も同様であった。次に示すのが政字銀を上納する時の証書と保字銀を受け取った時の証書である。[10]

（1）　上納仕御銀之事

合銀三百貫目者　常是包

内小玉銀拾五貫目

右者此度従江戸表御吹直銀為御差登被為成候ニ付、書面之通今日上納仕候間御受取手形可被下候、仍如件

安政七申年三月廿三日

三井元　之　助　印

三井次郎右衛門　印

三井三　郎　助　印

久須美佐渡守殿

一色山城守殿

吉　田　邦　蔵　殿

山田秀之助殿

増嶋鋳太郎殿

石原司郎右衛門殿

（2）　奉請取御銀之事(11)

一銀三百貫目者　　常是包

内小玉銀拾五貫目

右者此度従江戸表御吹直銀三百貫目為御差登被為成今日上納仕候ニ付、右代り御銀御渡被為成奉請取候所依如件

安政七申年三月廿三日　　三井元之助　印

三井次郎右衛門　印

三井三郎助　印

久須美佐渡守殿

一色山城守殿

吉田邦蔵殿

山田秀之助殿

増嶋鋳太郎殿

石原司郎右衛門殿

宛先の「久須美、一色」は大坂町奉行、「吉田、山田」は大坂御金奉行である。そこで、「御用留」に記されている「従江戸表当地御金蔵江為御登政字銀」を表4-1に示した。御為替組が取り扱った江戸から大坂への現金銀輸送高のことである。万延元年の二月二二日と二四日に江戸の三井組と十人組が大坂に向けて送り、三月一四日に受け取って大坂御金蔵に三月二三日に上納した三〇〇貫目がそれらの最初となっている。三井組は、三月二三日に政字銀三〇〇貫目の上納と引替に保字銀三〇〇貫目を受け取り、三月二七日に江戸に差し立てたのであるが、「御用留」から「当地御金蔵ゟ江戸表へ御取下保字銀両組へ請取差立候分」を示したのが表4-2である。三月二三日の一番から八月二

日の三四番までの合計が一万貫目となり、三井組と十人組が五〇〇〇貫目ずつ一七回に分けてこれらの保字銀の江戸への輸送にあたったのである。これらは新銀貨鋳造のための地金としてまず回収されたわけである。御為替三井組があたった大坂から江戸への保字銀の輸送に関する史料として、表4-3に示した「御伝馬方人足方請取帳」[12]がある。そこから万延元年三月二七日の分を次に示す。

覚

一御用銀三百貫目　　上目

　但拾貫目入三拾箇　拾弐貫四百目拾六箇

　封印三ケ所宛有之　拾弐貫弐百目拾四箇

一御城代様御印宿次御証文壱通

　但封之儘白木箱入

一右写壱通

一御用絵符拾本

一添書壱通

〆五点

右之通慥請取申候、無滞先宿江継送り可申候已上

安政七申年三月廿七日

表4-1　江戸表より大坂御金蔵へ登ぼせ政字銀高（その1）

	江戸差立日	内　訳	大坂到着日	組	上納日
1	万延元年2月22日	政字銀300貫目	万延元年3月14日	三井組	3月23日
2	2月24日	政字銀300貫目	3月14日	十人組	3月23日
3	6月7日	政字銀600貫目	6月29日	三井組	7月5日
4	10月24日	新小判1000両 新弐朱金4000両 新弐分判3万5000両 〆4万両	11月15日	三井組	1月23日
5	10月26日	政字銀300貫目	11月23日	十人組	12月5日
6	10月28日	政字銀300貫目	11月25日	三井組	12月5日
7	11月朔日	政字銀300貫目	11月26日	十人組	12月5日
8	11月3日	政字銀300貫目	11月晦日	三井組	12月5日
9	11月5日	政字銀300貫目	12月朔日	十人組	12月16日
10	11月7日	政字銀300貫目	12月5日	三井組	12月16日
11	11月9日	政字銀300貫目	12月5日	十人組	12月16日
12	11月11日	政字銀300貫目	12月8日	三井組	12月16日
13	11月13日	政字銀300貫目	12月10日	十人組	12月16日
14	11月15日	政字銀300貫目	12月14日	三井組	12月23日
15	12月晦日	弐分判1万両 壱分銀2万両 〆3万両	文久元年正月28日	三井組	2月5日

表4-1　江戸表より大坂御金蔵へ登ぼせ政字銀高（その2）

	江戸差立日	内　訳	大坂到着日	組	上納日
16	文久元年3月14日	弐分判2万両 政字銀300貫目	文久元年4月3日	三井組	4月16日
17	3月16日	政字銀300貫目	4月4日	十人組	4月16日
18	3月18日	政字銀300貫目	4月6日	三井組	4月16日
19	3月20日	政字銀300貫目	4月7日	十人組	4月16日
20	3月22日	政字銀300貫目	4月9日	三井組	4月16日
21	3月24日	政字銀300貫目	4月13日	十人組	4月16日
22	3月26日	政字銀200貫目	4月22日	三井組	5月3日
23	5月14日	新弐分判1万両 同弐朱金4674両2分2朱	5月25日	十人組	6月5日
24	10月4日	政字銀300貫目	11月6日	三井組	11月16日
25	10月5日	政字銀300貫目	11月11日	十人組	11月16日
26	10月6日	政字銀300貫目	11月15日	三井組	11月23日
27	10月7日	政字銀300貫目	11月13日	十人組	11月16日
28	10月8日	政字銀300貫目	11月15日	三井組	11月23日
29	10月9日	政字銀300貫目	11月20日	十人組	12月5日
30	10月10日	政字銀200貫目	11月18日	三井組	11月23日
31	文久2年2月18日	新弐分判9800両 新弐朱金95両2朱	文久2年3月13日	三井組	3月23日
32	文久3年正月26日	新弐歩判17万両	文久3年3月4日	十人組	3月7日
33	正月27日	新壱朱銀3万両	3月16日	三井組	3月23日
34	5月7日	新弐分判7万両 新弐朱金3万両	6月4日	三井組	6月16日
35	5月18日	新弐分判10万両	6月11日	三井組	6月16日
36	8月4日	新弐分判2万5000両 政字銀300貫目	9月2日	十人組	9月5日
37	8月5日	新弐分判2万5000両 政字銀300貫目	9月4日	三井組	9月16日
38	8月6日	政字銀300貫目	9月3日	十人組	9月5日
39	8月7日	政字銀300貫目	9月10日	三井組	9月16日
40	8月8日	政字銀300貫目	9月10日	十人組	9月16日
41	8月9日	政字銀300貫目	9月10日	三井組	9月16日
42	8月10日	政字銀300貫目	9月11日	十人組	9月23日
43	8月11日	政字銀300貫目	9月12日	三井組	9月23日
44	8月12日	政字銀300貫目	9月14日	十人組	9月23日
45	8月13日	政字銀300貫目	9月13日	三井組	9月23日
46	8月朔日	小判5000両 弐分判9万5000両 〆新金10万両	8月26日 三手引替御元差繰	十人組	10月10日
47	10月16日	新金10万両 皆弐歩判	11月18日 三手一四人分引替御元差繰	三井組	12月5日
48	10月24日	政字銀300貫目	11月26日 三手引替御元差繰		12月23日
49	10月28日	政字銀300貫目	11月24日 一四人分引替御元差繰		12月23日
50	文久3年	政字銀850貫目	12月16日 御軍艦ニ而	三井組	12月23日

表４-１　江戸表より大坂御金蔵へ登ぼせ政字銀高（その３）

	江戸差立日	内　訳	大坂到着日	組	上納日
51	文久３年	政字銀850貫目	文久３年12月16日	十人組	12月23日
			御軍艦ニ而		
52	文久３年	政字銀650貫目	12月21日	三井組	翌年正月16日
			御軍艦ニ而		
53	文久３年	政字銀650貫目	12月21日	十人組	翌年正月16日
			御軍艦ニ而		
54		政字銀500貫目	元治元年正月８日	三井組	正月12日
			御軍艦ニ而，公方様御着之砌受取		
55		新弐分判10万両	元治元年正月９日	十人組	正月12日
			御軍艦ニ而，公方様御着之砌受取		
56	文久３年11月４日	新弐分判10万両	12月５日	十人組	翌年正月16日
			古金類引替元		
57	元治元年２月12日	政字銀300貫目	３月10日	三井組	３月16日
58	２月13日	政字銀300貫目	３月12日	十人組	３月16日
59	２月14日	政字銀300貫目	３月10日	三井組	３月16日
60	２月15日	政字銀300貫目	３月13日	十人組	３月16日
61	２月16日	政字銀300貫目	３月13日	三井組	３月27日
62	２月17日	政字銀300貫目	３月14日	十人組	３月27日
63	２月18日	政字銀300貫目	３月19日	三井組	３月27日
64	２月19日	政字銀300貫目	３月22日	十人組	３月27日
65	２月20日	政字銀300貫目	３月22日	三井組	３月27日
66	２月21日	政字銀300貫目	３月26日	十人組	４月５日
67		新弐分判10万両	７月25日	三井組	７月29日
		政字銀1000貫目			
		政字銀1000貫目	７月25日	十人組	７月29日
		〆新弐分判10万両	御軍艦ヲ以為御差登		
		〆政字銀2000貫目			
68	７月14日	新弐分判10万両	８月10日	十人組	
69		新弐分判５万1000両	９月５日	三井組	９月８日
		新弐分判４万9000両	９月５日	十人組	９月８日
		〆新弐分判10万両	御軍艦ヲ以為御差登		
70	慶応元年２月20日	新弐分判10万両	慶応元年３月16日	十人組	３月23日
71	２月22日	政字銀300貫目	３月23日	三井組	４月５日
72	２月23日	政字銀300貫目	３月23日	十人組	４月５日
73	２月24日	政字銀300貫目	３月23日	三井組	４月５日
74	２月25日	政字銀300貫目	３月29日	十人組	４月５日
75	２月26日	政字銀300貫目	３月28日	三井組	４月５日
76	２月27日	政字銀300貫目	３月29日	十人組	４月５日
77	２月28日	政字銀200貫目	３月28日	三井組	４月５日
78	４月４日	新弐分判10万両	４月25日	三井組	
79	４月５日	政字銀300貫目	４月29日	十人組	
80	４月６日	政字銀300貫目	４月晦日	三井組	５月16日
81	４月７日	政字銀300貫目	５月３日	十人組	
82	４月８日	政字銀100貫目	４月晦日	三井組	
83		新弐分判20万両	閏５月11日	三井組	閏５月16日
			軍艦ヲ以大坂表江為御差登		
84		銀2000貫目	閏５月12日	両組	閏５月16日
		百文銭33万5000貫文	軍艦ヲ以大坂表江為御差登		

出所）「御用留」（三井文庫所蔵史料　本265，本266）．

表4－2　大坂御金蔵より江戸表へお取下し保字銀高

	大坂受取日	内　訳	差立日	組	到着日
1	万延元年3月23日	保字銀300貫目	3月27日	三井組	閏3月21日
2	3月23日	保字銀300貫目	3月29日	十人組	閏3月21日
3	閏3月5日	保字銀300貫目	閏3月9日	十人組	4月5日
4	閏3月5日	保字銀300貫目	閏3月11日	三井組	4月5日
5	閏3月16日	保字銀300貫目	閏3月20日	三井組	4月14日
6	閏3月16日	保字銀300貫目	閏3月22日	十人組	4月17日
7	閏3月23日	保字銀300貫目	閏3月27日	十人組	4月23日
8	閏3月23日	保字銀300貫目	閏3月28日	三井組	4月23日
9	4月5日	保字銀300貫目	4月9日	三井組	5月14日
10	4月5日	保字銀300貫目	4月10日	十人組	5月14日
11	4月16日	保字銀300貫目	4月20日	十人組	
12	4月16日	保字銀300貫目	4月21日	三井組	6月3日
13	4月23日	保字銀300貫目	4月27日	三井組	6月6日
14	4月23日	保字銀300貫目	4月28日	十人組	6月6日
15	5月3日	保字銀300貫目	5月7日	十人組	
16	5月3日	保字銀300貫目	5月8日	三井組	6月7日
17	5月16日	保字銀300貫目	5月20日	三井組	6月16日
18	5月16日	保字銀300貫目	5月21日	十人組	6月16日
19	5月23日	保字銀300貫目	5月27日	十人組	6月27日
20	5月23日	保字銀300貫目	5月28日	三井組	6月25日
21	6月5日	保字銀300貫目	6月9日	三井組	7月2日
22	6月5日	保字銀300貫目	6月10日	十人組	7月4日
23	6月16日	保字銀300貫目	6月20日	十人組	7月10日
24	6月16日	保字銀300貫目	6月21日	三井組	7月12日
25	6月23日	保字銀300貫目	6月27日	三井組	7月21日
26	6月23日	保字銀300貫目	6月28日	十人組	7月21日
27	7月5日	保字銀300貫目	7月9日	十人組	8月20日
28	7月5日	保字銀300貫目	7月10日	三井組	8月20日
29	7月12日	保字銀300貫目	7月18日	三井組	8月22日
30	7月12日	保字銀300貫目	7月19日	十人組	8月28日
31	7月23日	保字銀300貫目	7月27日	十人組	8月28日
32	7月23日	保字銀300貫目	7月28日	三井組	8月26日
33	8月2日	保字銀200貫目	8月6日	三井組	8月29日
34	8月2日	保字銀200貫目	8月7日	十人組	8月29日
35	11月23日	金4万2819両1分2朱 銀8貫729匁5分	11月27日	三井組	
36	文久元年5月16日	保字金4353両	5月16日	十人組	

出所）「御用留」（三井文庫所蔵史料　本265）．

表4-3　大坂三井組の江戸への金銀輸送高

	差立日	金銀高		差立日	金銀高
45	万延元年11月27日	金4万2819両	88	文久2年9月24日	銀300貫目
		1分2朱	89	9月26日	銀300貫目
		銀8貫729匁5分	90	10月23日	金6万2500両
46	12月18日	金1万7753両	91	11月	金6万2500両
47	12月20日	銀300貫目	92	11月19日	銀300貫目
48	12月21日	銀300貫目	93	11月21日	銀300貫目
49	万延2年正月21日	銀300貫目	94	11月23日	銀300貫目
50	正月23日	銀300貫目	95	11月25日	銀300貫目
51	正月25日	銀300貫目	96	文久3年5月19日	金6万2500両
52	2月13日	銀300貫目			金2万9660両
53	文久元年3月24日	銀300貫目	97	5月21日	銀300貫目
54	3月28日	銀300貫目	98	5月23日	銀300貫目
55	3月晦日	銀300貫目	99	5月25日	銀300貫目
56	6月4日	銀300貫目	100	5月27日	銀300貫目
57	6月6日	銀300貫目	101	5月29日	銀300貫目
58	6月23日	銀300貫目	102	6月朔日	銀300貫目
59	6月25日	銀300貫目	103	6月3日	銀300貫目
60	6月27日	銀300貫目	104	7月23日	銀300貫目
61	9月2日	銀300貫目	105	7月26日	銀300貫目
62	9月4日	銀300貫目	106	8月8日	金2万9559両1分
63	9月27日	銀300貫目	107	10月28日	金4万5106両1朱
64	9月29日	銀300貫目	108	12月28日	金2万9316両3朱
65	11月11日	金4万6500両	109	元治元年2月26日	金5227両2分2朱
66	11月12日	金4万6500両	110	3月16日	金1万4848両3分
67	12月15日	金4万1777両	111	3月18日	金2万2087両
		3分1朱			2分3朱
68	12月16日	銀300貫目	112	5月3日	銀300貫目
69	12月22日	銀300貫目	113	5月7日	銀300貫目
70	文久2年正月22日	金4万6500両	114	8月24日	金4万6050両2朱
71	正月23日	金3万4000両	115	8月28日	銀300貫目
72	2月2日	金3万7695両2朱	116	9月4日	銀300貫目
		銀3分6厘	117	11月16日	金4万3165両
73	2月4日	銀300貫目	118	11月20日	金3万1168両
74	2月10日	金1万2692両2朱			1分3朱
75	2月13日	金1万2500両	119	12月16日	金4万0450両
76	4月5日	銀300貫目	120	慶応元年6月25日	金1万7719両
77	4月14日	金1万7262両	121	慶応2年2月29日	銀350貫目
78	4月15日	銀300貫目	122	5月12日	金1万4295両
79	4月26日	銀300貫目			3分2朱
80	5月朔日	金9万3000両	123	5月29日	金9326両3分1朱
81	5月14日	銀300貫目	124	7月27日	金7131両1分1朱
82	6月22日	銀300貫目	125	10月29日	金6125両
83	6月24日	銀300貫目	126	慶応3年2月22日	金3687両2分
84	7月5日	金1万4977両	127	8月7日	金6100両
		3分3朱	128	10月26日	金4832両2朱
85	8月13日	銀300貫目			
86	8月15日	銀300貫目			
87	8月16日	金1万4836両1朱			

別1143).

	差立日	金銀高
1	嘉永6年11月16日	弐朱金7万両
2	12月5日	壱分銀4万5000両
3	12月23日	壱分銀3万1000両
4	嘉永7年正月18日	銀300貫目
5	2月16日	弐朱金4万1679両 2朱 銀1分7厘5毛
6	5月12日	銀300貫目
7	9月18日	金3000両
8	安政2年7月9日	金4000両
9	9月24日	金3000両
10	安政3年10月16日	金2000両
11	12月6日	金4000両
12	安政4年12月20日	金4100両
13	安政6年8月24日	銀70貫目
14	9月20日	金3000両
15	安政7年3月27日	銀300貫目
16	閏3月11日	銀300貫目
17	万延元年閏3月20日	銀300貫目
18	閏3月28日	銀300貫目
19	4月9日	銀300貫目
20	4月17日	銀300貫目
21	4月21日	銀300貫目
22	4月27日	銀300貫目
23	5月3日	銀230貫目
24	5月8日	銀300貫目
25	5月20日	銀300貫目
26	5月28日	銀300貫目
27	6月9日	銀300貫目
28	6月21日	銀300貫目
29	6月23日	銀600貫目
30	6月26日	銀600貫目
31	6月27日	銀300貫目
32	7月10日	銀300貫目
33	7月18日	銀300貫目
34	7月28日	銀300貫目
35	8月6日	銀200貫目
36	8月27日	銀300貫目
37	8月29日	銀300貫目
38	9月23日	銀300貫目
39	9月26日	銀300貫目
40	9月28日	銀300貫目
41	10月3日	銀300貫目
42	10月14日	銀300貫目
43	10月15日	銀300貫目
44	10月18日	銀300貫目

出所）「御伝馬方人足方請取帳」（三井文庫所蔵史料

大坂人足方
柳井与兵衛 ㊞
同御伝馬方
伊庭保兵衛 ㊞

三井組名代
石嶋保右衛門殿
石井与三次郎殿

「日記録」では三月二七日付で「去ル廿三日御金蔵ゟ御渡相成候保字銀三〇〇貫目、宿次御証文を以江戸表江差立申候、尤常例之通御伝馬方幷人足方江相渡請取書置候事」(13)と記されている。表4-3では嘉永六年一一月から慶応三年一〇月までのすべてを記した。安政七年三月から八月までに限っても、表4-2に記されていない件がある。二〇番、二三番、二九番、三〇番である。それらは臨時に御為替三井組に渡されて江戸への輸送を申し付けられたものである。表4-1にあるように万延元年七月にも三井組は政字銀六〇〇貫目を大坂御金蔵に上納したが、同年一〇月になり、御為替両組は次のような申渡を受け取っているのである。(14)

申渡

為替三井組
十人組

此度大坂御金蔵ゟ古金銀幷保字金七千五百九拾弐両弐朱、弐朱金三万四千六拾両三分弐朱、都合四万千六百五拾三両、古銀八貫七百弐拾九匁五分、保字銀四千四百四拾七貫百八拾匁六分四厘四毛五弗、月ニ七、八度之割合御城代宿次を以両組江相渡御差下之積、尤当表ゟ新小判千両、弐朱金四千両、弐分判三万五千両、都合四万両、政字銀三千貫目同所へ為御差登ニ付当十月廿三日宿次御証文小判千両、弐朱金四千両、弐分判三万五千両、御金改会所ゟ受取、翌日差立可申、右之日限ゟ隔日御証文銀三百貫目宛銀座ゟ受取翌日差立可申、尤御取下し之金銀其方共御用所江至着致し候ハヽ、金銀座江相納、追而蓮池御金蔵江納渡可相成候間、其段相心得可申候

大坂御金蔵より古金銀や保字金、二朱金など四万一六五三両、古銀八貫七二九匁五分、保字銀四四四七貫目余を江戸に輸送し、江戸から大坂に輸送した新小判、二朱金、二分判など四万両と政字銀三〇〇〇貫目を大坂御金蔵に上納する御用である。江戸から大坂に送る四万両と三〇〇〇貫目は表4-1の四番から一四番までの合計にあたる。大坂から江戸への輸送高である金四万二八一九両余と銀八貫目余は表4-2および表4-3にあるとおり三井組が取り扱い、保字銀四四四七貫目余は十人組が取り扱ったものと考えられる。一万貫目の江戸輸送は万延元年（一八六〇）八月六日に終わったが、その後も八月から一〇月まで一度あたり三〇〇貫目ずつ輸送にあたった。万延元年一二月には二分判一万両と一分銀二万両を江戸から大坂に送ることが三井組に申し付けられ、文久元年（一八六一）三月にも江戸の

銀座掛りより御為替両組に対して次の申渡があった。[15]

此度大坂御金蔵江弐分判弐万両、政字銀弐千貫目当表ゟ為御差登相成候間、来ル十三日宿次御証文請取、弐分判弐万両者金座より、銀三百貫目銀座ゟ請取、荷造之上翌日差立可申、同十五日御証文共銀三百貫目銀座ゟ請取、翌日差立右之通隔日御証文請取、翌日差立、末日者弐百貫目請取、都合七日差立之積相心得可申候

三井組と十人組が交互に弐分判二万両と政字銀二〇〇〇貫目の現金銀の江戸から大坂への輸送にあたり、表4-1の一六番から二二番までの合計がそれに相当する。文久元年一〇月にも御為替両組に政字銀二〇〇〇貫目の輸送が申し付けられ、表4-1の二四番から三〇番がそれに相当する。その後は文久三年八月には政字銀三〇〇〇貫目と二朱判五万両の大坂への輸送が申し付けられた。表4-1の三六番から四五番までが相当する。さらに元治元年二月にも御為替両組は政字銀三〇〇〇貫目を一〇回に分けて大坂に輸送している。表4-1の五六番から六五番までである。慶応元年二月になると新二分判一〇万両と政字銀二〇〇〇貫目の輸送が両組に申し付けられ、慶応元年四月には新二分判一〇万両と政字銀二〇〇〇貫目の輸送が両組に申し付けられた。それぞれ六九番から七六番までと七七番から八一番までである。以上が御為替両組がまとまった銀高を老中印付けの宿次証文によって大坂に輸送した政字銀や二分判である。それらは二〇〇〇貫目や三〇〇〇貫目というようにまとまった額の政字銀を大坂に輸送したものであるが、政字銀は一回あたり三〇〇貫目ずつ輸送され、また保字銀も三〇〇貫目ずつ江戸に輸送された。もちろん政字銀三〇〇貫目が保字銀三〇〇貫目と同じ価値というわけではない。

文久元年（一八六一）一一月の大坂両替店の「日記録」[16]では次のようにある。

（一一月一一日）

去月十日当組江着、三手引替御元古弐朱金代り新金五万両引替相済候ニ付、代り古弐朱金四万六千五百両今朝宿次御証文を以江戸表江差立申候、依之御伝馬方幷人足方相渡候事

（一一月一二日）

去月十三日当組江着、鴻池善右衛門外拾三人古弐朱金引替御元新金五万両引替相済候ニ付、代り古弐朱金四万六千五百両今朝宿次御証文を以江戸表江差立申候、依之定例之通御伝馬方并人足方相渡候事

この「日記録」の記事では新金五万両が古弐朱金四万六五〇〇両と引替えられることになる。そしてさらに一一月一一日と一一月一二日の四万六五〇〇両を江戸に輸送する記事は表4-3でそれぞれ六五番、六六番として記されているが、その新金五万両の到着日である一〇月一〇日と一〇月一三日の記事は表4-2には表われていない。それは大坂御金蔵に上納されていないからである。一一日の「三手引替」と、一二日の「鴻池善右衛門外拾三人」とは何を意味しているのであろうか。「鴻池善右衛門外拾三人」というのは、万延元年九月六日付の「日記録」では「去月十六日江戸表差立相成候当地拾五人分引替御元政字銀三百貫目、今朝四ツ時道中無難至着致し候ニ付、夫々割合相渡候事[17]」と記されている。大坂御金蔵に上納するのではなく、鴻池善右衛門をはじめとする一五人に配分して渡すのである。「吹直元金銀御下請取帳」から万延以降の数値を示したのが表4-4である。万延元年九月六日には、鴻池屋善右衛門、加嶋屋久右衛門、加嶋屋作兵衛、米屋平右衛門、鴻池屋新十郎、鴻池屋駒次郎、辰巳屋久左衛門、近江屋休兵衛、炭屋安兵衛、平野屋五兵衛、嶋屋市之助、鴻池屋庄十郎、米屋喜兵衛、近江屋猶之助、千草屋宗十郎の一五人の両替商に二〇貫目

表4-4　十五軒組合への引替元新金銀割渡高

	受取日	金銀高
1	万延元年9月6日	300貫目
2	9月7日	300貫目
3	文久元年正月15日	300貫目
4	正月17日	300貫目
5	10月10日	5万両 内　新二分判4万両 新二朱金1万両
6	10月13日	5万両
7	12月28日	5万両
8	文久2年3月	300貫目
9	4月18日	300貫目
10	閏8月21日	300貫目
11	9月25日	6万7500両 内　弐分判5万5000両 弐朱金1万2500両
12	10月24日	6万7500両
13	12月27日	300貫目
14	文久3年正月12日	300貫目
15	2月晦日	5万両
16	7月2日	300貫目
17	元治元年3月3日	10万両
18	3月7日	5万両
19	4月18日	300貫目
20	8月6日	300貫目
21	11月15日	10万両
22	11月15日	5万両
23	慶応元年閏5月19日	2850貫目
24	閏5月25日	6万両（二分判）

出所）「吹直元金銀御下ケ請取帳」（三井文庫所蔵史料　本224）．

ずつ配分したのである。鴻池屋善右衛門をはじめとするこれらの両替商は一五軒組合を結んで文久元年以降も大坂市中で引替業務に従ったのである。元治元年三月に一〇万両が輸送された時には鴻池善右衛門ら六名に七二〇〇両ずつ、辰巳屋久左衛門ら八名に七一〇〇両ずつが配分されている。しかもこの表は三井組が取り扱った分だけである。元治元年には三〇万両と六〇〇貫目を取り扱い、三井組取扱高だけを比較すると大坂御金蔵への上納高を凌駕している。大坂両替店の「日記録」では一〇月三日付で「去月六日当組江着新銀三百貫匁十五人分引替相済候ニ付、代り保字銀三百貫匁当組取集、今朝宿次御証文を以差立申候事[18]」とあり、一五軒の両替商が政字銀と保字銀とを引き替え三井組がまとめて江戸に輸送したのである。

次に「三手引替」とは三井組、十人組、住友の三組が引替業務を行ったのである。それに先だち大坂両替店の「日記録」では万延元年閏三月二四日付で「当月三日江戸表十人組ゟ差立相成候当地引替元政字銀三百貫匁、道中無難今日同組へ致着候ニ付、両組へ百五拾貫目宛割合請取申候事[19]」と記され、同二六日付で「当月五日江戸表当組ゟ差立相成候当地引替御元政字銀三百貫目、道中無難今日致着候ニ付、両組へ百五拾貫目宛割合請取申候事」と記されている。三〇〇貫目を三井組と十人組とで一五〇貫目ずつ配分して受け取り、引替業務を行ったのである。それらは大坂御金蔵に上納したわけではないので表4-1には記されない。それで万延元年閏三月から一二月までの三井組、十人組の引替を表4-5に示す。万延元年（一八六〇）だけで両組で六六〇〇貫目の引替にあたった。さらに大坂両替店の「日記録」では九月二八日付で、「去月廿三日当組江着新銀三百貫目、皆引替相済候ニ付、代り保字銀三百貫目当組江取集、今朝宿次御証文を以江戸表へ差立申候、依之例之通御伝馬方并人足方江相渡請取書取置申候事[20]」と記されている。去月の八月二三日には両組引替元新銀三〇〇貫目を一五〇貫目ずつ配分していて、両組が市中で引き替えた保字銀三〇〇貫目を三井組が取りまとめて江戸に差し立てたのである。文久元年以降にも御為替両組は新銀を受け取って引替業務に従い、文久元年には二五回で新銀七五〇〇貫目に及んだ。また文久二年にも一〇回で三〇〇〇貫目となり、文久三年にも一回ある。このように御為替両組が引替業務を行っていたところに、住友を新しく加えて三手引替とし

表 4-5　御為替両組の引替元新銀割合請取高

	受取日	銀　高		取扱組	一組当り
1	万延元年閏 3 月24日	政字銀	300貫目	十人組	150貫目
2	閏 3 月26日	政字銀	300貫目	三井組	150貫目
3	6 月11日	新銀	600貫目	十人組	300貫目
4	6 月15日	政字銀	1200貫目	三井組	600貫目
5	6 月24日	新銀	600貫目	十人組	300貫目
6	8 月23日	新銀	300貫目	三井組	150貫目
7	8 月25日	新銀	300貫目	三井組	150貫目
8	8 月25日	新銀	300貫目	十人組	150貫目
9	9 月19日	政字銀	300貫目	三井組	150貫目
10	9 月22日	新銀	300貫目	三井組	150貫目
11	9 月22日	新銀	300貫目	十人組	150貫目
12	9 月23日	新銀	300貫目	三井組	150貫目
13	10月10日	政字銀	300貫目	三井組	150貫目
14	10月14日	新銀	300貫目	三井組	150貫目
15	10月15日	新銀	300貫目	十人組	150貫目
16	12月15日	政字銀	300貫目	三井組	150貫目
17	12月17日	新銀	300貫目	三井組	150貫目
18	文久元年正月 2 日	新銀	300貫目		
19	正月 3 日	新銀	300貫目		
20	正月 9 日	新銀	300貫目	十人組	150貫目
21	3 月19日	政字銀	300貫目	三井組	150貫目
22	3 月21日	政字銀	300貫目	三井組	150貫目
23	3 月22日	新銀	300貫目	十人組	150貫目
24	5 月14日	政字銀	300貫目	三井組	150貫目
25	5 月28日	新銀	300貫目	三井組	150貫目
26	6 月 7 日	新銀	300貫目	三井組	150貫目
27	6 月 9 日	新銀	300貫目	三井組	150貫目
28	6 月12日	新銀	300貫目	十人組	150貫目
29	6 月14日	政字銀	300貫目	三井組	150貫目
30	6 月19日	新銀	300貫目	十人組	150貫目
31	8 月19日	新銀	300貫目	三井組	150貫目
32	8 月19日	新銀	300貫目	十人組	150貫目
33	8 月23日	政字銀	300貫目	三井組	150貫目
34	8 月27日	新銀	300貫目	十人組	150貫目
35	9 月14日	新銀	300貫目	三井組	150貫目
36	9 月18日	新銀	300貫目	三井組	150貫目
37	9 月19日	新銀	300貫目	十人組	150貫目
38	9 月23日	政字銀	300貫目	十人組	150貫目
39	11月28日	新銀	300貫目	十人組	150貫目
40	12月 1 日	新銀	300貫目	三井組	150貫目
41	12月16日	新銀	300貫目	三井組	150貫目
42	12月16日	新銀	300貫目	十人組	150貫目
43	文久 2 年 1 月28日	新銀	300貫目	三井組	150貫目
44	3 月21日	政字銀	300貫目	三井組	150貫目
45	5 月29日	新銀	300貫目	三井組	150貫目
46	7 月21日	新銀	300貫目	三井組	150貫目
47	7 月22日	新銀	300貫目	十人組	150貫目
48	7 月24日	新銀	300貫目	三井組	150貫目
49	8 月 1 日	新銀	300貫目	十人組	150貫目
50	9 月27日	新銀	300貫目	三井組	150貫目
51	10月 7 日	新銀	300貫目	三井組	150貫目
52	10月28日	政字銀	300貫目	三井組	150貫目
53	文久 3 年 2 月晦日	新銀	300貫目	十人組	150貫目

出所）「日記録」（三井文庫所蔵史料　本100，本101）.

たのである。上記した文久元年一一月一一日が三手引替の最初の事例となった。その江戸への到着日にあたる文久元年一〇月一〇日の「日記録」の記事では「去月十三日江戸表当組ゟ差立相成候古弐朱金引替御元新弐分判四万両、同弐朱金壱万両都合五万両、道中無難今日着候ニ付[21]」と記され、五万両が三手に渡されたのである。三手引替の場合は、文久二年三月二九日付の「日記録」では「去月廿日江戸表当組ゟ差立相成当地古弐朱金引替御元新金拾万両、道中無難九ツ時致着候ニ付、両組三万四千両宛、住友三万弐千両割合受取申候事[22]」と一〇万両を御為替両組が三万四〇〇〇両、住友が三万二〇〇〇両と配分して受け取っている。また同年閏八月二二日には、三〇〇貫目を三井組、十人組、住友とが一〇〇貫目ずつ受け取っている。さらに同年九月二五日付の「日記録」では「去月十六日江戸表当組ゟ差立相成候当地三手幷拾四人古弐朱金引替元新金拾三万五千両、道中無難今日着いたし候ニ付御伺申上、右之内、左ニ弐万弐千六百八拾両宛、両組分、弐万弐千百四拾両住友分、六万七千五百両鴻池善右衛門外拾三人分、右之通割合夫々相渡申候[23]事」とある。そして文久元年一一月以降の三井組、十人組と住友の三手による引替を「日記録」より表4-

表4-6　三手の引替御元金銀請取高

	受取日	金銀高	取扱組	
1	文久元年10月10日	5万両	三井組	
2	12月22日	10万両	三井組	
3	12月28日	5万両	三井組	
4	文久2年3月29日	10万両	三井組	
5	4月6日	10万両	三井組	
6	4月12日	300貫目	三井組	
7	5月28日	300貫目	三井組	
8	6月19日	10万8000両	十人組	三手幷拾四人分
9	閏8月22日	300貫目	三井組	
10	9月3日	10万両	十人組	
11	9月25日	6万7500両	三井組	
13	12月2日	6万7500両		
14	文久3年正月25日	300貫目	三井組	
15	正月26日	300貫目	十人組	
16	2月5日	10万両		
17	2月25日	300貫目	三井組	
18	2月29日	5万両	十人組	
19	2月晦日	10万両		三手幷拾四人分
20	3月5日	300貫目	三井組	
21	3月16日	300貫目	三井組	
22	3月16日	300貫目	十人組	
23	6月28日	10万両		三手幷十四人分
24	6月29日	300貫目		
25	9月4日	11万5500両		
26	11月18日	10万両		三手幷十四人分
27	元治元年1月9日	5万両	三井組	
28	3月6日	5万両		
29	4月15日	300貫目		
30	4月17日	300貫目		
31	6月13日	10万両	十人組	
32	7月晦日	300貫目	三井組	
33	8月4日	300貫目	十人組	
34	8月10日	10万両	三井組	
35	11月10日	10万両		
36	慶応元年4月16日	10万両		
37	5月2日	16万両		

出所）「日記録」(三井文庫所蔵史料　本101～本105).
注）「三手幷拾四人分」とあるのは三手と拾四人分とが区分けできないもの.

6に示した。両組による引替が政字銀三〇〇貫目が渡されていたことと比べ、この時期には金貨の引替が多いことが目立つ。以上のように御為替組は江戸から大坂への引替元金である新金銀の輸送と、大坂から江戸への旧金銀の差立にあたり、江戸から大坂への輸送では、大坂御金蔵への引替元金銀の上納と、引替業務を行う鴻池屋善右衛門など一五軒の大坂両替商への新金銀の配分、それに両組あるいは住友を加えた三手へ新金銀を配分して自ら引替業務に従った。幕府は江戸から大坂に新金銀を輸送し、両替商が大坂および西国筋で新旧貨幣を引き替え、旧金銀を江戸に輸送する過程で膨大な利潤を手にしていったのである。

二　御用金の現送

ところで御為替組が取り扱った大坂から江戸への現金銀の輸送のうち、貨幣引替とは異なるものが含まれている。それが大坂御用金の送金である。万延元年一二月には「此度大坂、兵庫、西宮等之町人共被仰付候御用金幷右江御差加相願候分、又者上金願之分共当申年納之内、金高七万九千八拾両弐分三朱、銀弐匁六分八厘三毛両組江割合」[24]として保字銀八六七三両、保字一分判三三〇両、古二分判七〇〇両、新二分判三六〇〇両、一分判四四五〇両の合計一万七七五三両であった。表4-3の四六番がそれである。ところが、それは代三万九〇九三両三分二朱と記されている。保字小判八六七三両は当時相場で二万九二七一両となり、保字壱分判三三〇両は同様に一〇七二両二分に換算されているために、そのような数値となるのである。それは引用した七万九〇八〇両余の半額となるのであるが、保字小判一両は当時相場で三両一歩二朱に換算され、保字一分判は三両一歩に換算されている。このような保字小判、保字壱分判で御用金を上納させたために、為替の形をとらないで現送したわけである。十人組も同様に一万七四七九両二歩三朱を一二月一九日に輸送し、文久元年正月一七日に江戸に着いている。安政元年には御為替組は摂津・備中両国の代官の江戸への送金為替の御用を申し付けられて引き受けることがあったが、この御用金の江戸への送金は為替取組ではなく現送であった。文久元年二月には十人組が残高の二万七〇一九両一分三朱の大坂御用金を江戸に現送した。保字小判五九七〇両は二万〇一四八両三分と換算されている。文久元年一二月にも次の記録がある。(25)

乍恐口上

此度大坂、兵庫、西宮等之町人共江被仰付候御用金、幷右江御差加相願候分、又者上金願候分共、去申年納残之分、且当酉年納之内左ニ

一保字小判三千弐百両　此代壱万八百両

一古弐朱金三万五千七百両　此代三万八千三百七拾七両弐分

一新弐分判千五百両

一壱分銀千三百七拾七両三分

一壱朱銀壱朱

一銀弐匁六分四厘

金四万千七百七拾七両三分壱朱

〆此代五万弐千五拾五両壱分壱朱

銀弐匁六分四厘

但壱箱金弐千五百両入壱箇

同　弐千百両入　十七箇

同　千両入　壱箇

同　金弐千五百七拾七両三分壱朱　入壱箇

銀弐匁六分四厘

〆弐拾箇　馬七疋

朱（江戸戌正月十九日着）

右書面之通来ル十五日朝差立仕、江戸駿河町御為替三井組御用所江差下申候間、道中宿次御証文頂戴仕度奉願上

候、右ニ付同日朝六ツ半時、高麗橋三丁目御為替三井組御用所へ請取ニ罷出候様、御伝馬方幷人足方江被仰付被
下置候様奉願上候以上

文久元酉年十二月十一日

この四万一七七七両余の現金輸送は表4-3の六七番にあたる。保字金三二〇〇両が当時一万〇八〇〇両となるために、四万一七七七両余は五万二〇五五両余となるのである。この時に十人組が差し立てた御用金高は一三一一貫九〇三匁二分五厘で、金に換算すると一万七九三五両一分二朱となる。さらに文久二年二月にも、次に示すように三井組は大坂外弐ケ所御用金を江戸に差し立てた。[26]

乍恐口上

一昨申年被仰付候大坂外弐ケ所御用金幷右江御差加江相願候分、
又者上金願之分共酉年納残

一保字小判千六百両　代五千四百両
一同壱分判五百両　代千六百弐拾五両
一古弐朱金弐千三百五拾両　代三千五拾五両
一新弐朱金弐千三百両弐朱
一新弐分判弐万八千九百四拾五両
一壱分銀弐千両
一銀三分六厘
〆　金三万七千六百九拾五両弐朱
銀三分六厘

但壱箱金弐千百両入壱箇

同　五千両入　五箇
同　三千九百両入壱箇
同　弐千六百九拾五両弐朱入壱箇
同　千両入弐箇
同　弐千両
　銀三分六厘入　壱箇
〆拾壱箇　〆馬四足

右書面之通来月二日朝差立仕、江戸駿河町御為替三井組御用所江差下申候間、道中宿次御証文頂戴仕度奉願上候、右ニ付同日朝六ツ半時、高麗橋三丁目御為替三井組御用所江請取ニ罷出候様、御伝馬方幷人足方江被仰付被下置候様奉願上候以上

文久二戌年正月廿七日

三井組名代
杉本久次郎

御

これは文久元年一二月の大坂御用金の残高の輸送にほかならないが、大坂で引き替えられた金銀貨幣の輸送と同じ形でなされている。幕末には公金為替送金は破綻したわけではないが、混乱していることは間違いない。しかしそれを避けたというよりも、幕末期の幕府財政において大きな割合を占めている御用金を、保字小判等で上納させることによって、幕府はそこからも貨幣引替にともなう益金を手にすることができたのである。

三　軍艦による新金銀の輸送

以上のように、幕府は江戸と大坂の間の金銀輸送を宿次証文による陸送で行っていたが、軍艦でもって行うようになった。その最初の記事は次に示す文久三年（一八六三）一二月のものである。御為替両組は一五日に東町奉行所に呼び出しを受け、次のように申し渡された。(27)

此度江戸表ゟ軍艦ニ而銀三千貫目之内百七拾箇、又々今日着坂相廻候間、安治川上弐町目会所迄罷出、夫ゟ両組江割合請取御金蔵相納候様被仰渡候、尚御金方江相伺取計可申段、由比文太郎様ゟ御達有之候事

一銀千七百貫目
　内八百五拾貫目　三井組
　八百五拾貫目　十人組
　　内小玉銀七拾貫目

幕府は一〇貫目入の箱一七〇個の新銀一七〇〇貫目を軍艦で輸送し、御為替両組に半分の八五〇貫目ずつ渡し、両組はそれを封印のまましばらく預かって御金奉行の指図があり次第御金蔵に上納するのである。一七〇〇貫目は表4-2の五〇番と五一番がそれに該当する。大坂両替店の「日記録」によると、一二月二三日付で「此度江戸表ゟ御軍艦ニ而御廻し相成候政字銀千七百貫目、両組江預り置候分今日上納被仰付、則当組分八百五拾貫目上納無故障相済候事(28)」と記され、三井組は八五〇貫目を御金蔵に上納している。表4-4にあるように、文久元年一二月二一日にも三井組は政字銀六五〇貫目を受け取っている。同じ軍艦により輸送されたものと考えられる。同日付の大坂両替店「日記録」で「昨廿日西御役所ゟ両組御呼出ニ付罷出候所、当表へ御軍艦を以為御差登新銀百三拾箇、兵庫津ゟ廻着候付、六百五拾貫目宛都合千三百貫目両組受取預り置追而上納之積」と記され、兵庫港に運ばれたものと見られる。

その後は表4-1にあるように、元治元年正月八日に三井組が五〇〇貫目を、九日に十人組が新弐分判一〇万両を受け取っている。そこには「御軍艦ニ而、公方様御着之砌受取[29]」と付記されている。将軍家茂は文久三年一二月二七日に翔鶴丸に乗り上京し、大坂天保山沖に着いたのが元治元年正月八日であった。家茂は大坂城に入り、積み込んできた引替元金銀は御為替組に渡された。元治元年一月九日の「日記録」にも「公方様御軍艦御下積ニ而御廻し相成候新弐分判拾万両、月番十人組へ今日御預ケ相成、尚亦昨夜新銀千貫目両組へ御預ケ相成、右御金銀共追而上納之積りニ候趣ニ而其儘預り置候事[30]」とあるのである。これらは一月一二日に御金蔵に上納された。元治元年二月一三日に御為替両組が大坂東町奉行所より、軍艦で積み廻された金銀を御金蔵に納めるようにと申し渡された際の口上書を次に示す[31]。

乍恐口上

此度御軍艦を以御積廻之上、当地御金蔵上納可相成弐歩判拾五万両、壱分銀五万両、丁銀千五百貫目、百文銭、四文銭、壱文銭ニ而壱万五千両分、此箱幷箇数凡見積弐百弐拾五箱、箇数弐千七拾八箇、右着坂御引渡之儀、御軍艦ゟ上荷船江積取東御役所下タ浜江差廻し水揚之上追而御金改仮小屋迄持運候様仕度候処、当時日雇人無数ニ而甚難渋仕候間、何卒右上荷船江積替、且水揚幷持運人足等都而御役所ゟ被為仰付被下置候様、乍恐右之段以書付奉願上候以上

文久四子年二月十四日

十人組名代
朝田新次郎　印
三井組名代
杉本久次郎　印

御奉行様

この件に関してはほかの史料から裏付けをとることはできないが、文面から御為替組の御用は軍艦より上荷船に金

銀荷物を積み替え、東町奉行所下タ浜に水揚げして御金奉行所仮小屋まで運びこむものであることがわかる。

元治元年（一八六四）四月にも軍艦によって引替元金の輸送がなされた。大坂両替店の同年四月一六日の「日記録」によると「今般御軍艦を以、御上洛御入用金拾五万両、京坂引替元三拾万両御積廻し相成、天保山沖へ無難御金到着、右ニ付為請取天保山川方御役所へ罷出可申旨被仰渡候ニ付、則八ツ時頃ゟ為請取[32]」と記されている。将軍家茂上洛のための入用金一五万両を軍艦に積み込んできて、引替元金の三〇万両も運んできたのである。三井組と十人組とが二二万五〇〇〇両ずつ受け取ったのである。さらに元治元年七月にも軍艦による引替元金の輸送がなされた。七月二六日の「日記録」によると、「江戸表ゟ御軍艦を以当組一ト手引替御元新金拾万両、并当地御金蔵へ為御登銀弐千貫目、今朝到着ニ付受取預り申候、尤右之内銀千貫目十人組へ御渡相成候事」と記されている。三井組一手による引替元金一〇万両と御金蔵への登ぼせ銀二〇〇〇貫目を積み込んでいた。この一〇万両の引替は三井組一手によるものであったが、八月になり半分の五万両を十人組に渡している。表4-1にもあるように、元治元年九月五日には軍艦で新弐分判一〇万両が大坂に登せられ、三井組が五万一〇〇〇両を受け取り、十人組が四万九〇〇〇両を受け取って大坂御金蔵に上納している。また慶応元年三月二五日付の「日記録」で「去子十二月廿五日着坂御軍艦を以為御差登相成候当地三手并十五人分引替御元新金拾五万両、夫々皆引替相済候ニ付、代り古金類十人組江取集今朝宿次御証文を以江戸表江差立被申候事[33]」と記されている。三手引替分と十五人引替分の一五万両の新金が元治元年一二月運ばれたのである。

表4-1にもあるように、慶応元年閏五月一一日に三井組は新弐分判二〇万両の引替元金を受け取った。翌一二日にも両組は二〇〇〇貫目と百文銭三三万五〇〇〇貫文を受け取っている。そこでは「軍艦ヲ以大坂表江為御差登[34]」と付記されている。慶応元年閏五月一一日付の「日記録」で「御進発御入用御金蔵納金弐分判弐拾万両、并当地引替元弐分判弐拾万両、合四拾万両兵庫津御廻米船へ積入御差登相成候、当組へ御預ケ可相成様西御役所ニおいて被仰渡候、則今亥刻北浜中橋浜ニて当組割合弐拾万両宛請取申候[35]」と記され、長州征討のための入用金の輸送であった。ここで

は御廻米船とあるが、八月一六日付の「日記録」では「当丑五月十一日着坂江戸表ゟ御軍艦を以為御差登相成候新弐分判四拾万両、十人組へ御預ケ相成候内追而上納当時残金拾弐万両之内尚亦今日六万両上納被仰渡、則同組ゟ御金蔵へ上納無滞被致候事」と記され、軍艦で征討のための廻米を行っていたことになる。弐分判四〇万両のうち二〇万両が御進発の費用であり、二〇万両が引替元金であった。

四　上洛費用の輸送

文久三年（一八六三）三月の将軍家茂の第一次上洛の際は、軍艦を用いることはなく、二月一三日に江戸城を発ち、東海道を陸路で京都に向かい、三月四日に京都に着いている。この第一次の上洛に際しては、大坂御金蔵への金銀輸送とは異なり、二月五日に江戸から京都東町奉行所御上洛掛りのもとに御為替十人組の手によって入用金が送られ、三井両替店にそれが預けられた。次がその預かり状となる。(36)

預り申御金之事

大判六百枚　　但弐拾七箱

合

金拾六万両　　御封印之儘

内小判八千両

壱分判二千両

弐分判拾五万両

右者御上洛御入用金書面之通当分御預ケ被仰付、慥奉請取候、何時成共御下知次第上納可仕候依如件

文久三年亥二月廿一日　　三井三郎助

御

三井京都両替店は二月二〇日に大判六〇〇枚と金一六万両を預かったのである。この一六万両について表4-1に符合するものはないため、別の形による送金と見なければならない。同表の示すように文久三年正月に新弐歩判一七万両を十人組に、新壱朱銀三万両を三井組に宿次証文で送らせ、それぞれ三月四日と三月一六日に江戸に着いている。それらは大坂御金蔵に上納され、将軍上洛中の費用として用いられたと考えても間違いはないであろう。将軍家茂は賀茂社に行幸して攘夷を祈願し六月九日に京都を離れ、六月一六日に大坂港より軍艦で江戸に帰った。将軍家茂の上洛が文久三年三月と発表されたのは二年九月で、そのための準備が同月から始められた。九月二八日には京都油小路通二条下ル町の三井北家の屋敷は将軍上洛の際の当時政事総裁職にあった松平慶永の旅館とされた。さらに六角通東洞院東入ル町の三井元之助の屋敷は松平隠岐守の旅館とされた。また上洛に際して二条城の修復がなされることになり、三井三郎助が入用金の請払御用を引き受けることになった。大坂御金蔵よりそのための費用として銀一二〇〇貫目が預けられている。(38) 文久三年二月には、将軍後見職にあった一橋慶喜の京都滞在入用費として一万五〇〇〇両を三井組が預かることになった。また「御上洛之為御祝儀洛中町人共江銀五千貫目被下候ニ付、町人惣代之者共今九日西御役所江四時御呼出し被仰渡有之候」(39) という事情もあり、三井両替店の預かった将軍家茂の上洛入用金は引き出されていって、六月には預け金がなくなり、不足したために三井組に三万両の借用を申し付けてきた。京都郡代小堀数馬よりの口達では、「差懸り金三万両御入用ニ付、江戸表ゟ為御登相成候引替御元金之内ゟ右金高立替、最早無程御勘定所御引払相成候付、明朝五ツ時頃迄拙者屋敷江向ケ持参可致、代り金戻方之儀者大坂御金蔵より早々請取次第戻入之筈」(40) とある。将軍家茂の江戸帰還にともなって、一時的に設置された勘定所も引き払いとなるために、急いで借用を申し付けてきたのであり、江戸より頻繁に大坂に送られてきていた引替元金を流用することになる。六月九日付で「引替御元金之内ゟ立替可申儀ニ決断相成候訳合ニ有之候、且右代り大坂御金蔵ゟ請取次第と申候得共、御上洛御用金此節江戸表ゟ拾万両大坂江着相成へく処、今に着坂無之併日限ニも相成候付、近日之内ニも着可相成右金子着次第戻し入可申候間此段相心得呉可申様」(41) と記されている。表4-1の三五番、文久三年六月一一日に大坂に着いた新弐

分判一〇万両がそれに相当するのであろうか。預り証の写は次のとおりとなる。(42)

覚

一金三万両

右者江戸表ゟ御廻し相成候御引替金之内、書面之金請取候、右替金大坂御金蔵ゟ請取次第戻入可申候仍如件

亥六月

小堀数馬　印

三井三　郎　助殿

三井次郎右衛門殿

三井元　之　助殿

元治元年（一八六四）正月に将軍家茂は再度上洛した。その時は上述のように、軍艦で大坂に着き、同船に銀一〇〇〇貫目と弐分判一〇万両を積み込んでいたのである。文久三年一二月に三井組は、今回も先規と同様に御上洛入用金の請払御用を引き受けたいとの願書を出し認められていた。しかし入用金が未着であったために、三井組は一月には銀二〇〇貫目の立替を命じられ、三月にも八〇〇〇両を立替上納している。(43)三月八日に二〇〇貫目と八〇〇〇両は三井組に戻されたが、それは次に「口上書」を示したように、大坂に送られてきていた引替元金を将軍上洛の入用金に切り替えて大坂御金蔵に上納させた日であり、その切り替えによって立替金を戻すことができたわけである。

口上書(44)

一当正月廿日御届奉申上候大坂表引替御元新金弐拾万両奉預候処、御金奉行様御差図を以、右之内拾万両者引替御元ニ割渡、残り拾万両之義者御上洛御入用之内江御操替相成候趣を以、去ル五日御金蔵江上納仕候段彼地ゟ申越候ニ付、別紙御納札之写差上、此段御届奉申上候以上

子三月八日

御為替三井組

十人組

この二〇万両とは、次に示されるように二月二六日に十人組に着いた一〇万両と三月三日に三井組に着いた一〇万両で、いずれも弐分判である。

覚[45]

大坂表引替御元
一弐分判拾万両　　二月廿六日
　　　　　　　　　　十人組江着
右同断　　　　　　三月三日
一弐分判拾万両
　　　　　　　　　　三井組江着
〆弐拾万両

右之通着坂仕候処、当時引替見合候様御金奉行様ゟ被仰渡奉預候段、彼地ゟ被申越候ニ付、此段御届奉申上候以上

子三月八日　　　　　　　　　御為替
　　　　　　　　　　　　　　　三井組
　　　　　　　　　　　　　　　十人組

二〇万両は引替元金であるが、引替を見合わせるようにと指示されていたのである。二月二六日受取の一〇万両とは「日記録」では「当月四日江戸表十人組ゟ差立被申候当地古金類、幷保正字金古弐朱金引替御元新金拾万両、道中無難今日同組へ到着ニ付、則当組分新金請取候事[46]」と記され、三月三日の一〇万両も同じく「日記録」で「去月十一日江戸表当組ゟ差立候当地十五人分古金類、幷保正字古弐朱金引替御元新金拾万両、御証文共道中無難今朝至着いたし候事」と記されている。将軍の上洛中の入用金としては、上記したように船で銀一〇〇〇貫目と弐分判一〇万両が運ばれてきたが、元治元年二月には弐分判一五万両、壱分銀五万両、丁銀一五〇〇貫目、百文銭七〇〇〇両分、四文銭七〇〇〇両分、壱文銭一〇〇〇両分が運ばれてきている。そしてそのほかに三手引替元金や一五人分引替元金など

が引替に用いられることなく大坂御金蔵に上納されたのである。文久三年一一月一八日に三井組に着いた「大坂三手、拾四人分引替古金元弐分判拾万両」(47)は引替に用いられず一二月五日に御金蔵に上納され、一二月五日に十人組に着いた「大坂三手引替古金元弐分判拾万両」も元治元年正月一六日に御金蔵に上納された。元治元年正月九日に十人組のもとに着いた「引替古金元弐分判拾万両」も三月五日に上納された。文久三年の一度目と元治元年の二度目の上洛の際の費用は合わせて大判五七三枚、金一〇七万六一九六両余、銀六八〇九貫七一九匁余であった(48)。当時江戸から大坂に輸送されていた引替のための元金が流用されたのである。元治元年三月五日の十人組、三井組から町奉行所への口上書がその時点で総括的な内容を示している(49)。

乍恐口上

一今日御召出之上、三手拾四人引替御元金之内、是迄御金蔵上納相成候分、且又引替見合居候廉々、江戸御差立并着坂日限取調被仰付奉畏候、則左ニ

元文度以来之古金并保字金正字金引替元三手分

一小判五千両　去亥八月朔日江戸御差立、同月廿六日大坂拾人組着、十月十日御金蔵上納済

弐分判九万五千両

右同断元三手拾四人分

一弐分判拾万両　去亥十月十六日江戸御差立、十一月十八日大坂三井組着、十二月五日御金蔵上納済

右同断元三手分

一弐分判拾万両　去亥十一月四日江戸御差立、十二月五日大坂拾人組着、当子正月十六日御金蔵上納済

元文度以来之古金并保字金正字金古弐朱金引替元拾四人分

一弐分判拾万両　去亥十二月六日江戸御差立、当子正月九日大坂拾人組着、今五日御金蔵上納済

右同断元三手分
一弐分判拾万両　去亥十二月七日江戸御差立、当子正月九日大坂三井組着、引替見合居候分
　但此分三手十四人江割合引替候様即日被仰付候事
右同断元三手分
一弐分判拾万両　当子二月四日江戸御差立、同月廿六日大坂拾人組着、三手割合引替可仕分
　但此分引替見合被仰付候事
右同断元拾四人分
一弐分判拾万両　当子二月十一日江戸御差立、一昨三日大坂三井組着、引替見合候分
〆金七拾万両
　内
四拾万両　上納済
弐拾万両　引替見合済
拾万両　三手十四人江可割合分
右之通ニ御座候、乍恐御尋ニ付書附ヲ以奉書上候以上
元治元年子三月五日
拾人組名代
朝田新次郎　印
三井組名代
杉本久治郎　印
御奉行様

亥年は文久三年にあたる。文久三年八月から元治元年二月までに、三手引替分と十四軒引替分の七〇万両のうち四〇万両が大坂御金蔵に上納され、二〇万両が引替を見合わせられ、一〇万両が引替のために配分されることになったが、結局引替を見合わせられた。この七〇万両がすべて上洛費用に用いられたということを示す史料はないが、上方

における費用として用いられたのである。元治元年の上半期には大坂両替店の「日記録」を見ても「引替相済候ニ付[50]」、江戸表に差し立てるとの記事が極端に減っているのである。元治元年の二月以降でも、四月一六日の「日記録」をすでに引用したように、御上洛御入用金一五万両と京坂引替元三〇万両を軍艦で大坂に輸送し、一七日には三井組と十人組とは二二万五〇〇〇両ずつ受け取っているのであるが、この引替元金の三〇万両についても「新金三拾万両之内此程ゟ外御入用之由ニ而上納被仰渡追々御金蔵へ上納[51]」とあり、実際に引替には用いられていない。将軍家茂は五月七日に伏見から船で大坂城に移り、五月一六日に軍艦で江戸に戻った。元治元年下期になると三手、あるいは一四人分の新金銀の引替が行われるようになった。元治元年一一月二〇日の「日記録」で「当月十日当組江着三手引替御元新金拾万両皆引替相済候ニ付、宿次御証文を以今朝江戸表へ差立候事[52]」という記事がみられるようになる。将軍家茂が江戸に帰還して後の元治元年七月一九日に京都で禁門の変がおこり、八月には長州藩征討が発せられ一五万人の諸藩兵が藩境を包囲したが、長州藩が恭順の意を示し、幕府に謝罪したため、総攻撃は取り止められ撤兵している。

なお元治元年八月に大坂市中の豪商に御用金が課せられた[53]。鴻池善右衛門、加嶋屋作兵衛の六万両を筆頭に米屋平右衛門、辰巳屋久左衛門の五万五〇〇〇両、米屋喜兵衛、千草屋宗十郎の五万両と続き、一〇二軒に合計して一五九万一〇〇〇両が課せられた。三井元之助は四万両であった。これは江戸城本丸炎上と将軍上洛のために莫大な費用がかかったということを名目としている。

上記した将軍家茂の三度目の上洛は慶応元年五月で、長州藩処分のために慶応元年四月に将軍進発が布告され、五月一六日に将軍家茂は江戸を発し、東海道を陸路大坂に向かい、閏五月二二日に参内している。二四日には二条城を発して翌日に大坂城に入った。将軍の大坂滞在中の費用として慶応元年閏五月一一日に御進発御入用金として二〇万両と銀二〇〇〇貫目、百文銭三三万五〇〇〇貫文が引替元金の二〇万両とともに軍艦順動丸で大坂沖に運ばれてきたことは上記したが、大坂御金蔵に上納した際の証書の写しは次のとおりである[54]。

上納仕御金銀銭之事

弐分判弐拾万両　後藤包

合銀二千貫目者　常是包

百文銭三拾三万五千貫文　後藤極

右者此度御進発為御入用従江戸表為御差登被為成候付、書面之通今日上納仕候間、御請取手形可被下候仍如件

慶応元丑年閏五月十六日

御為替御用達十人組名代

飾磨久間之助　印

浅田新次郎　印

御為替御用達三井組名代

杉本久次郎　印

石井与三次郎　印

松平大隅守殿

（以下五名略）

そして閏五月に軍艦によって大坂に輸送されてきた四〇万両のうち、最初は引替元金であった二〇万両も徐々に大坂御金蔵に上納を命じられ、慶応二年三月までにはすべて上納されて滞在費用として用いられている。その分、新旧貨幣の引替が目論見どおりには行われなかったことになる。慶応元年一一月にも軍艦で一五万両が大坂に輸送され、御為替組が御金蔵に上納している。幕府は将軍滞在費用には不足して、慶応元年八月二八日には御為替両組は御勘定所より「御在坂中御金操御差湊ニ付、金高三拾万両程急ニ御入用之由、尤右代り金之儀者江戸御勘定所ニおゐて無相違可相渡之為替証文下ケ渡候筈、若右高出来兼候ハヽ、拾万両、又者五万両ニ而も可相成丈ケ出情いたし調達可仕候様」(55)という書状を受け取っている。財政が切迫した事態の中で三〇万両の借用を申し出て、一〇万両でも、五万両

でもよいというわけであったが、御為替組では断っている。そして次に江戸から大坂への為替送金を提案してきた。次は御為替両組からの返書である。(56)

乍恐口上

一今日於御殿被為仰渡候逆為替於御当地金子相納江戸表ニ而代り金御下ケ渡被為成下候ニ付、可奉相勤旨被為仰渡奉畏候、然ル所御当地之義ハ出店ニ而万事京都ゟ仕向仕候ニ付、御即答難奉申上不都合之段奉恐入候、依之早便を以京都江及通達返事申越候上御請奉申上候様仕度候、乍併京都表も昨年類焼後難渋仕居、其上不融通之折柄ニ付迚も行届申間敷と深心痛仕候、此段只管御憐察被下置候様乍恐書面を以奉願上候以上

丑八月廿八日

御為替両組

大坂における将軍滞在により増大する出費は江戸からの金銀の現送では追いつかなくなり、江戸からの為替送金を企図したのである。それには大坂での代金の取り立てが必要となるが、それを可能とする流通構造上の変化がみられたかどうかはわからない。幕府公金の江戸から大坂への為替送金は実際に実施され、三井大坂両替店では為替取引関係の逆転が見られるのである。(57)

その後は「日記録」(58)によると慶応元年一一月に軍艦で一五万両が大坂に輸送され、御為替両組によって御金蔵に上納された。さらに慶応二年一月に軍艦で一〇万両が輸送されて大坂御金蔵に上納された。慶応元年一二月七日と二年二三日にも江戸十人組の差立で新弐分判五万両が陸路を宿次で大坂に輸送され、それぞれ慶応二年一月二八日と二月一三日に大坂に着き、大坂御金蔵に上納されている。三月七日には軍艦で新弐分判五万両が大坂に着いた。慶応二年五月には将軍進発の費用を補うために江戸で五〇万両の御用金が課せられた。それらが大坂に登せられたのである。大坂の町奉行、御金奉行等からの三井組への請取状の写しを次に示す。(59)

請取申金子之事

合弐分判九万両者

後藤極

四万両　五月十一日上納
弐万両　五月十六日上納
壱万五千両　五月廿日上納
壱万五千両　当日上納
右是者御進発ニ付於江戸表被仰付候御用金五拾万両之内、書面之通上納仍如件
慶応二寅年五月廿八日
大久保内膳　印
（以下五名略）
三井八郎右衛門
三井三　郎　助
三井次郎右衛門
三井元　之　助

御進発のための江戸御用金は御為替組によって大坂に輸送され、ここに示されたように九万両までは確認することができる。第二次の長州征討が始まったのは慶応二年六月であったが、幕府側が不利な状況のなかで、七月二〇日に将軍家茂は大坂城で死没した。ここで慶応二年六月に御為替両組が書き上げた大坂御金蔵への上納高の記録を示す。(60)

口上覚
一昨春以来御廻着金御金蔵納両組御取扱左之通
江戸丑二月廿一日陸地御差立
一弐分判拾万両　大坂丑三月十六日十人組着、同月廿三日御金蔵納
江戸丑四月四日陸地御差立

一同　　拾万両　　　大坂丑四月廿五日三井組着、同五月三日御金蔵納
御軍艦分
一同　弐拾万両　大坂丑閏五月十一日両組着、同月十六日御金蔵納
江戸丑九月七日陸地御差立
一同　弐拾万両　内拾万両　御上洛中大津宿ゟ京都江御引取
　　　　　　　　拾万両　丑十一月十一日十人組着、同月十六日大坂御金蔵納
御軍艦分
一金三拾万両　　大坂丑十一月十一日両組着
　内　弐分判五万弐千両
　　　壱分銀八千五百両　　　　　同月十六日御金蔵納
　　　壱朱銀三万九千五百両　　　十一月十八日三井組ゟ上納札
　　〆拾万両　　　　　　　　　　江戸表ゟ差下申候
　　　弐分判弐万三千両
　　　壱分銀拾壱万千五百両　　　同月廿五日御金蔵納
　　　壱朱銀六万五千五百両
　　〆弐拾万両
一金五万両　　三井組十一月拾日京ゟ着、同十六日上納
御軍艦分
一　弐分判五万両
　壱分銀五万両　　大坂丑十二月十六日両組着、同月廿三日御金蔵納

江戸寅正月七日陸地御差立
一弐分判五万両　大坂正月廿七日十人組着、同二月五日御金蔵納
江戸寅正月廿三日陸地御差立
一同　五万両　大坂寅二月十三日十人組着、同月十六日御金蔵納
江戸寅二月十日陸地御差立
一同　拾万両　大坂二月廿九日着、三月二日御金蔵納
御軍艦分
一弐分判五万両　大坂寅三月七日両組着、同月十六日御金蔵納
為御替分
一金拾弐万両　江戸寅三月廿五日仕向、同四月四日大坂両組着、両替包
内　四万両　寅四月六日納
四万両　同四月十七日納
弐万両　同四月廿三日納
弐万両　同四月廿六日納
御軍艦分
一弐分判四万両　大坂寅四月十四日両組着、同月廿三日御金蔵納
江戸寅五月十六日陸地御差立
一同　五万両　大坂寅六月六日十人組着
内壱万五千両　同月九日御金蔵納
五千両　同十四日同

壱万五千両　同十六日同
壱万五千両　同廿日同
江戸寅六月九日陸地御差立
一弐分判三万五千両　大坂寅六月廿九日三井組着、同七月五日御金蔵納
江戸寅五月廿七日同断
一同　六万両
内　五千両　同月廿日御金蔵納
三万七千両　同廿三日同断
壱万八千両　七月四日同断
同六月十七日十八日十九日同断
一同　五万両　大坂六月廿九日、七月朔日、三日十人組着、同五日御納
御軍艦分
一同　三万両　大坂寅七月三日三井組着、未タ上納不仕分
〆
引替元返上納左ニ
一弐分判八万八千両　丑五月二日陸地三井組着坂拾万両之内、壱万弐千両者引替代り古金閏二月廿九日差
立候残之金
内七万五千両　寅三月十六日大坂御金蔵納
壱万三千両　同五月朔日同
御軍艦分

一同弐拾万両　　　丑閏五月十一日両組着

　内三万両　　　丑七月十二日銅座役所納

　五万千九百九拾九両弐分　丑八月十六日御金蔵納

　四万両　　　丑八月廿七日同

　壱万弐千八百五拾両　丑九月五日同

　五百両　　　寅二月廿八日同

　壱万五千両　　　同三月廿三日同

　百五拾両弐分　　　同五月朔日同

〆金弐拾八万八千両

　二口合金百七拾七万三千両

二口合は金一七七万三〇〇〇両とあるが、慶応元年二月から二年六月までに、御為替両組が取り扱った陸地と軍艦とによる輸送、上納高と引替元金の上納高との合計は一七九万三〇〇〇両に及んでいる。ここでは江戸から大坂への為替による送金高も一二万両が確認される。慶応二年五月までの御進発の費用は三一五万七四四六両余に及ぶといい[61]、そのうち二〇〇万両弱は大坂に現送、ないし為替送金されたのである。そして慶応二年以降に江戸から大坂に銅銭が大量に輸送されるようになったのである。

五　百　文　銭

慶応元年（一八六五）閏五月一二日に軍艦で大坂に輸送された御進発入用金のなかに百文銭三三万五〇〇〇貫文が含まれていることを上記した。当時は銭一貫文が銀一五匁五分前後という相場であったから、三三万五〇〇〇貫文は銀五一九二貫五〇〇目前後ということになる。金一両が銀一〇四匁前後であるため、金では五万両前後ということになる。当時、銭貨は庶民の通貨であったために、銭相場は庶民生活の上で重要な意味をもった。天保期頃には銭相場は九匁前後であったが、天保一四年四月一二日に大坂で銭相場が下値となり身軽の者が難儀しているために銭一貫文を銀一〇匁以下で売買することを禁止するとの触れが出されている。(62) それ以上である場合は苦しからずという。それ以降、銭一貫文は銀一〇匁にほぼ固定された。嘉永三年（一八五〇）二月二七日に銭相場を天然の相場に復するとの御触が出され、三月より九匁台となっている。

天保通宝が鋳造されたのは天保六年であったが、江戸を中心に通用していた。一枚が一〇〇文にあたるから百文銭ともいう。上方にその流通が図られたのは安政六年（一八五九）になってからである。(63) 同六年二月一日に御為替両組は御金改役所より申し渡しを受けたが、それを大坂両替店の記録から見てみる。(64)

一当月朔日江戸表於御金改役所御勝手御組頭吉川幸次郎様、幷金座御掛り御勘定青山金左衛門様、稲生五郎左衛門様御立会之上御書付を以左之通

為替三井組
同　十人組

申渡

百文銭三拾三万八千貫文、御船鵬翔丸ニ積入大坂表江相廻、其方共幷金銀引替御用相勤候者共江割渡御払下為取扱候積ニ付、同所町奉行差図次第請取可申、右御払下ニ付而者、時相場之外金壱両ニ付七拾弐文宛被下候間、両替屋共ゟ御払下申出候ハヽ、右之内四拾八文者両替屋共、廿四文者其方共江引取候積を以右之分百文銭請取高之内御払銭之外払ニ相立可申故、百文銭之儀者未遠国江行亘不申候由ニ付、畿内、中国、四国、九州筋等江行亘候様可取計大坂表金銀引替人共江者同所町奉行ゟ申渡候積ニ候間、其旨相心得彼地御用所江可申達候

右之通被仰渡候段、彼地ゟ申越候付、此段御届奉申上候以上
安政六未年二月十二日

十人組名代
浅田新次郎
三井組名代
石井与三次郎

御奉行様

これによると、御為替組は幕府船鵬翔丸で大坂に輸送された銅銭を受け取り、金銀引替御用を勤める両替屋に配分することになる。金一両につき四八文が両替屋に、二四文が御為替人に下されることになる。大坂両替店の安政六年の四月二〇日付の「日記録」でも、「先達而江戸表ニ而被仰渡候百文銭三拾三万八千貫文、御積廻し相成候鵬翔丸、天保山沖ニ御停泊有之候間、右方江御請取ニ御為替両組ゟ罷出、尚亦住友、鴻池屋善右衛門外拾三人之者江夫々割合可申段被仰渡、依之今晩六ツ時頃ゟ前以御役所ニ而被仰渡候之上、荷御用船ニ十人組申談事乗分ケ百文銭請取積帰り北浜於中橋浜夫々割渡候事」(65)と記されている。その三三万五〇〇〇貫文のうち二三万八〇〇〇貫文が鴻池善右衛門外一三人の両替商に配分され、二万貫文が住友吉次郎に配分された。残りの八万貫文は御為替人が引き受けることになった。四万貫文を引き受けた三井組では銭一貫文を銀一〇匁二分九厘から五分三厘ほどで引き替え、六月には引替をほぼ終えている。

開港によって銅銭が輸出されるようになり、市中では銭貨が不足するようになって、精鉄銭も鋳造された。万延元年になると佐渡より銅銭が大坂に輸送され、御為替両組がそれを扱っている。万延元年三月六日の「申渡」を次に示す(66)。

申渡

為替

三井組

十人組

佐州表ゟ銅小銭三千四百貫文、幷先達新鉄銭、百文銭取交三千貫文同所へ差下相成候ニ付、右引替相成候銅小銭とも同所ゟ御廻米船江積入、大坂表為替両組江向ケ差廻し候筈ニ付、右銅小銭相廻り候ハ、受取、追而江戸表江差下候積可被取計候事

佐渡より三四〇〇貫文の銅小銭と、すでに佐渡に送っていた新鉄銭、百文銭との引替の銅小銭二〇〇〇貫文とを、廻米船で大坂に輸送するので御為替組がそれを受け取るようにということになった。江戸へ送るまでのあいだ預かるものであった。同年六月になると、新潟からも銅銭二三二〇貫文が輸送されてきて、同様に預かっている。これらは江戸での流通をはかるためのものであった。大坂の銭相場は、文久二年九月までは一一匁台であったが、それ以降元治元年七月までは一二、三匁台を上下していた。八月には一四匁台となった。慶応元年になり大坂に銅銭が運ばれるようになった。それが上記した閏五月一六日の三三万五〇〇〇貫文で、御進発入用金として銭貨を使用することで市中の銭貨流通量の不足を補おうとしたものであろう。慶応元年閏五月から二年八月までの大坂御金蔵への銭貨上納高を示す記録を引用する。(67)

御軍艦分両組御取扱

一百文銭三拾三万五千貫文　丑閏五月十六日御金蔵納

同　西町御奉行所ゟ御上納分両組御取扱

一同弐拾六万七千三百三拾三貫三百三拾弐文　金四万両代之由

内　三万三千四百貫文　丑八月廿七日御金蔵納

六万六千八百貫文　同九月十六日御金蔵納

三万三千四百貫文　同十月五日御金蔵納
三万三千四百貫文　同十月十六日御金蔵納
三万三千四百貫文　同十一月五日御金蔵納
三万三千四百貫文　同十一月十六日御金蔵納
三万三千五百三拾三貫三百三拾八文　同十一月廿八日御金蔵納

前同断之振合
一同　六万七千貫文　丑十月八日御金蔵納

前同断之振合
一同　拾三万六千貫文　金弐万両代之由
内　三万五千貫文　丑十二月十六日御金蔵納
五万弐千六百貫文　丑十二月廿三日御金蔵納
四万貫文　丑十二月廿九日御金蔵納
八千四百貫文　寅正月十六日御金蔵納

前同断之振合
一　百文銭 文久銭　五拾四万四千貫文
弐千弐百貫文　寅正月十六日御金蔵納
百文銭拾四万四千百四拾五貫八百文
文久銭三拾弐文　同二月朔日納
文久銭三万五千四百五拾三貫三百八拾文　同二月十三日納

文久銭拾万貫文　同二月廿八日納
百文銭三万五千九百拾壱貫四百文　同三月五日納
文久銭六万七千五百五貫百文　同三月六日納
文久銭九千九百四拾八貫百八拾六文　同三月十六日納
百文銭四万七千四百三拾六貫三百文　同三月廿三日納
文久銭七千八百四拾貫文　同四月七日納
百文銭四万弐千三百六貫文　同四月十六日納
文久銭千三百貫文　同四月廿三日納
文久銭三万九千九百六拾八貫三百四拾八文　同六月廿三日納
文久銭四千五百弐拾五貫八百七拾弐文　同七月十八日納
文久銭千六百貫文　同七月廿三日納
〆五拾四万百四拾貫八百五拾六匁
残而三千八百五拾九貫百四拾文　未納分
金弐万両代之内
一文久銭四万七千八百五拾六貫五百五拾六文　寅五月四日納
金四万両代之内
一百文銭七万八千七百九拾三貫九百八拾弐文　同五月廿八日納
此御払代金壱万両也
金弐万両代之内
一文久銭三万貫文　同六月廿一日納

右同断之内
一文久銭壱万貫文　　寅七月廿三日納
金四万両代之内
一百文銭壱万貫文　　同七月廿三日納
右同断之内
一百文銭弐万五千貫文　　同八月五日納
〆 百文銭
　 文久銭 百五拾四万七千百弐拾四貫七百三拾四文
但百文銭壱万両代を全上納

以上のように、慶応元年から二年八月までに「御進発御入用」のために百文銭、文久銭一五四万貫文が江戸から大坂に輸送されたのである。合計は未納高を差し引いた数値となる。御為替組がその大坂御金蔵への上納にあたったのである。慶応二年正月初めの銭一貫文あたり銀一四匁二分の相場で換算するとほぼ銀二万二〇〇〇貫目となる。それは同時期の金相場が銀一〇三匁であるため、二一万三〇〇〇両前後となる。この後、慶応二年一〇月以降も「御進発為御入用従江戸表為御差登被為成候百文銭四万両分、文久銭弐万両分」[68]の残りの上納が慶応三年三月頃までなされている。慶応二年一一月に二分判一〇万両が江戸から大坂に軍艦で登せられ、御為替組が御金蔵に上納している。徳川慶喜が一五代将軍となったのは慶応二年一二月のことであった。慶応二年秋以降には御為替組が取り扱った御用は縮小されてきている。表4-3にみられるように、大坂から江戸への金銀の輸送が減少してきていて、江戸から大坂御金蔵へのこのような膨大な額の輸送がもはや不可能となったとみることができる。貨幣改鋳により益金を絞出することが行き詰まったわけである。大坂両替店の「日記録」[69]によってみても、慶応三年には正月元日に軍艦で大判二〇〇枚と弐分判五万両が江戸表から到着し、同月に江戸御用金五〇万両のうち五万〇四五〇両が着いている。三月三日にも軍艦で金五万両が江戸から大坂に着いている。江戸から大坂への引替元金、あるいは御進発入用金の輸送の取り扱いはこの事例までとなり、大坂御為替銀を続けたことを除いて、御為替組はその機能をほぼ終えることになった。

(1)『御触書天保集成』下巻(岩波書店、昭和一六年)。
(2)「御吹直金引替御用一巻」(三井文庫所蔵史料、本二二一)。
(3)「日記録」(三井文庫所蔵史料、本六八)。
(4)「御吹直金引替御用一巻」(三井文庫所蔵史料、本二二一)。
(5)「日記録」(三井文庫所蔵史料、本六八)。
(6)『幕末御触書集成』第四巻(岩波書店、平成五年)。
(7)「御用留」(三井文庫所蔵史料、本二六五)。
(8)同右。
(9)「日記録」(三井文庫所蔵史料、本一〇〇)。
(10)「御用留」(三井文庫所蔵史料、本二六五)。
(11)同右。
(12)「御伝馬方人足方請取帳」(三井文庫所蔵史料、別一一四三)。
(13)「日記録」(三井文庫所蔵史料、本一〇〇)。
(14)「御用留」(三井文庫所蔵史料、本二六五)。
(15)同右。
(16)「日記録」(三井文庫所蔵史料、本一〇一)。
(17)「日記録」(三井文庫所蔵史料、本一〇〇)。
(18)「日記録」(三井文庫所蔵史料、本一〇四)。
(19)「日記録」(三井文庫所蔵史料、本一〇〇)。
(20)同右。
(21)「日記録」(三井文庫所蔵史料、本一〇一)。
(22)「日記録」(三井文庫所蔵史料、本一〇二)。
(23)同右。
(24)「御用留」(三井文庫所蔵史料、本二六五)。
(25)「御用留」(三井文庫所蔵史料、本二六六)。
(26)同右。
(27)「御用留」(三井文庫所蔵史料、本二六六)。
(28)「日記録」(三井文庫所蔵史料、本一〇三)。
(29)「御用留」(三井文庫所蔵史料、本二六六)。
(30)「日記録」(三井文庫所蔵史料、本一〇四)。
(31)「御用留」(三井文庫所蔵史料、本二六六)。
(32)「日記録」(三井文庫所蔵史料、本一〇四)。
(33)「日記録」(三井文庫所蔵史料、本一〇五甲)。
(34)「御用留」(三井文庫所蔵史料、本二六六)。
(35)「日記録」(三井文庫所蔵史料、本一〇五甲)。
(36)「前御上洛御用留」(三井文庫所蔵史料、本二三六)。
(37)同右。
(38)同右。
(39)同右。
(40)同右。
(41)同右。
(42)同右。
(43)「再御上洛御用留」(三井文庫所蔵史料、本二三八)。

(44) 同右。
(45) 同右。
(46) 「日記録」(三井文庫所蔵史料、本一〇四)。
(47) 「御用留」(三井文庫所蔵史料、本二六六)。
(48) 大山敷太郎『幕末財政金融史論』(ミネルヴァ書房、昭和四四年)。
(49) 「御用留」(三井文庫所蔵史料、本二六七)。
(50) 「日記録」(三井文庫所蔵史料、本一〇四)。
(51) 「御用留」(三井文庫所蔵史料、本二六七)。
(52) 「日記録」(三井文庫所蔵史料、本一〇四)。
(53) 「後鑑」(三井文庫所蔵史料、本三三九)。
(54) 「御上洛御用留」(三井文庫所蔵史料、本二三七)。
(55) 「御進発御用留」(三井文庫所蔵史料、本二三九)。
(56) 同右。
(57) 拙稿「幕末・維新期の御為替三井組」(『三井文庫論叢』一三号)。
(58) 「日記録」(三井文庫所蔵史料、本一〇五甲)。
(59) 「御用留」(三井文庫所蔵史料、本二六六)。
(60) 「御用留」(三井文庫所蔵史料、本二六七)。
(61) 大山敷太郎『幕末財政金融史論』。
(62) 『幕末御触書集成』第四巻(岩波書店、平成五年)。
(63) 小葉田淳『日本の貨幣』(至文堂、昭和四一年)。
(64) 「御用留」(三井文庫所蔵史料、本二六五)。
(65) 「日記録」(三井文庫所蔵史料、本九九)。
(66) 「御用留」(三井文庫所蔵史料、本二六五)。
(67) 「御用留」(三井文庫所蔵史料、本二六七)。
(68) 「御用留」(三井文庫所蔵史料、本二六六)。
(69) 「日記録」(三井文庫所蔵史料、本一〇六)。

第五章　文政・天保期の大坂銅座の財政構造

一　文政期の大坂銅座の財政構造

1　落札代銀と利付先納

三井組が大坂銅座掛屋を引き受けることになったのは文政二年（一八一九）である。同年五月二六日に長崎会所吟味役小嶋栄之丞と銅山役人野村八郎とから、住友吉次郎とともに銅座掛屋御用を申しつけるとの内命があり、三井組では幕府御用多端を理由に御用引受を固辞する願書を二度まで差し出しているが[1]、大坂銅座は勝手掛り勘定奉行、長崎奉行、大坂町奉行の三奉行の支配下にある役所であるため、断りきれなくなり七月には引き受けることとなった。そして三井・住友の両家は、掛屋仕法書を差し出すように言われたため、協議の上で一〇カ条[2]の仕法書を作成し、銅座役所に提出した。掛屋御用の主要な内容は、第一に銅座が出し入れする金銀の出納業務であり、第二に江戸・長崎との為替送金であって、仕法書にはそれらの手続きと手数料について記されてあるが、最後に振替先納貸は行わないと付け加えられていた。その後、三井・住友は両方の意見を検討して新たに仕法書を作成しなおして同月銅座役所に提出した。それは次に示す一一カ条であった[3]。

銅座御役所掛屋御用勤方仕法書附

乍恐書附を以奉申上候

三井組名代
石井与三兵衛
福田吉十郎
住友吉次郎

一銅座掛屋御用、今般私共江被為仰付冥加至極難有仕合奉存候、右ニ付仕法書可奉差上旨奉畏候、乍恐左ニ奉申上候

一銅座江是迄御請取金銀、以来私共店江納入致持参候様仕度奉存候、左候ハヽ、掛改仕請取置、則納人江銅座御役所宛之預り手形相渡可申候、諸向御渡方ニ相成候節者、従銅座私共宛御振出手形ヲ以御渡方ニ相成候ハヽ、私共改包を以相渡可申候、尤銅座江金銀一旦御請取置被遊候上掛屋受取ニ罷出、猶御渡方之節ニ持参仕候様相成候而は手数雑費相掛り迷惑可仕候間、前文奉申上候通、納人ゟ掛屋方江相納候様仕度奉存候事

一右之通正金銀ニ而請取候儀ニ付、大銀高同日ニ持参仕候而は掛改出来兼混雑仕候間、一日ニ銀高凡何程と割合持参仕候様納入江被仰付度、手馴候ハヽ、追々銀高相増候様可仕候事

但三井組外御用向ニ而差支候日も可有御座哉難計奉存候、左様之節者時宜寄納口銀翌日又者翌々日持参候様申請度、右之段其節銅座江御断申上候様可仕候事

一長崎商売銀者別ニ入目納ニ相成候段承知仕候、右入目銀掛屋為諸雑費被下置度奉願上候

「●印」（朱書）

一右長崎商売銀之外ニ、銅御払代銀幷掛屋方手掛ケ候銀子共、為諸雑費右入目納之振合を以相応之御手当被下置候歟、亦は右銅御払代銀之分、其外右入目納之振合を以、相応之掛改賃納入ゟ持参仕候様被仰付諸雑費ニ被下置候歟、両様之内御聞済被成下候様是又奉願上候

「●下ケ札」（朱書）

一本文諸雑費銀被下置候御儀於御当地先例相覚不申候、尤於京都は両御役所并二条御蔵方定式臨時御入用銀御請取御証文京都三井組江被遊御渡、右御証文を以御当地御金蔵ゟ御銀奉請取、右入目銀之分不残為諸雑費三井組江被下置候御儀、且御所方御普請并御修復御入用銀是又右同断御金蔵ゟ御銀奉請取、右入目銀為諸雑費三井組江不残被下置候分并七分通被下置候分共両様御座候、尤右被仰付候年号之銀別紙を以奉申上候

一右之御振合を以本文之趣奉願上候、尤長崎商売銀之外入目無之分も右格ニ准シ本文両様奉願上候儀ニ御座候

一本文奉願上候諸雑費銀被下置候ハヽ、右銀子を以諸帳面筆墨紙并御銀持運人足雇賃其外諸雑費等ニ仕度奉存候

「〇印」（朱書）

一御銀御金蔵納ニ相成候節者、銀壱貫目ニ付八匁宛為諸入用被下置候様仕度奉存候事

「〇下ケ札」（朱書）

一御金蔵納之儀は御代官辻甚太郎様、岸本武十郎御掛屋御用住友方ニ而相勤罷在候、右御両所様御支配所御年貢銀村方ゟ相納候節為諸入用銀壱貫目ニ付八匁宛請取置、御上納ニ相成候節常是包料并入目銀箱代、縄、釘、紙、人足賃其外諸入用ニ仕候儀ニ御座候、右振合を以本文之趣奉願上候

一金子御買上ケ之儀、両替方ゟ御役所向江奉書上候相庭を以御買上被為成下候様仕度奉存候

一江戸長崎御下し金銀諸雑費左ニ奉申上候

一江戸表江御下し金銀之分

道中十三日限

一金百両ニ付　　此賃銀拾壱匁五分

同廿日限

一金百両ニ付　　此賃銀八匁五分
同十三日限
一銀拾貫目ニ付　此賃銀九拾五匁
同廿日限
一銀拾貫目ニ付　此賃銀六拾七匁
一長崎表御下シ金銀之分
道中十五日限
一金百両ニ付　　此賃銀三拾目
同廿日限
一銀拾貫目ニ付　此賃銀七拾目

一右江戸表、長崎表御下し金銀取扱方御用向、掛屋江被仰付候様仕度奉存候事
一私共ゟ納人江相渡候銅座御役所宛預り手形、猶又銅座ゟ御振出手形勘定之儀は毎月差引仕、勘定帳面仕立差上候節、残御銀一紙預手形と引替差上候様仕度奉存候事
一右銅座ゟ御振出手形御印鑑奉申請度奉存候、私共預り手形印鑑差上候様可仕候事
一金銀振替先納之儀は、両家ゟ銀高百貫目迄其時之融通ニ寄奉振替候様可仕候、尤御利足之儀は是迄唐物問屋先納之振合を以七朱之御利足被下置候様仕度奉存候
右拾壱ヶ条之趣得と相調候ニ付奉申上候、何卒右仕法書通被為仰付被下置候ハヽ、右掛屋御用永久御太切ニ可奉相勤候、此段乍恐右之趣書附を以奉申上候、以上

文政二年卯七月

住友吉次郎

代　与三兵衛　印

三井組名代

福田吉十郎　印

石井与三兵衛　印

御奉行様

三井は先納貸を行わないと主張していたが、この仕法書では振替先納を行うことになっていて、住友が先納貸を行うとの意見を出し、三井がそれに従ったものとなった。銅座が出し入れする正金銀のすべてを掛屋が取り扱い、長崎商売銀や銅払代銀の入目銀を掛屋雑費として渡してほしい、御金蔵への上納銀の際八厘の割合で入用銀を渡してほしいなどの内容で、江戸・長崎への為替の雑費も定めている。なおそのほかに金銀を預かることになるために三井・住友両掛屋は勘定所に引当として家質を差し出すことになった。三井は江戸の家屋敷六カ所を、住友は河内の山本新田を家質として差し出している。

一両家ニ而相勤候ニ付、御預金銀割方之儀者金弐百両幷銀拾貫目以上者両家江割合、金弐百両幷銀拾貫目以下者壱軒江隔番ニ御渡被下、月限勘定之節ニ至双方御預ケ銀高格別不同無之様御預被下度、且又諸向御渡銀も右御預ケ銀ニ御割合御振出手形両家江御渡可被下候

これは「掛屋御用勤方手続書」(4)の一部であるが、三井と住友とで預り銀高に不同がないようにとの記載があるように、ほぼ折半していたとみなければならない。ただし預り銀、あるいは払い銀のすべてを正確に折半していたとは考え難い。

三井大坂両替店が大坂銅座の金銀を預かったのは、文政三年四月六日の銀三三七貫二三五匁一分四厘六毛の有銀請取が最初である。「大福帳」(5)によると、同年の銅座御掛屋方の預り高は銀四三一六貫九九〇目余であり、渡し高は銀四〇三七貫四一七匁である。ところで銅座掛屋金銀出入の基本的帳簿である「銅座差引帳」は文政七年から始まるた

め、その内訳を年度毎に集約して示したのが表5-1である。文政七年から一〇年までのもので、前年より付出と入高の合計から払高を差し引きした部分が大坂両替店の勘定目録の預り方に「銅座御掛屋方預り」として記載される。大坂両替店の帳面からみると、「出入帳」には「銅座差引帳」のすべての金銀出入が記帳され、「大福帳」には日々の入払の差し引きがなされ、その結果が「銅座掛屋方」に記載される。大坂両替店の経営内部に銅座資金が入っていることを意味する。銀高は銀五〇〇〇貫目から七〇〇〇貫目となっている。なお文政二年に掛屋御用に際して示された財政規模は納銀では唐紅毛商売銀の銀五〇〇〇貫目、吹銅払代の銀二一八〇貫目、諸向年賦等其外の銀三〇〇〇貫目の合計七四八〇貫

表5-1　三井大坂両替店取扱の大坂銅座入払高

年	前年より付出	入　高	払　高	次年へ付出
	貫　匁	貫　匁	貫　匁	貫　匁
文政7年	451,026.371	6,817,973.433	6,907,280.722	361,719.082
8年	361,719.082	5,758,101.987	5,397,673.107	722,147.962
9年	722,147.962	5,382,944.148	5,795,347.008	309,745.102
10年	309,745.102	5,722,902.845	5,562,186.085	470,461.862

出所）「銅座差引帳」（三井文庫所蔵史料　続804）.

表5-2　三井大坂両替店取扱の大坂銅座の入高内訳

項　目	文政7年	文政8年	文政9年	文政10年
	貫　匁	貫　匁	貫　匁	貫　匁
番割落札代銀	2,128,299.668	1,140,014.952	1,141,917.310	941,114.557
利付先納	2,150,220.500	1,297,443.250	1,066,269.340	736,603.250
灰吹銀代	195,408.861	183,059.141	184,755.140	142,957.761
対州延売銅代	159,130.000	104,318.000	26,913.000	145,330.000
朱代	45,678.448	54,823.524	14,023.052	40,708.182
吹銅代	1,244,990.000	1,775,460.000	1,235,540.000	1,257,986.000
御貸付銀利銀	164,000.000	131,333.333	124,250.000	96,700.600
御貸付銀元入	108,000.000	—	100,000.000	—
借入銀	200,000.000	800,000.000	1,350,315.000	2,330,000.000
書籍代	19,536.940	4,536.224	710.230	—
樋ノ上町百貫町家賃入	8,642.860	8,583.870	8,732.035	9,563.069
払金代	358,342.500	—	—	—
為替入	—	240,000.000	60,000.000	—
秋田年賦	—	—	65,300.000	—
その他	35,723.655	18,529.692	4,219.040	21,940.025
合　計	6,817,973.433	5,758,101.987	5,382,944.148	5,722,902.845

出所）「銅座差引帳」（三井文庫所蔵史料　続804）.

目であった[6]。ただし実際の入銀の項目はより多岐にわたっている。同期間の入高の内訳を示したのが表5-2である。そのなかで長崎貿易の商売銀に相当するのが番割落札代銀と利付先納である。ただし文政七年の番割代銀には未六番割、未九番割、申一番割、申二番割、申秋割、申四番割、申五番割の落札代銀の上納がある。利付先納は落札に先立つ先納銀で落札のない場合には利付きで返される。吹銅代は精銅した銅を市中に入札によって売り渡した代銀である。山田屋平七や河内屋新兵衛などの銅屋からの代銀を受け取っている。なお文政期の大坂銅座からの入札払吹銅高を示したのが表5-3である。表5-2の吹銅代は住友との折半のため入札払吹銅高のほぼ半分となっている。なお同表か

表5-3　大坂銅座の入札払吹銅高

年	銀高	内訳		
	貫　匁			
文政2年	1,802,400	5月	15万斤	227匁
		9月	30万斤	246匁3分
		12月	30万斤	241匁
3年	2,198,598	4月	30万斤	241匁
		8月	30万斤	244匁
		12月	30万斤	247匁8分6厘6毛
4年	2,445,480	5月	30万斤	266匁5分5厘
		8月	30万斤	283匁1分1厘
		12月	30万斤	265匁5分
5年	2,447,988	3月	30万斤	249匁
		8月	23万斤	245匁6分6厘
		10月	23万斤	240匁2分
		12月	23万斤	253匁7分
6年	2,395,230	4月	30万斤	273匁1分6厘
		7月	30万斤	263匁6分5厘
		12月	30万斤	261匁6分
7年	2,437,590	4月	30万斤	264匁2分
		閏8月	30万斤	269匁1分3厘
		12月	30万斤	279匁2分
8年	3,073,410	3月	30万斤	332匁6分5厘
		8月	30万斤	331匁6分1厘
		12月	30万斤	360匁2分1厘
9年	2,816,830	4月	30万斤	345匁1分8厘
		8月	30万斤	335匁6分3厘
		12月	22万斤	352匁
10年	2,523,006	3月	30万斤	322匁3分3厘
		7月	22万斤	353匁6分5厘
		11月	22万斤	353匁6分3厘
11年	2,586,200	4月	23万斤	359匁8分
		8月	23万斤	351匁
		12月	30万斤	317匁1分2厘
12年	2,926,860	4月	30万斤	333匁6分7厘
		8月	30万斤	324匁3分
		12月	30万斤	317匁6分5厘

出所）「銅座覚書」(三井文庫所蔵　D460-25)．
注）価格は100斤についてのもの．

ら吹銅代価格が文政八年から著しく上昇していることが指摘される。次に灰吹銀代は精錬の過程で作られる灰吹銀を銀座に売り渡した代銀である。ただし後述する払代内訳では秋田灰吹銀代を大坂屋久左衛門に支払っている。[7]

対州延売銅代とは、対馬藩が朝鮮国に渡す銅を銅座から買い入れる代銀である。大坂銅座は明和四年から対馬藩に荒銅と吹銅を売り渡しており、定式銅については同年から天明二年までと寛政二年から文化一一年までは即銀納で、天明三年から寛政元年までは三〇カ月延で支払われたが、文化一二年以降は二四カ月延で代銀が支払われた。定式銅とは吹銅七万斤、荒銅三万斤の一〇万斤についての売渡しであるが[8]、対馬藩が朝鮮人来聘以来借財が増したために文化一二年から延売となったものである。銅座の対馬藩への銅売渡価格は明和四年に一〇〇斤につき銀二一〇目と定められ、安永三年に銀二一七匁に変えるなど何度か改変をみている。それは地売銅の売出値段と同じである。文政二年には入札払の落札値段となったのであるが、文政八年には一〇〇斤につき吹銅が銀二四〇目、荒銅が銀二一〇目と価格が定められた。

右之通落札値段を以売渡来候処、文政八酉年対馬守家来申立候者、去ル卯年以前之値段と此節買請候値段とは格別之差ひニ相成、品々難渋当惑之旨依願春下野守殿ゟ願之通吹銅百斤ニ付弐百四拾目、荒銅同断弐百拾匁ニ而御売渡之積被仰渡候段酉六月九日付を以従江府被仰越候事[9]

卯年とは文政二年であり、入札払となってから価格が上昇したため価格公定を願い出て認められたものである。なお文政八年、文政九年は対馬藩への銅売渡高はともに吹銅一二万斤、荒銅三万斤となっている。上記の価格で計算すると銀三五一貫目となる。二四カ月延売で文政一〇年の三井大坂両替店の対州延売銅代は銀一四五貫目余であって、三井組が全体の半額を取り扱うことにはなっていない。

朱代は唐船の持ち来った朱を朱座に売り渡した代銀である。大坂銅座は大坂の樋之上町と百貫町に屋敷を持ち、賃貸しをして家賃を収取している。樋之上町の持屋敷は御為替組の上田三郎左衛門が身上不如意となり、上納が滞ったために取り上げとなったもので、享和二年に銅座持ちとなった。百貫町の持屋敷は寛政期に小橋屋長右衛門が吉岡御用銅売上銀三〇貫目を拝借し、返納が滞りとなったために取り上げられ、家賃銀が長崎方御用銅代銀の中に組み込まれることになったのである。

御貸付銀と借入銀については後述するが、表5-2に示した期間の特徴としては、番割落札代銀と利付先納の減少傾向のなかで、借入銀への依存が増大する傾向にあったということができる。大坂銅座の入高は長崎会所の売上代銀（番割落札代銀、利付先納、朱代、書籍代）、銅座としての売上代銀（吹銅代、灰吹銀代、対州延売銅代）、収益（御貸付銀利足、家賃入）、負債（借入銀）、貸出金戻り（御貸付銀元入）などに仕分けされる。

ここで番割落札代銀と利付先納とから長崎貿易の問題点について考えることにしたい。文政七年から一〇年までの番割落札代銀を商人名毎に示したのが表5-4である。小橋屋伊右衛門、加賀屋四郎兵衛、加賀屋弥三右衛門は大坂唐反物五軒問屋である。ほかは唐薬種問屋である。なお漆屋九兵衛、菱屋小右衛門は京都の長崎問屋の名前である。いずれも五カ所本商人とは異なる荷受問屋である。次に同期間の利付先納の内訳を表5-5に示した。同表にあげられた商人名はそのほとんどが表5-4にもあげられている。越後屋長崎方の例では、銅座先納を開始したのは文化一三年（一八一六）であり、同時期に大坂銅座の利付先納が始まったものと考えられる。当秋割利付先納、来春割利付先納というように唐蘭船の入来以前に見込みで先納銀を納めるもので、大坂銅座、長崎会所の回転資金として利用されるが、落札のない場合には利付けで戻される。利足は月〇・七パーセントである。銅座の唐薬問屋に対する先納銀の受取証文では本商人名を明記してあり、同期間の銅座の払高には先納銀戻しがみられず、先納貸のほとんどは落札代銀に回されるのであるが、年度によっては先納銀戻しが記載されている場合もある。先納銀高はおおむね銀一〇貫一五匁の倍数であるが、それは銀一〇貫目に一五匁の入目欠料が加えられているからである。

そこで五カ所本商人にとっての落札代銀の上納形態について、越後屋長崎方から具体的にみていこう。表5-6に文政六年から一二年までの越後屋長崎方の大坂銅座納高と長崎への送金高とを示した。問屋売高も参考までに記した。蔵払高と三歩銀、掛り物の合計高を大坂の唐薬問屋、唐反物五軒問屋、京都長崎問屋が、指示に従って長崎会所や大

代銀の内訳

名　前	文政７年	文政８年	文政９年	文政10年
	貫　匁	貫　匁	貫　匁	貫　匁
加賀屋栄蔵	—	1,101.650	—	—
鎰屋作之助	—	7,381.055	—	—
戎屋次郎吉	—	400.600	—	—
坂田屋，古林屋，革屋②	—	11,216.800	—	—
長崎屋善五郎	—	—	16,094.105	36,314.390
伏見屋三十郎	—	—	43,955.835	120.180
小西畿太郎	—	—	6,609.900	15,803.670
小西半兵衛	—	—	5,207.800	2,003.000
小西武兵衛	—	—	3,505.250	46,790.080
沈香屋九兵衛	—	—	300.450	—
俵屋吉兵衛	—	—	10,615.900	—
小西半兵衛，加賀屋次兵衛	—	—	9,414.100	—
柳屋，田中屋，加賀屋，山家屋③	—	—	13,319.950	—
田辺屋次右衛門	—	—	—	16,224.300
菱屋小右衛門	—	—	—	15,322.950
菱屋甚兵衛	—	—	—	10,415.600
漆屋九兵衛	—	—	—	3,174.755
小田原屋善兵衛	—	—	—	6,910.350
紀伊国屋弥兵衛	—	—	—	1,001.500
山家屋六兵衛	—	—	—	1,191.785
日野屋忠兵衛	—	—	—	1,101.650
天王寺屋佐兵衛	—	—	—	35,052.500
天王寺屋忠次郎	—	—	—	17,025.500
柳屋仁兵衛	—	—	—	27,391.025
鎰屋覚右衛門	—	—	—	1,352.025
和泉屋甚兵衛	—	—	—	7,661.475
菱屋小右衛門，甚兵衛	—	—	—	500.750
坂田屋源次郎，田中屋正助	—	—	—	17,345.980
伏見屋幸助，清助	—	—	—	16,204.270
菱屋小右衛門，中西屋庄右衛門	—	—	—	7,961.925
漆屋，菱屋，升屋④	—	—	—	23,935.850
升屋，小田原屋，紀伊国屋，俵屋⑤	—	—	—	25,037.500
合　計	2,128,299.668	1,140,014.952	1,141,917.310	941,114.557

仁兵衛，田中屋正助，加賀屋栄蔵，山家屋六兵衛　④漆屋九兵衛，菱屋小右衛門，升屋八兵衛　⑤升屋八兵

表5-4　番割落札

名　前	文政7年	文政8年	文政9年	文政10年
	貫　匁	貫　匁	貫　匁	貫　匁
越後屋次右衛門・新十郎	50,075.000	6,369.540	—	100,150.000
小橋屋伊右衛門	274,911.750	257,886.250	222,333.000	137,706.250
加賀屋四郎兵衛	196,764.705	246,579.325	5,538.295	114,251.120
加賀屋弥三右衛門	264,345.925	10,015.000	57,075.485	24,306.405
日野屋小兵衛	37,789.599	65,235.412	118,072.844	21,041.515
日野屋佐兵衛	4,506.750	23,284.875	21,482.175	22,934.350
泉屋六三郎	47,635.306	55,493.115	161,681.158	85,437.965
加賀屋次兵衛	120,510.495	98,858.065	82,423.450	31,366.980
加賀屋与左衛門	28,142.150	—	—	—
小西卯兵衛	51,406.995	85,247.680	64,421.487	—
小西太兵衛	80,862.772	—	23,415.070	2,003.000
長崎屋藤右衛門	263,785.085	21,772.385	97,786.460	23,209.762
長崎屋平右衛門	74,551.660	—	5,358.025	—
長崎屋三次郎	140,956.117	—	9,313.950	—
池田屋弥兵衛	26,433.591	13,299.920	36,651.895	21,632.400
池田屋清兵衛	97,792.469	11,577.340	—	—
池田屋善次郎	12,485.380	—	—	—
鎰屋吉右衛門	30,846.200	4,837.245	12,819.200	—
鎰屋五郎兵衛	14,561.810	4,847.260	—	—
鎰屋作兵衛	27,501.190	4,837.245	—	6,209.300
日野屋清三郎	19,529.250	19,268.860	41,562.250	—
日野屋作右衛門	64,741.967	—	—	—
日野屋藤兵衛	3,204.800	—	5,708.550	—
日野屋作五郎	8,012.000	—	—	—
加賀屋金兵衛	23,435.100	—	—	—
坂田屋源次郎	21,732.550	—	—	14,521.750
革屋五兵衛	20,390.540	—	—	—
小西吉兵衛	11,283.560	1,101.650	—	500.750
池田屋九兵衛	6,279.405	—	—	—
鎰屋五郎兵衛，作兵衛，	25,037.500	—	—	—
坂田屋源次郎，古林屋勘兵衛	34,732.020	83,394.905	21,532.250	—
戎屋次郎吉，小西惣兵衛	42,103.060	—	—	—
戎屋，小西，古林屋①	1,952.925	—	—	—
加賀屋弥惣右衛門	—	91,587.175	10,515.750	—
日野屋藤助	—	14,421.600	35,202.725	—

出所）「銅座差引帳」（三井文庫所蔵史料　続804）.

注）①戎屋次郎吉，小西惣兵衛，古林屋勘兵衛　②坂田屋源次郎，古林屋勘兵衛，革屋五兵衛　③柳屋衛，小田原屋善兵衛，紀伊国屋弥兵衛，俵屋又三郎

表5－5　利付先納の内訳

名　前	文政7年	文政8年	文政9年	文政10年
	貫　匁	貫　匁	貫　匁	貫　匁
越後屋次右衛門，新十郎	350,525.000	100,150.000	400,600.000	160,240.000
小橋屋伊右衛門	280,420.000	160,240.000	140,225.000	50,075.000
加賀屋四郎兵衛	—	108,662.750	99,754.340	40,060.000
加賀屋弥三右衛門	227,340.000	80,120.000	60,090.000	30,045.000
日野屋小兵衛	100,150.000	200,300.000	245,420.000	70,105.000
日野屋佐兵衛	90,135.000	130,195.000	30,045.000	30,045.000
泉屋六三郎	255,382.500	90,135.000	10,015.000	30,045.000
長崎屋藤右衛門	70,105.000	20,030.000	—	—
長崎屋三次郎	105,157.500	20,030.000	—	—
長崎屋平右衛門	115,172.500	—	—	—
池田屋弥兵衛	100,150.000	60,090.000	—	—
池田屋清兵衛	185,277.500	—	—	—
池田屋九兵衛	60,090.000	—	—	—
加賀屋次兵衛	50,075.000	35,052.500	—	30,045.000
小西卯兵衛	25,037.500	90,135.000	—	30,045.000
日野屋作五郎	80,120.000	—	—	20,030.000
俵屋吉兵衛，吉野屋庄兵衛	40,060.000	—	—	—
和泉屋六三郎，池田屋九兵衛	15,022.500	—	—	—
長崎屋善五郎	—	25,037.500	—	40,060.000
日野屋武助	—	10,015.000	—	10,015.000
日野屋清三郎	—	40,060.000	—	—
日野屋藤助	—	9,013.500	—	—
日野屋宗兵衛	—	30,045.000	—	—
小西太兵衛	—	40,060.000	—	—
小西吉兵衛	—	3,004.500	—	—
池田屋喜八	—	20,030.000	—	—
俵屋吉兵衛，山形屋喜兵衛	—	25,037.500	—	—
長崎屋藤兵衛	—	—	50,075.000	—
銭屋五郎兵衛，作兵衛	—	—	30,045.000	—
小西佐兵衛	—	—	—	30,045.000
天王寺屋忠次郎	—	—	—	50,075.000
日野屋久兵衛	—	—	—	20,030.000
日野屋源兵衛	—	—	—	10,015.000
日野屋七郎兵衛	—	—	—	35,052.500
鎰屋五郎兵衛	—	—	—	20,030.000
永楽屋安兵衛	—	—	—	20,030.000
田辺次右衛門	—	—	—	3,505.250
小西吉兵衛，日野屋佐兵衛	—	—	—	7,010.500
合　計	2,150,220.000	1,297,443.250	1,066,269.340	736,603.250

出所）「銅座差引帳」（三井文庫所蔵史料　続804）．

坂銅座へ上納するのである。長崎会所への上納高は明らかとならないが、越後屋長崎方では長崎の中野用助に正金銀や為替で送金し、中野が長崎会所に上納するため、長崎の中野への送金高を示した。長崎への送金には長崎為替と正金銀下し、それに青貝屋武右衛門の為替とがある。なお中野用助は長崎有銀を預かっており、長崎会所への上納高が長崎への送金高より多い場合には長崎有銀が減少する。同表ではほかの項目を略したが、おおよその相関関係がみられる。蔵払高と三歩銀、掛り物の合計に対して文政八年と一二年を除いて銅座納高が過半を占めている。長崎為替と青貝屋為替とは銀高において制約を受けるために、長崎への送金が急増する場合には正金銀下しによるしかない。ここで青貝屋の為替について記す(10)。

為替銀子証文之事

一銀八貫目也

右者明戌年壱番割中野用助殿落札代御上納御下シ銀之内、於当地ニ慥ニ請取申候所実正也、右代り銀於長崎ニ此手形引替ニ無相違御渡シ可申候、若万一相違之儀御座候ハヽ、御奉行所江御訴可被成候、為後証之一札仍而如件

表5-6　越後屋長崎方の蔵払高と銅座納高

年	問屋売高	蔵払高	三歩銀	掛り物	左三口合計
	貫　匁	貫　匁	貫　匁	貫　匁	貫　匁
文政6年	602,947.240	669,975.730	20,054.920	28,103.670	718,134.320
7年	442,181.890	484,802.660	14,477.420	20,741.320	520,021.400
8年	405,955.500	192,203.631	5,766.107	11,805.922	209,775.660
9年	880,848.760	743,504.270	22,305.130	39,393.890	805,203.290
10年	358,198.900	253,104.010	7,593.120	18,398.520	279,095.650
11年	491,725.730	310,076.410	4,470.200	18,876.990	333,423.600
12年	930,846.230	1,182,348.240	17,727.680	65,614.770	1,265,690.690

年	銅座納高欠料共	長崎為替	青貝屋為替	長崎正金銀下し	期末長崎有銀
	貫　匁	貫　匁	貫　匁	貫　匁	貫　匁
文政6年	574,131.850	60,207.000	60,000.000	26,000.000	28,313.440
7年	382,062.250	17,887.300	81,500.000	—	39,960.050
8年	37,032.500	10,972.400	122,000.000	11,000.000	9,525.450
9年	479,195.000	260,335.590	117,500.000	77,380.000	26,368.620
10年	287,717.500	12,492.920	45,000.000	53,760.000	69,402.760
11年	200,500.000	74,390.520	29,000.000	155,200.000	57,903.540
12年	461,154.240	297,660.360	75,125.000	607,180.000	212,827.350

出所）「仕分帳」（三井文庫所蔵史料　続1050）.

文政八年酉六月十五日

京　青貝屋武兵衛　〇（印）

江戸　青貝屋武右衛門　〇（印）

越後屋宗助殿

奥書

一本文之銀子、於長崎ニ御渡申上候迄月八朱之利足ヲ相加エ、元利急度御返済可仕候以上

これは青貝屋武兵衛の作った為替証文で、置手形に相当する。青貝屋は塗物類の出島売込を行っている商人で、この手形で長崎会所での売込代銀を京都で逆手形で受け取ることになる。これらの手形には受取期日が書かれてなく、月八厘の利足支払いが記されるなど半年以上の期間を有する延為替貸付となっている。来年度の落札代銀の送金という不確定的な性格を有するため銀高は少額である。また長崎会所からの注文高にもその銀高は規定される。注文書を引用すると次のとおりである(11)。

覚

一銀弐拾五貫三百目也

右者此節阿蘭陀人より青貝器物類品々注文申出候、依之右品早々出来出帆迄ニ無相違可被持越候以上

寅七月廿一日

直組方　〇（印）

青貝屋武右衛門殿

長崎会所の直組方からの注文書であるが、長崎会所から青貝屋への支払いは繰り延べになることが多かったため、越後屋長崎方の中野用助の代銀受取りの期日も確定し難いものであった。越後屋と青貝屋との関係を示す経緯は次のとおりである(12)。

一私義先祖ゟ青貝塗物商売渡世仕来り候処、去ル文化三寅年二月阿蘭陀人参府之節、私寺町通松原上ル町ニ住居仕罷在候其砌、阿蘭陀人伏見ゟ河原町三条下ル阿蘭陀宿江登り掛ケ通行之砌、私店先ニ餝ノ有之候青貝器物類乗物之内ゟ目ニ留り、翌日阿蘭陀宿ゟ青貝物品々持参仕候様申参り候ニ付、出来有之候品々持参仕、阿蘭陀人江為見候処、何れも日本ニ取扱候手道具故、其節付添之役人衆より被申聞候ニ者、紅毛国ニ而取扱候手道具手本差出し候ハヽ、何品ニ不寄出来候哉其旨尋ニ付、手本御座候ハヽ、望次第細工可仕旨相答候所、其節之加飛丹ゟ道中持越之手道具相渡シ右手本之通青貝細工ニ出来候様、尤当四月廿日頃江戸ゟ京着可仕候間、其頃迄ニ出来致置呉候様との義ニて五拾両余注文致置候、依之右注文之品々望通細工出来仕置候処、江戸拝礼相済四月下旬登京之上右注文之品々持出相渡し候所至極気ニ入何分珍敷細工物故追々注文も致度候ニ付長崎表江罷越候様通詞を以被申聞候ニ付、六月ニ出立仕罷下候処出嶋出入之儀者容易ニ相成かたく候ニ付、長崎奉行所江加飛丹ゟ私出嶋出入御免被成下候様願書差上候由ニ御座候処、加飛丹ゟ之願ニ付願之通私出島出入御免ニ相成

以上のような経緯で青貝屋は出島売込を始めることになった。そして青貝屋は仕入資金に不足であったため、中野用助に売込代銀との相殺で長崎下し銀の借用を申し出て、越後屋より承諾を得て延為替として借入を得ることになったのである。「長崎会所江私出嶋江売込仕候代銀者御出方之節不残中野用助殿江御渡被下候様願書を以御願申上候処其旨御聞届ニ相成[13]」とあり、出島売込代銀は中野用助が受け取る仕組みとなった。越後屋にとって青貝屋への貸付は為替送金の手段となったが、のちには青貝屋への貸付が累積していく結果となった。そして文政五年の願書で、「近年長崎会所御銀御不操合ニ付元払御代り物代銀共御出方延引ニ相成、出入商人中一統甚難渋仕候[14]」として拝借銀を願い出ているように、青貝屋が困窮の原因としてあげているのが長崎会所の支払いの遅延であった。

次に長崎への送金の手段としての長崎為替は長崎の中野用助への諸方為替である。長崎と京都・大坂間の為替取引に両替商による恒常的な為替取引組織が存在したとは考え難い。長崎の中野用助が長崎から京都・大坂あるいは江戸へ向けての商人間の為替銀を受け取り、京都の長崎方においてその銀高を支払うのである。なお文政一二年の例では

「大竹能登守様御家老様ゟ江戸田中彦右衛門殿江御為登金為替」として金一〇〇〇両代の銀六五貫目を払うなど領主家中の為替も取り扱い、同期には「本多佐渡守様御用長崎会所ゟ大坂銅座江登り為替金」として金五〇〇両代の銀三二貫二五〇目の支払いもあった。長崎為替は長崎送金のすべてを満たす条件にはなく、正金銀下しもかなり行われたが、それには駄賃を要した。文政一一年の例では、銀一五五貫二〇〇目の送金に対して銀七二〇目の駄賃を支払っている。〇・四六パーセントの割合となる。[15]

ところで長崎有銀は中野用助が預かるのであるが、越後屋京本店からの申し渡しで、「下し銀其元遊銀ニ相成候共取替貸之儀者一切無用可為事」[16]とあるように、長崎会所への落札代銀支払いのための準備銀以外のものではない。ここで銅座納高の内訳を表5-7から見てみよう。越後屋長崎方は中野用助と中村茂三郎の二人の本商人名前を持ち、番割ごとにその名前で銅座に上納している。納銀に対して〇・二五パーセントの割合で入目欠料を支払うことになる。同表で銅座先納戻りと記されている銅座納高がある。長崎方では銅座先納は別勘定である並合方から支払っており、[17]その銀高を受け取ることなく、落札代銀にあてたものである。並合方は長崎方とは別個に越後屋京本店からの資金融通を受け、唐薬問屋に対して並合貸付を行っている。そして文化一三年に大坂銅座への先納貸を申し付けられたのである。前述した表5-5の利付先納がそれに該当する。並合方の銅座先納はそれによって利足を収取することを目的とするものであり、その限りにおいては落札代銀に廻すものではないが、銅座先納戻りの落札代銀への充当は実際には行われている。

表5-8には天保期の越後屋長崎方の長崎送金高と銅座納高とを記した。長崎為替と青貝屋取替、それと正金銀下しとが長崎の中野用助への送金の手段であり、中野用助が蔵払高と三歩銀、掛り物の合計から銅座納高を差引した額を長崎会所へ上納し、その上納高と送金高との差引によって長崎有銀が増減することは文政期と同じである。同表から天保期の長崎送金高と銅座納高とを文政期と比較すると、蔵払高と三歩銀、掛り物の合計に比して銅座納高が過少であることが指摘できる。それとともに長崎為替が多額となっている。青貝屋の為替高は出島売込高によるために長

表5－7　越後屋長崎方の銅座納高の内訳

年	銅座納高	入目欠料	内　訳	
	貫　匁	貫　匁		
文政6年上	145,000.000	362.500	未壱番割　中野用助	
	127,700.000	319.250	未三番割　中野用助	
下	19,000.000	47.500	未五番割　中村茂三郎	
	5,000.000	12.600	未五番割　中野用助	
	276,000.000	690.000	未六番割　中野用助	
	572,700.000	1,431.850	合　計	
7年上	45,500.000	113.750	未九番割　中村茂三郎	
	16,000.000	40.000	申壱番割　中野用助	
下	50,000.000	150.000	申四番割　中野用助	銅座先納戻り
	33,500.000	100.500	申四番割　中野用助	銅座先納戻り
	100,000.000	250.000	申五番割　中野用助	銅座先納戻り
	96,000.000	288.000	申五番割　中野用助	
	40,000.000	120.000	申五番割　中村茂三郎	
	381,000.000	1,062.250	合　計	
8年上	4,800.000	12.000	酉三番割　中野用助	
	2,200.000	5.500	酉壱番割　中村茂三郎	
	20,000.000	—	酉三番割　中村茂三郎	
下	10,000.000	15.000	酉四五番割	
	37,000.000	32.500	合　計	
9年下	478,000.000	1,195.000	戌五六番割	450貫目　銅座先納戻り
10年上	50,000.000	125.000	亥壱番割	銅座先納戻り
下	237,000.000	592.500	亥三番割四番割	銅座先納戻り
	287,000.000	717.500	合　計	
11年上	100,000.000	250.000	子壱番割	銅座先納戻り
下	100,000.000	250.000	子四五番割	銅座先納戻り
	200,000.000	500.000	合　計	
12年上	152,500.000	381.740	丑壱番割	150貫目　銅座先納戻り
下	307,500.000	772.500		300貫目　銅座先納戻り
	460,000.000	1,154.240	合　計	

出所）「仕分帳」（三井文庫所蔵史料　続1050）.

表5-8　越後屋長崎方の長崎送金高と銅座納高

年	蔵払高	三歩銀掛り物	左二口合計	長崎正金銀下し	長崎為替	銅座納高	青貝屋取替	期末長崎有銀
	貫　匁	貫　匁	貫　匁	貫　匁	貫　匁	貫　匁	貫　匁	貫　匁
天保元年	985,378.600	54,545.750	1,039,924.350	361,560.000	223,051.370	400,000.000	46,220.000	241,407.280
2年	720,211.860	35,177.970	755,389.830	307,460.000	365,080.060	150,000.000	55,000.000	338,797.140
3年	1,545,036.520	87,214.900	1,632,251.420	627,700.000	439,030.840	345,000.000	—	205,969.830
4年	797,374.280	43,440.620	840,814.900	442,900.000	158,743.050	200,000.000	65,360.000	224,257.310
5年	1,685,090.600	87,647.660	1,772,738.260	1,009,700.000	240,565.220	368,000.000	6,000.000	97,383.220
6年	1,962,104.370	114,185.010	2,076,289.380	1,334,800.000	476,503.250	527,000.000	23,176.000	343,830.270
7年	1,013,163.100	87,573.360	1,100,736.460	121,000.000	281,832.590	400,000.000	82,562.700	119,278.860
8年	924,487.650	78,035.330	1,002,522.980	267,900.000	290,772.110	411,900.000	10,000.000	33,587.540
9年	500,656.980	45,149.300	545,806.280	118,110.000	263,243.600	178,000.000	27,500.000	68,593.520
10年	425,102.770	38,855.210	463,957.980	118,180.000	230,325.990	119,000.000	52,247.000	112,250.500
11年	652,444.480	58,748.900	711,193.380	—	615,414.850	67,500.000	46,383.720	56,178.980
12年	277,271.890	27,411.110	304,683.000	—	331,594.280	37,500.000	11,073.210	105,720.910
13年	348,342.210	56,376.130	404,718.340	50,000.000	300,476.280	133,000.000	40,550.410	79,782.040
14年	894,748.490	88,935.830	983,684.320	278,600.000	407,942.710	354,000.000	89,981.330	121,949.530

出所）「仕分帳」(三井文庫所蔵史料　続1050),「長崎方目録」(同　本2051，本2111，本2112，本2113).

崎方としての規定性はない。蔵払高が急増した場合には正金銀下しの増加で補うことも文政期と同様である。越後屋長崎方のみの事例で一般化することはできないが、落札代銀の長崎会所への上納高の増加は、長崎会所における支出増としての問題が含まれる。

2　大坂御金蔵への上納銀

次に大坂銅座の入払高のなかで払高内訳を示したのが表5-9である。その主要な内訳は、銅代銀と俵物代、大坂御金蔵への上納銀、借入銀返済銀と利足、為替金、銅座雑用などである。銅代銀の過半と俵物代、松前仕送金、江戸鮫屋仕送金とは長崎貿易の輸入品の購入代銀であって、銅座の費用として銅座雑用や借入銀利足とは性格を異にする。

大坂御金蔵への上納銀はその両者とも異なり、銅座それ自身と長崎貿易とにおける利益金処分としての性格を有している。幕府の財政構造上における大坂銅座の特殊な位置を示すものである。それぞれの項目については次節以降で記すので、ここでは御金蔵上納銀の内訳を表5-10から見てみよう。なお三井組が上納を取り扱ったために、銅座は上納雑用を三井組に支払っている。その割合は御貸付金上納銀以外は上納銀高に対して〇・六七五パーセントである。御貸付方では〇・三七五パーセントである。これら上納銀は幕府の収益となるが、第一に長崎例格上納銀は長崎貿易の利潤の上納である。前々からの長崎拝借金と銅座銭座失脚金が二一万三五〇〇両あり、

表5-9　三井大坂両替店取扱の大坂銅座の払高内訳

項　目	文政7年	文政8年	文政9年	文政10年
	貫　匁	貫　匁	貫　匁	貫　匁
御金蔵上納金	1,740,927.853	1,447,269.109	2,232,589.490	2,085,529.420
御金蔵上納金雑用	10,806.263	9,965.206	14,769.979	13,755.784
御用棹銅代	1,654,249.092	1,275,740.798	1,080,895.422	901,075.070
銅山御手当銀	120,000.000	140,000.000	130,000.000	24,650.105
銅山拝借銀	225,000.000	192,600.000	119,838.673	—
諸山地売銅代	633,883.689	317,251.019	574,740.844	338,397.302
銅吹賃	85,852.715	104,681.768	10,474.810	94,526.904
秋田灰吹銀	50,406.110	65,038.056	38,071.010	41,954.966
俵物代	271,272.530	160,867.879	72,186.495	166,230.686
松前仕送金	429,926.000	353,040.000	150,000.000	499,605.000
御貸付銀貸増銀	180,000.000	13,000.000	—	112,000.000
借入銀返済	890,685.000	837,540.000	760,411.660	1,022,292.687
借入銀利足	71,847.976	34,358.330	99,385.800	115,948.750
棹銅運賃	13,793.200	10,061.500	8,044.300	26,668.500
俵物江戸運賃	1,812.000	2,587.000	1,586.340	3,299.380
延板手間賃	140,500.000	—	—	—
江戸鮫屋仕送金	161,015.000	129,177.500	53,633.000	15,966.000
長崎飛脚賃	4,550.000	2,442.000	385.000	4,010.000
為替金	—	65,045.000	136,709.362	2,340.000
金買入代	—	130,070.000	193,429.000	—
紅毛拝借金	—	—	53,000.000	8,000.000
古銅余銀上納	6,678.641	8,029.312	—	7,060.794
朱引当貸返済	50,000.000	—	—	—
銅座掛屋雑費	6,466.600	5,179.500	5,622.900	5,333.700
銅座役料	6,541.986	6,980.990	—	—
銅座諸雑用	44,040.019	39,465.863	28,767.682	30,512.471
その他	107,026.047	47,282.277	30,805.240	43,028.564
合　計	6,907,280.722	5,397,673.107	5,795,347.008	5,562,186.085

出所）「銅座差引帳」（三井文庫所蔵史料　続804）.

寛延元年から宝暦一一年まで一四年間に年に金一万五〇〇〇両ずつ大坂御金蔵へ返済上納してきたが、宝暦一二年からも同様に金一万五〇〇〇両ずつ上納するように命じられ、その後天保期まで上納してきたものである(18)。宝暦一二年以降は年賦返済としての性格はなくなり貿易利潤として上納されてきたものである。天保一二年には例格上納金高を唐船入津船数によって定めるようになった(19)。すなわち紅毛船一艘、唐船八艘入津の場合には例格上納金一万五〇〇〇両と返上納金五〇〇〇両の合計二万両となり、以下紅毛船一艘は同じで唐船七艘の場合は例格上納金が一万五〇〇〇両、六艘の場合は一万両、唐船五艘の場合は八〇〇〇両、唐船四艘の場合は五〇〇〇両とするようにしたのである。

御成箇上納銀とは長崎御代官所年貢銀の上納であり、長崎奉行所預り七カ所の年貢銀である。長崎瀬崎御米代上納

表 5 -10　御金蔵上納銀の内訳

内　訳	上納銀	上納雑用
文政 7 年	貫　匁	貫　匁
対州延売銅代上納銀	120,000.000	810.000
長崎例格上納銀	143,916.000	971.433
地売余銀上納銀	80,000.000	1,804.340
御成箇米代上納銀	187,309.633	
長崎例格上納金代	600,000.000	6,602.175
御米代上納銀	378,100.000	
対州延売銅代上納	91,602.220	618.315
御貸付方利銀上納	140,000.000	—
合計	1,740,927.853	10,806.263
文政 8 年		
御貸付方利銀上納	—	525.000
御成箇米代上納銀	280,000.000	1,890.000
対州延売銅代上納銀	127,504.109	860.653
地売方余銀上納	350,000.000	2,362.500
御貸付方利銀上納	109,620.000	411.075
対州延売銅代上納	120,000.000	810.000
長崎瀬崎御米代上納銀	460,145.000	3,105.978
合計	1,447,269.109	9,965.206
文政 9 年		
長崎例格上納銀	620,000.000	4,185.000
長崎御代官所御成箇銀上納	437,757.654	2,954.864
御貸付方銀上納	100,000.000	375.000
対州延売銅代上納	117,526.836	793.306
地売銅余銀上納	430,000.000	2,902.500
御蔵下棹銅代上納	80,000.000	540.000
御米代上納銀	447,305.000	3,019.309
合計	2,232,589.490	14,769.979
文政10年		
長崎年寄上納銀	500,000.000	3,375.000
御蔵下棹銅代上納銀	80,000.000	540.000
御成箇上納銀	100,000.000	675.000
長崎瀬崎御米代幷対州方共上納銀	338,349.420	2,283.859
地売銅余銀上納銀	400,000.000	2,700.000
御貸付方上納銀	107,180.000	401.925
御米代上納銀	560,000.000	3,780.000
合計	2,085,529.420	13,755.784

出所）「銅座差引帳」（三井文庫所蔵史料　続804）.

銀は貿易都市としての長崎の維持のために、肥前、肥後、豊前、豊後、筑後などの天領米が廻送され市中で払米され、その代銀の上納である。天保一二年の例では、肥前、肥後、筑前の長崎代官高木作右衛門の高三万六七〇石のうち米九五八一石余が長崎瀬崎御蔵詰米となり[20]、豊後、日向、豊前、肥前の西国郡代竹尾清右衛門の高一三万四四五九石余のうち米一万八〇〇〇石が高木作右衛門に渡され長崎廻米されている。後述するが長崎会所の勘定帳では入方に米代銀が記帳されており、払米代銀を長崎会所が受け取り、大坂銅座が御金蔵に上納するのである。長崎会所の勘定帳で上納銀となっているのはこれらの例格上納銀、御成箇銀、米代銀の三つである。なお「例年唐紅毛商売銀、大坂取立之内ヲ以テ大坂御金蔵へ相納申候[21]」とあるように、上納銀が大坂銅座へ為替送金されるものではなく長崎商売銀として落札代銀の受取のなかから上納することになる。なお時期は前になるが、『崎陽群談』にも「右御米代銀の義ハ時節の相場ニ相払ひ、十ケ年延ニ大坂御蔵江上納仕度旨[22]」とある。

次に対州延売銅代上納銀は入高の対州延売銅代に照応し、御貸付方上納銀は入高の御貸付銀利銀に照応する。掛屋が受け取った売銅代や利銀をまとめて大坂御金蔵へ上納することになる。後者は文化一二年から始まっている。地売銅余銀上納銀については次のようにある[23]。

此儀、明和三戌年ゟ文化元子年迄三十九ケ年之間溜り余銀之分、地売銅買入元手銀之内江相備置、同二丑年ゟ年々当地御金蔵江上納仕候事

地売銅とは国内売向けの銅で、その売上から生じた利潤を明和三年の銅座取立から文化元年まで蓄え、翌年から上納を始めたもので、文久二年の調査では明和三年から万延元年までの九五年間の地売銅売出余銀は銀三万九〇八九貫七五五匁四分七厘七毛に及び、そのうち御金蔵へ上納済の分は銀三万二一三〇貫目余に達している。文化二年から万延元年までの五六年間で一年に平均して銀五七三貫目余となる。地売銅余銀は長崎貿易とは関係ない銅座独自の利潤である。大坂銅座の資金の性格を次の文からみる[24]。

一長崎江抱り候諸取扱向之事

此儀銅座之儀は、明和三戌年発端之節、地売銅買入元手銀も長崎備銀之内当地御金蔵ゟ八百貫目御下銀幷長崎表ゟ為仕登銀を以御取開相成、且同所ゟ相詰候吟味役、請払役、銅座地役江主役被仰付候儀ニ付、諸御用向は都而長崎一体之訳ニ御座候得共、長崎方銀、地売方銀、古銅方銀と銀筋口々ニ相成有之、尤彼地ニ抱候御用向取扱之儀は、長崎商売銀之内を以銅座江為仕登之分唐物問屋之ものゟ取立、長崎方諸上納、幷御用納代、俵物代、其外長崎方銀ゟ御出方之分夫々仕払仕、且御用銅之内ゟ地丁銅ニ振替、浅草御蔵御貯ニ御下之分積廻し、幷御用棹銅吹立出来候分追々船積差下し、猶又長崎御代官所、御米代幷御成箇銀、其外上納銀棹銅等を以御納仕候儀は全長崎方之御用向当表ニ而取扱候之儀ニ御座候

「銅座掛屋割印帳」では三井大坂両替店の取り扱う銅座資金のなかで御貸付方だけ区別して計算されている。御貸付方は三井組のみが扱ったために可能となったもので御貸付方利銀と上納銀との差引計算がなされている。そのほかに銅座資金は長崎方、地売方、古銅方とに分かれていることが明らかとなっている。

3　御用銅代ならびに地売銅代

大坂銅座は最初、元禄一四年（一七〇一）に設立され、正徳二年（一七一二）に廃止されたのち、元文三年（一七三八）に再び設置されている。[25] それも延享三年（一七四六）に廃止された。そして明和三年（一七六六）に三たび設置される。しかし輸出銅の確保のためにそれが廃止されていた期間も銅統制策はとられていた。寛延三年（一七五〇）には大坂に長崎御用銅会所が置かれ統制にあたってきたが、「近年諸山出銅不進之上一体銅方不取締」[26]に付き銅会所を銅座と改めたのである。寛延三年に銅は長崎直買入となり、秋田、盛岡、別子立川、柏木、吉岡、生野、多田の銅を買い入れ、御定高を三一〇万斤と定めていたが、宝暦四年には秋田銅一六五万斤、盛岡銅七三万斤、別子立川銅七二万斤と三山で三一〇万斤の御定高にしたのである。長崎御用銅買入高は次第に減っていき、秋田銅は明和元年には一〇〇万斤、寛政四年には六〇万斤の御定高となり、盛岡銅も寛政六年には五三万斤の御定高となり、合計でも一八五

万斤となった。大坂銅座は諸国銅山で産出する荒銅を買い入れ、銅吹屋に精錬させた上で長崎に廻送し、残りを国内向けに売却するのである。なお古地銅も銅座へ廻すことになった。明和二年の七月の勘定奉行と長崎奉行との連名の存寄伺書では前文で次のようにある。[27]

近年諸国銅山不進ニ而地売直段も高直ニ相成、長崎廻銅之儀も諸山品々願而已申立候処、銀座年寄共先年銅座相勤候節之形を以存寄申立候趣も有之、先達而私共評儀仕候義も御座候ニ付、一体銅山取締之儀勘弁仕候処、諸国ゟ之出銅一ケ年凡四百弐拾万斤程有之、其内三百万斤程は長崎廻銅ニ而、百弐拾万斤程地売ニ捌来候趣ニ付、地売銅取捌之儀は多分之儀ニも無御座候間、当時大坂表ニ有之候長崎銅会所を一体之銅座ニ仕、是迄長崎ゟ差遣候役人を相増鋏銀糺之為メ銀座之者立会ニ差出、長崎廻銅は勿論諸国ゟ出銅之分不残右銅座江買入一手ニ取捌、地売も銅座ゟ売出候様為取計候ハヽ、諸方江散有之銅連々銅座江相廻、世上出銅高も相知取締宜可相成、其上長崎会所銀を以諸山銅買入候時者、諸国山元之様子も相知可申ニ付実ニ難引合、山元江者出銅銅座地売払立候出銀を以相応之直増等仕、買入候様取計候ハヽ、諸国銅山存込も宜稼方進ミ致出情出銅相増候様ニも相成へく候哉ニ奉存候

諸国銅山での銅産出高の減少に際して、長崎御用銅とともに地売銅も一体として取り締まり、長崎会所銀により買い入れることによって銅産出高を増進させようとするものであった。そしてその重点は地売銅の売出価格を抑制することにあった。明和三年の触書によっても長崎廻銅の分はこれまでどおりとなったのである。問屋、吹屋、仲買も銅座の統制を受けることになった。問屋は銅座設立によっても銅を取り扱うことは許されたが、問屋は銅が廻着次第に銅座に届け出て銅座から銅代銀を受け取ることになる。問屋はその代銀に応じて二分の口銭を得るだけとなった。仲買も銅座売出の銅を二分の口銭を取って売り捌くことになった。吹屋も銅座から荒銅を受け取り吹賃を取って吹方を勤めることになる。銅座は地売銅価格を統制する過程で問屋、仲買等の利潤を統制し、銅価格全般を統制しようとしたのである。前述した勘定奉行、長崎奉行の「存寄伺書」にも次のようにある。[28]

一右諸山ゟ銅座江買入候銅売出方之儀は、是迄大坂表ニ有来問屋、仲買、吹屋共買入来候斤数等為書出、廻銅之割合を以銀座ゟ口銀を定相渡候、地売相場銅座ニ而相立候直段ゟ高直ニ不売出候様取計、月ニ売高帳為差出残銅有銅年々相改、勿論直段為引合、銅座ゟ直売も為仕地売相場直分之儀は譬ハ山元荒銅直段百斤ニ付平均百五拾目余ニ而吹減吹賃を加江候得は弐百目ニも相当り、則地売吹屋其元直段ニ罷成候間、地売相場を弐百四拾目ニ仕、其内三拾目は口銀ニ為取候積り、問屋江は弐百拾目ニ銅座ゟ相渡候而も右地売吹銅元直段ニ差引百斤ニ付拾匁宛之銅座売出銀ニ御座候間、右余銀を以銅座入用差引相残ル分は追々諸国山元江直増等いたし遣候ハヽ、稼増出銅も多ク可相成、長崎廻銅之儀も様子次第見計直増も可致ニ付減銅等之願立相止可申奉存候、勿論

表5-11　大坂銅座の御用銅ならびに吹銅高

年	御用銅	吹　銅	年	御用銅	吹　銅
	万　斤	万　斤		万　斤	万　斤
明和3年	290,2055.0	41,8923.0	寛政4年	165,1485.5	35,5324.6
4年	228,3153.1	99,1931.6	5年	207,5518.6	50,0325.1
5年	291,4700.0	92,6915.4	6年	249,4673.3	44,0740.1
6年	250,6633.0	77,1027.7	7年	142,0556.0	50,5030.9
7年	277,8356.0	85,6565.9	8年	189,5254.2	93,3656.5
8年	320,0619.0	78,2131.5	9年	78,6200.0	81,8941.2
安永元年	213,2040.0	77,4725.4	10年	230,4971.4	69,6471.8
2年		94,6152.1	11年	153,5085.0	82,6928.9
3年		73,3317.9	12年	170,6574.7	88,5000.2
4年		107,7850.0	享和元年	196,7633.4	82,2658.1
5年		99,9827.6	2年	167,0799.8	69,1838.3
6年		96,3360.0	3年	167,9471.7	76,0005.5
7年	296,8600.0	107,4000.0	文化元年	205,0969.0	61,7092.6
8年	316,0200.0	92,9683.1	2年	236,1088.7	64,9824.3
9年	283,0601.0	94,8110.0	3年	151,4007.1	59,9579.7
天明元年	297,5311.4	66,8354.0	4年	156,6665.5	52,7004.1
2年	312,0752.6	81,2407.0	5年	199,9006.5	67,2845.9
3年	147,0819.5	57,2650.0	6年	131,0044.1	52,0220.6
4年	370,2853.2	39,0600.0	7年	143,9721.5	56,5318.8
5年	244,4399.1	70,3262.3	8年	195,6310.0	74,4418.7
6年	272,1850.7	76,9543.5	9年	157,0500.0	69,1211.7
7年	325,0101.0	57,4177.2	10年	223,5069.1	97,7523.1
8年	273,2833.9	4,0407.5	11年	183,5425.6	88,5089.1
寛政元年	267,4873.2	54,3574.1	12年	144,6467.6	67,0687.3
2年	188,3848.8	52,4052.7	13年	147,0632.4	76,3681.3
3年	182,3733.5	39,3393.7	14年	138,9268.5	87,3074.0

出所）「銅座覚書」（三井文庫所蔵　D460-25）.
注）空白は不明.

右仕方之儀は被差遣候御勘定江得と申含、銅座役人共江山々直段等迄得と為相糺割合相考、地売相場相立させ問屋中買口銀等も吟味之上相定候ハヽ、追々出銅之様子ニ随ひ地売引下候様可相成義ニ付、先当春中大坂表地売相場山元平均直段之凡積りを以売出、余銀之割合下ケ札ニ認奉入御覧候

前述したように、地売銅売買から生じる利益を幕府が収取することは文中にも意図されている。そして銅座売出値段は文中にもあるように一〇〇斤につき銀二一〇目と定められた[29]。安永三年には二一七匁となっている。さらに寛政元年には二二三匁、文化五年に二五〇目、同八年に三〇〇目、同一四年に二七〇目、文政元年に二四〇目となり[30]、文化期まで上昇を示したのである。

そこで明和三年の設立以降の大坂銅座の御用銅と吹銅高とを表5-11に記した。大坂銅座の地売銅には吹銅、荒銅、鉸銅として売られるものがあり、文化期には間吹銅もある。ただし吹銅がそのほとんどを占めているため表中には吹銅のみを記した。明和三年から安永四年までの一〇年間では吹銅が八二七万九五四〇斤五歩、荒銅が三九万八八〇〇斤、鉸銅が三二九万四二九五斤七歩であり、安永五年から天明五年までの一〇年間では同じくそれぞれ八〇六万二二五四斤、三二万一九〇〇斤、二三五万三二九三斤八歩であり、天明六年から寛政七年までの一〇年間では同じく四六四万六五六九斤四歩、三〇万七二〇〇斤、二九万九四七〇斤五歩と全体として減少している。さらに寛政八年から文化二年までの一〇年間では吹銅七七〇万二四一七斤四歩、荒銅三九万斤、鉸銅四万〇二八八斤九歩となり、文化三年から一二年までの一〇年間では吹銅六八五万三八九九斤、荒銅三〇万斤、鉸銅二万〇二九四斤七歩、間吹銅一万三一〇九斤一歩となっている。吹銅だけでは天明末、寛政期を除いてそれほど大きな減少ではないが、全体とすれば明和期から文化期まで六割ぐらいに減少を示している。

御用銅は秋田、盛岡、別子立川の三山がそのほとんどを占めていたが、吉岡銅、永松銅も含まれている。明和三年から安永元年までの七年間では、秋田銅七九五万五〇〇〇斤、盛岡銅四九一万六〇〇二斤、別子立川銅四九二万四九九九斤、吉岡銅八七万四〇〇〇斤、足尾銅一万七五五五斤、吹屋売上三万斤であり、一年平均で二六七万斤である。

同表からも御用銅高は天明期もほぼ同じ水準であるが、寛政期以降に減少していることが明らかとなる。寛政元年から享和三年までの一五年間で御用銅高の一年平均は一八三万八〇四五斤となり、文化元年から一四年までの一年平均は一七二万四六五五斤となっている。後者の内訳は秋田銅が五七万五五三〇斤、盛岡銅が三六万七一六七斤、別子立川銅が七四万六二三五斤である。蔵出棹銅が三万五七一四斤ある。別子立川銅の同水準に比して、秋田銅、盛岡銅の減産が目立つ。永松銅は天明元年から寛政五年まで合計して二六万斤が廻送されている。寛政六年以降御定高は一八五万斤となっており、文化期の御用銅高はそれを若干下廻っている。

大坂銅座は地売銅価格統制によって御用銅廻着を確保しようとしたのであるが、銅山の困難に対して価格のほかに手当銀を渡している。

一諸山銅勝手売不相成起立之事(31)

此儀勝手ニ売買仕来候処、明和三戌年銅座被仰出、諸国江御触出相成銅座一手ニ取扱被仰付勝手売買御差止相成、諸国出銅一手ニ買入、銅座ゟ諸国江売出し吹屋仲買江も相渡候ニ付、銅入用之者ハ銅座幷吹屋仲買共ゟ買取来候処、銅座定直段ゟ格別高直ニ売買仕候趣ニ付、寛政九巳年吹屋仲買より銅売出候義は御差止、銅座一手ニ而入用之者共江売渡来候処、文政二卯年地売吹銅九拾万斤を、三拾万斤宛三ケ度ニ入札御払ニ被仰付候、尤直売出之節者山方江直増直下ケニ随ひ御定直段も高下有之、入札御払ニ御仕替之節者弐百四拾目ニ而夫を目当直段ニ相定、落札直段之義者其時之高下有之、目当直段ゟ下落之節者御払御見合セ之積候処、追々直段相進当時者四百五拾目之落札ニ相成、目当直段弐百七拾目と差引百八拾目高直御座候

これは天保一四年に記されたものであるが、銅座による価格統制が必ずしも成功したわけではなく、文中にもあるように寛政九年五月には明和三年の御触を繰り返した上で、「右之通明和三戌年相触候処、近年中買其外銅座定直段より、格別高直に売買致し候旨相聞候ニ付、向後吹屋中買より銅売出し候儀相止、銅座一手ニ而直売致候間、其旨可相心得候(32)」との内容の御触を出している。吹屋、仲買からの売出を停止することにより価格を抑制しようとしている。

そして文政二年からは地売吹銅を年に三度三〇万斤ずつ入札によって売り捌くこととした。すでに表5-3に文政期の入札払吹銅高と価格を記してあるが、それによって価格はむしろ上昇していったのである。銅座入札払いの目当値段は文政二年に吹銅一〇〇斤につき銀二四〇目、同九年に銀二七〇目、天保二年に銀二九〇目、同五年に銀二七〇目[33]と推移しているが、同表からも文政九年以降でも入札価格と大きく隔離していることが明らかとなり、後述するが天保一四年には一〇〇斤につき銀四五〇目までになっている。

文政元年から弘化四年までの御用銅高とその内訳を表5-12に記した。御定高は一八五斤であるが、文政期の一二年間で御用銅高の一ヵ年平均は一九九万三六九一斤であり、秋田銅が六〇万六四〇〇斤、盛岡銅が五五万七七四四斤、別子立川銅が七二万一二〇三斤となっている。ほぼ御定高を満たしている段階である。ところが天保中期以降になると、平均的にみて御定高に満たなくなってくる。ことに盛岡銅における減少が著しくなっている。盛岡銅山においてはこの時期、技術上の問題よりも盛岡藩の財政上の要因によって産銅高の減少がもたらされていた[34]。

ここで三井大坂両替店の大坂銅座掛り銀からみていこう。表5-9において御用棹銅代と銅山御手当銀、銅山拝借銀、諸山地売銅代が銅山関係の払高である。御用棹銅代の内訳を示したのが表5-13である。別子立川、秋田、盛岡の三山の棹銅代と前貸金とを集計して記した。「銅座差引帳」においては「棹銅代并御手当銀」といった記載もみられ、手当銀も棹銅代の補塡として両者は峻別し難いものである。銅山御手当銀は、別子立川銅山が明和五年に銀九〇貫目、文化元年に銀六〇貫目の加増、秋田銅山が享和二年に銀六〇貫目、文化一〇年に銀九〇貫目の加増、盛岡銅山が寛政六年に銀六〇貫目、文化二年に銀九〇貫目の加増で、いずれも文化一〇年以降は銀一五〇貫目が渡されているものである。同表の銅山御手当銀の内訳は、文政七年では秋田銅山が銀九〇貫目、別子立川銅山が銀三〇貫目、文政八年は盛岡銅山が銀一四〇貫目、文政九年は秋田銅山が銀八〇貫目、別子立川銅山が銀五〇貫目、文政一〇年は秋田銅山が銀一九貫目余、別子立川銅山が銀四貫目余である。これは三井大坂両替店取扱分にすぎない。かつ棹銅代に含まれているものもあるであろう。銅山手当銀とは、御用銅買入値段が寛文期に定められたままで上がらず、秋田銅が

表5-12　御用銅高の内訳

別子立川銅	その他	御用銅合計	御蔵納	江戸廻地丁銅
99万7000斤	—	215万4755斤7歩	56万0000斤	—
79万1700斤	—	238万7236斤1歩	55万0000斤	—
58万9593斤	—	211万1527斤7歩	—	2万6557斤9歩
54万6665斤	—	153万1465斤	—	3万1465斤
71万9985斤	—	150万9500斤	25万0000斤	—
90万0900斤	—	241万5300斤	30万0000斤	—
72万2000斤	—	192万7776斤1歩	20万0000斤	3万1376斤1歩
72万0000斤	80万0000斤	255万3400斤	—	—
62万5000斤	—	166万3976斤1歩	—	3万1376斤1歩
65万0000斤	50万0000斤	245万8584斤	—	12万0484斤
69万7000斤	—	155万6876斤1歩	—	3万1376斤1歩
69万4600斤	—	165万3900斤	—	—
76万8400斤	—	218万5645斤	—	3万7651斤3歩
52万6000斤	—	147万8076斤1歩	—	3万1376斤1歩
86万0000斤	—	207万9237斤4歩	40万0000斤	7万1537斤4歩
47万0000斤	—	153万8717斤2歩	15万0000斤	6万6517斤2歩
95万5000斤	—	205万0901斤6歩	35万0000斤	5万0201斤6歩
78万9000斤	—	158万9527斤4歩	19万0000斤	6万9027斤4歩
70万5000斤	—	157万7476斤1歩	30万0000斤	3万1376斤1歩
83万5000斤	—	183万4652斤2歩	—	6万2752斤2歩
66万9000斤	—	154万2528斤2歩	20万0000斤	9万4128斤2歩
70万1900斤	—	153万4262斤6歩	35万0000斤	—
58万1000斤	—	137万8800斤	25万0000斤	—
54万9000斤	—	112万7000斤	12万5000斤	—
68万5200斤	—	120万7900斤	25万0000斤	—
79万0000斤	—	172万1500斤	9万5000斤	—
46万5000斤	—	143万0210斤2歩	—	30万1210斤2歩
64万2000斤	—	142万4500斤	—	—
38万7000斤	—	121万8900斤	—	—
54万2000斤	—	138万9600斤	—	—

出が50万斤，地売方ち買入が30万斤である．
て1万2000斤が廻されている．

表5-13　御用棹銅代の内訳

内　訳	文政7年	文政8年	文政9年	文政10年
	貫　匁	貫　匁	貫　匁	貫　匁
棹銅代	270,000.000	—	169,987.800	34,895.000
棹銅代	144,404.899	—	—	—
棹銅代	343,984.000	429,864.845	394,180.745	494,299.728
前貸金	380,000.000	149,775.000	29,126.845	—
棹銅代	175,860.193	596,325.953	237,600.032	371,880.342
前貸金	340,000.000	99,775.000	250,000.000	—
	1,654,249.092	1,275,740.798	1,080,895.422	901,075.070

史料　続804)．

一〇〇斤につき銀一五六匁五分二厘、盛岡銅、別子立川銅が銀一三九匁四分八厘のままであったために、たびたびの値上げ願いに対して価格補塡のために渡されたものである。表5-13に戻ると、山下八郎左衛門は秋田藩大坂蔵元であり、百足屋仁兵衛は秋田銅山問屋である。別子立川銅の場合は棹銅代ばかりであるが、秋田銅、盛岡銅の場合は前貸金が文政七年の例ではかなり高い。ところで銅山拝借銀は前貸金とは性格を異にするであろう。同表の拝借銀の内訳をみると、文政七年には銀二二五貫目を山下八郎左衛門、百足屋仁兵衛に渡しており、同八年には銀一九二貫目余を南部大膳大夫に、同九年には銀一一九貫目余を高池屋利兵衛に渡している。それらは年賦返済されるものと考えられる。

次に表5-14に地売銅代の内訳を示した。銀高に銅代名前と渡し先名前が記されたものの集計である。ほかの年度では秋田銅、盛岡銅などが地売銅として廻されることがあるが、同表にはない。安居銅、大切沢銅、熊沢銅、生野銅、

年	秋田銅	盛岡銅
文政元年	63万7755斤7歩	52万0000斤
2年	81万4800斤	78万0736斤1歩
3年	58万0334斤7歩	94万1600斤
4年	60万0300斤	38万4500斤
5年	39万2015斤	39万7500斤
6年	80万7900斤	70万6500斤
7年	60万9376斤1歩	59万6400斤
8年	49万7000斤	53万6400斤
9年	49万9476斤1歩	53万9500斤
10年	79万6284斤	51万2300斤
11年	51万1376斤1歩	34万8500斤
12年	53万0300斤	42万9000斤
天保元年	73万9351斤3歩	67万7893斤7歩
2年	52万3576斤1歩	42万8500斤
3年	72万7537斤4歩	49万1700斤
4年	69万2317斤2歩	37万6400斤
5年	64万0201斤6歩	45万5700斤
6年	53万2027斤4歩	26万8500斤
7年	49万8176斤1歩	37万4300斤
8年	58万1952斤2歩	41万7700斤
9年	65万3028斤2歩	22万0500斤
10年	71万6162斤6歩	11万6200斤
11年	60万2300斤	19万5500斤
12年	46万1000斤	11万7000斤
13年	45万5000斤	6万7700斤
14年	69万0000斤	24万1500斤
弘化元年	84万1210斤2歩	12万4000斤
2年	43万5000斤	34万7500斤
3年	44万7100斤	38万4800斤
4年	46万3100斤	38万4500斤

出所）「銅座覚書」（三井文庫所蔵　D460-25）.
注）その他は文政10年が御蔵出，文政8年は御蔵
天保8年には「於長崎出目銅積下ニ組」とし

銅山	名前
別子立川	住友吉次郎 泉屋真兵衛
秋田	山下八郎左衛門 百足屋仁兵衛
盛岡	高池屋理兵衛 〃
合計	

出所）「銅座差引帳」（三井文庫所蔵

表 5 -14　地売銅代の内訳

銅　代	名　前	所在地	文政 7 年	文政 8 年	文政 9 年	文政10年
			貫　匁	貫　匁	貫　匁	貫　匁
安居銅代	長岡屋吉五郎		181,773.576	65,721.452	122,963.827	39,654.090
大野銅代	泉屋長三郎	越前	15,043.251	—	14,973.097	3,689.656
大切沢銅代	泉屋真兵衛	出羽	118,950.848	—	149,402.623	—
熊沢銅代	什屋七兵衛	陸奥	55,261.482	84,046.278	32,435.698	72,322.170
生野銅代	島屋宗助	但馬	59,496.297	57,806.642	42,380.124	62,951.333
	俵屋卯右衛門	〃	20,281.056	23,153.931	39,903.968	48,901.578
日ヶ暮銅代	泉屋半次郎	備中	22,143.460	4,885.579	8,981.977	1,433.984
鹿瀬銅代	鎰屋彦四郎	陸奥	2,484.296	3,023.892	3,106.328	—
吉岡銅代	鎌倉屋，泉屋，金屋	備中	62,435.981	41,257.070	36,062.701	22,110.492
石州銅代	大坂屋善助	石見	38,660.574	—	39,661.904	—
佐州銅代	炭屋なお	佐渡	24,283.980	—	10,653.733	—
久須保銅代	泉屋又右衛門		—	1,481.987	2,947.765	355.498
香春銅代	高池屋八右衛門		—	—	40,791.796	20,419.531
生野楊枝具岐銅代	和泉屋源兵衛		22,410.755	33,682.667	22,131.355	21,659.618
多田銅代	和泉屋吉兵衛	摂津	2,058.932	1,464.287	—	—
	泉屋官兵衛		1,355.089	634.727	3,814.709	12,753.821
和佐保銅代	泉屋官兵衛	飛騨	1,755.131	—	2,921.804	419.239
長谷銅代	泉屋官兵衛		248.227	—	—	—
小泉銅代	泉屋官兵衛	備中	—	—	—	1,178.541
古田銅代	平野屋専蔵		—	92.507	—	—
登岩銅代	泉屋伊右衛門		—	—	—	23,138.136
栗林銅代	和泉屋源兵衛		—	—	1,607.435	—
弥盛銅代	錺屋利兵衛		—	—	—	2,800.493
田之口銅代	長岡屋吉五郎		—	—	—	4,609.122
卯之戸銅代	川崎屋市兵衛		5,240.754	—	—	—
合　計			633,883.689	317,251.019	574,740.844	338,397.302

出所）「銅座差引帳」（三井文庫所蔵史料　続804）．

吉岡銅などが銀高では比較的高額となっている。所在地の判明しない銅山があるが、銅代銀も少額かつ不安定となっている。

さらに表5-9の大坂銅座の払高のなかで主要なもののひとつとして俵物代、松前仕送金、江戸鮫屋仕送金がある。元禄一一年（一六九八）に俵物、諸色が輸出品となり、延享元年に長崎俵物一手請方問屋を経て天明五年（一七八五）に長崎会所による俵物、諸式の直仕入が行われるようになった。(35) 俵物問屋一手請方制は、請方問屋が長崎会所からの前借金を受けて全国の俵物の集荷を請け負ったのであるが、安永元年以降は大坂銅座が北国、東国筋と大坂買入の俵物代銀を立て替えて支払うことになっていた。その後に請方問屋が大坂銅座に代銀を支払うというのである。長崎会所の直仕入となってからは大坂銅座では俵物代を御用銅と同様に取り扱うようにしたのである。

一俵物方銀遣払候廉々之事(36)

此儀長崎ゟ為仕登銀之内、其年入用高凡積を以俵物代江引分、俵物代幷俵物仕入御前貸銀、江戸表俵物代仕送金、其外諸雑用飛脚賃、銅座掛与力同心衆御手当、俵物役所立会役幷銅座筆者手代御手当、俵物役所下役給料等一ケ年出方之分別紙を以申上候、尤出方之時々御勘定方江相伺、銅座掛ケ屋三井組、幷住友吉次郎手形を以遣払仕、月々勘定帳を以御突合相成候儀ニ御座候

大坂銅座の長崎方銀の中でも俵物方銀を計算上は銅座雑用の内容まで区別することになったのである。同表の江戸鮫屋仕送金とは、江戸での俵物買入の差配人である鮫屋重吉への仕送金である。それと北国筋の集荷のために松前仕送金がある。この両者は帳面上は飛脚に代銀を渡している。俵物代銀は各地の荷主に渡されるが、そのなかには俵物代前貸と俵物出増褒美も含まれている。銅座は大坂買入の俵物仕入銀を前貸することがあり、それは能登、伊予、讃岐、播磨、備前、伊勢、三河の国々に対してである。また国々請負高の目当高より出方が増した場合に褒美銀を渡すのである。

4　銅山方御手当御貸付銀

表5-2に御貸付銀利銀と元入とがあり、表5-9に御貸付銀貸増銀とがみられるが、この貸付銀は銅山方御手当御貸付銀と称される諸藩への貸付銀である。

以手紙致啓上候、然者此度銅山方為御手当金五万両、年壱割之利足を以、於銅座御役所当亥ゟ五ケ年之間御貸附被仰付候間、其地廻米有之候諸家江、蔵詰米引当ニ而、蔵屋敷詰家来并国元重役之者壱人連印証文を以貸渡、一ケ年限元利取立候積、尤利金壱割之内五厘通貸附方諸入用ニ相立可被申候、是又五厘通者銅山方非常為御手当別段積金被仰付候分、并残り九歩通利金之分者年々其地御金蔵江上納之積、右貸渡金取扱之儀者銅座役人ニ而取扱候積、都而取計方巨細之儀此度長崎表并其地交代として罷越候原田又四郎、橋爪頼助江被仰含候儀有之候間被致承知、町奉行支配向銅座掛り之者打合、御不締之儀無之様勘弁之上取計方御取極、早々御申越可有之候、右之趣可得御意旨奉行衆被仰聞候間、此段申達候、以上[37]

ここにあるように、文化一二年（一八一五）から銅山方御手当御貸付銀が開始され、五カ年限りで大坂に廻米する諸藩に蔵詰米を引当として貸付銀を行うことになったのである。貸付は一年単位で元利取立を行い、利足は一割でそのうち九分は御金蔵に上納することになる。また次のようにもある[38]。

銅山方御手当御貸附銀之義、諸家廻米為引当一ケ年限り御貸付之義ニ付、期月ニ至不納之向者引当米引上皆済取計可申処、兎角難渋申立延納ニ相成候故、引当米者銘目而已ニ相成、元利取立行届兼候ニ付、滞之分納方渉取候厳格之仕法勘考可致旨去五月中御沙汰有之候由ニ付、取立方仕法取調申上候趣者、去ル天保二卯年御仕法替被仰出、文政七申年以前御貸付之分者、利足壱割之処五分ニ利下ケ五分元入之積、并年賦納且年壱割御貸附之分共期月迄納方無之滞候向者、廻米入津之節大坂川口ニおゐて引当米取立可申処、諸国廻船数艘入津之湊ニ而改方行届兼、且者廻津之節取押候而も国元重役共ゟ達無之候而者容易ニ者相渡申間敷、彼是懸引甚六ケ敷可有之趣相聞、弥不納之向者蔵屋敷詰役人為立会於川口請取候様仕方取極候方ニも可有之哉ニ候得共、左候而者自然廻米外湊江

差廻し候儀等も出来候而者、却而上納出来候向江も相響き可申哉も難計候ニ付、此後納方等閑之向者蔵屋敷江夫々蔵入相済候上見届取立候積仕法取極置候方可然ニ付、右之趣改而銅座詰御勘定方ゟ相達候而も、是迄納方之義ニ付毎度申談候義も有之候間、又々定例と相心得候向も可有之哉ニ付、於江戸表ニ諸家江御厳達有之候上ニ而、猶相達候様取計候ハヽ、取立方渉取立方可申旨先達而申上置候由ニ御座候得共、未タ御沙汰無御座候ニ付、是迄之振合を以当辰年暮まで先壱ケ年延之積、新証文書替御貸渡之積取計置候趣御座候

これは弘化元年（一八四四）に記されたもので、貸付期月での元利銀返済不納の場合における引当米の取立の方法に苦慮している内容となっている。貸付が滞り貸となるのを防ぐために一年毎に取り立て、不納の場合も確実に引当米を徴収しようとするものであるが、その内容は滞り貸の増加を示すものとなっている。そのために天保二年からは文政七年以前の貸付に限って一割の利足のうち五分を元入にまわすことになった。一ケ年限元利取立の原則はすでに崩壊していることに

表5-15　御貸付銀利銀内訳

名　前	居　城	文政7年	文政8年	文政9年	文政10年
		貫　匁	貫　匁	貫　匁	貫　匁
有馬玄蕃頭	久留米	17,200.000	10,000.000	11,500.000	9,500.000
松平肥前守	佐賀	63,000.000	3,500.000	—	—
鍋島紀伊守	肥前小城	5,000.000	4,500.000	3,500.000	3,500.000
松浦肥前守	肥前平戸	9,500.000	9,500.000	9,500.000	9,500.000
松平因幡守	鳥取	30,500.000	28,833.333	31,250.000	—
黒田甲斐守	筑前秋月	5,400.000	—	—	—
木下大和守	豊後日出	2,000.000	2,000.000	2,000.000	2,000.000
松平志摩守	豊後杵筑	6,000.000	3,200.000	—	4,500.000
松平左衛門尉	豊後府内	—	3,600.000	3,600.000	—
稲葉辰次郎	豊後臼杵	—	9,000.000	9,000.000	9,000.000
佐竹右京大夫	久保田	18,600.000	15,400.000	15,400.000	21,400.000
有馬左兵衛佐	越前丸岡	6,800.000	8,000.000	5,500.000	6,800.000
脇坂中務大輔	播磨龍野	—	—	6,500.000	6,500.000
大久保加賀守	小田原	—	—	20,000.000	—
松平右近将監	上野館林	—	—	—	8,000.000
松平淡路守	越中富山	—	—	—	16,000.000
松平辰之助		—	2,800.000	6,500.000	—
松平越前守	福井	—	31,000.000	—	—
合　計		164,000.000	131,333.333	124,250.000	96,700.000

出所）「銅座差引帳」（三井文庫所蔵史料　続804）.

なる。

文政七年から一〇年までの間に三井大坂両替店の受け取った御貸付銀利銀の内訳を表5‐15に示した。貸付先一覧は得られないが、同表からも九州の諸藩からのものが多いことが明らかとなる。そこに必要時での長崎廻米のための金融としての意図をさぐることができる。

ところでこの貸付銀は幕府が一割の利足の収取を目的として金五万両の貸付を諸藩に対して行ったもので、公金貸付政策の一環となったが、利足のうち九割は幕府が収取し、利足のうちの五分を銅山方非常御手当別段積金にまわすにすぎない。文化期には幕府は囲米を名目として三度御用金の徴収を行っている。その御用金の一部を公金貸付に運用して利足を収取していたのである。同じく文化一二年(一八一五)には大坂銅座取扱のほかに関東筋代官取扱の金四万一〇〇〇両、馬喰町御用屋敷詰代官取扱の金一一万二二五〇両、上方筋代官取扱の金一万九〇〇〇両がある。(39)公金貸付のなかでも町人や村方への貸付と異なり、大坂銅座の貸付銀は大名への貸付であるが当時の混乱した大名金融市場への補塡としての意味も有したであろう。文化一一年には筑後蔵と肥前蔵とで空米事件が生じたが、それによって米切手の信用が低下し、正米の取引も衰退して、大名金融にとっては痛手となっていた。なお大坂に廻米を行う諸家への囲籾のための拝借金三七万両余も文化期末から返納が始まり、(40)大坂廻米を行う諸家への銅山方御手当名目の貸付はその名目とは別に大名金融への補塡としての機能を有したであろう。

5 銅座雑用の内訳

大坂銅座の保有する資金のすべてを三井・住友の両掛屋に預けたために、銅座がその内部において支出する資金も手形によって掛屋から引き出すことになる。その手形の一例を示すと次のとおりである。(41)

覚

卯十二月廿一日　　　［相渡］　　　銅座江持参

一銀壱貫三百三拾八匁弐分
　銅座雑用銀之内
右可相渡者也
　　　　　　　　　　　銅座役所〇（印）
　　　　　　　　　　　　三井組名代
　　　　　　　　　　　　　杉本久治郎
　　　　　　　　　　　　　中井由兵衛

この手形には「相渡」との消印が押され、三井大坂両替店がこれと引き替えに銅座雑用銀として銀一貫三三八匁二分を銅座役所に払い出したのである。表5-9に示した銅座諸雑用にはこの手形のように銅座雑用銀と記されるものばかりでなく、銅座に対して支払われたものが集計されている。「唐阿蘭陀船元払銀弁請払大意書付」(42)では、唐船一〇艘、蘭船一艘の貿易取引のなかで、銀四七貫五二三匁ほどが大坂銅座諸雑用銀として計算されている。それは必ずしも実態ではなく、長崎会所の払方にあたっての基準高となるものである。その内訳は、御用銅長崎積下運賃銀と増運賃銀とで二〇貫目、大坂銅座筆者手代給銀として六貫五〇〇〇目、江戸飛脚賃が一貫五〇〇目ほど、長崎飛脚賃が三貫二〇〇目ほど、銅座諸雑用銀が二貫五六〇目、銅座所々修復入目銀が一三三匁ほど、銅座詰会所役人賄道具代が二五〇目、御褒美銀が一貫二五五匁ほど、そして大坂御金蔵への上納雑用銀が一二貫一二五匁となっている。したがって表5-9の払高内訳の仕分けでは、御金蔵上納銀雑用や棹銅運賃、俵物江戸運賃、長崎飛脚賃、銅座掛屋雑費、銅座役料も合わせて考えねばならなくなる。それらを合計すると、文政七年には銀八八貫〇一〇目余、文政八年には銀七六貫六八二匁余、文政九年には五九貫一七六匁余、文政一〇年は銀八三貫五七九匁余となる。

ただし御金蔵上納銀雑用の受取人は三井組であり、棹銅運賃の受取人は船問屋である。また長崎飛脚賃は大和屋林蔵、中筋屋藤兵衛に支払われ、銅座掛屋雑費は三井組に支払われる。俵物江戸運賃と銅座役人役料とは銅座に対して支払われる。なお表5-9では、銅座の樋ノ上町の持屋敷の修復入用は大工に支払われるため「その他」に含まれる。

また「唐阿蘭陀船元払銀幷請払大意書付」の大坂銅座諸雑用銀は、史料の性格上銅座の中の長崎方限りの雑用銀とみなければならない。銅座の中で入払銀は厳密には長崎方銀、地売方銀、御貸付方銀、古銅方銀に区別され、銅座役人筆者手代の受用銀給料も区別される。文久二年のものになるが、銅座地役の為川住之助は受用銀二貫五〇〇目を長崎方銀から受け取り、加役料銀一貫三〇〇目と御扶持銀二〇〇目とを地売方銀から受け取っている。[43] さらに御貸付御手当銀六〇〇目を御貸付方利銀から受け取っている。同じ銅座地役でも野村三郎は受用銀と助成銀の二貫五〇〇目を地売方銀から受け取り、御貸付方銀から銀六〇〇目の御貸付方御手当を受け取っている。筆者の小山雄右衛門の場合は給料銀一貫目と俵物方御手当銀一五〇目を長崎方銀から、増給料四五〇目と扶持銀一〇〇目とを地売方銀から受け取っている。紅吹師二人は御手当太儀料を地売方銀から銀三〇〇目ずつ受け取っている。そして同年の給料手当等は、銅座地役五人、筆者手代小頭一人、筆者四人、手代二人、筆者見習内小使兼一人、御貸付方用聴一人、定番二人、紅吹師二人、古銅見改方四人、京都古銅見改方三人、鈴木町御旅宿用達一人、門番二人に合計して銀四〇貫二五三匁に及び、その支出内訳は長崎方銀一二貫七五〇目、地売方銀一八貫一〇〇目、御貸付方銀八貫五〇〇目、古銅方銀九〇三匁となっている。

したがって地売方銀においても雑用銀の内訳が明らかにされている。それは合計して銀二八貫四六九匁ほどであり、[44] 列挙すると、銅座雑用が銀一貫六六四匁ほど、江戸飛脚賃が銀二五八匁ほど、長崎飛脚賃が一貫〇六六匁ほど、銅座修復銀が一三三匁ほど、銅座地役二人加役料並筆者内小使給料が六貫二五〇目、銅座詰会所役人二人の路料宛行料雇手代料が一三貫九四〇目、銅座詰会所役人二人の帰郷の際の宛行料雇手代料が二貫五五八匁ほど、銅座詰会所役人大坂地役並筆者手代の扶持銀が一貫七五〇目、銅座詰会所役人賄道具料が二五〇目、紅吹師の手当銀が六〇〇目となっている。前述したように、銅座役人筆者手代等の給料を長崎方、地売方、御貸付方、古銅方で分割して支出している以上、地売方の銅座雑用銀にはそれらが含まれることになる。それと同じ史料で長崎方の大坂銅座雑用銀をみると、[45] 御用銅長崎下し運賃が二九貫三八〇目ほど、大坂銅座筆者手代給料が六貫五〇〇目、江戸飛脚賃が五一九匁ほど、長崎飛脚賃が二貫一三四匁ほど、銅座諸雑用が二貫五五五匁ほど、銅座所々修復入目銀が一三三匁ほど、銅座詰会所役人賄道具料が二五〇目、銅座手代内小使共御褒美銀が一一六匁ほど、それに長崎上納金銀雑用が一三貫七一一匁となっている。それらを合計すると銀五五貫二九八匁ほどとなる。前に引用した銅座雑用銀に比べて、御用銅高がまだかなり多い安永期のものであるため数値も異なる。この長崎方の銅座雑用と地売方とを比較すると、長崎方と地売方との性格の相違によってその内容が異なるものと、共通のものを配分しているものとがある。御用棹銅運賃、長崎上納銀、長崎代官所年貢銀、唐金銀、米代などの上納雑用などは長崎方に特有のものであるが、飛脚賃、諸雑用、銅座地役筆者手代給料などは共通のものである。地売方の長崎飛脚賃銀一貫〇六六匁の説明として「但是は大坂銅座より長崎表への御用状差越候飛脚賃、一ケ年入用高年々増減有之候得共、凡平均三貫二百目程三ツ割に致、弐ツ割の分は長崎より出方、残一割の分書面の高、地売向余銀の出方に相成申候」(46)とある。江戸飛脚についても同様である。銅座修復銀は長崎方、地売方とで半分ずつとしている。銅座雑用は筆紙墨、燈油、蠟燭、煎茶、仲使賃等の内容で、平均四貫二一九匁のうち六割を長崎方、四割を地売方から出している。

ところで俵物の会所直仕入や地売銅余銀上納の開始、御貸付の開始によって銅座雑用の内容も多様になっていったが、長崎方、地売方、あるいは御貸付方、古銅方による銅座雑用の配分は決算時の計算上のものであり、銅座掛屋の行う金銀出入の際には問題とならない。表5-9に記された銅座雑用の内訳を列挙するならば、銅座雑用、俵物方雑用、旅雑用、唐金後藤改雑用、銅座修復料、御貸付方御手当雑用、御蔵出棹銅諸雑用、俵物方浜地料、褒美銀などである。

二　借入銀の増加と長崎会所の改革

1　借入銀の増加と長崎会所の改革

表5-2でみたように、文政七年から一〇年間の期間でも市中町人からの借入銀が増えつづけ、表5-9からも銅座の借入銀利足払高の増加傾向がみられる。それは当初回転資金としての性格も有したが、恒常的な借入銀として累積していった。それ自身、銅座財政困難の表現となった。借入銀高は文政一一年には銀二〇〇〇貫目、文政一二年には銀二三五五貫目となり、文政一〇年の借入銀高がそのまま継続されていくが、はじめは掛屋からの借入銀とその加入銀という性格のものであった。「銅座掛屋割印帳」[47]からみて、文政四年一〇月の三井元之助からの銀二〇〇貫目が最初の借入銀であった。また「大福帳」では、三井両替店としては文政三年一一月に銀六〇貫目を、四年三月には銀二〇〇貫目を先納銀として銅座に貸し出していて、それらも借入銀として累積していた。後者の銀二〇〇貫目はその後年に銀四〇貫目ずつ返済されている。なお三井大坂両替店の「目録」[48]では文政四年末に銀六六〇貫目が大坂銅座先納貸の残高となっており、銀三〇〇貫目が住友取扱になったと考えられる。「銅座掛屋割印帳」ではその後、文政五年一二月に銀三三〇貫目が三井組からの借入銀となり、文政六年九月に三井組納の「嶋屋市五郎ゟ借入銀」五〇貫目が、一〇月に同じく三井組納の「鴻池屋角兵衛ゟ借入銀」五〇貫目が、一一月に三井組納の「木津屋七之助ゟ借入銀」一〇〇貫目が、一二月には三井組からの銀二〇〇貫目の借入がみられた。ところが借用証文の文言には変化がないが、掛屋からの借入銀は事実上大坂銅座の市中町人よりの借入銀へとなっていき、三井組では独自に加入銀を扱うようになった。表5-2に示された文政一〇年の借入銀二三三〇貫目のうち三井組からのものが銀二八〇貫目であり、大坂町人からの借入銀は銀二〇五〇貫目となる。なお同年中の住友の扱った町人からの借入銀は銀二一四〇貫目であり、合計して銀四一九〇貫目となっている。なお両組の扱った町人よりの借入銀の残高は文政一〇年末で銀二〇八〇貫目

となっている。

三井大坂両替店の行った大坂銅座への先納貸はそれ自身大きな収益基盤となったのであるが、大量の借入銀を扱うことは、銅座財政が破綻に近いものであっただけに大きな不安をかかえるものであった。次の願書がそれを示している。(49)

乍憚以書付申上候

一去ル文政五午年、御銀操御差支ニ付、掛屋両家出銀之外ニ他向より御借入銀証文、掛屋両家印形仕候様被仰下候処、店方差支之儀御座候ニ付御断申上候得共、御訳合無御拠被仰下候ニ付、両家ニ而銀高弐千貫目迄印形可仕段申上候処、右為御引当吹銅御払代銀引取候様御証文被下候、然ル所年々相増、当時ニ而者両家ゟ出銀之分相除ケ他向ゟ御借入銀高五千弐三百貫目ニ相成御座候、尤御勘定者無御遅滞限月御皆済可被成下段、兼而御儀定被仰下候ニ付安心仕罷有候得共、最初申上候銀高ゟ倍余ニも相成、年々追々相増候姿ニ而際限も無御座何共心痛仕罷在候間、此上印形仕候儀御断申上度奉存候、乍去御融通ニ而尚又被仰付候御儀ニ御座候ハヽ、両家印形証文ニ銅座御役所ニ不拘可致返済等之文言御除ケ被成下、且長崎ゟ御詰御役人衆中様銅座御役人衆中様之内、乍憚御二方様御加印被成下候様仕度奉存候、右之段書附を以御断申上候、何卒御聞済可被下候様奉願上候、以上

天保三辰年五月

住友吉次郎　〇（印）

三井組名代

中井由兵衛　〇（印抹消）

福田吉十郎　〇（印抹消）

銅座御役所

この御断書は、天保三年五月に住友吉次郎と三井組名代から銅座御役所に出されたものである。銅座は文政五年か

ら両掛屋の外に借入銀をするようになり、借用証文に掛屋の印が押されているので、これ以上に借入銀が増える場合には店営業の差支えにもなるので加印を断りたいというものである。借用証文の写しを示すと次のとおりである。(50)

一札

一銀百弐拾五貫目

右者銅座御役所銀操御差支ニ付、拙者共引請慥ニ預り申所実正也、然ル上者当子十二月半ゟ来丑三月限月六朱之利足差加、元利とも銅座御役所ニ不拘、拙者共ゟ無相違急度皆済可致返弁候、為後日引請証文依而如件

文政十一子年十二月

銅座掛屋

住友吉次郎　印

同

三井元之助名代

岡田喜三郎　印

福田吉十郎　印

越後屋次右衛門殿

このように銅座掛屋の住友吉次郎と三井元之助が借りるという形をとっている。天保三年で他向よりの借入銀が銀五二〇〇貫目ないし五三〇〇貫目に及んでいる。天保三年五月の銅座役所への願書に対して長崎奉行から何ら沙汰がなく、三井、住友は天保六年五月に再び同様の願書を銅座役所に出している。

天保初年の大坂銅座の財政を具体的に見てみよう。表5-16に天保四年（一八三三）の三井大坂両替店取扱いの銅座の入払高内訳を示した。文政期と比較すると、入高では借入銀高が著しく増加していることが特徴となる。そして同様に払高においても借入銀元利返済が著しく増加し、かつ借入銀利足が三倍前後に増加していることが特徴となっ

ている。そしてその結果として大坂御金蔵への上納銀が著しく減少している。表5-17に文政一一年以降の三井大坂両替店の大坂御金蔵への上納銀の内訳を示した。上納銀の合計額は天保二年に半減し、同四年には著減している。ここではそれを銅座財政が借入銀へ依存していったことの進行の結果と考える。

　一前断宝暦十二午年ゟ納来候長崎例格上納金壱万五千両之儀者、同年ゟ天保二卯年迄年々上納仕来候処、追年商売方不景気銀操必止差支、既ニ於大坂銅座も多分之銀高借入等仕候程之儀ニ付、天保三辰年ニ至り、壱万両者当分御猶予奉願被為成御免、年々五千両宛上納仕申候[51]

ここでは長崎例格上納金が天保三年から金一万五〇〇〇両のうち一万両が猶予となったことを記し、その原因として大坂銅座の借入銀の増加をあげている。なお表5-17は長崎例格上納金に限らず、大坂御金蔵への上納銀そのものが天保二年から四年にかけて減少していることを示している。

天保一一年（一八四〇）での長崎会所から大坂御

表5-16　天保4年の三井大坂両替店取扱の大坂銅座入払高内訳

入高		払高	
	貫　匁		貫　匁
番割落札代銀	1,393,915.356	御金蔵上納銀幷雑用	372,497.500
利付先納	1,942,910.000	御用棹銅代，手当	2,131,677.816
灰吹銀代	211,188.923	諸山荒銅代	737,378.644
対州延売銅代	247,200.000	銅吹賃	48,000.000
御貸付銀利銀元入	92,511.000	秋田灰吹銀	68,841.450
借入銀	3,785,000.000	俵物代	273,608.344
銅山前貸返納	20,000.000	松前仕送金	489,327.500
辰砂代	30,045.000	借入銀元利返済	4,003,129.500
吹銅代	1,290,680.000	借入銀利足	317,607.671
書籍代	11,000.000	口入料	30,840.250
鉸銅代	10,612.438	鮫屋仕送金	163,659.633
本願寺吹銅代	14,305.000	棹銅運賃	12,583.500
持屋敷宿賃入	9,272.602	長崎飛脚賃	4,691.000
その他	20,680.961	金買入代	45,882.000
		鉛代	59,850.000
		先納銀下ケ銀幷利足	260,875.000
		掛屋雑費	7,898.300
		銅座諸雑用	41,605.723
		その他	3,303.200
合　計	9,079,321.280	合　計	9,073,257.031

出所）「銅座差引帳」（三井文庫所蔵史料　追65）.

表5-17　三井大坂両替店取扱の御金蔵上納銀の内訳

内　訳	上納銀	上納雑用
文政11年	貫　匁	貫　匁
上納銀	847,751.470	5,722.323
上納銀	360,000.000	2,430.000
御米代上納銀	124,239.483	838.616
対州延売銅代上納銀	130,000.000	877.000
御蔵下銅代上納銀	80,000.000	540.000
御貸付方上納銀	90,000.000	337.500
御米代上納銀	180,000.000	1,215.000
合計	1,811,990.953	11,960.439
文政12年		
御米代上納銀	200,000.000	1,350.000
御代官上納銀幷対州延売銅代上納銀	337,999.246	2,281.500
御米代上納銀	200,000.000	1,350.000
長崎年寄上納銀	300,000.000	2,025.000
地売銅余銀上納銀	360,000.000	2,430.000
対州延売銅代上納銀	102,595.275	692.518
長崎例格上納銀	150,000.000	1,012.500
御貸付方上納銀	78,737.499	295.266
御蔵下銅代上納銀	80,000.000	540.000
合計	1,809,332.020	11,976.784
天保元年		
地売銅方臨時上納銀	347,282.891	2,344.160
長崎例格上納銀	160,000.000	1,080.000
御成箇銀上納銀	380,000.000	2,565.000
長崎瀬崎御米代幷対州延売銅代上納銀	293,727.159	1,982.658
御米代上納銀	150,000.000	1,012.000
長崎例格上納銀	188,365.677	1,271.400
御米代上納銀	380,000.000	2,565.000
上納銀	335,327.052	2,263.458
御貸付方上納銀	126,120.000	472.950
合計	2,360,822.779	15,556.626
天保2年		
御成箇銀上納銀	300,000.000	2,025.000
御米代上納銀	185,922.825	1,254.979
上納銀	500,000.000	3,375.000
御貸付方上納銀	100,000.000	375.000
合計	1,085,922.825	7,029.979
天保3年		
御成箇上納銀	310,213.000	2,093.937
上納銀	200,000.000	1,350.000
上納銀	200,000.000	1,350.000
上納銀	294,060.827	1,984.911
御貸付方上納銀	52,770.000	197.888
上納銀	30,000.000	202.500
合計	1,087,043.827	7,179.236
天保4年		
長崎例格上納銀	100,000.000	675.000
御成箇上納銀	270,000.000	1,822.500
合計	370,000.000	2,497.500

出所）「銅座差引帳」（三井文庫所蔵史料　追64）.

金蔵への上納未納銀や下げ銀などの負債を示すと次のとおりである。(52)

天保三辰年ゟ同八酉年迄六ヶ年

長崎瀬崎御蔵米代納残御猶予奉願候分

一銀壱万千弐百弐貫百七匁

文化十二亥年別段上納金壱万五千両之内壱万両上納、残五千両御猶予奉願置候分
一同三百貫目
天保三辰年ゟ去亥年迄八ヶ年例格上納金壱万五千両之内、五千両宛相納、残壱万両宛御猶予奉願候分
一銀四千八百貫目
文化十二亥年唐方別船商法ニ付、臨時上納金七千両五ヶ年ニ割合上納仕、内一ヶ年千四百両相納候残四ヶ年分
一同三百三拾六貫目
文政四巳、同八酉、同十亥、同十一子年大坂御蔵下ヶ銅代返上納可仕分
一同六千六百四拾貫目
文政六未年、同七申年長崎御備トシテ御下ヶ銀之分
一同六千貫目
天保四巳古金銀引替元トシテ御下ヶ相成候内追々納残
一同七百三拾五貫九拾五匁
天保五午年御下ヶ戻金四万両分
一同弐千四百貫目
〆三万弐千四百拾三貫弐百弐匁

大坂御金蔵への負債には必ずしも天保初年以降のものばかりでなく、文化一二年以来のものがあるが、天保三年以降の御米代銀と例格上納銀の未納銀と長崎表取締筋の天保五年の下ヶ戻金が主要なものとなっている。

ここで天保初年の大坂銅座の借入銀の内訳と形態とについて記す必要がある。表5-16の天保四年の入払高内訳では借入銀で継続されるものは更新される時点でも記載されない。同一借入銀が継続される場合は更新の際に払高に利足銀高が記載されるだけである。借入銀元利返済として記載されるものは、元金に利銀を加えて返済し更新されない

ものである。ただし元利返済がなされた後でも銀高をかえて再び借入が行われている。銀主の立場でも当時の大坂では月に〇・七パーセントの利率は安定的なものであった。表5-16の借入銀元利返済の銀四〇〇三貫目のうち、元銀は銀三八五五貫目であり、銀一四八貫一二九匁五分が利銀となる。天保四年の借入銀の内訳を表5-18に示した。借入銀三七八五貫目のうち三井組や三井元之助からの借入銀は銀一六五貫目であり、それを除くと銀三六二〇貫目となる。銀主は大坂両替商が中心であるが、大坂唐反物問屋の名前もあり、秋田藩蔵元の名前もある。

三井京都両替店では天保七年二月に大坂両替店から次のような書状を受け取った(53)。

一一昨廿二日西御役所ゟ名代共御召出ニ付、吉十郎罷出候処、住友名代も罷出居、一緒ニ御呼込銅座掛り与力衆同心衆立合ニ而被仰聞候は、此度長崎表御取締被仰出、長崎御奉行幷御目附御下向御調相成候、右ニ付銅座方長崎表入用ニ付大造之借財有之、此儘ニ難被差置仕法相立追々返銀之積、併是迄之七朱利足ニ而者仕法も不相立返銀も難出来候間、元銀暫置居無利足之積、長崎御奉行所ゟ当御奉行所へ御頼被仰越候ニ付、右一条取調両掛屋印形借入出銀主呼出利解可申聞積之所、右名前隠居悴又ハ他国在村之名前等有之致混雑候ニ付、右口入之者共今日呼出右之次第可申渡候、併無利足ニ而者可致難渋間少々ハ利足可被下間、出銀主へ引合格外ニ利下ケ之儀利解可申聞候、夫ニ付両掛屋ゟ出銀之分も右手本ニ可相成様格段相働出精可申出旨種々ニ御利解被仰聞候ニ付、是迄之成行申上手元色々操合仕、別家共又存合之方へ加入等進御差支之所御用弁出銀先納仕候儀ニ御座候、此段宜御聞置可被下候、尚主人共へ申聞右加入之者へも引合追て御返答可申上段申上、引取申候、扨々不存寄儀被仰出心痛意却千万奉存候、依之銅座役人方へ吉十郎罷越、右被仰渡候趣相咄如何成御事ニ候哉と内々相尋候処、当月差入の借入銀新古相調候様御奉行所ゟ被仰付、過急ニ相調申上候処、一両日以前銀主名前御尋ニ付、是又相調申上候儀ニ而、銅座へ委敷不被仰聞候ニ付諸事不相分候得共、内々承り候所ニ而ハ、是迄之借入銀高七朱之勘定合ニ而、此度利下ケ之分を以少銀高之口ゟ追々返銀、其内ニ者長崎表立直、大銀高之口も返銀皆済之積之由、右利下ケ之儀銅座へ為御任無之故如何共難致、取扱御気毒千万存候段被申聞候義ニ御座候、右之次第ニ御座候へ共、住友へも相談、御掛屋御用相勤候簾を以、是迄之通七朱御利足被下置候様願立可申積ニ御座候、何卒品能御聞済被下置候様奉祈罷在候

（次条略）

前述の天保三年の三井組の願書との関連は明らかでないが、長崎会所において改革が行われ、大坂銅座における大量の借入銀が長崎会所の財政困難の理由のひとつであったために、借入銀の返済と利子負担の軽減との方針を打ち出したのである。長崎表での御取締とは銅座の財政困難に対して天保七年に御金蔵から「長崎表為御備臨時御下ケ金」として五万両が渡されたのである。しかしそれに先立ち、天保五年一一月に銀六〇〇貫目と金五〇〇〇両が、天保六年二月に金五〇〇〇両が、一一月に金一万両が大坂御金蔵より下げ渡されているのである[54]。天保七年の御下ケ金は一時的なものですぐ返納されているが、長崎会所における貸付銀などは元利取立の方針がすでに出されて、銅座借入銀の返済にあてようとした。

一非常備銀其外諸家江貸付有之銀高、是迄元利取立候趣、向後新規之貸渡相止、是迄之貸付高不残無利足ニ致し、口々相当之年賦を以取立、右取立金并前条救銀取立高一同年々別廉ニ引分ケ、大坂銅座借入銀済方江振向候積り、取調可申立候[55]

これは天保八年一一月のものである。大坂銅座の借入銀の返済のためには長崎会所における非常御備銀を崩すことや諸藩への貸付金を回収した上でそれにあてるという方針が出された。そして諸家貸付銀に対して年賦返済額を明確にさせたのである。長崎会所において宝暦期にそれ以前の諸家貸付金の年賦返済の方法を明確にしたのであるが、それが天保九年段階でもまだ完済をみず、さらに文化期に落札代銀の未納銀が生じるとともに、文政・天保期に新たに諸家貸付金を生じていたのである。天保九年の調査で佐賀の松平肥前守には宝暦以降返済残りの銀一九五貫目余と、文政七年貸渡の銀九二九貫目余とがあり、前者に対しては年に銀六貫二二三匁ずつ年賦返済させ、後者に対しては天保九年に銀一九貫目余を、同年から一〇年間銀五貫目ずつ、その後、年に銀一二貫三〇〇目ずつ七〇年賦で返済させ

借入銀の内訳（天保4年）

名　前	内　訳
亀屋伊三郎	110貫目（5月－11月）
近江屋源兵衛	20貫目（5月－10月）
塩屋弥兵衛	20貫目（5月－10月）
海部屋清三郎	20貫目（5月－10月）
大和屋甚兵衛	30貫目（5月－11月）
油屋徳三郎	30貫目（6月－11月）
伏見屋仁三郎	30貫目（6月－11月）
玉屋和助	55貫目（6月－12月）
加賀屋松兵衛	20貫目（6月－12月）
大津屋伊兵衛	30貫目（7月－12月）
鴻池屋猶蔵	25貫目（7月－12月）
加賀屋三郎兵衛	30貫目（7月－12月）
播磨屋清次郎	30貫目（7月－12月）
山口屋半右衛門	60貫目（8月－12月）　30貫目（9月－12月）
伊賀屋篤右衛門	60貫目（8月－12月）
鴻池屋卯四郎	30貫目（8月－12月）100貫目（12月－5月）
昆布屋伊兵衛	30貫目（8月－1月）
泉屋伊兵衛	30貫目（9月－2月）
百足屋太右衛門	50貫目（9月－3月）
肥前屋喜蔵	50貫目（9月－3月）
肥前屋篤兵衛	50貫目（9月－3月）
越後屋次右衛門	125貫目（9月－2月）
越後屋久兵衛	25貫目（9月－3月）
京屋源兵衛	30貫目（10月－2月）
山下八郎右衛門	30貫目（10月－12月）
中嶋屋篤松	20貫目（11月－4月）
大津屋由兵衛	50貫目（11月－4月）
鴻池屋善右衛門	150貫目（11月－5月）
加嶋屋作五郎	150貫目（12月－5月）
田辺屋松次郎	50貫目（12月－5月）
平野屋伊兵衛	40貫目（12月－5月）
平野屋八郎兵衛	50貫目（12月－1月）
平野屋長兵衛	50貫目（12月－1月）
堺屋次郎兵衛	30貫目（12月－5月）

表5-18　三井大坂両替店取扱の大坂銅座

名　前	内　訳		
和泉屋彦兵衛	20貫目	10貫目	
堺屋七兵衛	5貫目		
天満屋市郎右衛門	30貫目（2月－7月）	20貫目	30貫目（9月－2月）
大根屋小右衛門	100貫目（2月－4月）	100貫目（12月－5月）	
今木屋太郎兵衛	30貫目（2月－7月）	30貫目（12月－5月）	
備前屋忠右衛門	20貫目（2月－7月）	20貫目（12月－5月）	
綿屋庄兵衛	50貫目（2月－7月）	20貫目（9月－2月）	100貫目（12月－5月）
豊田屋弥兵衛	50貫目（2月－7月）	30貫目（10月－3月）	
木屋喜兵衛	20貫目（2月－7月）		
和泉屋小兵衛	20貫目（2月－7月）		
鴻池屋儀作	20貫目（2月－7月）		
吉野屋長兵衛	15貫目（2月－7月）		
伏見屋喜兵衛	20貫目（2月－7月）		
松屋丈助	30貫目（2月－7月）	30貫目（12月－5月）	
難波屋太助	30貫目（3月－8月）		
堺屋長兵衛	20貫目（2月－7月）		
越後屋藤助	20貫目（2月－7月）	25貫目（9月－12月）	
日野屋吉右衛門	50貫目（2月－7月）		
綿屋善兵衛	50貫目（2月－7月）		
播磨屋清助	30貫目（4月－9月）	15貫目（12月－5月）	
平野屋とら	25貫目（4月－9月）		
平野屋惣兵衛	30貫目（4月－9月）		
鴻池屋吉次郎	20貫目（4月－9月）		
京屋宗左衛門	30貫目（4月－10月）		
広島屋千枝	30貫目（4月－9月）	30貫目（10月－3月）	
米屋喜八	50貫目（4月－9月）	50貫目（9月－2月）	100貫目（10月－3月）
高池屋八左衛門	100貫目（4月－6月）		
明石屋庄右衛門	30貫目（5月－10月）		
伊丹屋豊吉	30貫目（5月－9月）		
北村屋半助	30貫目（5月－10月）		
鍋屋平右衛門	50貫目（5月－10月）		
木屋与七	30貫目（5月－10月）	20貫目（11月－4月）	
平野屋仁兵衛	60貫目（5月－10月）		
米屋孫兵衛	50貫目（5月－10月）		
紙屋篤兵衛	50貫目（5月－10月）		

出所）「銅座差引帳」（三井文庫所蔵史料　追65）.

るという方針を立てた[56]。同じく久留米の有馬玄蕃正には銀四五三貫目余の返済残りと文政六年貸渡の銀七〇貫目余があり、前者に対しては銀四貫三〇〇目ずつの年賦返済で、後者に対しては銀二貫六〇〇目ずつの二七年賦としている。平戸の松浦肥前守には返済残りの銀一六貫目余と天保五年貸渡の銀二二二貫二〇〇目があり、前者は銀二貫目の年賦返済、後者は銀八貫目の二八年賦となる。宝暦期からの返済残りのあるのはこの三家であるが、肥前小城の鍋島紀伊守への文政六年貸渡の銀八五五貫目余、豊後日出の木下大和守への文化一四年貸渡の銀二〇三貫目余、柳河の立花左近将監への天保七年貸渡の銀八二貫五〇〇目、文政三年の「立花豊前守殿御貸渡柳河家江引請之分」の銀一〇四貫目余、五島富江の五島伊賀守への天保七年貸渡の銀二八貫目余、鹿島の鍋島丹後守への天保八年貸渡の銀七貫目などがある。ほかに落札代銀未納銀や願請物代未納銀などがある。それらも年賦返済の方針を立てているが、鍋島紀伊守の場合は天保九年に銀五貫目余を返済させるとともに同年から年に銀一〇貫目ずつ八五年賦としている。願請物代未納のなかで地下宿老会所役人分は銀二六〇五貫目余あり、銀二四貫目ずつの九七年賦としている。

一宝暦度御取極ニ相成候諸家年賦、并諸家御貸附銀、其外御救銀取立之内、大坂銅座江差登セ同所借入銀済方之口江振向ケ可申分、去ル酉十二月ゟ戌五月迄取立候分四拾八貫六百目余銅座江仕登セ、并戌年ゟ始年々取立為差登可申分、去ル戌年ゟ去丑年迄四ケ年平均一ケ年百七拾七貫四百九拾目余宛、同年ゟ去丑年迄四ケ年分取立仕登セ相済、当寅年分者当冬中取立、来春ニ至り仕登セ候積御座候[57]

戌年は天保九年である。天保一二年までの平均で年に銀一七七貫目余を大坂銅座の借入銀の返済にあてることができたのである。しかし銅座借入銀高からすれば、わずかなものでしかない。大坂銅座の借入銀返済方針にともなって利足の引き下げが出されたために掛屋と口入屋とで対策のために相談を行っている。

去ル四日、下宿へ両掛屋并口入方相揃引合候処、五朱、又ハ四朱半ニ可致旨口入方申候ニ付、口上取繕御役所江両掛屋ゟ申上候処、右は甚不出精迚も相納不申、一同三朱ニ御請可申様被仰候ニ付、右之段口入方江申達候処、何れも乍迷惑今再応銀主方へ引合、来ル十日ニ御返答可仕旨ニ付、其段申上御日延御聞済相成申候[58]

これは天保七年三月の大坂両替店からの書状である。利子の引き下げの幅について銀主、口入屋と奉行所とでは当然喰い違いがあり、月に〇・五パーセント、または〇・四五パーセントと〇・三パーセントとの差があったため、再度話し合いがもたれ、三月一九日に三井組が次の願書を出している。(59)

乍恐奉願上候

一今般長崎表御取締被為在候ニ付、銅座御役所御借入銀利足引下ケ之儀、右口入共江御利解被為仰付奉畏、則銀主夫々江引合仕候処、漸月四朱半ニ相成、右之段去ル十日奉申上置候処、此上相働証文表四朱ニ仕候様御利解被為仰付候ニ付、尚銀主江引合今十九日ニ御返答可仕段奉申上置候、然処右口入一同申聞候者精々銀主江引合候得共得心仕兼候、御上江者四朱ニ而御請不奉申上候半而者相済不申、誠難渋至極奉存候間、右四朱之外ニ別段五分方為口入料被下置候ハ、右を以銀主江相賄御上表四朱ニ而御請奉申上候様仕度候、御掛屋引請印形之儀ニ付右口入料之儀奉願上呉候様一向申聞候、何共奉恐入候得共、右口入料之儀銅座御役所江御沙汰被為下置候様御憐愍之程幾重ニも奉願上候、御聞済被下置候ハ、難有仕合奉存候以上

天保七申年三月十九日

三井組名代

福田吉十郎　〇（印抹消）

御奉行様

借入銀利子を月〇・四パーセントにしても口入料として〇・〇五パーセントを加えてほしいというものである。しかしそれは聞き入れられず、天保七年三月の借入銀証文から月四朱と記されることに定まった。それとともに三井大坂両替店の行った銅座先納貸も月四朱へと利子が引き下げられた。天保七年二月末までの三井・住友両掛屋取扱いの借入銀が銀四三四〇貫目であり、七朱から四朱への利子引き下げで一カ月に銀一三貫〇二〇目の負担軽減となった。

銅座借入銀は天保期後半には減ってきているが、天保一三年一〇月には仕法変更がなされている。

一銅座御役所、是迄御借入銀両御掛屋分銀高弐千五百五拾貫目、御利足月三朱、拾ケ年置居、拾一ヶ年目ゟ九ケ年と元銀御割下ケ、幷両御掛屋印形証文ニ而諸向ゟ御借入銀千九百九拾五（弐千九百九拾五）貫目、御利足月弐朱、元銀十ケ年ニ御割下ケ之御仕法相成、右諸向之分以来元利両御掛屋江御渡相成、夫々割渡候様被仰付候ニ付、軒別割合奥ニ相記有之候[60]

これは三井大坂両替店の銅座仕法替に関する記録である。三井・住友の両掛屋からの借入銀が銀二五五〇貫目、そのほか市中からの借入銀が銀二九九五貫目あり[61]、前者に対しては利子を月三朱（〇・三パーセント）に引き下げ、元銀を一〇年間据え置いた上で九年間で年賦返済するとし、後者に対しては利子を月二朱（〇・二パーセント）に引き下げ、元銀を一〇年間で年賦返済するというものである。大坂両替店から京都両替店への書状では「両掛屋分十ケ年置居之儀、甚以当惑至極難渋仕候間、何卒当五月奉書上候通元銀拾九ケ年御割下ケ被成下置候様住友方申合御歎申上候処、御奉行様御相談之上御決着相成候儀ニ付、何程相歎候而も御聞済無之候、殊ニ諸向とハ違両掛屋ハ多少共御用徳も有之儀ニ付、彼是不申御請書差出候様被仰候ニ付、住友相談之上午意却千万右ニ而御請申上候[62]」とあるように一方的に申しつけられたものであった。引用文中にもあったように、それに先立ち同年五月に銅座借入銀を利下ケ長年賦で返済する考えが御役所から示された。大坂両替店の書状を次に示す[63]。

一昨日西御役所ゟ銅座御掛屋両家、幷右同所借入銀口入拾壱軒御呼出ニ付、当方幷住友外之口入方罷出候処、銅座掛り与力衆ゟ被仰渡候者、是迄銅座役所借入銀利下ケ年延相成有之候者、長崎表入用銀ニ候儀者去ル申年承知之事ニ可有之候、其後少銀新出之向者追々返済相成候得とも何分大銀高ニ而、当時残元銀高五千六百五貫目有之、右済方差急ニも難出来、殊ニ長崎表差操六ケ敷候間、此度無利足長年賦之儀申来候得共、右ニ而ハ致出銀居候向々可致難渋儀ニ付、再度御文通有之、利足壱ケ月壱朱半ニ而右残元銀高之内江毎年三百貫目宛銀高ニ応し夫々返済、拾九ケ年ニ而皆済之積可相成間、出銀之向々致承知候様呉々相達可申候旨被仰渡候（中略）
年々返済銀三百貫目ハ、長崎会所ゟ先年操合宜時分諸侯様江貸附銀不埒相成候分、近年御奉行戸川播磨守様御

掛合、七八拾年賦ニ而年々三百貫目余諸侯様方ゟ請取候分を以、大坂借財銀返済可相成積之儀者兼而承り居候
段被申聞其余者相分不申候

長崎会所から諸藩への貸付銀の年賦取立銀によって銅座借入銀の返済を企図しているが、年々月一朱半（〇・一五パーセント）の利足で銀三〇〇貫目ずつ返済することによって元銀は一九年で完了するというものであった。それに対して掛屋と口入屋とは相談した結果、利足を月三朱（〇・三パーセント）に引き上げ、一〇カ年賦にて返済する案を大坂町奉行に願い出た。それについて月二朱（〇・二パーセント）で一〇年賦か、月三朱（〇・三パーセント）で一九年賦であれば長崎表に問い合わせてもよいとの回答があり、掛屋、口入屋はその案を受け入れることになった。掛屋、口入屋と大坂町奉行との数度の交渉の結果、一〇月に前出した内容の返済方法が示されたのであるが、両掛屋に対しては一〇年の据置の後の九年賦返済というさらに不利なものに代わっていた。それにともなって三井大坂両替店の銀一〇四〇貫目の銅座先納貸は天保一三年秋から月三朱の利足で固定される結果となった。市中からの借入銀二九九五貫目のうち、三井組取扱が銀一五〇五貫目、住友取扱が銀一四九〇貫目となった。それを示すと表5-19のとおりである。大坂両替商がその中心となっている。そして天保一三年一〇月から年に銀三〇〇貫目ずつ返済されることになったが、弘化元年からは銀四七九貫目ずつ返済され、嘉永元年一二月には返済が完了した。弘化元年の記録には次のようにある。(64)

一右銀高利足当辰正月迄相渡り候処、同五月中西御役所ゟ御呼出ニ付罷出候処、此度江戸表貸附金銀御改正被為仰出候ニ付而者、長崎表も同様御取扱相成候付、銅座方是迄借入銀一昨寅年仕法替之分、当辰年ゟ無利足年賦済之儀長崎表ゟ被仰越候、右者誠ニ迷惑之儀ニ可有之候得共、時節廻り合と存一統可致承知旨被仰渡候ニ付、色々歎願上候得共厚御利解被仰渡、是迄弐朱利拾ケ年割済之分無利五ケ年賦、三朱利拾ケ年置居拾一ケ年ゟ九ケ年割済之分無利八ケ年賦被仰付候

文中の江戸表貸付金銀御改正とは同年四月の各取扱御貸付金御主法替(65)のことであろうが、貸付金とともに借入金も

それに準じて年賦済がはかられたのである。その期間は無利子となったため口入屋と掛屋とはその期間を短縮してほしいとの願書を出したが、聞き入れられなかった。

それに従い三井組、住友の掛屋の先納銀も弘化元年から返済が始まった。住友が銀八六〇貫目であるのに対して三井組の分は銀一七五〇貫目であった。しかもそのうち三井大坂両替店の銅座先納貸は銀一〇四〇貫目であり、残りの銀七一〇貫目は加入銀であった。弘化元年、二年に借入銀の八分の一ずつ返済があり、三年からはそれが倍額されて返済されるようになったために嘉永元年一二月には返済が完了した。

2　長崎会所との財政連関

大坂銅座の入払高の内訳からみても、その財政が長崎会所の財政と連結していることが明らかとなるが、ここで長崎会所の研究をされている中村質氏の論文(66)を参考として、その相互連関について考えることにしたい。まず表5-20に天保一〇年から一三年までの大坂銅座の入高を示した。表5-2と比較すると、文政期に比して利付先納が減少しており、天保一一年、一二年に御金蔵より御下ケ銀が渡されていることが特徴である。第三に借入銀が著しく減っている。最後の借入銀の著減は前述したように天保七

表5-19　大坂銅座借入銀の内訳（天保13年）

三井組取扱		住友取扱	
	貫　匁		貫　匁
加嶋屋作次郎	300,000.000	鴻池屋善右衛門	120,000.000
平野屋仁兵衛	60,000.000	泉屋甚次郎	（同上）
大津屋由兵衛	40,000.000	布屋万吉	220,000.000
大津屋伊兵衛	30,000.000	布屋忠次郎	190,000.000
大根屋小十郎	100,000.000	布屋忠蔵	160,000.000
鴻池屋吉次郎	80,000.000	米屋長兵衛	140,000.000
山口屋半右衛門	70,000.000	川崎屋吉右衛門	95,000.000
炭屋五之助	50,000.000	板並屋新助	65,000.000
備前屋権兵衛	40,000.000	柳屋清兵衛	60,000.000
肥前屋十兵衛	100,000.000	山田屋平七	60,000.000
肥前屋篤兵衛	50,000.000	松屋儀左衛門	50,000.000
肥前屋喜蔵	50,000.000	大和屋甚兵衛	50,000.000
京屋惣三郎	70,000.000	八荷屋源次郎	50,000.000
京屋平八	30,000.000	中嶋屋仁兵衛	50,000.000
阿波屋伊兵衛	120,000.000	丸屋利八	30,000.000
京屋源兵衛	145,000.000	松屋丈助	30,000.000
八木屋利八	100,000.000	天満屋市郎右衛門	30,000.000
平野屋長兵衛	40,000.000	大和屋与兵衛	30,000.000
平野屋伊兵衛	30,000.000	和泉屋伊兵衛	30,000.000
		丸屋亀次郎	30,000.000
合　計	1,505,000.000	合　計	1,490,000.000

出所）「銅座御役所御借入銀拾ケ年賦元利割印帳」（三井文庫所蔵史料　本234）.

年の長崎表御取締以来、利子負担の軽減化がなされてきたためである。長崎への入船数を示すと、天保一〇年が蘭船一艘、唐船五艘、一一年が蘭船一艘、唐船七艘、一二年が蘭船不来、唐船六艘、一三年が蘭船二艘、唐船六艘である。表5-2の期間より入船数は減っているため当然落札代銀も減ることになる。

銅代では東本願寺への売却と薩摩藩への鉸銅売とは入札払以外に認められていたのである。ここで同様に天保・弘化期の銅座の入札払吹銅高を示すと表5-21のとおりである。表5-20の天保一〇年から一三年までの吹銅代は入札払吹銅代のほぼ半分となっている。三井と住友とで取扱銀高を折半しているのである。なお同表では天保八年には吹銅の入札値が下がったために払銅が行われていない。入札払目当値段は天保二年には一〇〇斤につき二九〇目、同五年に二七〇目であったが、天保八年にはそれを大きく下廻ったのであろう。天保一〇年からは年に六〇万斤に払銅高が減っている。天保一四年には吹銅価格が急に上昇を始めているが、弘化期には入札払高

表5-20　天保期の三井大坂両替店取扱の大坂銅座の入高内訳

項　目	天保10年	天保11年	天保12年	天保13年
	貫　匁	貫　匁	貫　匁	貫　匁
番割落札代銀	2,748,805.043	2,508,576.230	2,516,259.552	1,869,509.063
利付先納	385,577.500	—	30,045.000	83,124.500
灰吹銀代	162,106.824	101,338.063	141,453.165	153,924.240
対州延売銅代	103,500.000	213,700.000	54,000.000	199,200.000
吹銅代	838,140.000	1,053,360.000	1,140,000.000	1,000,000.000
東本願寺銅代	13,875.200	—	19,000.000	—
鉸銅代	—	—	12,727.562	—
明礬代	7,164.150	21,421.283	24,036.000	—
紅毛錫代	238,004.700	—	166,394.000	—
御貸付銀利銀元入	68,209.500	127,535.000	123,898.000	121,917.500
為替銀	146,126.000	30,287.500	—	120,000.000
三井組納	121,320.000	—	—	—
秋田銅山納	21,590.000	—	67,922.218	21,590.000
借入銀	160,000.000	400,000.000	100,000.000	—
百貫町樋ノ上町持家宿賃	8,032.460	8,130.400	8,037.175	7,526.595
御払代銀	—	—	62,747.000	63,950.000
御救銀幷諸家年賦	—	—	161,973.000	—
御下ケ銀	—	303,080.000	200,000.000	—
古金銀引替御下代	—	—	300,000.000	380,240.000
その他	14,051.798	22,252.160	4,257.320	34,339.520
合　計	5,036,503.175	4,789,680.636	5,133,105.992	4,055,321.418

出所）「銅座差引帳」（三井文庫所蔵史料　追66，本1853）．

が減少することによってますます吹銅価格が上昇していった。

再び表5-20からみると、明礬代と紅毛錫代は落札代銀には含まれていない。紅毛錫代は大坂御金蔵から代銀を受け取っているのである。三井組納はその内容がはっきりしないが、秋田銅山納は秋田銅山への拝借を年賦によって返済しているものである。三井大坂両替店の扱った銅座為替として天保一一年以降に秋田銅山拝借年賦金を年に金二〇〇〇両ずつ江戸御勘定所への為替送金しているが、それは同表の入高にもかつ払高にも含まれていない。大坂御金蔵

表5-21　大坂銅座の入札払吹銅高

年	銀高	内訳		
	貫　匁			
天保元年	2,805,778	閏3月	28万斤	320匁2分6厘
		8月	30万斤	315匁6分6厘
		12月	30万斤	320匁6分9厘
2年	2,894,190	4月	30万斤	318匁7分1厘
		8月	30万斤	321匁8分1厘
		12月	30万斤	324匁2分1厘
3年	2,666,190	4月	30万斤	311匁1分6厘
		8月	25万斤	311匁7分6厘
		閏11月	30万斤	317匁7分7厘
4年	2,584,810	4月	25万斤	322匁　6厘
		8月	30万斤	307匁1分2厘
		12月	30万斤	286匁1分
5年	1,763,524	7月	15万斤	277匁4分
		9月	10万斤	260匁2分
		10月	15万斤	271匁1分6厘
		11月	6万斤	270匁4分9厘
		12月	7万斤	271匁5分
		12月	12万斤	273匁4分5厘
6年	2,836,498	3月	30万斤	273匁9分5厘
		6月	30万斤	281匁7分
		11月	40万斤	292匁3分8厘7毛
7年	2,562,990	3月	30万斤	294匁2分6厘
		8月	30万斤	297匁1分6厘
		12月	30万斤	262匁9分1厘
9年	2,464,890	4月	30万斤	283匁5分
		8月	30万斤	268匁
		11月	30万斤	270匁1分3厘
10年	1,662,210	5月	30万斤	274匁6分9厘
		9月	30万斤	279匁3分8厘
11年	2,004,660	5月	30万斤	331匁1分2厘
		11月	30万斤	337匁1分
12年	2,241,360	4月	30万斤	360匁
		9月	30万斤	387匁1分2厘
13年	2,061,870	6月	30万斤	331匁2分9厘
		11月	30万斤	356匁
14年	3,517,000	5月	30万斤	440匁
		10月	30万斤	450匁
		12月	20万斤	423匁5分
弘化元年	1,548,900	12月	30万斤	516匁3分
2年	1,504,860	4月	30万斤	501匁6分2厘
3年	2,872,440	2月	30万斤	481匁3分9厘
		8月	30万斤	476匁　9厘
4年	3,957,000	4月	30万斤	451匁
		8月	30万斤	440匁
		12月	30万斤	428匁

出所）「銅座覚書」（三井文庫所蔵　D460-25）.
注）天保8年には入札値が下落したため払銅はない.

からの御下ケ銀は、天保一一年は一二月二八日に三井組に銀一八〇貫目と二朱金二〇〇〇両が、住友に銀二一〇貫目と二朱金九〇〇両、一分銀六〇〇両が渡されている(67)。一二年にも五月に三井組には銀二〇〇貫目が渡されている。御救銀幷諸家年賦は長崎会所取締の際に行われた落札商人未納銀の取り立てである。

古金銀引替御下ケ銀も天保一二年一二月二三日に「当月五日長崎表ゟ登り候古金銀銅座方ゟ上納相成、依之右代り当方分弐朱金千両、保銀三百貫目、今日御金蔵より相渡り当方へ預持返り候事(68)」とあり、帳面上は二四日の銭屋儀兵衛納の御払代銀六二貫七四七匁が二朱金一〇〇〇両に相当するものと考えられる。同一三年にも七月五日に「銅座古金銀代り金イ仙《(二千)》両銀チシ〆ヽ《(八十貫目)》相渡り候事(69)」とあり、一二月二八日に古金銀代り御下ケ銀三〇〇貫九〇〇目が渡されている。同様に銭屋儀兵衛納の御払金代銀六三貫九五〇目が金一〇〇〇両代に相当するであろう。ただし帳面上は天保一三年一二月一七日などに古金銀上納雑用を三井組に渡すなどの記載はみられるが、古金銀上納代の記載はみられず、また古金銀引替代のない天保一一年にも古金銀上納雑用の払いがあるなど、改鋳にともない長崎会所が引き受けた長崎での古金銀引替御用の一端を大坂銅座が引き受けて古金銀の輸送にあたり、引替御下ケ代の記載された年度にはそれを大坂銅座の資金として運用することになったものと考えることができる。

次に天保一〇年から一三年までの三井両替店の扱った銅座の払高を表5-22から見てみよう。同じく表5-9と比較すると、御金蔵上納高が概して減っており、借入銀元利返済も減ってきている。そこで表5-23に同期間の御金蔵上納銀の内訳を示した。文政期に比して対州延売銅代上納銀、長崎年寄上納銀がなくなっている。天保一一年における長崎会所の上納未納銀について前述したが、「天保六未年ゟ始長崎表一体御取締被仰出候以来、銀操立直り、当地幷大坂借入銀等も返済之道相立候ニ付、天保十一子年ゟ始、例格上納金一万五千両、幷御米代大坂御蔵下ケ銅代銀御下ケ銀、其外桁々未納銀高三万二千四百拾三貫二百二匁、此金五拾四万弐百弐拾両銀弐匁之内江五千両、都合二万両宛向後年々上納可仕旨、同年五月被仰渡上納仕候儀ニ御座候(70)」とあるように、天保一一年からは例格上納金を年に二万両ずつ上納することになったのである。ところがその上納の方針はすぐに破綻した。長崎会所の財政は主に長崎に入港する唐蘭船数によって左右されるためで、その結果、天保一二年には前述したように唐船数に比例して例格上納金を上納するように定めたのである。すなわち蘭船一艘唐船一艘の場合は金二万両、蘭船一艘唐船七艘の場合は金一万五〇〇〇両などである。次に「安政五年長崎会所勘定帳」では、「天保三辰年より同八酉年迄六ケ年御米代未納銀高壱万千弐百弐貫七匁之内、八千百七拾三貫九拾七匁七分九厘九毛四弗者天保十一子年より安政四巳年迄上納相済候」(71)とあり、天保一一年から同じく米代未納銀八一七三貫目余の年賦上納を開始して、安政四年までの一年平均額は銀四五四貫目になる。

大坂銅座払高のなかで御用銅代、荒銅代は文政期とあまり変化はみられない。そこで同時期の長崎会所の財政との連関を検討しなければならない。

天保一〇年から一三年までの長崎会所の歳計を表5-24に示した。入方の中で主要なも

表5-22　天保期の三井大坂両替店取扱の大坂銅座の払高内訳

項　目	天保10年	天保11年	天保12年	天保13年
	貫　匁	貫　匁	貫　匁	貫　匁
御金蔵上納銀	858,827.760	1,561,149.750	1,219,428.222	1,397,957.649
上納雑用	5,715.060	10,117.669	10,032.490	9,708.724
御用棹銅代幷手当	1,268,843.121	1,392,893.557	788,659.218	1,557,098.359
諸銅山荒銅代	483,738.647	481,995.152	389,111.357	559,834.859
銅吹賃	22,000.000	81,000.000	266,000.000	14,000.000
俵物代	267,288.543	331,205.493	257,190.778	201,532.231
松前仕送金	446,524.000	164,400.000	56,205.000	350,000.000
江戸鮫屋仕送金	173,752.000	73,680.500	55,798.000	100,000.000
松前幷鮫屋仕送金	—	73,014.500	—	82,115.000
借入銀元利返済	727,650.000	524,380.000	102,100.000	168,980.000
借入銀利足	198,994.600	203,869.800	164,040.000	92,280.000
棹銅運賃	13,165.700	11,864.700	11,164.200	5,600.200
長崎飛脚賃	1,395.000	2,270.000	4,510.000	5,040.000
長崎屋源右衛門仕送金	90,915.000	—	150,000.000	—
古銅余銀	—	—	—	18,928.550
佐州銅代俵物代	50,168.368	—	—	—
刻昆布代	5,000.000	27,850.000	58,686.000	4,181.600
鉛代	—	—	99,600.000	56,000.000
銭屋忠兵衛渡	182,934.000	—	279,670.000	64,900.000
銅座雑用	29,524.997	23,728.976	31,519.849	42,293.137
掛屋雑用（三井）	5,552.600	5,035.900	4,456.100	5,013.700
その他	26,119.502	26,273.914	38,332.962	20,865.035
合　計	4,860,108.898	4,994,729.911	3,986,504.176	4,756,329.044

出所）「銅座差引帳」（三井文庫所蔵史料　追66，本1853）．

のは商売銀であり、唐船蘭船からの輸入品の落札代銀の収取である。唐金紅毛銀銭棹銅代とはそれを大坂御金蔵へ売却した際の代銀の受け取りとみることができる。入方の御成箇銀、御米代は、払方の御成箇銀皆済上納、御米代皆済上納に照応し、例格上納金とともに大坂銅座を経て大坂御金蔵に上納されるものである。諸出方銀が銅、俵物、諸色など輸出品の購入代銀とその雑用である。払方には大坂銅座の市中借入銀と長崎会所の市中調達銀との元利返入があり、それがかなり比重を占めている。天保一〇年と一二年には収支差引は若干の入方超過となっている。同一一年には調達銀の借入とともに、大坂銅座の地売方からの借入が必要となっている。それは翌年には返済されている。大坂銅座の財政との連関では、入方の商売銀のうち大坂での支出に必要な額が大坂銅座の落札代銀、利付先納銀となる。払方の諸出方銀には大坂銅座の長崎方において買い入れる御用銅代、俵物代もそのまま含まれる。大坂銅座において長崎方として計算される部分の財政はそのまま長崎会所の財政に包みこまれているのである。

表5-23　天保期の三井大坂両替店取扱の御金蔵上納銀の内訳

内　訳	上納銀	上納雑用
天保10年	貫　匁	貫　匁
御成箇上納銀	279,818.500	1,888.775
御米代例格幷地売余銀上納	520,000.000	3,510.000
御貸付方上納銀	59,009.260	316.285
合計	858,827.760	5,715.060
天保11年		
御成箇上納ノ内	13.500	0.091
御米代上納銀	581,136.250	3,922.669
地売余銀幷御貸付方上納	160,000.000	660.000
御米代幷例格上納銀	820,000.000	5,535.000
合計	1,561,149.750	10,117.760
天保12年		
御米代幷御成箇上納銀	466,979.750	3,152.113
御成箇上納銀	20,000.000	135.000
地売余銀幷御貸付方上納銀	312,448.472	1,860.377
御米代上納銀	420,000.000	4,885.000
合計	1,219,428.222	10,032.490
天保13年		
御成箇上納銀	305,973.000	2,664.068
御米代上納銀	260,000.000	1,755.000
上納銀	431,984.649	2,589.656
御米代上納銀	400,000.000	2,700.000
合計	1,397,957.649	9,708.724

出所）「銅座差引帳」（三井文庫所蔵史料　追66，本1853）.
注）天保13年の銀431貫目余の上納銀の内訳は明らかとならない.

一於大坂銅座御用棹銅買入当所江積下方、并諸山地売銅買入出方、且又御上納金銀之義取計候ニ付、吟味役壱人請払役壱人同並壱人年々差遣彼地江罷在候、銅座地役共申談御用向相勤申候、勿論吟味役之儀ハ銅座一体之御

> 用向重立相勤申候儀ニ御座候
> 一唐阿蘭陀商売之節、大坂銅座江仕登せ候銅代銀、御米代為替、長崎御代官所御物成金銀、俵物代等為仕登銀割合目録、幷添状荷渡、以後五ケ所宿老ゟ会所江差出候ニ付、元方年番請払役相調吟味役相改、割合目録ハ年番町年寄御役所江入御覧候上、吟味役元方年番請払役ゟ大坂銅座江掛合遣候儀ニ御座候(72)

これは長崎会所役人の勤方大意書であるが、ここにあるように大坂銅座には長崎会所の吟味役、請払役の役人が勤番で勤めており、銅買入や上納銀の取り扱いにあたり、長崎会所では大坂銅座の勘定帳を常に見比べているのである。さらに次のような記載もみられる(73)。

表5-24　天保期の長崎会所の歳計

内　訳	天保10年	天保11年	天保12年	天保13年9月迄
入　方	貫　匁	貫　匁	貫　匁	貫　匁
前年末有銀	293,431	1,009,600	162,268	1,047,991
商売銀	19,857,831	13,951,175	18,038,728	8,662,230
諸取立銀	747,196	584,552	1,555,921	269,371
唐金紅毛銀銭棹銅代	1,932,234	1,368,336	1,456,947	457,110
根証文備銀	80,000	—	—	—
御米代	2,257,956	1,614,948	1,424,922	775,218
御成箇銀	765,386	574,601	576,837	55,353
地売方銀ゟ請入	—	972,113	—	—
利付先納銀幷市中銀主共調達銀	—	1,050,000	—	—
御用物目当高過上之分	—	—	218,638	374,050
合計	25,934,034	21,125,325	23,434,261	11,641,324
払　方				
御米代皆済上納	2,171,010	2,273,065	1,540,670	544,686
御成箇銀皆済上納	962,284	709,781	558,581	585,973
例格上納金	300,000	900,000	900,000	480,000
諸出方銀	18,547,311	16,244,171	16,592,040	8,175,798
大坂借入銀之内元利返入	1,377,680	484,540	—	—
市中調達銀元利返入	1,566,148	51,500	1,088,800	—
御米代未納之内上納	—	300,000	300,000	—
御用物目当高過上之分上納	—	—	218,638	374,050
於大坂銅座借り入利足幷地売方銀ゟ請入置候内へ返入	—	—	1,187,541	—
寅壱番割商人納銀之内御猶予	—	—	—	1,300,000
合計	24,924,433	20,963,057	22,386,270	11,460,505
差引（年度末会所有銀）	1,009,601	162,268	1,047,991	180,818

出所）「長崎会所事務取扱方書付」（写本）（一橋大学附属図書館蔵），中村質「長崎会所と安政開港」（『九州文化史研究所紀要』22号）参照．

一諸御用銀
是者唐紅毛持渡候品々、於長崎表商人共致入札、落札人共ゟ払立銀長崎会所江相納、右銀高之内を以銅座江為仕登、御用銅代、俵物買入銅代等仕払、不足之節者地売御払代之内ゟ繰替夫々払立、差支無之様取計申候
一御用銅代銀
是者銅代長崎表ゟ仕登セ候得共、不足之節者諸御用銀ゟ請入、秋田、盛岡、別子之内三ケ山壱ケ年百八拾五万斤之御定高ニ而、右廻銅之増減ニ随ひ銅代相渡来リ申候、若銅代差支之節者地売御払銅代ゟ繰替仕払申候、
一俵物類買入銀
是者俵物買入代長崎表ゟ為仕登候得共、不足之節者地売銅代之内ゟ繰替仕払申候
〆右三口之分年々長崎表ゟ為仕登銀ニ而仕払候分

大坂銅座の金銀払高のなかで、上納銀などの諸御用銀や銅代銀、俵物代が長崎表よりの登せ銀から支払われていると記したものであるが、落札代銀よりの支払いとなり、長崎会所から送金などの事実はみられない。長崎方銀の不足の場合は地売方銀を一時的に借り入れることになる。

表5-24の数値に関してはそれ以上の詳しいものは得られない。天保一三年は九月一六日までの数値である。同年に「壱番割商人納銀之内御猶予」とあるのは、天保改革の政策の結果、落札荷物の価格が下落したために代銀上納を猶予したものである。天保一三年の一番割の落札が終了したところで、株仲間解散令に続く荷物の占買、囲持が禁止されたために落札商人は荷物をいっせいに売り出し、その結果として価格が下落したためである。次に引用したのは五ケ所本商人連印の長崎会所調頭取宛の願書の一部である。[74]

一当壱番割、五ケ所商人共落札荷物追々津出し為仕候半、此節諸組問屋株式御差留之儀被仰出候ニ付而は、唐物問屋共始メ仲買素人迄荷物持囲ひ候而は、締買ニ相当り候儀も難計、後難之程相恐俄ニ売払候由ニ而、忽相庭下落仕、此末如何可相成哉と追々急状を以掛合越候趣ニ而は、上納方約り兼申候間、無危踏買置手広ニ売買仕

候様大坂表筋々江被仰渡御座候様急速御駈合被成下候段商人共願出申候、然ル所唐物之儀は米炭油日用之品と違ひ、買持仕候者無御座候而者捌ケ方出来兼、自然と直段下落仕、商人共難渋仕候而已ならす、当地一体之響ニも可相成儀

落札荷物の価格下落のために本商人は落札代銀の上納に困難していき、銀一三〇〇貫目の延納が認められたのであるが、それに対して同年の秋割から落札代銀一貫目につき一〇〇目の割合で延納銀を納めることにしたために、同年冬までに銀五六〇貫目が上納された。長崎会所ではその後、嘉永期にかけて落札仕法の改変を繰り返していく。天保一三年の相場下落は一時的なものであったが、それは幕府の長崎貿易そのものに含まれている本来的矛盾に基づくものである。すなわちそれは「長崎会所之儀者土地一体ヲモ引請取計候要務之場所ニ付」[75]とあるように、惣町箇所割銀、竈割銀など貿易都市の維持のための経費や幕府の貿易利銀の収取、銅貿易のための銅山への価格補塡費などを直組、すなわち落札価格形成過程での元代に対する出銀の割合の異常な高さによって賄われていたことである。その総体としての高利潤の形成が、国内の輸入品の市場構造の中で矛盾を引きおこし、落札商人の投機的性格や落札代銀の未納銀が表面化してくる[76]。そしてそれらが大坂銅座の財政困難の原因ともなってくるのである。

三　嘉永期以降の大坂銅座の財政構造

最後に嘉永期以降の大坂銅座の財政循環の特徴について記しておきたい。嘉永元年以降の大坂銅座の入高・払高を表5-25に示した。そこから二つの特徴を指摘することができる。第一は嘉永二、三年に入高払高が膨張していることであり、第二は安政六年以降にも同じく膨張していることである。その二つの意味はまったく異なっている。嘉永二年以降は借入銀はすでに清算されているとともに、長崎貿易も天保改革の時期を経て未納銀への対処として落札仕法の改変が繰り返された時期である。安政六年以降の入払高の増加は、日蘭追加通商条約に基づく開港によって長崎

表5-25　三井大坂両替店取扱の大坂銅座の入高・払高

年	入　高	払　高	残　高
	貫　匁	貫　匁	貫　匁
嘉永元年	6,922,280	6,989,999	2,018,049
2年	11,161,580	10,365,722	2,813,907
3年	11,277,750	12,795,891	1,295,765
4年	8,928,083	7,220,691	3,003,157
5年	7,498,861	7,085,231	3,416,787
6年	8,691,202	9,744,037	2,363,952
安政元年	6,250,958	5,163,010	3,451,900
2年	4,301,169	5,495,233	2,257,837
3年	4,898,585	4,968,878	2,187,543
4年	5,608,146	5,777,515	2,018,174
5年	4,348,862	5,322,126	1,044,909
6年	13,696,648	13,238,290	1,503,268
万延元年	11,617,086	11,589,656	1,530,797
文久元年	7,236,205	8,025,967	741,035
2年	10,446,143	10,385,581	801,597
3年	4,289,534	3,787,799	1,303,322

出所）「御銀請払勘定帳」（三井文庫所蔵史料　続1～続16）.
注）万延元年は10月分が欠けているので「銅座掛屋割印帳」（三井文庫所蔵史料　本1936）から計算した.

表5-26　三井大坂両替店取扱の大坂銅座の入高内訳

項　目	嘉永元年	嘉永2年	嘉永3年	嘉永4年
	貫　匁	貫　匁	貫　匁	貫　匁
番割落札代銀	3,353,723.041	4,953,959.810	6,630,831.340	4,380,961.600
利付先納	686,027.500	1,507,257.500	310,465.000	206,309.000
灰吹銀代	68,675.097	199,013.287	204,706.305	138,937.214
対州延売銅代	426,000.000	489,800.000	426,000.000	489,800.000
吹銅代	1,540,000.000	2,912,910.000	2,243,700.000	2,838,050.000
銅売代	69,798.680	14,276.565	—	8,312.000
御貸付銀利銀元入	143,039.500	403,838.606	213,411.500	229,169.761
為替銀	435,151.760	500,956.128	800,910.000	438,262.239
秋田年賦銀	149,190.000	126,600.000	148,590.000	21,590.000
盛岡年賦銀	—	—	86,168.750	—
絞銅代	—	12,545.711	—	13,557.812
持家宿賃	7,178.790	7,648.550	7,390.370	7,121.980
返納銀	15,515.260	5,690.000	138,803.275	80,883.174
佐州俵物代	—	—	—	28,109.792
古銅差引残	—	24,321.507	51,104.735	24,008.677
御貸付方御下ケ銀	18,464.500	—	—	—
その他	9,516.329	2,762.371	15,668.906	23,009.770
合　計	6,922,280.457	11,161,580.035	11,277,750.201	8,928,083.019

出所）「御銀請払勘定帳」（三井文庫所蔵史料　続1～続4）.

会所および大坂銅座の性格の変化がもたらされることと密接に結びついている。そこで二つの時期について入払高の内訳から検討してみよう。嘉永元年から四年までの三井大坂両替店の取り扱う大坂銅座の入高と払高とを表5-26、表5-27に示す。そしてさらに嘉永五年から安政元年までの三井、住友両組の大坂銅座の入高と払高とが表5-29、表5-30に示されている。表5-26からは嘉永二年、三年に入高の著しく増大していることの内訳が番割落札代銀と吹銅代との増大にあることが明らかとなっている。嘉永元年には蘭船一艘、唐船四艘が入津し、同二、三年にはいずれも蘭船一艘、唐船四艘の入津となっていて、従前よりも唐船数が増したわけではない。

なおここで、嘉永元年以降の入札

表5-27　三井大坂両替店取扱の大坂銅座の払高内訳

項　目	嘉永元年	嘉永2年	嘉永3年	嘉永4年
	貫　匁	貫　匁	貫　匁	貫　匁
御金蔵上納銀	2,347,423.469	4,251,997.174	4,403,500.237	1,523,994.364
上納雑用	15,510.109	27,824.519	29,038.129	22,311.359
御用棹銅代	1,507,956.000	1,812,504.499	3,036,351.458	1,789,120.000
荒銅代	574,782.730	1,804,773.888	2,363,121.646	1,323,228.061
銅吹賃	191,600.000	289,061.191	480,439.184	174,413.864
俵物代	354,886.781	110,906.044	199,627.854	136,539.794
松前仕送金	655,265.000	668,031.000	1,164,989.490	245,780.000
江戸鮫屋仕送金	31,931.000	98,225.000	135,030.000	87,759.000
刻昆布代	55,932.000	194,336.000	155,304.000	111,395.700
雲州人参代	—	—	221,337.070	484,231.521
鉛代	71,000.000	99,045.000	89,100.000	89,400.000
御貸付銀貸増	210,000.000	50,000.000	160,000.000	15,000.000
返済銀	316,500.000	—	—	—
秋田拝借銀	300,000.000	635,000.000	—	—
盛岡拝借銀	100,000.000	—	—	—
人参座為替	140,000.000	—	—	—
拝借吹銅代	—	—	—	1,005,000.000
棹銅運賃	13,562.800	18,940.700	7,458.000	6,325.000
長崎飛脚費	2,815.000	6,485.000	10,310.000	3,200.000
古銅余銀	—	13,256.781	13,870.706	18,236.447
掛屋雑費	6,632.100	6,913.700	14,054.200	11,277.200
御貸付方代り	—	170,880.155	—	—
先納銀戻り	—	—	70,105.000	—
阿蘭陀方拝借銀	—	—	43,000.000	—
銅座諸雑用	59,443.888	73,449.898	124,654.679	61,721.720
その他	34,758.375	34,092.169	74,553.632	111,757.866
合　計	6,989,999.242	10,365,722.718	12,795,891.897	7,220,691.896

出所）「御銀請払勘定帳」（三井文庫所蔵史料　続1～続4）．

表5-28　大坂銅座の入札払吹銅高

年	銀高	内訳		
	貫　匁			
嘉永元年	2,939,670	5月	30万斤	486匁1分
		11月	30万斤	493匁7分9厘
2年	3,609,780	4月	30万斤	462匁2分9厘
		9月	30万斤	360匁7分
		11月	30万斤	380匁2分7厘
3年	3,248,700	5月	30万斤	380匁
		9月	30万斤	367匁9分
		＊12月	30万斤	335匁
4年	3,643,050	4月	30万斤	388匁7分5厘
		10月	30万斤	410匁
		12月	30万斤	415匁6分
5年	3,732,900	2月	30万斤	425匁3分
		8月	30万斤	411匁6分
		12月	30万斤	407匁4分
6年	4,394,700	＊4月	30万斤	428匁9分
		8月	30万斤	571匁
		12月	30万斤	465匁
安政元年	3,992,340	4月	30万斤	435匁1分5厘
		8月	30万斤	435匁5分3厘
		11月	30万斤	460匁1分
2年	3,902,100	4月	30万斤	431匁9分
		8月	30万斤	431匁9分
		12月	30万斤	436匁9分
3年	3,599,400	4月	30万斤	376匁3分
		8月	30万斤	381匁6分
		11月	30万斤	441匁9分
4年	1,446,570	8月	30万斤	482匁1分1厘
5年	4,027,200	4月	30万斤	472匁3分
		8月	30万斤	450匁
		11月	30万斤	420匁1分
6年	3,621,450	4月	30万斤	411匁6分3厘
		8月	30万斤	387匁9分2厘
		12月	30万斤	407匁6分
万延元年	4,868,400	2月	30万斤	568匁9分
		10月	30万斤	538匁9分
		12月	30万斤	515匁
文久元年	3,485,280	8月	30万斤	592匁1分6厘
		12月	30万斤	569匁6分
2年	3,717,000	4月	30万斤	605匁
		11月	20万斤	951匁
3年	5,296,320	5月	30万斤	1貫086匁5分
		9月	10万斤	1貫225匁1分
		10月	7万斤	1貫159匁6分
元治元年	967,500	3月	10万斤	967匁5分

出所）「銅座覚書」（三井文庫所蔵　D460-25）.
注）＊印は「御用銅を以吹立入札払之上右代銀住友吉次郎江御貸渡之分」とある.

払吹銅高を示すと表5-28のとおりである。嘉永二年から万延元年まで安政四年を除き年に九〇万斤の入札払高となっている。嘉永三年一二月と六年四月には三〇万斤の吹銅代銀を住友吉次郎に貸し渡している。従来は三井大坂両替店が取り扱う大坂銅座掛屋の吹銅代は入札払吹銅高のほぼ半分であったが、嘉永期にはその折半取扱の原則が乱れてきている。嘉永二年には三井大坂両替店取扱の吹銅高比率が八〇パーセントとなり、嘉永三年、四年にはそれぞれ六九パーセント、七七パーセントとなっていることは両表から明らかである。三井大坂両替店が入札払吹銅高の三分の二以上大きく取扱高を占めるのは嘉永四年までである。その期間、三井と住友との取扱高折半の原則が崩れていたと

表 5 -29　大坂銅座の入高内訳

項目	嘉永 5 年		嘉永 6 年		安政元年	
	三井	住友	三井	住友	三井	住友
	貫 匁	貫 匁	貫 匁	貫 匁	貫 匁	貫 匁
番割落札代銀	4,066,640.825	4,371,398.175	3,256,827.925	3,343,066.075	1,683,621.650	1,455,585.107
利付先納	487,730.500	120,000.000	722,081.500	278,417.000	353,529.500	55,082.500
灰吹銀代	141,420.453	—	94,383.570	—	96,464.511	—
対州延売銅代	457,900.000	—	387,000.000	39,000.000	383,000.000	37,000.000
吹銅代	1,748,100.000	1,984,800.000	1,781,700.000	2,613,000.000	1,606,590.000	2,385,750.000
鉸銅代	—	—	20,133.756	—	—	—
銅売代	—	—	—	—	38,202.000	—
御貸付利銀元入	320,922.812	—	210,959.750	—	245,752.850	—
為替	—	154,624.600	1,932,000.000	1,158,000.000	1,316,596.475	1,657,734.772
秋田年賦銀	—	148,590.000	148,590.000	—	148,590.000	—
盛岡年賦銀	—	—	—	—	43,084.375	—
吹賃返納	—	91,468.518	65,749.629	—	96,158.614	—
根証文備銀	—	—	—	—	100,150.000	100,150.000
御瓦方被下銀	150,000.000	150,000.000	28,411.200	—	—	—
唐物代為替	69,942.110	—	—	—	101,408.936	—
古銅差引残	—	66,200.795	—	85,993.789	—	65,129.982
持家宿賃入	7,497.110	—	6,961.470	—	6,744.800	—
置居ノ内ヨリ請取	—	—	—	1,286,700.000	—	—
その他	48,707.529	64,191.645	36,403.827	4,888.567	31,064.891	86.648
合計	7,498,861.339	7,151,273.733	8,691,202.627	8,809,065.431	6,250,958.602	5,756,519.009

出所）「御銀請払勘定帳」(三井文庫所蔵史料　続 5，続 6，続 7），「住友銅座差引帳」(同　続806).

表5-30　大坂銅座の払高内訳

項　目	嘉永5年		嘉永6年		安政元年	
	三　井	住　友	三　井	住　友	三　井	住　友
	貫　匁	貫　匁	貫　匁	貫　匁	貫　匁	貫　匁
御金蔵上納銀	2,024,744.484	2,287,634.200	4,218,212.567	3,051,084.286	850,869.277	600,000.000
上納雑用	5,214.218	22,351.921	30,649.373	18,685.619	8,908.982	2,439.891
御用棹銅代	1,785,008.589	1,820,000.000	2,431,820.359	1,524,478.130	1,541,489.292	1,552,256.000
荒銅代	1,615,395.393	816,273.733	972,576.791	1,433,402.671	1,310,618.521	1,352,114.980
銅吹賃	256,240.000	277,892.126	310,136.328	222,854.399	336,952.794	75,986.048
鉛代	76,800.000	—	—	54,800.000	175,085.000	—
俵物代	159,878.152	80,028.949	149,171.742	91,839.264	113,098.936	152,827.049
松前仕送金	—	444,570.000	254,720.000	583,180.000	—	199,575.000
江戸鮫屋仕送金	31,810.000	63,242.500	51,090.000	53,264.500	86,094.500	54,401.000
松前江戸鮫屋仕送金	—	273,482.000	—	—	—	—
刻昆布代	—	—	31,200.000	39,031.200	—	—
雲州人参代	626,520.211	—	947,212.720	—	—	210,015.860
御貸付銀貸増	136,000.000	—	50,000.000	—	75,000.000	—
御瓦方手間賃	81,549.159	143,637.090	—	—	—	—
御瓦方銅吹賃	60,000.000	—	—	—	—	—
為替	—	—	—	—	—	150,000.000
秋田拝借銀	—	—	—	—	377,000.000	300,000.000
拝借吹銅代	—	—	—	1,286,700.000	—	—
古銅余銀	18,753.945	—	15,308.846	—	18,183.470	—
棹銅運賃	7,381.000	4,707.600	1,617.000	1,188.000	10,307.000	6,248.000
長崎飛脚	5,490.000	2,000.000	15,010.000	3,100.000	12,230.000	4,210.000
先納銀戻し	—	—	115,172.500	50,075.000	—	—
召上唐物代	—	—	—	—	100,938.366	—
掛屋雑費	8,927.600	5,514.100	7,498.100	7,151.400	9,552.400	7,464.800
銅座諸雑用	93,918.262	23,129.449	90,639.390	25,063.618	108,797.259	17,524.718
その他	91,600.280	120,278.261	52,002.090	22,452.811	27,884.660	12,170.697
合　計	7,085,231.293	6,384,741.929	9,744,037.806	8,468,350.898	5,163,010.457	4,697,234.043

出所）「御銀請払勘定帳」（三井文庫所蔵史料　続5，続6，続7）．「住友銅座差引帳」（同　続806）．

みるべきである。番割落札代銀についても同様と考える。

そこで嘉永四年二月一八日に三井大坂両替店から京都両替店へ差し出した書状がこの時期の銅座掛屋の事情をよく示しているので次に引用する。[77]

銅座御掛屋此方同勤住友吉次郎方、一昨酉年七月末ゟ差支之筋出来、御掛屋預り銀高二千五百貫目余御振出之儀御猶予被下候様銅座御役所江願上候ニ付、於町御奉行所御調中、右御掛屋此方一手ニ而御勤来候由、扨住友方予州別子立川銅山之吹銅、壱ケ年七拾万斤宛紅毛唐方渡シ御用銅御定直段ニ而売上、旧年相勤来り、其余出吹銅者地売方直段ニ而銅座江御買上相成、直段も宜御座候由、右山方雑費引足兼候ニ付、弐拾ケ年前為御手当吹銅三拾万斤宛両度拝借御免被仰付、年々弐万斤宛致返納来り、一口者一昨酉年皆済、残一口者明年皆済可相成由、依之昨年右山方難渋申立、吹銅三拾万斤拝借願上候処御聞済有之、旧臘入札御払出相成、則代銀千五貫目住友江御渡可相成分此方江御預ケニ相成、右銀高住友方御掛屋預り銀高弐千五百貫目余之内江備置、右千五貫目丈ケ住友名宛ニ而銅座より追々御振出可相成手筈、又追而唐物代等納り銀も右高迄之積、当年より四五ケ年之間此方ニ而右銀高迄請払相勤遣候様銅座より御談合有之、住友ゟも相頼来、尤一昨酉年七月ゟ当時迄此方一手ニ而御勤来候儀ニ付、今更差支之儀も難御申立、殊ニ同勤御取立之儀、且者銅座損銀不相立様之御趣意旁、無拠銅座江御請御申住友江も御承知被成遣、猶又住友方一両年之内又々吹銅三拾万斤拝借可願上積、左候ハヽ、代銀都合ニ而弐千貫目余備出来、残り五百貫目余ハ年々備可申積、四五ケ年之内以前之通私宅にて御掛屋相勤可申積之由、右者全江戸表御掛り役様、幷其御地御奉行所厚御憐愍之御取計御座候之由致承知候

「一昨酉年」とは嘉永二年のことである。住友では銅山経営が困難になり、そのために銅座掛屋として預かっている銀二五〇〇貫目の払出の猶予を願い出るほどとなり、事実上掛屋としての機能を停止しているとみなければならない。その結果として三井大坂両替店の銅座掛屋の入高・払高は急増したのである。表5-26によれば、御用銅買入価格が低く抑えられているため、秋田、盛岡の御用銅山は経営困難となり拝借銀を借り入れている。三井組では、銅座

為替として大坂銅座役所から江戸御勘定所への為替送金を引き受けていたが、天保一一年以降には秋田銅山拝借年賦銀を年々金二〇〇〇両ずつ江戸御勘定所へ為替送金しており、同表の秋田年賦銀がそれに照応している。盛岡年賦銀が同じように拝借銀への年賦返済銀となっている。表5-27で嘉永三年一二月に住友が吹銅三〇万斤の代銀一〇〇五貫目を借り入れているが、それを嘉永四年二月に銅座掛屋の資金としたのである。三井大坂両替店ではその勘定目録の預り方に銅座預り銀が記載されるが、嘉永四年から安政元年までの期間には「住友吉次郎銅座預り」[78]が記載されている。そしてその関連史料として「住友銅座差引帳」[79]と「住友銅座掛屋割印帳」[80]とがある。その最初には嘉永四年二月五日に住友吉次郎より銀一〇〇五貫目を受け取っており、上述の吹銅三〇万斤の代銀である。住友分となっているが、三井大坂両替店がそのすべてを取り扱ったのである。

嘉永四年二月に三井組が住友吉次郎宛に「申定書」を差し出し、そこに「前書之趣別段存寄無之、夫々致承知候ニ付為念奥書仍如件」と記して三井組に返している。それは八カ条からなるが、そのいくつかを引用する。[81]

一此度銀千五貫目銅座御振出シ御手形当組江御廻し候ハヽ、通帳江請取相記置、追而月勘定差引残銀高当組預り分月々記替可申候事
一月勘定之儀、毎月上旬前月請払之分半紙帳ニ認候、下書貴店様江相廻し可申候間、本紙御認御調印当組江御遣し可被成候事
一諸雑費被下銀貴店様分不残御引取御入帳可被成候事
一御金蔵江御上納金銀貴店様分共不残当組引受取計可申候、尤当日御壱人御出役可被成候、右上納諸入用常是音物共当組ゟ不残出方取計可申候
一右ニ付番割納り、吹銅代其外惣而納り銀、印形取付欠料、貴店様分不残当組江可申請候事
　但御貸附方元利納常是包料も同断之事
一右御掛屋御用向、此度御頼談ニ付、当亥年ゟ四五ケ年之間貴店様分当組ニ而取計可申候、右年限過候ハヽ、以前

之通貴店様ニ而御勤可被成候事

引用文中の当組とは三井組であり、貴店とは住友吉次郎店のことである。年限を四、五年と区切ってはいるが、住友分のすべての金銀出入を三井組が取り扱うことになった。

そこで嘉永五年から安政元年までの三井と住友名前の銅座掛屋の入高・払高の内訳を表5-29、表5-30に示した。三井と住友との合計した数値が大坂銅座の金銀出入の総額となる。三井の場合の年毎の残高は表5-25のとおりとなるが、住友の名前では銅座掛屋の預り銀残高は嘉永四年末が銀八七九貫二七五匁余、嘉永五年末が銀一六四六貫七〇七匁余、嘉永六年末が銀一九八五貫六二五匁余、安政元年末が銀三〇四五貫五四一匁余となっている。安政二年六月には残高が銀二〇七五貫二四八匁余となり、同月二五日に住友吉次郎に渡している。

表5-29の入高内訳から三井と住友との掛屋として取扱分担をみると、番割落札代銀には大きな差異がみられないが、灰吹銀代と御貸付銀利銀元入は三井のみが扱っている。吹銅代は三井と住友との合計が表5-28に示された数値となっている。また対州延売銅代でも銀高に大きな差異がみられる。嘉永六年の住友の「置居ノ内ヨリ請取」とは、四月の入札払吹銅高の三〇万斤分の銀一二八六貫七〇〇目を住友に貸し渡した分を繰り入れた部分で、表5-30の拝借吹銅代に照応する。

表5-29の為替の納入者は番割落札代銀の納入者と同じであり、大坂の唐薬種問屋または唐反物問屋である。したがってこれも落札代銀とみなければならない。

表5-26もあわせて大坂銅座の入高をみると、鉸銅は薩摩藩屋敷に売り渡しており、銅売代とは、嘉永元年には紀州藩屋敷に銀五八貫目を、御鋳楝梁の躰阿弥長門に銀一一貫目を売り渡している。嘉永二年には躰阿弥長門と東本願寺に、四年には東本願寺に売っている。安政元年には紀州藩屋敷に銀二九貫目を、東本願寺に銀九貫目を売っている。銅屋への入札売とは別に銅座は個別的に吹銅を売却している。

次に嘉永五年に三井組と住友分とで合計して御金蔵より銀三〇〇貫目の御瓦方被下銀を受け取っている。銅座で江戸城西丸普請のための銅瓦を製作して作事に用いるための御金蔵からの下げ金である。ここで御貸付銀利銀元入の内訳を示すと表5-31のとおりである。嘉永元年から四年まででも銀四三五貫目の御貸付銀が貸増されていることは表5-27のとおりである。表5-15の文政期の御貸付銀利銀内訳と比べてみると、九州諸藩への御貸付銀が中心ではあるが、貸付先が全国的に拡がってきている。銅座の入高のなかで収益を表す費目としては安定的なものとなっていた。

嘉永期以降の大坂銅座の払高を前掲の表からみていくと、嘉永二年、三年に払高総額は入高総額と同様に急増している。その増加の内訳は御金蔵上納銀が著しく、荒銅代、御用棹銅代の増加もみられる。嘉永二年七月以降は住友が銅座掛屋を事実上停止しているとみられるからである。ここで御金蔵上納銀の内訳を表5-32に示してみる。嘉永四年の住友分も付け加えた。盛岡返納上納、御城御修復古銅代上納も御金蔵に上納されたものである。同表で地売銅余銀上納銀の高額さが指摘できる。それは地売銅を入札で売却する過程で形成される利潤であり、天保後期以降吹銅価格の高騰の中で利潤が形成されてきていたことを意味している。

嘉永期の大坂銅座の払高のなかで、秋田銅山や盛岡銅山への拝借銀もみられるが、この時期の新しい特徴として雲州人参代がある。嘉永六年には銀九四七貫目余までに増加を示している。出雲人参は長崎会所から唐船に渡されるもので、代銀は松江藩屋敷に渡されている。出雲人参は松江藩が宝暦期から江戸藩邸で栽培していたものを安永期に藩内にも移して生産されるようになったもので、松江藩の専売品であった。文化一三年から三都、北国筋とともに長崎でも売り出されるようになり、天保四年からは長崎会所を経て唐船に売り渡されることになった(82)。それ以降、出雲人参の生産も拡大し、天保一四年から嘉永五年までの一〇年間の長崎会所での出雲人参取扱高は銀七九一四貫目余に及んだ。そしてその代銀を大坂銅座が払うようになったのである。

表5-27には嘉永二年から四年まで銀一三貫目余から一八貫目余までの古銅余銀の払高がある。それは前表では天保一三年に銀一九貫目弱みられたが、古銅余銀の上納銀である。ただし大坂御金蔵への上納銀とは異なり、江戸御金蔵へ為替送金によって上納することになる。天明五年から万延元年までの七六年間の古銅余銀の上納銀高は銀一〇二

表5-31　御貸付銀元利銀の内訳

名　前	居　城	嘉永5年	嘉永6年	安政元年	
		貫　匁	貫　匁	貫　匁	
内藤能登守	日向　延岡	8,805.000	8,805.000	10,138.340	
松平出雲守	越中　富山	14,000.000	11,000.000	14,000.000	1）
松平十郎麿	石州　浜田	5,711.500	3,000.000	8,500.000	2）
有馬中務大輔	筑後　久留米	26,000.000	19,000.000	31,000.000	
有馬日向守	越前　丸岡	9,500.000	—	9,000.000	
脇坂淡路守	播州　竜野	3,074.500	3,074.500	3,074.500	
鍋島加賀守	肥前　小城	12,000.000	12,000.000	—	
五島左衛門尉	肥前　福江	3,000.000	3,000.000	3,000.000	
水野大監物	羽州　山形	4,625.000	3,500.000	5,875.000	
松平越後守	美作　津山	42,004.452	—	—	
岩城伊予守	羽州　亀田	48,690.840	—	—	
立花左近将監	筑後　柳河	13,150.000	15,600.000	16,600.000	3）
土屋采女正	常州　土浦	6,000.000	6,000.000	8,333.340	
井上河内守	遠州　浜松	4,333.340	7,000.000	7,000.000	
九鬼長門守	摂州　三田	5,833.340	7,500.000	7,500.000	
森越中守	播州　赤穂	6,000.000	6,000.000	—	
松平肥前守	肥前　佐賀	19,200.000	—	—	
松平越前守	越前　福井	15,000.000	—	—	
木下主計頭	豊後　日出	678.000	6,741.000	—	
小笠原左京大夫	豊前　小倉	27,351.000	27,077.000	26,820.000	
小笠原直之進	豊前小倉新田	3,534.500	3,453.500	3,374.500	
板倉摂津守	備中　庭瀬	6,000.000	6,000.000	6,000.000	
木下備中守	備中　足守	2,500.000	—	2,500.000	
仙石讃岐守	但馬　出石	5,000.000	5,000.000	5,000.000	
津軽越中守	奥州　弘前	4,410.000	8,599.500	8,170.000	
宗対馬守	対州　府中	10,000.000	10,000.000	10,000.000	
松平左衛門尉	豊後　府内	1,000.000	—	1,000.000	
松平兵部大輔	播州　明石	1,758.000	1,758.000	1,758.000	
牧野備前守	越後　長岡	11,763.340	12,000.000	12,000.000	
佐竹次郎	羽州　久保田	—	17,471.250	33,942.500	
松平淡路守	因州　新田	—	5,250.000	5,100.000	
松平周防守	奥州　棚倉	—	2,130.000	3,400.000	
小笠原信濃守	播州　安志	—	—	2,666.670	
合　計		320,922.812	210,959.750	245,752.850	

出所）「御銀請払勘定帳」（三井文庫所蔵史料　続5，続6，続7）.
注1）安政元年には松平主計，2）安政元年には松平右近将監，3）安政元年には立花飛驒守.

○貫二八一匁七分五厘となっている。それについては次のようにある。[83]

一古銅取扱之事

此儀明和三戌年銅座被仰出、諸国銅山出銅者素ゟ古地銅ニ至迄、銅座江売上候様御触流御座候処、兎角真鍮職鋳物職之もの古銅吹潰し不取締ニ付、寛政六寅年御取締被仰出、大坂表ニ而古銅見改方之もの四人被仰付、一人前一ケ年銀三枚宛御手当被下置、猶又京都ニ而も安政元寅年古銅売上取次人之内、三人見改方被仰付、尤当地并京

表5-32　三井大坂両替店取扱の大坂御金蔵上納銀の内訳

月　日	内　訳	上納銀	
		貫　匁	
嘉永元年2月23日	例格上納銀	200,000.000	
4月16日	地売余銀上納	560,179.682	
5月18日	御成箇銀上納	40,000.000	
5月23日	御成箇銀上納	70,000.000	
7月5日	御米代上納	318,600.000	
11月23日	盛岡返納上納	200,000.000	
12月5日	長崎例格上納銀	368,643.787	
12月5日	御貸附方上納銀	40,000.000	
12月23日	御米代上納銀	400,000.000	
12月24日	上納銀	150,000.000	
	合計	2,347,423.469	
嘉永2年5月7日	御成箇上納銀	70,758.975	
5月16日	御成箇上納銀	72,488.900	
6月16日	瀬崎御米代上納	460,000.000	
10月15日	地売余銀上納	2,084,726.600	
12月5日	例格上納銀	312,309.420	
12月5日	御貸附方上納銀	151,713.279	
12月16日	御米代上納銀	1,100,000.000	
	合計	4,251,997.174	
嘉永3年5月17日	御成箇上納銀	74,869.840	
5月23日	御成箇上納銀	151,921.300	
6月23日	御米代上納銀	1,119,237.000	
7月23日	地売方余銀上納	1,000,817.528	
11月26日	御米代上納銀	1,100,000.000	
12月16日	上納銀	956,654.569	1）
	合計	4,403,500.237	
嘉永4年4月16日	御城御修復古銅代上納	29,713.075	
6月23日	御米代上納銀	588,781.000	
10月23日	上納銀	302,025.840	2）
12月16日	上納銀	603,474.449	
	合計	1,523,994.364	
	住友分		
嘉永4年5月18日	御成箇上納銀	91,899.450	
5月24日	御成箇上納銀	185,818.500	
6月23日	御米代上納銀	700,000.000	
10月23日	上納銀	300,000.000	
12月16日	上納銀	800,000.000	
	合計	2,077,717.950	

出所）「御銀請払勘定帳」（三井文庫所蔵史料　続1～続4）．「住友銅座差引帳」（同　続806）．

注1）嘉永3年12月16日の上納銀のうち，御貸付方上納銀は銀100貫608匁8分5厘8毛．

2）嘉永4年10月23日の上納銀のうち，御貸付方上納銀は銀108貫900目3分8厘7毛．

都、伏見、堺、大津、兵庫ニも古銅売上取次人有之、右之者并銅吹屋共取次を以、月々売上候分切屑銅其外古銅之分上中下品分ケ仕、一ヶ年三ケ度吹銅入札御払直段を以、先前仕来之定法ニ割合買上直段取極、代り吹銅之儀者右落札直段を以売渡、右売出し余銀之分年々江戸御金蔵江上納仕候事

古銅の売買も大坂銅座が取締にあたり、それによって生じる利潤を江戸御金蔵へ上納することになる。

次に表5-33は表5-30に記した大坂御金蔵上納銀の内訳である。年度毎の三井組と住友との合計額が大坂御金蔵へ支払った上納銀の総額である。上納銀高はすべて三井組と住友とで同額ずつ折半して取り扱ったわけではないが、ほぼ折半している例もみられる。預り銀残高のあり方によって変わってくると考えられる。なお御貸付銀利銀は三井組のみが取り扱ったために、御貸付方上納銀も三井大坂両替店のみが取り扱ったのである。嘉永六年には内容の不明な上納銀が増している。

表5-30の払高内訳では、前述した江戸城西ノ丸普請の銅瓦の作事関係で嘉永五年に御瓦方手間賃と御瓦方銅吹賃とが支出されている。拝借吹賃代銀一二八六貫目については前述した。また嘉永六年には唐船の入港がなかったために先納銀戻しもみられる。御用棹銅代と荒銅代とは三井組と住友とでは銀高で短期的には変動があるが、長期的には平均化されるものと考えられる。三井組に限ってみると、文政・天保期に比べて嘉永期に、御用棹銅代にはあまり大きな変動はみられないが、荒銅代銀が増加を示している。この時期の荒銅代の内訳は明らかとならないが、入札払吹銅代の価格でみると天保期末から急上昇しており、買入価格も上昇していると考えられる。

そこでこの時期の御用銅代の内訳を表5-34から見てみる。史料上では棹銅代と手当銀とを明確に区別し難いものがあるため棹銅代并手当銀と記したが、これらの期間を通して五〇パーセント弱が住友吉次郎への支払いとなっている。前貸金を含めても盛岡銅山への支払いが最も少なくなっている。

手当銀は文化期末には別子立川、秋田、盛岡の三山ともに年に銀一五〇貫目となったのであるが、実際にはそれよりはるかに多額の手当銀が支払われている。棹銅代并手当という記載を除いても別子立川銅山御手当銀は三井、住友

の合計で、嘉永五年には銀二八〇貫目、六年に銀一八〇貫目、安政元年には銀五四〇貫目となっている。他方、盛岡銅山に対しては、棹銅代并手当を含めても銀一五〇貫目にはるかに及ばない。盛岡銅に対して嘉永五年には棹銅代并手当が銀一二一貫目に、手当銀が銀一〇貫目余に、六年に手当が銀一〇八貫目余となっている。市中銅価格が高騰している段階で、手当銀も銅代銀の補塡のうちであるが、御用銅産出高が御定高に達しなくなってきたために減額されてきている。

そこで嘉永元年以降の御用銅高を表5-35に示した。これは大坂銅座に廻された御用銅の斤高であり、そのすべてが長崎から輸出された額を示すものではない。秋田銅は地売銅荒銅として銅座に廻されることがあるが、それは同表に含まれない。輸出以外の用途として長崎に廻されないで御蔵納となる場合があり、秋田銅では江戸廻地丁銅となるものがある。嘉永元年から同六年までで秋田銅のうち一三〇万五二三九斤五歩が江戸廻地丁銅となっている。安政元年から六年まででは一一九万二二九〇斤六歩が江戸廻地丁銅となっている。御用銅の使途としては唐船入来のなかった嘉永六年には一〇〇万斤が御蔵納として備蓄されたが、嘉永二年、四年には二万二〇八八斤余が対州水牛角代りとなっており、嘉永五年以降は毎年一万一〇四四斤四歩がそのために用いられることになった。対州水牛角代りとは天保七年に「対州ゟ朝鮮国江被差渡候水牛角之代り銅ニ而相渡候ニ付、右銅壱万千斤宛買請度旨願立候処当申ゟ向子迄、五ケ年之間代銀十二ケ月延を以売渡候様従江府被仰越候事」(84)として始められ、当初は地売方の銅が用いられたが、嘉永二年からは御用銅を用いることになったのである。銅輸出高は唐船蘭船の来船数に規定されるため、来船数の少ない年度には御蔵納として備蓄され、安政三年には一二九万斤が、安政六年には一三四万九〇〇〇斤が御蔵納となっている。安政期には輸出銅以外に御用銅が多く用いられていき、安政五年には一五五万斤余の御用銅のうち一〇〇万斤が地売方へ売り渡され、二八万斤が江戸廻地丁銅になり、一〇万斤が水牛角代りを含めた対州延売銅となっている。そして安政六年以降には御用銅のうちすべてが輸出以外に用いられるようになったのである。安政六年の一九四万斤のうち御蔵納が一三四万斤、対州売渡が一〇万斤余、江戸廻地丁銅が二五万斤余、両丸御普請銅瓦地が二三万斤余の

表5-33　大坂御金蔵上納銀の内訳

年月日	内　訳	上納銀	区別
		貫　匁	
嘉永5年5月6日	御成箇上納銀	68,382.880	三井
16日	御貸附方上納銀	396,010.796	三井
16日	御成箇上納銀	137,634.200	住友
6月23日	御米代上納銀	507,880.000	三井
23日	御米代上納銀	1,000,000.000	住友
11月24日	地売余銀幷例格上納銀	552,470.808	三井
25日	地売余銀幷例格上納銀	550,000.000	住友
12月16日	御米代上納銀	500,000.000	三井
16日	御米代上納銀	600,000.000	住友
	合計	4,312,378.684	
嘉永6年2月23日	臨時上納銀	1,000,000.000	三井
24日	上納銀	1,000,000.000	住友
4月16日	上納銀	1,100,000.000	三井
16日	上納銀	400,000.000	住友
5月8日	御成箇上納銀	73,648.800	三井
16日	上納銀	1,000,000.000	三井
16日	上納銀	540,000.000	住友
16日	御成箇上納銀	148,408.600	住友
6月23日	御米代上納銀	399,511.000	三井
25日	御米代上納銀	400,000.000	住友
9月16日	御貸付方上納銀	145,052.767	三井
10月16日	地売方余銀上納銀	500,000.000	三井
16日	地売方余銀上納銀	546,913.168	住友
12月16日	長崎例格上納銀幷御米代上納銀	15,762.518	住友
	合計	7,269,296.853	
安政元年5月18日	御成箇上納銀	72,705.380	三井
23日	御成箇上納銀	46,144.600	三井
23日	御成箇上納銀	100,000.000	住友
6月17日	上納銀	6,155.000	三井
11月16日	御貸付方上納銀	172,264.086	三井
23日	地売銅余銀上納銀	553,600.211	三井
23日	地売銅余銀上納銀	500,000.000	住友
	合計	1,450,869.277	

出所）「御銀請払勘定帳」(三井文庫所蔵史料　続5，続6，続7),「住友銅座差引帳」(同　続806).

嘉永6年		安政元年	
三　井	住　友	三　井	住　友
貫　匁	貫　匁	貫　匁	貫　匁
990,000.000	636,794.365	930,000.000	884,256.000
234,000.000	501,120.000	315,120.000	668,000.000
498,000.000	—	250,000.000	—
439,820.359	386,563.765	46,369.292	—
270,000.000	—	—	—
2,431,820.359	1,524,478.130	1,541,489.292	1,552,256.000

内訳となっている。

御用銅高が次第に減少していくなかで、嘉永期以降には長崎での輸出に用いる以外に廻される部分が拡大していったのである。そして諸外国との開港をめぐる交渉のなかで、銅輸出を制限する幕府の意図が実現していったのである[85]。安政元年には従来唐船一艘に渡していた銅一〇万斤を五万斤に半減させ、さらに蘭船一艘につき六〇万斤を渡していた銅を、安政四年の日蘭追加条約では商人から外国人に売ってはならぬもののうちへ入れた。そして日蘭追加条約にともなう同月の唐方商法据置の伺でも「唐方迚も可成丈渡銅相減し候方御国益筋ニ付会所より減銅之儀船主江為掛合置、いまた治定之否不申出候得共[86]」とあり、減銅を唐船においても維持していくことを示している。そのようなかで銅座の機能も若干の変化を余儀なくされたといわねばならない。

開港前後の大坂銅座の財政構造の変化を明らかにするために安政五年、六年と文久二年の数値を示すことにする。万延元年は一〇月分の数値が得られないために省いた。表5-36にその三年分の三井大坂両替店取扱いの銅座の入高内訳を、表5-37にその払高内訳を示した。安政六年に入高・払高ともに急増することは前述したが、それに先立ち安政五年の長崎会所の財政との連関を検討することにしたい。安政五年の銅座財政では番割落札代銀と利付先納とは著しく減少しており、入高のなかで吹銅代が五〇パーセント弱を示している。

払高内訳においては御金蔵上納銀が著しく減少していることが明らかとなる。御金蔵上納銀高は前表で安政元年まで示されているが、三井大坂両替店取扱分は安政

表5-34　御用棹銅代の内訳

銅山名	名　前	内　訳	嘉永5年	
			三　井	住　友
			貫　匁	貫　匁
別子立川銅山	住友吉次郎	棹銅代幷手当	784,256.000	860,000.000
秋田銅山	山下八郎左衛門 百足屋仁兵衛	棹銅代幷手当	594,229.360	650,000.000
		前貸金	—	—
盛岡銅山	高池屋栄次郎 鴻池屋義七	棹銅代幷手当	286,523.229	130,000.000
		前貸金	120,000.000	180,000.000
合　計			1,785,008.589	1,820,000.000

出所）「御銀請払勘定帳」（三井文庫所蔵史料　続5～続7），「住友銅座差引帳」（同　続806）．

表５-35　嘉永期以降の御用銅高

年	秋田銅	盛岡銅	別子立川銅	御用銅合計
嘉永元年	51万4300斤	23万0800斤	65万9000斤	140万4100斤
２年	72万9388斤２歩	18万7200斤	87万4000斤	179万0588斤２歩
３年	52万8256斤４歩	７万8000斤	56万0000斤	116万6256斤４歩
４年	53万0457斤８歩	31万8800斤	42万6000斤	127万5257斤８歩
５年	72万1254斤６歩	21万0000斤	48万4000斤	141万5254斤６歩
６年	58万3061斤５歩	45万5000斤	73万0000斤	176万8061斤５歩
安政元年	36万0044斤４歩	58万1000斤	57万5000斤	151万6044斤４歩
２年	33万0752斤６歩	１万4000斤	12万0000斤	46万4752斤６歩
３年	85万8910斤６歩	20万3500斤	145万1000斤	251万3410斤６歩
４年	74万9258斤	28万6000斤	69万4000斤	172万9258斤
５年	108万8711斤４歩	38万6000斤	７万8394斤	155万3105斤４歩
６年	33万2335斤４歩	67万5117斤３歩	93万8394斤	194万5846斤７歩
万延元年	46万4114斤８歩	81万1840斤９歩	47万1394斤	174万7349斤７歩
文久元年	97万6097斤８歩	—	11万1673斤７歩	108万7771斤５歩
２年	99万4860斤７歩	40万1718斤	204万4654斤６歩	344万1233斤３歩

出所）「銅座覚書」（三井文庫所蔵　D460-25）．

表５-36　三井大坂両替店取扱の大坂銅座の入高内訳

項　目	安政５年	安政６年	文久２年
	貫　匁	貫　匁	貫　匁
番割落札代銀	409,863.875	2,047,256.850	2,503.750
利付先納	60,090.000	635,992.500	100,000.000
灰吹銀代	105,425.018	112,599.062	67,461.840
対州延売銅代	685,000.000	557,900.000	475,000.000
吹銅代	2,097,200.000	1,808,845.000	1,867,000.000
紀州家銅売代	29,000.000	130,500.000	—
御貸付銀利銀元入	263,794.121	268,300.620	210,514.840
為替入	505,526.000	—	—
借入銀	—	6,295,000.000	4,385,000.000
御金蔵被下銀	—	—	588,000.000
秋田銅山年賦銀	21,590.000	283,990.000	156,990.000
盛岡銅山年賦銀	—	10,000.000	67,046.350
別子銅山年賦銀	—	—	20,499.258
持家宿賃入	7,543.860	7,437.060	7,271.910
払金代	—	1,426,975.000	172,120.000
払銭代	—	—	1,950,000.000
長崎為登銀	—	—	251,356.674
製鉄所為登銀	—	—	81,532.559
鉸銅代	—	13,527.863	—
年賦返納銀	148,509.947	55,150.199	30,300.000
佐州俵物代為替	—	39,531.000	—
その他	15,319.264	3,642.947	13,546.059
合　計	4,348,862.085	13,696,648.111	10,446,143.240

出所）「御銀請払勘定帳」（三井文庫所蔵史料　続11，続12，続15）．

二年には銀一五九九貫七〇〇目、安政三年には銀一七八九貫目、安政四年には銀七〇〇貫目であって、安政四年から急減している。安政五年には御貸付方上納銀一八六貫目余、地売銅余銀上納銀が銀一六〇貫目、安政六年には御貸付方上納銀が銀一五七貫目余となっている。幕府財政における長崎貿易の収益的性格が後退していることがそこから明らかとなるが、表5-38の安政五年の長崎会所の歳出入から検討してみよう。前年度からの繰越高が銀一万五四八三貫目余、同年中の歳入が銀三万六三七六貫目余、同年中の歳出が銀四万四六四三貫目余、次年度への繰越高が銀七二一七貫目余となっている。同年の長崎会所の財政についてはすでに中村質氏の分析があるが、銅座の収支との関係について見てみる。

表5-37　三井大坂両替店取扱の大坂銅座の払高内訳

項　目	安政5年	安政6年	文久2年
	貫　匁	貫　匁	貫　匁
御金蔵上納銀	502,652.217	174,590.847	45,500.923
上納雑用	2,396.591	676.640	307.131
御用棹銅代幷手当	2,249,609.455	2,489,190.000	3,532,825.117
諸銅山荒銅代	956,766.417	542,213.332	499,646.835
銅吹賃	281,973.258	223,434.895	405,871.921
俵物代	113,828.082	176,759.622	257,344.756
松前仕送金	285,500.000	141,856.000	—
刻昆布代	—	200,000.000	—
御貸付銀貸増	70,000.000	70,000.000	120,000.000
江戸鮫屋仕送金	35,655.000	83,158.000	80,087.000
借入銀元利返済	—	2,485,025.000	5,125,393.750
棹銅運賃	1,771.000	—	—
長崎飛脚賃	10,930.000	13,730.000	13,470.000
鉛代	—	112,500.000	—
雲州人参代	500,000.000	1,417,215.450	—
会津人参代	—	100,000.000	—
紀州寒天代	—	270,000.000	—
土佐樟脳代	—	55,000.000	—
京都織物代	25,000.000	56,236.500	—
長崎下し買入金代	—	3,136,280.000	—
先納銀戻し	20,030.000	41,650.000	112,600.000
為替金	—	1,000,000.000	—
古銅余銀	40,201.440	29,925.043	15,275.022
掛屋雑費	10,556.200	7,849.100	7,235.800
銅座諸雑用	96,593.671	126,758.254	97,425.692
その他	118,663.376	284,238.725	72,597.597
合　計	5,322,126.707	13,238,290.428	10,385,581.544

出所）「御銀請払勘定帳」（三井文庫所蔵史料　続11，続12，続15）.

入方の中で最も主要なものが長崎商売銀であることはもちろんであるが、御用銅関係のものが銀四一八五貫目となっている。大坂御金蔵へ上納する御米代銀の銀一七八五貫目を御用棹銅七四万四〇〇〇斤で上納したため、銅一〇〇斤につき銀二四〇目で換算して入方に記載したものである。唐蘭船に渡すべき御用銅の運用による益金とみているわけである。また銀二四〇〇貫目は「是者御用棹銅有余之内百万斤大坂地売方江売渡候様被仰付候ニ付弐百四拾目替ヲ以代銀取立候分[87]」である。それは吹銅代銀として実現する以前にもかかわらず記載されたもので、大坂銅座としては長崎方から地売方への売り渡しにすぎない。前述したように長崎会所の財政収支には大坂銅座の財政の一部が組み込まれているのであるが、それは長崎方のみで地売方は組み込まれていないために、このように売り上げとして記載されることになる。五カ所本商人や市

表5-38　安政5年長崎会所の歳計

入方		払方	
	貫　匁		貫　匁
巳十二月会所有銀	15,483,508.894	御金蔵上納銀	2,043,762.050
長崎商売銀	15,087,926.548	唐蘭船異国人渡輸出品代	9,357,098.572
琉球産物払代銀	2,265,485.707	琉球産物払代銀薩摩用立渡	2,025,288.787
諸家諸役所御用物幷買請物代	1,552,345.992	阿蘭陀人異国人渡銀札代雑用共	13,906,411.042
御年貢米代銀	2,139,566.734	唐蘭船在留中雑用通詞雑用共	2,849,954.791
御料御成箇米銀	229,151.440	諸役人受用銀助成銀加役料	2,884,258.350
諸取立銀	493,144.312	諸役人役金	670,942.144
御米代上納銀御用棹銅にて納高	1,785,000.000	役所雑用銀	1,299,097.774
御用銅地売方へ売渡代	2,400,000.000	惣町箇所割竈割銀	869,010.518
人参其外諸色代掛り益銀大坂銅座入目共	415,711.926	市中郷中御救米銀	34,130.979
五カ所商人幷市中銀主ゟ借入銀	2,300,000.000	町役人渡銀	396,670.447
置付用意銀より請入	5,900,000.000	白糸黄糸代被下銀四ヶ所宿老渡	190,000.000
買入鉄銭代鮫書籍囲籾米方商法余銀	188,975.431	五ヶ所宿老諸雑費	69,000.000
荷物三歩掛入銀	124,135.422	伝習方幷開港諸入用	1,580,175.655
三歩掛り銀	428,293.097	大坂銅座雑用銀	56,946.121
諸向年賦銀返納銀取立銀	249,525.924	寺社渡銀	68,972.868
御欠所幷召上物銀	308,635.337	唐船宿町雑用	33,333.900
		唐船礼物払代銀渡	11,623.079
		買請物諸入用	41,507.360
		借入のため置付用意銀ゟ出方	5,900,000.000
		諸向拝借銀渡	118,900.000
		振替銀	234,950.775
合　計	51,860,507.801	合　計	44,643,127.674
		残，午十二月晦日会所有銀	7,217,380.127

出所）「安政五午年長崎会所勘定帳」（写本）（一橋大学附属図書館蔵），中村質「長崎会所と安政開港」（『九州文化史研究所紀要』22号）参照.

中銀主よりの借入銀は、銅座ではこの年には借入銀はないために長崎会所限りの借入銀となる。置付用意銀より銀五五〇〇貫目の請入がある。それは払方では「会所銀操差支候ニ付置付用意銀ゟ出方」とあり、二重記帳となっている。長崎会所の会計には本途銀、長崎置付用意銀、荷物三歩掛け入銀、三歩掛り銀、諸返納取立銀、欠所幷召上物銀の種別があり、銀五九〇〇貫目は置付用意銀から本途銀への組み入れに当たって、備蓄資金の突き崩しになる。

諸家諸役所御用物幷買請物代のなかで主要なものを列挙すると、金座御用買上紅毛錫代の銀一三四貫八二〇目、朱座買請朱代銀の銀二〇七貫八一九匁余、御菓子御製所御用砂糖代の銀一三七貫四四一匁余、佐賀藩買請筒類茶碗薬代の銀七四八貫目余などがある。

長崎会所の財政そのものを分析することが目的ではないので、払方の内訳を大坂銅座の財政との関連でみると、上納銀は前年度の巳年の年貢銀二一八貫五五三匁と巳年の米代銀一七九五貫三四〇目、それに天保三年から八年までの米代銀未納高のうち安政五年取立高の銀二九貫八六九匁四厘九毛九弗である。長崎会所財政が困窮を示しているために貿易利銀の上納はみられない。前二者の上納銀の内訳を次に引用する(88)。

銀弐百拾八貫五百五拾三匁

一巳年御年貢銀会所ゟ為替上納仕候分

是者巳年御代官所ゟ御年貢銀百三拾七貫弐百九拾弐匁八分弐厘、幷米九百四拾九石六斗壱升四合壱夕、会所江請取、九十日延之積、米者諸役人江貸渡、此代銀八拾壱貫弐百六拾目壱分八厘、合書面之高会所ゟ大坂御金蔵江為替上納仕候分、右納札者高木作右衛門殿仕上地方御勘定帳江相添被差上候

銀千七百九拾五貫三百四拾目

一御米代銀会所ゟ為替上納仕候分

是者肥後、肥前、豊後、筑前国巳年御米代、午年上納可仕銀高千七百九拾五貫三百四拾目之内、八百貫目者巳年上納相済候、残之内江御用棹銅四拾壱万四千斤相詰、代り銀九百九拾三貫六百目、幷正銀壱貫七百四拾目、

午年御米代未年上納可仕銀高弐千弐百弐拾九貫百五拾目之内、御用棹銅三拾三万斤相詰、代り銀七百九拾弐貫目、并正銀八貫目、合書面之高上納如斯

入方の御用棹銅七四万四〇〇〇斤のため米代銀上納銀は銀九貫七四〇目にすぎない。引用文中では会所から大坂御金蔵へ為替上納したとあり、銅座から上納したとの記載はないが、別に銀一貫一五一匁七分一厘二毛が「上納金銀大坂御金蔵納ニ付、諸雑費銀於大坂銅座振替相渡候ニ付為仕登候分」[89]として払われており、銅座を経て上納されるものと考えられる。

次に輸出品代の中に買渡銅代銀として銀三八七九貫五〇六匁余がある。それを次に引用する。[90]

銀弐千七百四拾八貫六百四拾六匁三分五厘五毛四弗

一唐阿蘭陀買渡銅代并午年前貸銀相渡

是者午年秋田、盛岡、別子立川銅御定高百八拾五万斤、代銀弐千六百八拾弐貫六百弐拾目之処、午年別子立川銅代千四貫弐百五拾六匁、御手当銀五百四拾貫目、秋田銅代九百三拾九貫百弐拾目、御手当銀百五拾貫目、別段増御手当銀百九拾四貫目、未年御前貸銀四百九拾八貫目、盛岡銅四百四拾貫目、御手当銀八拾七貫目、別段増手当銀百九貫百九拾五匁九分九厘、未年御前貸銀三百貫目、合四千弐百六拾壱貫五百七拾壱匁九分九厘之内、秋田銅御前貸銀四百九拾八貫目、午年銅代之内巳年為仕登候分千拾四貫九百弐拾五匁六分三厘四毛六弗、引残書面之高午年中相渡候分如斯

秋田銅六拾万斤

百斤ニ付百五拾六匁五分弐厘替

盛岡銅五拾三万斤

百斤ニ付百三拾九匁四分八厘替

別子立川銅七拾弐万斤

百斤ニ付百三拾九匁四分八厘替
銀千百三拾貫八百六拾目九厘壱毛九弗
一未年御用銅代銀之内為仕登候分

別子立川銅と秋田銅では御定高の銅代銀と手当銀とが支払われているのに対して、盛岡銅では五三万斤の御定高のうち三一万斤にあたる額が支払われている。盛岡銅山における出銅高の減少と経営困難が表われている。この年度には輸出品代として銅俵物、諸色のほかに、「阿蘭陀幷異国人渡白蠟、石灰、樟脳、米、小麦、其外諸色買入代向々江相渡」として銀二〇三一貫四五一匁余が含まれていることが特徴となる。さらに同年には「阿蘭陀人江相渡候銀札出方」として銀一万一一五八貫二〇〇目と、「異国人江相渡候銀札代幷銀銭代り銀出方」として銀二七三六貫九七二匁余が出されている。日蘭追加条約にともない安政四年から外国人限りの銀札を発行したもので、五年からはロシア、アメリカに対しても発行することになる。従来長崎貿易では輸入品の対貨として棹銅、俵物、諸色を渡していて、貨幣はそれらの計算上の尺度でしかなかったため、銀札によっても正金銀と同様と考えられるが、流通手段としての銀札代が大量に払方に記される意味は明らかでない。

表5-36、表5-37にもどると大坂銅座の入高払高は安政六年に急増している。その急増の要因は入高では借入銀の増加となっているのであるが、その主導的要因は払高における長崎下し金買入代にあるとみることができる。借入銀の期間の多くは半年であり、更新がなされているわけではないが、半分弱が元利返済されている。銀六二九五貫目のうち銀九五〇貫目が三井元之助からの借入銀である。残りは銀五三四五貫目であり、同期間に住友の取り扱った分は銀二二二五貫目である。そこには掛屋としての住友からの借入銀は含まれない。安政六年度の借入銀内訳を示すと表5-39および表5-40のとおりである。利子は月に〇・七パーセントであり、大坂両替商による資金運用の対象となったのである。[91] 三井大坂両替店にとっても銅座への貸出は高収益をもたらすものとなったのである。三井、住友の取扱分においてともに借入銀は同年正月から始まっているが、三井取り扱いに限っていえば、同月の借入銀の使途は長崎

表5-39　大坂銅座借入銀の内訳（三井分）　（安政6年）

名　前	内　訳
豊島屋安五郎	150貫目（1月－6月），100貫目（1月－6月）
鴻池屋庄十郎	100貫目（1月－6月），100貫目（7月－1月）
平野屋五兵衛	150貫目（1月－6月）
米屋伊太郎	200貫目（1月－6月），300貫目（7月－1月），200貫目（12月－1月）
炭屋安兵衛	300貫目（1月－6月）
米屋庄兵衛	100貫目（1月－6月），100貫目（7月－1月）
平野屋善右衛門	50貫目（2月－7月）
河内屋市郎兵衛	50貫目（2月－7月）
泉屋勘次郎	50貫目（2月－7月），50貫目（2月－7月）
加嶋屋熊七	50貫目（4月－9月）
嶋田八郎左衛門	300貫目（4月－9月），300貫目（10月－3月）
鴻池屋重太郎	100貫目（4月－9月），100貫目（10月－3月）
越後屋久兵衛	20貫目（4月－9月）
鴻池善右衛門外19人	500貫目（5月－10月），500貫目（12月－4月）
松屋伊兵衛	100貫目（7月－2月）
豊島屋又七	30貫目（7月－1月）
播磨屋美津	30貫目（7月－1月）
鴻池屋勘兵衛	20貫目（7月－1月）
平野屋鉄蔵	20貫目（7月－1月）
中村屋与平	50貫目（8月－1月），20貫目（10月－3月）
阿波屋伊兵衛	50貫目（8月－1月），200貫目（12月－1月）
摂州木器村吉郎兵衛	75貫目（11月－4月）
播磨屋佐七	70貫目（12月－4月），200貫目（12月－4月）
日野屋吉右衛門	300貫目（12月－1月）
銭屋忠兵衛	200貫目（12月－1月）
住吉屋五兵衛	60貫目（12月－4月）
鴻池屋乙松	20貫目（12月－4月）
鴻池屋豊次郎	15貫目（12月－4月）
鴻池屋繁松	15貫目（12月－4月）

出所）「銅座掛屋割印帳」（三井文庫所蔵史料　別1149）．

注）鴻池屋善右衛門外19人の内訳は，鴻池屋善右衛門，加嶋屋久右衛門，加嶋屋作兵衛，米屋平右衛門，鴻池屋新十郎，鴻池屋駒次郎，辰巳屋久左衛門，近江屋休兵衛，炭屋安兵衛，平野屋五兵衛，三井八郎右衛門，鴻池屋市之助，米屋喜兵衛，千草屋宗十郎，近江屋猶之助，鴻池屋庄十郎，炭屋彦五郎，米屋長兵衛，松屋伊兵衛，鴻池屋市兵衛の20人で銀25貫目ずつである．

下し金買入代であった。同月一三日に同費目で竹川彦太郎に銀四二二貫五五〇目を、二一日と二六日に三井組に銀四一八貫八〇〇目と銀四六九貫一〇〇目を、晦日に住友吉次郎に銀一九〇貫目を渡している。その銀一五〇〇貫目余に対して表に示されたように同月中に三井組からの銀三〇〇貫目を含めて、銀一四〇〇貫目の借入銀を受け取っているのである。長崎下し金買入代とは、安政四年から長崎で外国人限りで通用していた銀札が廃止され、正金銀と洋銀が流通することになったために、長崎会所向けに銅座が大坂市中で正金を買い入れ送金したものである。「長崎港は古来丁銀通用にて、金貨は百分之一にも及不申、若無余儀入用之節は、会所において時相場に拘はらす市中ゟ買入候程之義に付、外国人輸入之貨幣仮令一ヶ年之間に候共、願次第通用金銀に引替遣し候義は難相整[92]」と安政六年四月の長崎奉行岡部駿河守の銀札通用延期についての相談書に記されているように、貿易上金貨が必要となったのである。長崎下し金買入代は二月には銀三四二貫四〇〇目を、七

表5-40　大坂銅座借入銀の内訳（住友分）　（安政6年）

名　前	内　訳
秋田屋徳次郎	100貫目（1月－6月），100貫目（7月－1月）
銭屋佐兵衛	150貫目（1月－6月），100貫目（1月－6月）
桑名屋善兵衛	50貫目（1月－6月）
炭屋武助	50貫目（1月－6月）
竹川彦太郎	100貫目（2月－7月）
袴屋嘉助	50貫目（2月－7月）
大和屋善兵衛	30貫目（2月－7月）
熨斗目屋清三郎	70貫目（2月－7月），70貫目（8月－12月）
河内屋喜助	30貫目（2月－7月），30貫目（8月－12月）
広島屋儀助	30貫目（2月－7月），30貫目（8月－12月）
綿屋治右衛門	20貫目（2月－7月），20貫目（8月－12月）
銭屋丈助	50貫目（2月－7月）
神谷秀安	30貫目（3月－8月），30貫目（9月－2月）
古橋屋小兵衛	30貫目（7月－正月）
泉屋源兵衛	20貫目（7月－正月）
和泉屋清七	20貫目（8月－正月）
難波屋覚兵衛	20貫目（8月－正月）
布屋九蔵	20貫目（8月－正月）
播磨屋重助	20貫目（9月－2月）
布屋半次郎	50貫目（12月－4月）
伏見屋太右衛門	30貫目（12月－4月）
綿袋屋九兵衛	525貫目（12月－4月），350貫目（12月－4月）

出所）「銅座掛屋割印帳」（三井文庫所蔵史料　別1149）．

月には銀七六三貫六四〇目を三井組や銭屋忠兵衛に渡して送金し、一二月にも銀五二九貫七九〇目を送っている。それらに対して安政六年五月には、「先頃より切賃多分相成候義は、小判金長崎筋へ多分引方に相成候様相聞へ候に付、以来右商体筋ゟ、小判金望の者有之候得者、当分の所堅く相断り可申、達て望申候はゝ可申出、尚其筋柄により、当従御役所彼地御役所江直ちに引合被為有候旨被仰渡候間、此段相違候事」[93]との内容の口達が大坂で出されている。大坂では町奉行が十人両替に対して、小判金を他国他所へ売り渡さないよう申し渡している。大坂の正金が長崎へ流れたことは大坂銅座扱いばかりではないと考えるが、外国との貿易にともなう金銀引替が長崎会所および大坂銅座に財政困難の一要因を付け加えた。長崎会所では外国への輸出品として諸藩の国産品を積極的に扱ったのであるが、安政六年には雲州人参代のほかに会津人参代、紀州寒天代[94]、土佐樟脳代を大坂銅座が支払っている。京都織物代は京都町奉行から三井八郎右衛門が命じられた紅毛方御用のことである[95]。安政五年八月に越後屋が長崎表に送った呉服物や塗物などの御用代は荷造り入用などを含めて銀五六貫二三六匁五分[96]で翌六年に受け取った表5‐37の数値と一致している。

安政六年の番割落札代銀は午（安政五年）四番割、未（安政六年）一番割、二番割である。万延元年には未四番割、申（万延元年）一番割、申三番割がある。文久元年には落札代銀の支払いはない。唐船との貿易は従来どおりとされたが入津がなくなったために長崎会所の貿易上の機能は停止した。ただし大坂銅座では利付先納としての金融形態はしばらくの期間は残った。文久二年（一八六二）の場合でみると、御金蔵上納銀は米代ばかりとなり、銅の売買と御金蔵からの被下銀によって借入銀の借替と返済を繰り返す構造となっている。文久三年には吹銅価格は著しく高騰するのであるが、借入銀も減っており、表5‐25の示すように財政規模は縮小していった。三井大坂両替店では幕府が倒壊するまでなおも銅座掛屋を勤めていた。

（1）『三井事業史』本篇第一巻、四八九ページ参照。

（2）「銅座御役所掛屋御用勤方仕法書付」（三井文庫所蔵史料

続一四二六―一）。宮本又次「銅座掛屋と住友家と維新前後の銅座」（『住友の経営史的研究』五五ページ）。
(3)「銅座掛屋御用留」（三井文庫所蔵史料、別一二一九）。
(4)「掛屋御用勤方手続書」（三井文庫所蔵史料、続一四二六―七）。
(5)「大福帳」（三井文庫所蔵史料、続九四八、続九四九）。
(6)「御用留」（三井文庫所蔵史料、本二六一）。拙稿「化政期の越後屋長崎方の流通構造」（『三井文庫論叢』一二号）。
(7)『秋田県史』第三巻。佐々木潤之介「諸産業の技術と労働形態」（『岩波講座日本歴史』近世3）参照。
(8)「銅座覚書」（三井文庫所蔵）
(9)同右。
(10)「長崎為替証文」（三井文庫所蔵史料、本一四九二―五）。
(11)「青貝器物類注文書」（三井文庫所蔵史料、本一四六七―一八）。
(12)「奉願口上之覚」（三井文庫所蔵史料、本一四七〇―一九）。
(13)同右。
(14)「青貝屋武右衛門歎願書」（三井文庫所蔵史料、本一四七三―一九）。
(15)「仕分帳」（三井文庫所蔵史料、続一〇五〇）。
(16)「長崎諸用留」（三井文庫所蔵史料、本七七〇）。
(17)拙稿「化政期の越後屋長崎方の流通構造」（『三井文庫論叢』一二号）。
(18)「長崎会所五冊物」（『長崎県史』史料編第四巻）。
(19)「文化十年改定長崎会所銀定式臨時一ケ年出方元極帳」（写本）（一橋大学附属図書館所蔵）。
(20)『日本財政経済史料』一〇巻、三八一ページ。
(21)「文化十年改定長崎会所銀定式臨時一ケ年出方元極帳」（写本）（一橋大学附属図書館所蔵）。
(22)『崎陽群談』（近藤出版社）一三二ページ。
(23)「金銀銅之留」（三井文庫所蔵史料、W―一―一〇九）。
(24)同右。
(25)永積洋子「大坂銅座」（『日本産業史大系』六）。
(26)『牧民金鑑』下巻、三八二ページ。
(27)「大坂銅座書上控」（写本）（三井文庫所蔵）。なお「明和三年大坂銅座被仰出候一件」（慶応義塾大学付属図書館所蔵）も同本。
(28)同右。
(29)「大意書」（『近世社会経済叢書』第七巻）。
(30)「誠斉雑記」（『江戸叢書』第九巻）。
(31)「銅座雑記」（三井文庫所蔵）。
(32)『牧民金鑑』下巻、三八六ページ。
(33)「誠斉雑記」（『江戸叢書』第九巻）。
(34)麓三郎『尾去沢・白根鉱山史』。
(35)宮本又次「長崎貿易における俵物役所の消長」（『九州経済史論集』第三巻）。小川国治『江戸幕府輸出海産物の研究』。
(36)「金銀銅之留」（三井文庫所蔵史料、W―一―一〇九）。
(37)「銅座御貸付金一件」（慶応義塾大学付属図書館蔵）。
(38)「銅座雑記」（三井文庫所蔵）。
(39)竹内誠「幕府経済の変貌と金融政策の展開」（『日本経済史大系』近世下）。
(40)「大坂御金蔵諸家返納御取下并上方筋引替金一件留」（三

井文庫所蔵史料、W—一—一—一四）。
(41)「振出手形」（三井文庫所蔵史料、続五五〇—三）。
(42)「長崎会所五冊物」（『長崎県史』史料編第四巻）一八八ページ。なお「唐蘭通商取扱」（三井文庫所蔵、D四六一—一〇、内閣文庫所蔵本の写本）も同じ数字である。
(43)「金銀銅之留」（三井文庫所蔵史料、W—一—一〇九）。
(44)「大意書」（『近世社会経済叢書』第七巻）。
(45)同右。
(46)同右。
(47)「銅座掛屋割印帳」（三井文庫所蔵史料、本一九三五）。
(48)「大坂店目録留」（三井文庫所蔵史料、本一七九一）。
(49)「御断書」（三井文庫所蔵史料、続一三八—三）。
(50)「銅座掛屋引請銀子借用証文」（三井文庫寄託史料、新五五六）。
(51)「長崎会所五冊物」（『長崎県史』史料編第四巻）。
(52)「長崎会所事務取扱方書付」（一橋大学附属図書館所蔵）。
(53)「無番控」（三井文庫所蔵史料、別二七九）。
(54)「銅座掛屋割印帳」（三井文庫所蔵史料、別一一四〇）。
(55)『通航一覧続輯』第一巻、三六一ページ。
(56)「長崎会所事務取扱方書付」（一橋大学附属図書館所蔵）。
(57)同右。
(58)「無番控」（三井文庫所蔵史料、別二七九）。
(59)「銅座借入銀利足ニ付願書」（三井文庫所蔵史料、続四六七—五）。
(60)「銅座御役所御借入銀十ケ年賦元利割印帳」（三井文庫所蔵史料、本二三四）。
(61)『三井事業史』本篇第一巻（五八九ページ）の「銀二九九五貫目を大坂商人から加入銀として集めることになり」との記述は誤りである。
(62)「無番状」（三井文庫所蔵史料、別三〇九）。
(63)同右。
(64)「銅座御役所御借入銀十ケ年賦元利割印帳」（三井文庫所蔵史料、本二三四）。
(65)『牧民金鑑』下巻、一一三ページ。
(66)中村質「長崎会所と安政開港」（『九州文化史研究所紀要』二二号）、同「長崎会所天保改革期の諸問題」（『史淵』一一五号）、同「いわゆる長崎会所五冊物の諸本」（『史淵』一一八号）、同「鎖国末期の長崎会所の貿易と財政」（『九州史学』七一号）。
(67)「日記録」（三井文庫所蔵史料、本八〇）。
(68)「日記録」（三井文庫所蔵史料、本八一）。
(69)「日記録」（三井文庫所蔵史料、本八二）。
(70)「長崎会所五冊物」（『長崎県史』史料編第四巻）。
(71)「安政五年長崎会所勘定帳」（写本）（一橋大学附属図書館所蔵）。
(72)「諸役人勤務方大意書く」（写本）（一橋大学附属図書館所蔵）。
(73)「銅座雑記」（三井文庫所蔵）。
(74)「長崎諸用留」（三井文庫所蔵史料、本七七一）。
(75)「長崎会所事務取扱方書付」（写本）（一橋大学附属図書館所蔵）。
(76)拙稿「化政期の越後屋長崎方の流通構造」（『三井文庫論叢』一二号）。
(77)「江戸大坂臨時無番状留」（三井文庫所蔵史料、別一〇四五)。
(78)「大坂店目録留」(三井文庫所蔵史料、本一七九五)。
(79)「住友銅座差引帳」(三井文庫所蔵史料、続八〇六)。
(80)「住友銅座掛屋割印帳」(三井文庫所蔵史料、別一一四四)。
(81)「申定書」(三井文庫所蔵史料、別二三四五―六)。
(82)『人参史』第三巻。
(83)「金銀銅之留」(三井文庫所蔵史料、W―一―一〇九)。
(84)「銅座覚書」(三井文庫所蔵)。
(85)石井孝「幕末における幕府の銅輸出禁止政策」(『歴史学研究』一三〇号)参照。
(86)『大日本古文書　幕末外国関係文書』一七巻。開国前後の銅貿易をめぐる問題については、石井孝「幕末における幕府の銅輸出禁止政策」(『歴史学研究』一三〇号)参照。
(87)「安政五年長崎会所勘定帳」(写本)(一橋大学附属図書館所蔵)。
(88)同右。
(89)同右。
(90)同右。
(91)拙稿「幕末・維新期の御為替三井組」(『三井文庫論叢』一三号)。
(92)『大日本古文書　幕末外国関係文書』二三巻。
(93)『大阪編年史』二三巻。二二四ページ。
(94)藤田貞一郎『近世経済思想の研究』参照。
(95)拙稿「化政期の越後屋長崎方の流通構造」(『三井文庫論叢』一二号)。
(96)「紅毛御用諸用留」(三井文庫所蔵史料、本九九八)。

第六章　箱館産物会所と三井両替店

一　大坂元仕入金仕法

安政四年（一八五七）八月に江戸で、新大橋向うに箱館産物会所を設立して、そこで蝦夷地産物を一手に取り扱うから、それを商売する者には入札によって売り捌くとの御触れが出されている。安政五年三月に大坂の剣先町に会所が設立されて、加嶋屋作次郎が掛屋に任命され、一三軒の松前問屋が産物会所附仲買に指定された。そのなかで近江屋熊蔵と伊丹屋四郎兵衛とが御用達を命じられた。同年には兵庫や箱館で箱館産物会所が設立されている。安政五年四月には三年間の仮仕法書が作成されて流通統制が実施に移された。

箱館産物会所では仮仕法の実施から三年たった万延元年（一八六〇）に、永続仕法を定めることになった。それは蝦夷地産物の国内流通の取締強化のために主要な港に会所を増設していくことで、文久元年（一八六一）に堺に会所を置き、文久二年には敦賀にも設置して京都を売捌所とした。そのほか下関や新潟、それに蝦夷地の松前にも置いた。文久二年頃の箱館産物会所の御用達の名前は表6-1のとおりである。さらに蝦夷地産物の大坂への集荷を強化するために、場所請負人に、海産物仕入れのための前貸金を貸し付ける元仕入仕法を開始した。

万延元年（一八六〇）六月二九日に下御勘定所組頭菊地大助から三井八郎右衛門に呼び出しがあり、翌日に名代のものが出向くと、海防掛りの日下部官之丞より次のように仰せ渡された[1]。

一江戸、大坂、兵庫、箱館、蝦夷地所々貸渡候仕入元金、大坂表町人共ゟ安利ヲ以差出金願出候者も在之、且大坂表会所金之義も追々相嵩、右之内ゟ蝦夷地御用幷箱館御産物其外御普請御入用之方へ遣払候積ニ而、何れニも為替金ニ不相成候而ハ差支候所、右金高多分之事ニ相成候間、右御用身元之者ニ無之而ハ難申附、其方義ハ御勘定所御用も相勤候義ニ付、右御用引請候事ニも相成候ハヽ、金主之者共気乗も宜、箱館奉行ニおいても致安心候間、右御用申付度旨内談在之、尤右ニ付御用金ハ勿論一時立替金等申付候儀ハ無之、為替入費ハ規定取扱銀主ゟ為指出候積之旨、是又申聞候間、全ク金銀出入之手数而已引受、取計候事ニ者相成申間敷哉内存相尋候事

箱館産物会所で蝦夷地の場所請負人や問屋、漁民に産物買い集めのために貸し付ける元仕入金を、大坂町人から低利で集めて為替送金することにして、それを取り扱う御用を三井八郎右衛門に申し付けたいというもので、御用金や立替金を申し付けることはないと念をおしている。三井八郎右衛門は外国方など幕府御用の繁忙を理由としていったん断ったが、再度申し付けられ、九月五日に御用を引き受けるとの書状を勘定所に出している。一二月になり京都町奉行から箱館御役所附御為替御用を仰せつけられた[2]。幕府が箱館方御用を三井八郎右衛門に固執したのは、伊豆島方

表6-1　箱館方御用達名前（文久2年4月）

場　所	御用名目	名　前
箱館		佐藤半兵衛
		杉浦嘉七
		山田文右衛門
江戸	諸式御用達	伊勢屋平作
	産物御用達	栖原覚兵衛
	同上	紀伊国屋長右衛門
	御金方	伊達銭之助
京都	御為替産物元〆御用達	三井三郎助
	同上	島田八郎左衛門
	同上	小野善助
	御用達	笹屋熊四郎
	同上	鍵屋徳次郎
	同上	富田屋宗助
大坂	御為替御用達	三井八郎右衛門
	同上	竹川彦太郎
	同上	加島屋作次郎
	御用達	熊野屋彦兵衛
	用達	近江屋熊蔵
	同上	伊勢屋四郎兵衛
兵庫	御用達	北風庄右衛門
堺		和泉屋伊助
		石割作左衛門
	用聞	大和屋徳松
下関		藤田屋彦左衛門
新潟		渋木市十郎
		小川皆五郎
		小松屋喜兵衛
敦賀		西岡林助
		山本朝之助

出所）「箱館方仮御用留」（三井文庫所蔵史料　追528）.

会所頭取就任を契機として御勘定所御用達となっていた三井八郎右衛門に命じることによって出金者の不安感を取り除こうとするものにほかならない。同時に八郎右衛門とともに竹川彦太郎も箱館御役所付御為替御用を申し付けられ、大坂元仕入仕法が作られた。

その仕法書では、前文とともに一一カ条からなっている。そのなかから前文と基本的な条項を示すと次のとおりである。(3)

東西蝦夷地産物元仕入之儀者、彼地御開国之御趣意ニ基キ、人民救助相成候を大宗と致、元仕入金差出候有志之者有之土地、荷物入津高相増、潤沢筋専要之儀ニ付、十分之利潤を不存仕法丈夫ニ取極、永世追々広太相成候様可致儀ニ付、有志之者共右等之処篤と勘弁致し、今般元仕入金懸集方掛屋為替御用、三井八郎右衛門、竹川彦太郎江被仰付、并江戸表ゟ被差遣候御用達伊勢屋平作等江申談、右両店之内江差出金加入可致儀ニ付、凡取扱向左之通

（第一条）

一箱館蝦夷地産物元仕入金差出候者は、三井、竹川両店へ篤と示談之上会所江申立、入金致へし、請取手形は右両家より差出候事

（第二条）

一右元仕入金之儀は、惣体金高五朱之利分ニ而、荷物着船之節両家引請決算勘定之事

（第六条）

一元仕入金箱館表着金ニ相成候ハヽ、東西蝦夷地漁業場所甲乙請負人共、仁物身元共相撰、三四人組合セ、其上漁業産物取上ケ高五三ケ年見平均、右高之内五歩通目当ニ而金高取極、三朱之利分ニ割合、金子大坂表差立ゟ荷物大坂着迄之月数利足為差出貸附、尤船積問屋共談判為致候事

第一条では三井と竹川とが元仕入金を取り扱うとして、第二条では、会所は元仕入金の出金者には月に〇・五パー

セントの利足を支払うと記しているのである。仕法書の第二条の但書きでは次のように記されている(4)。

荷物着船之儀、前年七、八月迄ニ仕込金差出候分者、翌年六、七月頃之着荷ニ相成候ニ付、凡壱ケ年之積、正、二月頃差出金之分者十、十一月頃荷着之積、尤金高多相成繰出し自由、双方手馴候節者、春差出金秋荷物ニ而相廻り、秋差出金者春荷物ニ而相廻り候様可相成、又金高多之節者、春、秋両度ニ引当余り、春者秋へ越し、秋ハ春へ越し候ハ、、月数相延候儀も可有之、左候ハ、、一五、六ケ月ニも可相成候ニ付、十三ケ月目ゟ者本文五朱之外、増歩弐朱方相増都合七朱之積

元仕入金は蝦夷地産物買入れのための資金であったわけであり、短期的な金融であった。送金から着荷まではおおむね一年となり、慣れてくれば半年ほどに縮まることもあるが、金高が多ければ繰り越しにもなる。一三カ月を越す場合には月に〇・七パーセントへと増額すると記している。その利足を負担するのは箱館産物会所であるが、第六条の記すように、元仕入金を貸し付けた場所請負人からは大坂で為替送金する時から荷物が着くまでの期間の利足を取ることを記している。月に〇・三パーセントの利率である。そのほかに元仕入金の集め方にあたる者にはそのための費用として金高の一パーセントを分け与えるという条項もある。

万延元年一二月に、竹川彦太郎と三井八郎右衛門は、御用を引き受けたが、加入金に応じる者が一人もいないために、箱館産物方会所あてに書状を書いている。それは「当時無上下融通諸物高直相成折柄、何となく危踏候意味御座候（中略）御会所産物御益金積置之内より、金弐万両も御下ケ相成御手始相成候ハ、、諸人危踏候念慮も無御座、兼而有志之望願之者共追々御加入可仕候間、人心安堵之ため御下ケ金相成候様仕度、左候ハ、、有志之者も挙而御加入仕候義必然ニ御座候(5)」と幕府が会所金から二万両ほど出金することを提言している。しかし幕府が自ら出金することはなく、御用達の加嶋屋作次郎が一万両を、江戸会所が一万両を出金することにした。しかし江戸会所の出金高は六〇〇〇両にとどまったため、残りは有志の者より加えられた。蝦夷地に送られた二万両のうち一万八四五〇両が場所請負人に貸し付けられた。すでに万延元年中に貸し付けられていた会所金一万三二二〇両と合わせて三万一六七〇両と

なった[6]。箱館方役人の書状では「当八月中迄ハ精々御骨折被下、三万両ハ是非御廻し相成候様いたし度、五万両ニも及候ハヽ大慶不過之、尤東地而已ニ而者、豊凶有之荷物甚不足之節者差支候間、西地ヲタルナイ請負人恵比須屋半兵衛被申附、取揚高之内五分通、三分通も定式御買上取計候様仕度」[7]と、三万両から五万両規模の買い入れを意図するとともに、万延元年の箱館会所金の貸付先が東蝦夷地の場所に偏っていたことに対して、西蝦夷地のヲタルナイからの買い入れにも注目している。

三井、竹川両家では加入金の取り扱いを文久元年（一八六二）初めから開始している。文久元年に受け入れられた加入銀は表6-2のとおりである。その預り手形を次に引用する[8]。

加入銀預手形之事

一銀百貫目也

右者蝦夷地御産物御会所御元直仕入之内江加入銀慥ニ請取申候、則御元直仕入之内江差加へ可申候、右返弁之儀者、御産物拾ケ月限ニ者到着可致候間、其節売払代銀を以加入銀高ニ五朱之利足相添相渡可申候、為後日預手形仍而如件

表6-2　大坂町人の箱館方加入銀（文久元年）

年　月	加入銀		相手方	利息
	貫　匁	両		
文久元年2月	100,000	—	近江屋治兵衛（道修町2丁目）	5分
	30,000	—	鴻池松兵衛（尼崎町2丁目）	〃
	20,000	—	加賀屋又兵衛（北堀江4丁目）	〃
	15,000	—	日野屋小十郎（淡路町1丁目）	〃
	—	100	播磨屋貞七（天満小島町）	〃
	9,000	—	大黒屋孫兵衛（大川町）	〃
7月	—	500	鎗屋弥兵衛	〃
8月	5,495	—	大黒屋孫兵衛	〃
	—	100	酒屋重作	〃
	—	5,000	伊勢屋嘉七	〃
9月	—	5,000	大黒屋孫兵衛	〃
11月	—	2,000	松屋嘉兵衛	6分
	—	3,000	毛綿屋猪兵衛	〃
	100,000	—	越後屋次兵衛	5分
	100,000	—	越後屋太郎右衛門	〃
	100,000	—	越後屋忠兵衛	〃
	30,000	—	紙屋清右衛門	〃
	35,250	—	大黒屋孫兵衛	〃

出所）「加入銀預押切帳」（三井文庫所蔵史料　別1252）.

万延二辛酉年二月

竹川彦太郎名代
岡　田　宗　助
磯　井　默　兵　衛
三井八郎右衛門名代
加藤清右衛門
花　岡　喜　太　郎

道修町二丁目
近江屋治兵衛殿

これは表6-2の最初の加入金であるが、その表の二月分の六人分、一七四貫目と一〇〇両が換算して二五〇〇両となり、それを三井と竹川とは同月に一二五〇両ずつ江戸に為替送金しているのである。三月の書状では「右金弐千五百両、外金壱万六千両都合壱万八千五百両御下ケ渡相成、箱館へ差立候様手前方江被仰付、右金子請、去廿五日御定役衆御出張御立会之上夫々荷造被致、廿七日御証文を以無滞差立ニ相成候」(9)と記している。三井、竹川両家が大坂町人から集めた加入金は江戸のそれぞれの店に為替送金しておいて箱館役所の指図によって箱館に送金し、三、四人ずつで組合とした場所請負人に貸し付ける。場所請負人が蝦夷地で海産物を買い集めた荷物が大坂に着いて売り捌いた後に、決済して出金者に利足をつけて返済することになる。箱館産物会所の元仕入金を扱ったのは、越後屋大坂本店であり、担当したのは加藤清右衛門と花岡喜太郎であった。加藤清右衛門は越後屋の暖簾内の別家で、口入屋をしていた。花岡喜太郎も越後屋大坂本店の支配役まで昇進したが、安政四年正月にすでに退職していた。ともに退職者であったが、人手の足りないところを補うために箱館方に勤めていたのである。なお文久元年二月に加嶋屋作次郎の出金した一万両は同年一二月に下げ戻された(10)。それは銀高で七二三貫目であったが、年利四パーセントの一一カ月分の利足として二六貫五〇〇目が渡されている。三井、竹川両家が受け入れた二五〇〇両の加入金も、一八一貫三二五匁に銀換算されて一一月に下げ戻され、月利〇・五パーセントで一一月分の利足九貫六六匁二分五厘が加えられた。

文久元年一〇月時点での元仕入金の貸付高は一万八六三〇両となり、貸付先は一一人の場所請負人と五人の出稼人、それに廻船問屋であった。そのなかで最も高額であったのは、トカチ外一場所の請負人であり、かつ用達総元締である杉浦嘉七の七〇〇〇両であり[11]、そのほか東蝦夷地の場所請負人だけで一万二四〇〇両を占めていた。最初の元仕入金によって蝦夷地において場所請負人に海産物が買い集められ、文久元年冬にはその荷物が大坂に着いた。その経過は二つの書状に次のように記録されている。

（一）　箱館御会所御産物船追々到着、只今迄凡弐万両計品物参追々売出し相始申候[12]

（二）　昨年荷物入津以来之次第柄ヲ書印申上候、江戸表ゟ都合箱館表へ差下シ金壱万八千五百両、御元仕入手始金ヲ以、請負人箱館方手始故、商売人荷物買調差立候ニ付、酉冬十月至追々入津当地着船荷揚相調夫ゟ御会所ニ而御評定之上、売捌人、相場向等相調之上、問屋、仲買之仁呼寄、入札等為致、竹川、此方モ毎度罷出立会之上、夫々江御売下ケニ相成、去十二月迄ニ荷物売捌高凡半高程出来[13]

（一）は文久元年一〇月の書状で、元仕入金によって買い入れた荷物が価格にして二万両ほど大坂に着いたのであり、（二）は文久二年四月の書状で、昨年一〇月頃に大坂に蝦夷地からの船が入り、荷物を入札によって売却しているが、まだ半分ほどしか売り捌いていない。

ではその後、大坂の元仕入金はどの程度の規模で実施されたのであろうか。その数値を明確に示す史料は見当たらない。加嶋屋作次郎は文久元年二月に一万両を出金した後も、八月と一〇月とに一万両ずつ出金している。「箱館方仮御用留」[14]によると、文久元年にはその後八月と九月に五〇〇〇両ずつが出金され、一〇月に五〇〇〇両、一一月に五〇〇〇両が二回出金されている。一一月の二度目の五〇〇〇両の銀換算値は銀三六五貫二五〇目であった。したがって多少の誤差はあるが、表6-2とほぼ等しい数値となっている。加嶋屋作次郎の三万両の出金高と表6-2の加入金とを加えると、五万三一〇〇両と五貫四九五匁となる。文久元年一〇月の次に引用する「相談書」によると、三井は一万両の出金を要請されて難儀している状況が記されている。[15]

一御役人様方ゟ元仕入金三万両箱館下し入用ニ付、有志之者集方被仰付候処、加嶋屋作次郎方壱万両引受被申候、引残り弐万両丈ケ両家ニ而心配致呉候様被仰出候、然ル所竹川方壱万両丈ケ承知差出し候間、此方様之御心積り御聞セ被下候様被申居候ニ付、種々有志之仁心配致居候へとも今に置金千両計ゟ心当無御座候、右差出し方ニ付御役人様ゟ請書差出し候様被仰付候、過急之御用ニ付大井ニ心配仕法居候、何卒御賢察宜奉希上候

自ら出金する必要のないことを条件として三井は掛屋を引き受けたのであったが、加入金があまりにも少ないために、出金を迫られるようになり、一万両の出金を要請されても出せるのは一〇〇〇両ほどでしかなかった。しかも一時の立替金についても三井は断っていたため、竹川がすべて立替金を出し、八〇〇〇両にも及んでいたが、これからは竹川と三井とで折半にしてほしいと頼まれていたのである。

文久二年の加入金の内訳を示す史料はないが、文久二年三月一八日に一万両の元仕入金が江戸送金され、六月六日にも一万両が送金された。箱館の産物会所元締であった杉浦嘉七は文久二年四月に大坂の箱館産物会所にあてて出した願書の中で「当年元仕入金御下し方之義、先般金壱万両御下ニ相成、七月中迄ニ金弐万両、十二月中迄ニ金弐万両、前後金五万両、当年中御当所ゟ御差下ニ相成候哉、此段奉窺候[16]」と記していて、年間に五万両規模の元仕入金を希望しているのである。「箱館方仮御用留」によると文久二年には四万両が江戸に送られている。元仕入金の出金高を書状のなかからそれを見てみよう。[17]

一当春御仕入荷物之儀ハ、酉冬夫々加入銀掛集方出来候、此方、竹川、加嶋屋惣都合高凡四万両差下シ金御座候間、此品物当五月中旬ゟ追々着船可致様、此頃右箱館方之御用達杉浦嘉七殿被参、御仕法之次第も被申立候ニ付、毎々出会仕談評相調居候、此段も申上置候

これは文久二年四月の書状であるが、春仕入の荷物分として文久元年末で四万両の加入金を集めて江戸に送ったのである。蝦夷地は米をはじめとして食料品の自給の不可能な土地であり、海産物を移出することでそれらを買い入れ

ていたが、堺の有志の場合は酒や塩、木綿などを箱館に送り、そこで売却した代金を元仕入金として提供した。御用達和泉屋伊助の場合は文久二年正月に酒一〇〇〇樽を箱館に輸送し、同じく御用達の石割作左衛門も二月に酒二〇〇樽、塩四〇〇樽を積み下ろした。平野屋孫兵衛は伊予木綿三箇を送った。竹川彦太郎は名代磯井黙兵衛の名前で白砂糖三〇樽、藍玉一五本、石灰四〇〇俵を積み下ろした(18)。

大坂御用達の竹川彦太郎は、文久二年五月に箱館の会所元締の杉浦嘉七に対して元仕入金仕法の疑問点について、箇条書の質問書を出している。そのなかの一条として「難破船并荷打之損、箱館ニ而御貸付滞之損、売捌之上詰り売損」を元仕入仕法の詰り三カ条として上げて、「右之条々深心労仕罷在候内、差向右之内箱館ニ而貸付金滞損之義者万一御座候節者御用達中不調と奉存候間、向後嘉七吃度引請候様被仰付候様仕度(19)」とその処置を求めている。元仕入仕法に生じる損失について、難破船と貸付金の滞り、売買損失の三点を想定しているのである。それに対する返答書では、杉浦嘉七はそれらの損失が生じた場合にはいずれも会所が引き受けるとしているのであるが、「右之内箱館表御貸付金万一滞等有之御損分ニも相成候而者不相成と深く心痛仕候事故、拝借人并証人とも吟味仕候上取扱居候間、此上念入取扱永続御損失無之様情々取扱可仕事」と第二点目の貸付金の滞りを最も深刻なものと考えていた。それはその後の経緯によって実際に明らかとなっていくのである。

文久三年六月の書状では当時までの大坂の元仕入金出金高は次のとおりであった(20)。

一昨年ヨリ出金下し方左之通
一金七仙(千)五百両　　此方分
一同壱万五仙(千)両　　竹川分
一同弐万両　　戌年同家堺名目分
一金三万両　　酉戌年加嶋屋分
合七万二仙(千)五百両也

内　壱万八千両　　昨冬元代入船へ成ル

残り　五万四千五百両　　当亥年中皆済入船之積

文久二年中に大坂から箱館に送金された元仕入金は七万二五〇〇両で、加嶋屋が三万両、竹川が堺分も含めて三万五〇〇〇両、三井が七五〇〇両という内訳であった。そのうち一万八〇〇〇両分は前年中に船積されていて、五万四五〇〇両分が三年中に入港するはずであった。毎年六月と一〇月に元仕入金を江戸に送金していたわけで、文久三年六月にも大坂掛屋は三万両を出金しなければならなかったのであるが、次のように延期の願書を出しているのである。[21]

此度元仕入金三万両、大阪懸屋方ニ而加入懸集江戸表差立金被仰渡候所、当節柄ニ而一口も加入無之心痛罷有之、依而諸方手配工風仕候得共、頓と無御座候間不得止候事、掛屋打寄相談之上、御時節柄第一加入人気安心不致次第柄入訳段々願文相認差出置候所、御会所御役人立合ニ而両家願書之趣尤被存候、然ル所今分ハ延引致候而も秋ニも至候ハヽ、相整、右下し金可致次第御請書差出し可申旨被仰渡候

そして「加嶋屋作次郎殿金壱万両丈ケ当秋ニ至候ハヽ、江戸表江差立、都合可仕書付差出し被申候」[22]と秋に加嶋屋が一万両出金することを申し出ている。前記した三井の七五〇〇両の出金は、勘定目録類からは確認できないため加入金とみられるのであるが、加嶋屋や竹川が出金するようになって、三井も元仕入金の出金を迫られていたことは間違いないのであるが、越後屋としてはとてもそれに応じられる状況ではなく、三井八郎右衛門は文久三年八月に次のような御用御免願いを箱館方会所に出して、箱館方御用そのものを辞退することを願い出たのである。[23]

乍恐以書附奉願上候

一去ル申年七月、箱館御産物元仕入金御為替御用可被仰付旨、於江戸表御内意御座候ニ付、其節外御用筋等奉相勤居御用繁、且者無人旁種々入訳御断奉申上候処、右御用ニ付出金筋一時立替金等も被仰付間敷、御金出入取扱而已ニ而、差而手数相掛り候程之義ハ曽而無之御旨品々被仰諭候ニ付、御請奉申上候処、同年十二月於京都町御奉行所被仰渡、於御当地御用奉相勤候処、御元仕入金加入有志之者集方精々心配仕候得共、何分私方業体

違之義ニ付難行届候ニ付、立替出金被仰談、無拠追々金高出金仕、甚当惑心痛仕居候折柄、猶亦此度御元仕入出金被仰出、然ル所近年商体諸品元直段高直ニ而、呉服仕入金是迄之三倍増ニも至り、甚多分之金高入用、其上代呂物不捌、且売先滞口不少旁以金操り差支実以難渋当惑至極ニ付、折角御目規を以被仰付候御儀ニ御座候得共、迚も此末御用向奉相勤候義も無覚束、猶亦手代共人少ニ相成候而万事不行届ニ付、自然不都合之義仕候而者奉恐入候間、右御用向此度御免被仰付被下候様奉願上度、格別之御憐愍を以右願之通御聞済被成下候様、偏ニ奉願上候以上

文久三年亥八月　　　　三井八郎右衛門　印

箱館方御会所

ここでは呉服店経営の苦境を理由として辞退を申し出ているのであるが、文久三年八月付けで「市中之張紙」を理由とするもう一つの御用達御免願いもある。[24] これらの御用御免の願書に対しては、「此度張紙一条も噂相止メ、当地向事柄モ相納、市中一統人気立直り、元仕入産物捌方直段登り買手モ追々相進来候所江、其方一家御免願出候次第柄一向不勘弁之由」[25] と取り上げられなかったのである。文久三年一一月九日の花岡喜太郎から越後屋京本店重役手代あての書状では「箱館方加入金之儀、先達而張紙一条ニ付市中一統人気不宜、迚も加入金取集六ケ鋪由之歎願ヲ以、取扱方懸屋之儀御免奉願上候所、御会所御役人方之思召ニも難相成、先之願書其方江下ケ置候、追而可及沙汰様被仰渡候所、其後当地追々人気立直り、御産物当秋者数船入津御売捌方手都合能直段合、格別上直ニ買請、利潤ニ相成難有奉存候」[26] というように、状況も好転したため再度元仕入金一万両の出金を迫られている。越後屋の大坂本店だけでは判断できないからと京本店重役衆に書状を送り付けている。しかも一一月一五日の大坂本店の重役手代から京本店の重役手代への書状では、「竹川、加嶋屋始メ何方も出金決定相成候ニ付、此方様計断申上かね」、「多少共出金不致候半而者難相済、若御取上無之候へ者、私共両人ゟ御地へ直々願為登可申と之儀ニ御座候、此段御承知可被成候」[27] と加嶋屋と竹川とからも出金を迫られている状況を伝えている。文久三年一二月には「此度箱館方来子年元仕入金、竹川、

加嶋屋都合壱万五千両出金可仕候趣、私共も加入金出金致候段被仰付候、右相応御請申上都合金十二月上旬、江戸表江即刻為替を以差立可申積ニ而御請合申上候処、去ル十一月廿三日江戸駿河町私共出店不残焼失いたし候儀何共奉恐入候、右ニ付為替金差立方出来兼候訳柄ニ相成申候」[28]と上納延期を頼み込んでいる。その願書の中でも「其頃ゟ江戸表諸所ニ様々悪言書張紙いたし有之候処、其気ニ乗し諸所之悪者申合、浪士同様之難題申立、御用度勤方ニも差支候様始末」と記している。箱館方御用を勤めたのは越後屋大坂本店であったが、大坂本店の勘定目録では正時貸として「箱館方」という口座があり、それは文久二年上期末には二五貫目余となっている。同年下期は史料が欠けているが、三年上期末に四六貫目余、下期末に三八貫目余、元治元年には上期末が三二貫目余、下期末が二七貫目余となり、慶応元年上期末に三六貫目余、下期末が四六貫目となっている。二年下期以降は六八貫目余として固定している[29]。この数値は元仕入金としての出金というよりも雑費、諸入用としての貸出として考えられる。また大坂本店がどのような利益金の配分を受けたかは史料上明らかにならない。大坂で箱館方御用を勤めていた越後屋大坂本店は、箱館産物会所からの出金要請を断りきれなくなって、慶応期になり三井大坂両替店に、代わりに御用を引き受けることを頼み込んでいるのである。

堺におかれた箱館産物会所の下で、奈良においても元仕入金の徴募が行われた[30]。慶応元年五月に白銀屋孫作と紀和城屋寅三郎が箱館産物方仮御用達に、かせ屋治助と米屋庄蔵が仮用達に任じられ、同月に南都仮御用談所によって箱館産物元仕入金仮仕法書が作成された。そこでは元仕入金を堺会所に差し出すのであるが、元仕入金の利足は年八朱であったから、他所と較べてずいぶん高利となっている。元仕入金を集めようとする意志の表われであるのかも知れない。しかも一三カ月目からは利子は年一割の計算となり、堺に荷物が着いてから元利ともに返済されることになる。また仕法書には次のような条項があり、大和国への荷物の売り捌きの意図も含まれているのである[31]。

一元仕入荷物売捌之義者、堺表問屋、仲買、其筋之もの入札いたし候へ共、取扱売捌候もの無之而者不相成候付、南都加勢屋治助、米屋庄蔵申合、売捌之場所へ罷越取扱可申事奈良での元仕入金の掛け集めの様子は、慶応元年九月の御用達四名の書状によると「先頃堺産物会所御定役木村勝右衛門様御越ニ而、当年之処、竹川彦太郎方出金取交都合壱万両迄精々出金可致様御諭ニ付[32]」と一万両の出金を申し渡されていたのであったが、思うように進まず、「秋下し金之義精々尽力千辛万苦いたし、則四千両掛集、堺御産物会所江差立候義ニ御座候」と四〇〇〇両までは集めることができたのであった。

二　京都元仕入仕法

1　京都の元仕入仕法

大坂元仕入仕法が文久元年二月に実施されてから、元仕入金の募集と為替送金、蝦夷地産物の大坂への廻送も始められたが、文久二年（一八六二）には敦賀と堺にも会所が置かれるようになり、京都町人からも元仕入金を集めることになった。当時の幕府の御為替組のなかから三井組の三井三郎助と、十人組の嶋田八郎左衛門と小野善助とが箱館方役所の御用を引き受けることになった。

文久二年三月五日に三井三郎助と嶋田八郎左衛門、小野善助が京都西町奉行所から蝦夷地箱館産物元仕入金について相談の儀があると呼び出しを受け、「於京地も右仕入金可差出有志之者も可有之哉、此度越前敦賀湊江産物会所御取建相成候ニ付、右元仕入金掛集かた其方共江被仰付候節者御請可申上哉[33]」と申し渡された。大坂会所でも京都町人から元仕入金を集めたことがあったため、京都に元仕入金を集めるための御用達をおいて京都町人から直接に集めることにしたわけである。それに対して三家が御用引受を謝絶する史料がみられないことから、この三家は箱館産物会所案には最初から協力的であったということができる。文久二年三月二二日に小野・嶋田・三井三家は次に引用した請書を町奉行所に差し出している[34]。

此度箱館蝦夷地産物元仕入仕法之儀、彼地御開ニ付而者、人民救助相成候様之訳を以、元仕入金差出候者も有之、於当表も右仕入金可差出有志之者も可有之哉、今般越前敦賀湊江産物会所取建相成候付、右元仕入金掛集方為替御用幷蝦夷地産物元仕入方取集元〆申付候、右ニ付当節差向元仕入金差出候者無之節者、先ツ其方共ゟ割合、金壱万両迄者調達可致旨内意申聞奇特之筋ニ候、尚精々心を尽し永続方等厚勘弁いたし候様可致候
右之通被仰渡難有奉畏候、仍御請証文差上申所如件

文久二戌年三月二二日

三井三郎助　印
代　山崎甚五郎　印
嶋田八郎左衛門　印
代　駒田庄三郎　印
小野善助　印
代　江林吉十郎　印

御

京都の三家は大坂御用達の三井八郎右衛門や竹川彦太郎のように自らの出金を堅く拒否するということはなく、最初から三家で一万両までは出金すると確約しているのである。同時に鍵屋徳次郎と富田屋宗助、笹屋熊四郎が産物売捌方に任命されている。東洞院姉小路上ル町西側に三家の御用談所を設けた。三井京都両替店がその御用を引き受けたが、支配格の山崎甚五郎が三郎助の名代として実務にあたった。文久二年三月には前文と一二カ条からなる京都元仕入仕法が定められている。[35] それは大坂仕法に準じたもので、元入金の利足などは大坂の場合と同じであった。第四条と第九条を次に引用する。

（第四条）
一当地元仕入荷物ハ越前敦賀湊江相廻シ、多分ニ相成候節者、泉州堺江相廻し候積、其他秋味之義ニ至候而者江戸会所へ相廻シ同所ニ而売捌、代金之儀者為替ニ而元〆三家江相廻し可申候、尤入津次第其場所会所〳〵ニ於

いて商法之通り取扱、其筋之者へ直組入札申付売捌方可申付事

一元仕入金掛集方為替差立入用等見込、三井三郎助、嶋田八郎左衛門、小野善助へ集高之壱歩方被下候事

（第九条）

京都元仕入金による荷物は原則的に敦賀に送るもので、そこから京都に陸上を輸送された。蝦夷地産物が大量になった場合には堺に送ることになる。元仕入金を取り扱う三井・嶋田・小野三家はその取扱高の一パーセントを受け取ることができるのである。入津した蝦夷地産物は京都に送るだけではなく、敦賀においても売り捌かれたのであって、文久二年八月には敦賀で次のような町触が出されている。[36]

敦賀町触

蝦夷地元仕入御荷物致入津候ハヽ、問屋仲買共者勿論、外為商売共望之者者勝手次第箱館産物御会所江罷出、直組入札等可致候、当所市中者勿論郷中たり共、商売仕来候もの者同様可相心得事

戌八月　　　　敦賀御奉行

敦賀港には安政四年から文久元年にかけて蝦夷地産物が年に二万六〇〇〇石から三万五〇〇〇石にかけて入津していた。[37]代銀高は四万貫目前後であった。文久二年では京都元仕入金による蝦夷地からの荷物の五割は肥やし物で、二割が身欠鯡、一割五分が棒鱈、八分が元揃昆布、七分が数の子など食料品といった割合であった。[38]蝦夷地産物には肥やし物と食料品とが半分ずつであった。それらは敦賀で商人に入札で売り捌かれ、肥料は近江国の農村の需要を満たし、身欠鯡や数の子などの食料品は京都に輸送されて売り払われた。また秋味（鮭）は蝦夷地から江戸に送られることになり、三石昆布は専ら貿易品となったために、日高地方で仕入れても箱館で売り捌くことになった。敦賀は肥料に関してはヒンターランドをかかえていなかったため、その取り扱いが問題となっていった。文久二年四月に三家はさっそく六月晦日までに一万両を江戸の箱館方役所に為替送金するように申し渡されたのである。

2　文久三年の勘定

箱館産物会所の京都元仕入金の決算をこれから検討することにしたい。「元仕入出入控」[39]によると京都元仕入金の全体は表6-3に示されたとおりである。文久二年（一八六二）五月二三日の一万両を第一回として、慶応二年五月の一万両まで一〇回行われた。それを単純に合計すると一一万六〇七八両と永二一二文三分となる。その数値には三井・嶋田・小野三家の出金高と有志町人の加入金とが含まれている。それを回毎にみていこう。表6-4に示されている第一回の元仕入金一万両は三井三郎助が三四〇〇両、嶋田・小野両家が三三〇〇両ずつである。そのうち六五九八両二歩と永八八文六分が文久三年の元仕入金に用いられ、残りが鮭元代と昆布元代となっている。第二回の京都元仕入金は表6-5のとおりである。三家がそれぞれ第一回と同じ内訳で配分し、文久二年九月に江戸送金された。そ

表6-3　箱館産物会所の京都元仕入金

回　数	日　付	金　高
第1回	文久2年5月23日	1万両
第2回	文久2年9月23日	1万両
第3回	文久2年10月8日	1万両
第4回	文久3年3月20日	1万5000両
第5回	文久3年11月	1万5000両
第6回	元治元年11月	3078両　永212文3分
第7回	元治元年12月	3万両
第8回	慶応元年6月	3000両
第9回	慶応2年正月	1万両
第10回	慶応2年5月	1万両

出所）「元仕入出入控」（三井文庫所蔵史料　追532-1）.

表6-4　第一回京都元仕入金

日付	文久2年5月25日			
総額	10000両			
内訳	三井　3400両，嶋田　3300両，小野　3300両			
亥年分元代金	6598両2歩			
	永　88文6分			
同年鮭元代金	1210両			
	永　11文4分			
昆布元代	2191両1歩			
差次之分	永 150文			
返済		三井	嶋田	小野
	文久3年7月27日	200両	200両	200両
	8月2日	100両	100両	100両
	11月8日	2200両	2200両	2200両
	12月9日	900両	800両	800両
	皆済			

出所）「元仕入出入控」（三井文庫所蔵史料　追532-1），「箱館方加入金押切帳」（同　続723-10）.

のうち八二一八両一歩と永一七八文二分が文久三年の元仕入金となり、残りが元治元年に持ち越されている。文久二年一〇月の第三回の京都元仕入金は表6-6のとおりで、この時は富田屋茂兵衛の一〇〇〇両と本両替仲間の一三〇〇両が加入金として応募されたために、三家は三井が二五〇〇両、嶋田・小野両家が二六〇〇両ずつに減額することができた。三家は文久二年閏八月に、元仕入金一万両を一〇月までに江戸送金するにあたり、「今以有志之もの心当り無之、其期ニ至り有志加入金無之節者当惑仕候義ニ付、何卒身元相応之もの被召出、元仕入金加入仕候様御利解被成下度奉願上候」[40]との願書を箱館方役所にあてて出した。加入金の掛集めが困難であったため、その募集を役所に依頼しているのであった。京都元仕入金は文久二年末で三回分を合計すると三万両で、三井が九三〇〇両、嶋田・小野が九二〇〇両となっている。それらはいずれも江戸の会所に為替送金されている。文久三年にも三月と一一月に元仕

表6-5　第二回京都元仕入金

日付	文久2年9月25日	
総額	10000両	
内訳	三井　3400両，島田　3300両，小野　3300両	
亥年敦賀京都元代		8218両1歩
		永 178文2分
子年敦賀元代		1781両2歩
		永　71文8分
返済		三井
文久3年12月9日		700両
元治元年11月晦日		2700両
皆済		

出所）「元仕入出入控」（三井文庫所蔵史料　追532-1），「箱館方加入金押切帳」（同　続723-10）．

注）島田，小野両家の返済内訳は不明．

表6-6　第三回京都元仕入金

日付	文久2年10月9日	
総額	10000両	
内訳	三井　2500両，島田　2600両，小野　2600両	
	加入金　富田屋茂兵衛　1000両，	
	本両替仲間　1300両	
子年元代入		9113両
		永 187文7分
昆布元代差次		886両3歩
		永　62文3分
返済		三井
元治元年11月晦日		300両
慶応元年正月8日		1000両
正月14日		1000両
正月26日		200両
皆済		

出所）「元仕入出入控」（三井文庫所蔵史料　追532-1），「箱館方加入金押切帳」（同　続723-10）．

注）島田，小野両家の返済内訳は不明．

入金が徴収された。文久三年二月に元仕入金二万両を出金せよとの通達があって、減額交渉の結果一万五〇〇〇両となったのである。それはオタルナイと西在八ケ村に元仕入金を貸し付けるためという名目であった。

表6-7が第四回の元仕入金で、丸屋忠兵衛の二〇〇〇両の加入金がある。なお丸屋忠兵衛は、出金した二〇〇〇両の元仕入金を返済してほしいと文久三年六月に三家に申し入れてきた。産物は入港していないし、決算もなされていないが、三井が八〇〇両、嶋田・小野が六〇〇両ずつ立て替えて返済している。文久三年一一月の第五回の元仕入金は表6-8のとおりで、一万五〇〇〇両であるが、富田屋茂兵衛の一二〇〇両の加入金があり、両表を合わせて文久三年にも三万両となっている。ここまでの合計して六万両の元仕入金はいずれも皆済されているのである。しかし第二回目の元仕入金の皆済が二年二カ月目で、第三回目のが二年三カ月目であったように、皆済までの期間は長期に

表6-7　第四回京都元仕入金

日付	文久3年3月20日	
総額	15000両	
内訳	三井　4200両，島田　4400両，小野　4400両	
	加入金　丸屋忠兵衛　2000両	
子年元代入		1万545両2歩
		永　17文1分
丑年元代入		435両2歩
		永　79文7分
大坂元代入		4018両3歩
		永　153文2分
返済		三井
慶応元年	正月26日	1300両
	正月晦日	1800両
	4月15日	1000両
	閏5月14日	100両
皆済		

出所）「元仕入出入控」（三井文庫所蔵史料　追532-1），「箱館方加入金押切帳」（同　続723-10）.
注）島田・小野両家の返済内訳は不明.

表6-8　第五回京都元仕入金

日付	文久3年11月	
総額	15000両	
内訳	三井　4600両，島田　4600両，小野　4600両	
	加入金　富田屋茂兵衛　1200両	
子年元代金		1万1698両3歩
		永　168文3分
寅吉丸元代金		49両1歩
		5文6分
千尋丸元代金		167両2歩
		永　147文1分
敦賀元代金		3084両
		永　179文
返済		三井
元治元年	7月8日	400両
慶応元年	閏5月14日	1400両
		皆済

出所）「元仕入出入控」（三井文庫所蔵史料　追532-1）.
注）返済は完済しているが，残りの返済の日付は不明.

わたっている。

第一回の元仕入金は文久二年五月に江戸に送金され、蝦夷地で貸し付けられたが、蝦夷地よりの荷物は最初堺に送られた。第二回目の元仕入金による蝦夷地産物が、敦賀に送られてきたのは文久三年三月が最初であった。文久二年一〇月に、三井・嶋田・小野三家は敦賀着の荷物の大半を京都へ廻送することを求める願書を箱館掛り役所にあてて出している。そのなかには次のように記されている。(41)

肥シ物之儀も京都近在之者相望居候由及承候付、四十物、肥シ物共京都ニ而御売捌相成候ハ、弁理宜候哉奉存候得共、敦賀表掛り物四歩五厘相掛ケ、京都江引取、猶又売捌入用多少共相掛り可申、詰り弐重之失費相掛り御益筋も薄奉存候付、弥京都江四十物、肥し物共引取御売捌相成候時者、敦賀表掛り物御減方奉願上度、左候ハ、見込も相立可申哉、尤前書四十物七歩通り京都江引取候儀、当年入船無之候付、明年元仕入御荷物相廻り候内御差送可被成下筈、其余之御荷物者於敦賀表御売捌可相成

三井・嶋田・小野三家は敦賀入津荷物の肥料と食品の大半を京都に送ることを希望し、掛り物の減額を願っているが、他方で敦賀港が廃れることにも気をつかっている。文久二年七月に、「越前敦賀港之儀、近年追々衰微仕、蝦夷地御産物類相廻り候而も仕切金ニ差支、問屋共一同難渋之趣を以金壱万両同所御会所より拝借之儀御用達其外ゟ相願候処」(42)という事情から、同年一〇月に三家は敦賀問屋に二〇〇〇両を貸し出しているのである。敦賀に着いた箱館産物会所の御用荷物のうち、四十物といわれる食料品の七割は京都で売り払われることになり、それらは海津か塩津に継ぎ立てられ、湖船で大津の問屋に輸送される。大津では坂本町の天王寺屋藤五郎方に水揚げされ、京都に運ばれて、食料品の場合は松前干物仲間一七組の者に入札によって払い下げられる。文久三年四月に最初に天王寺屋藤五郎のもとに着いたのは、鉛六二五貫一〇〇目の一五駄半と昆布三〇九五貫目の八一駄半で、合わせて九七駄の荷物であった。また文久三年五月に熊石から敦賀に送られてきたのは、胴鰊一万六一〇二貫目と白子三〇九八貫目、棒鱈二〇〇一貫三一〇目であった。(43)

京都元仕入金の敦賀、堺の売捌勘定の前に、表6-4と表6-6の鮭元代、昆布元代について見てみよう。表6-4の第一回の元仕入金にある江戸廻り鮭元代は、文久三年に秋味を江戸に送って売り捌いた勘定で、元代が一二一〇両と永一一文四分で一家当たり四〇〇両となっている。その勘定は損失を生じたのであるが、利足として一五五両三歩と永七七文七分が三家に渡され、一家あたり五一両三歩二朱、銀五匁六分四厘ずつ配分して受け取っている。(44)また文久三年に箱館で売り払った昆布元代は四九一一両と永五三文九分であった。会所が買い入れた三石昆布は貿易に用いられたために、箱館で売却されたのである。それは京都元代が三〇七八両と永二一二文三分、竹川彦太郎が一手で取り扱った堺元代が一七五一両一歩、永二四七文七分、大坂元代が八一両一歩、永九三文九分であった。(45)京都元代は表6-4と表6-6に記されている。京都、堺、大坂の元仕入金が合わせて用いられ、その売却代金は六一〇六両一歩、永二〇二文六分であったから、五二二両三歩、永一五二文八分の売徳が生じている。京都元代だけの決算でみると、三〇七八両余りの元代について、文久二年五月から元治元年一〇月までの利足として四五六両三歩と永五六文六分が三家に配分され、元仕入金出金者への売徳のうちの二割の配分金として六五両二歩、永五〇文三分、元〆三家への一割五分の配分金として四九両、永一六二文七分で合計して五七一両二歩、永七九文六分となり、三家で分けると一家あたり一九二両二歩、永二六文五分となり、これを慶応元年二月に受け取っている。

箱館産物会所の京都元仕入金の決算は年度毎にまとめられた。表6-9が文久三年(一八六三)の元代と利銀の内訳である。京都元代による会所荷物は文久三年に初めて売り出されたために、同年の決算が京都元仕入金の最初のものである。同年の元代の合計は一万四八一七両、永一六文八分であり、第一回目と第二回目に蝦夷地に送られた元仕入金の勘定である。利銀とは、元仕入金の出金者である三井・嶋田・小野への利足である。そのうち敦賀元代と堺元代の売捌勘定を表6-10と表6-11に示した。敦賀に着いたのは信敬丸を含めて一二艘であった。表6-10によると、敦賀元代では六二四七両余を銀換算した三九五貫〇八六匁余の元代が蝦夷地産物の買入代となり、それに敦賀までの運賃と、箱館、松前、熊石の蝦夷地、それに敦賀での諸掛を要して、さらに出金者への二二貫目七六八匁余の利銀を

表6-9　文久3年の京都元仕入金の元代と利銀

内　訳	元　代		利　金	
敦賀元代	6247両1歩	永158文8分	360両	永 38文9分
京都元代	1650両2歩	永150文2分	94両	永181文5分
堺元代	6598両2歩	永 88文6分	601両1歩	永 79文
信敬丸元代	22両2歩	永177文4分	3歩	永 71文3分
千歳丸元代	297両2歩	永191文8分	19両2歩	永212文5分
合計	1万4817両	永 16文8分	1076両	永 83文2分
内　第一回	6598両2歩	永 88文6分		
第二回	8218両1歩	永178文2分		
計	1万4817両	永 16文8分		

出所）「文久三亥年分御産物代銀勘定調書」（三井文庫所蔵史料　続1447）．

表6-11　文久3年の堺売捌勘定

払　代	967貫018匁04
元代	568貫336匁43
運賃	89貫694匁
箱館諸掛	2貫447匁75
熊石諸掛	3貫802匁3
松前諸掛	38貫906匁34
掛屋入用	5貫683匁36
堺諸入用	58貫021匁08
売捌人手当	4貫835匁09
水上蔵入蔵敷上荷賃	3貫625匁
元仕入金箱館差立之節箇立	165匁51
元代江掛候利銀	51貫796匁51
合計	827貫313匁37
差引　売徳	139貫704匁67
五割上納	69貫852匁34
二割有志人へ被下候	27貫940匁92
一割五分掛屋江被下候	20貫955匁69
一割取扱人へ被下候	13貫970匁46
五分元仕入世話致候者江被下候	6貫985匁23

出所）「文久三亥年分御産物代銀勘定調書」（三井文庫所蔵史料　続1447）．

表6-10　文久3年の敦賀売捌勘定

払　代	630貫413匁15
元代	395貫086匁13
運賃	46貫520匁95
箱館諸掛	2貫242匁21
松前諸掛	15貫062匁69
熊石諸掛	8貫543匁41
敦賀諸掛	29貫062匁85
掛屋入用	3貫950匁85
売捌人手当	3貫152匁06
浜上ケ其外入用	3貫899匁82
江戸より箱館迄差立入用	128匁59
元代之利銀	22貫768匁86
合計	530貫418匁42
差引　売徳	99貫954匁73
上納	49貫997匁37
金主其外被下候分	49貫997匁36

出所）「文久三亥年分御産物代銀勘定調書」（三井文庫所蔵史料　続1447）．

加えると、五三〇貫四一八匁四分二厘となり、その売却代銀が六三〇貫四一三匁余であったため、差引の売徳は九九貫九五四匁七分三厘となる。利銀の二二貫目余は表6-9の三六〇両余に等しい。掛屋入用は元代に対して一パーセントの割合で、三井・嶋田・小野三家が受け取るのである。四九貫九九七匁余が会所に上納され、それと同じ額が掛屋や出金者に配分される。

表6-4と表6-9とから、第一回の元仕入金のうち六五九八両二歩余の元代に相当する荷物が堺に送られたことが明らかである。表6-11はその堺着の荷物売捌の勘定を示している。金六五九八両二歩と永八八文六分を銀換算したのが五六八貫三三六匁余であるが、それによると堺までの運賃が八九貫目余と元代に対して一六パーセントを占め、箱館、熊石、松前など蝦夷地での諸経費が四五貫目余かかり、堺での売捌にかかる経費が五八貫目余となっている。それらの合計が八二七貫目余であり、売却代銀が九六七貫目余であったため、差額は一三九貫目余となっている。なお元代に対して五一貫七九六匁余の利銀が経費に含まれている。表6-9の六〇一両一歩余と同一である。その差額の売徳一三九貫目余に対して五割の六九貫目余は会所に上納され、次回の買入資金に加えられる。残りの配分方法は仕法書に従って分けられることになる。京都元仕入金の仕法書のなかの売徳金配分に関する部分は次に示すとおりである。(46)

一元仕入荷物売捌元金幷利分其外諸懸り物引之金売徳金之内左之通

五割　会所積金

但し明年元仕入金ニ相廻し可申積

弐割　元仕入金差出候者へ割下ケ被下候積り

壱割五分　為替幷元仕入取扱元〆三家へ被下候積り

但し船手敷金等、其外一時立替候儀も有之間敷ものにもあらず、其実店内ニ而者多人数相懸り、諸失費も不少候ニ付被下候積り

壱割　　荷物売捌方取扱候笹屋熊四郎、鍵屋徳次郎、富田屋宗助へ被下候積り

五歩　　元仕入金世話致候者、幷ニ会所手代其外骨折候者へ御手当として被下候分

三井・嶋田・小野三家は、売徳のなかで元仕入金出金者への二割と為替、元仕入金取扱者への一割五分の合わせて三割五分の配分を受けるのである。箱館丸など五艘が敦賀に入津し、荷物が京都に輸送された京都勘定は、元代が一三四貫六四五匁余、払代が二四七貫九六一匁余であったが、二八貫五三九匁余りの売徳を出していて、仕法書に従って配分されたのであるが、一割五分の掛屋への下げ金は京都の御用談所の経費とされ、各家には配分されていない。敦賀、堺、京都の勘定の売徳は合計して二六八貫一九八匁余となり、そのうちの五割の一三四貫目は会所に上納されている。表6-9の五つの勘定を合計すると、元代に対して一パーセントの割合の掛屋入用は一四八両二朱、銀四三匁五分四厘となり、売徳のなかで有志人の受け取る二割と掛屋の受け取る一割五分とを合計すると、一二一一両二歩、銀四一匁六分九厘となる。第一回、第二回ともに加入金はないために、一〇七六両余りの利銀もすべて三家が受け取ることになる。

表6-4と表6-5とで三井の場合の元仕入金の返済の様子がわかるが、それによると文久三年中には三井の場合は四一〇〇両の元仕入金が返済されている。三井の文久三年末までの出金高は第一回から第五回までで一万八一〇〇両であったため、差し引きすると一万四〇〇〇両となるのであるが、丸屋忠兵衛の加入金を三家が代わって返済して三井分が八〇〇両であったため、文久三年末残高で一万四八〇〇両となる。文久三年と元治元年の三家の受取高を示したのが表6-12である。注に記したように嶋田・小野両家も三井と同様に四〇〇両ずつ戻したと考えることが妥当であるが、そうすると文久三年末までの元仕入金総額の六万両のうち、加入金は丸屋忠兵衛分を除いて三五〇〇両であり、三家の出金高は五万六五〇〇両となり、そのうち一万二三〇〇両が返済されているため、残高は四万四二〇〇両となっている。ところで文久三年二月には元仕入金はまだまったく返済されていないが、同月に二万両の元仕入金の出金を申しつけられ、三家は次の嘆願書を箱館会所の役人にあてて差し出している。(47)

乍恐以書附奉願上候

箱館蝦夷地御産物元仕入金之儀者、有志加入之者ゟ私共方江持参仕候ハヽ、請取手形差出夫々取扱方仕候迄之儀と奉承知候処、有志之者当分無御座候付、昨戌年五月金壱万両調達仕、其後敦賀表江御貸下ケ金五千両差出候様被仰付、其節御断申上候得共、達而被仰諭候付不得止事御請申上候義御座候、然ル処同年九月元仕入金壱万両差下可申兼而被仰渡御座候処、其頃混雑之事共ニ而、有志加入人無之、依之加入人出進候之様御利解之義、御当地御掛り様江歎願仕種々御配慮被下候得共、兎角加入人無之、無拠私共ゟ調達差下、其後同十月酉在八ケ村金壱万両出金被仰付候得共、前書両度之調達幷敦賀表出金之儀も御請申上候義ニ而、此上出金心配仕、且有志加入人も無御座候付、御断申上候得共、再応被仰渡候付、加入人種々吟味仕候処、漸弐千両余加入有之候付、私共ゟ都合仕半高五千両丈ケ調達可仕旨申上候得共、不足仕候而者御不都合之段強而被仰渡候付、是亦無拠都合壱万両私共ゟ調達仕候義ニ而、当時金私共ゟ三万両計調達高御座候、然ル処其後追々世評騒々敷金操も礑と差支、有志加入人も一切無御座、此上如何と心痛罷在候折柄、此度ヲタルナイ幷西在八ケ村江出金方之儀被仰談、何共当惑於私共も多分之調達相成、此上出金之儀何共心痛仕候儀ニ付、此程出坂のもの共ゟ御断歎願仕候得共、ヲタルナイ之儀者昨戌春新藤様御上京之砌粗内願出仕候義も御座候付、是非出金可仕旨御談判深奉恐入候、乍併昨春之見込ニ而者追々有志之者

表6-12　三井・嶋田・小野三家の元仕入金の受取高（その1）

年　月	三　井	嶋　田	小　野	内　訳
文久3年7月27日	200両	200両	200両	京都元代
8月2日	100両	100両	100両	京都元代
11月8日	2200両	2200両	2200両	敦賀元代
12月19日	2000両	2000両	2000両	堺元代
元治元年7月8日	400両	400両	400両	亥年江戸廻り鮭元代
7月8日	51両3歩2朱	51両3歩2朱	51両3歩2朱	同上利足
	銀　5匁6分8厘	銀　5匁6分8厘	銀　5匁6分8厘	
11月晦日	3000両	3000両	3000両	大坂堺元代

出所）「元仕入金内請取帳」（三井文庫所蔵史料　追533）．

注）文久3年12月19日の2000両については，「箱館方加入金押切帳」（続723-10）によると，三井の場合に400両を受け取り過ぎのために戻していて1600両を受け取っている．

も出来、私共調達之分も当分取替候迄ニ而程克手操相成、順々融通可仕哉之積、且初発之儀ニ而一同不呑込旁、万端手筈違ニ相成、当節之処ニ而者世上一般不融通、加入之者も一切無御座候付、押而御断申立候次第何共不都合奉恐入、猶再三厚御利解之程奉承伏、此上壱万両丈ケ者如何様共調達仕候様一同申談罷在候間、此度之処右ニ而御聞済、両場所之内江程克御割振御取計被成下候歟、何分右壱万両丈ニ而此上出金御免相願度、此度御聞済被成下度、猶此後世上人気も立直り候ハヽ、追々有志加入之者も出来可申哉、乍去有志加入之義者不定之義ニ而、大体年分何程宛者無相違差下可申、於箱館表御見留無之候半而者御取計も難被遊恐察仕候儀ニ付、此後之処取極置申度、既昨年来調達金代り御産物追々彼地御積出シ不遠入津可仕、右御産物売捌代金取立出来次第順操ニ、一ケ年三万両迄者有志加入有無不拘、私共ゟ差下候様兼而心組可仕候付、其上出金筋被仰渡候義者幾重ニも御免被成下、猶精々御産物御操廻シ代金取立方手筈操相付跡御元仕入金差下方差支不申様、御配慮被成下候ハヽ、難有可奉存、其上今両三ケ年も相立、私共追々御用向手馴候上者、猶出精仕候様可仕候間、当時之処厚御憐察、兼而御聞込被成置前書三万両迄之処ニ而、此上出金筋之儀者御免被成下候様偏奉願上候、何卒此段御聞届被成下候ハヽ、難有可奉存候、以上

文久三年亥二月

小野善助名代
増田半兵衛　印
江林吉十郎　印
野村庄次郎　印
嶋田八郎左衛門名代
千葉新五郎　印
駒田庄三郎　印
本田丈助　印

三井三郎助名代
山崎甚五郎　印
中村徳兵衛　印

箱館御会所御役人中様

三井・嶋田・小野三家は御用を引き受ける際に、加入金の集まらない場合でも合わせて一万両までは調達するとの内意を伝えていたが、加入金を出す有志の者がいないために、ここでは文久二年の実績の三万両を限界として、それ以上の元仕入金の出金を断っているのである。このように連続して徴収することになることを予想はしていなかったであろうし、出金から買い集め、輸送、売り捌きまでが予想以上に長期間にわたったために、出金総額が多額に及んでしまったのである。この嘆願書にもかかわらず、文久三年三月に三家は二万両を一万五〇〇〇両に減額して出金することになった。しかも元仕入金はこれまでは江戸の会所に為替送金された上で蝦夷地に送られたのであったが、四回目の元仕入金は敦賀会所に陸送されたのである。ヲタルナイ（小樽）と西在八ケ村の漁民に元仕入金を貸し付けるという名目であった。西在八ケ村というのは、現在の檜山支庁に属する熊石町から乙部町にまたがる、熊石、泊川、相沼内、蚊柱、三ツ谷、突符、小茂内、乙部の八カ村で、松前藩支配下では檜山奉行の下に熊石番所が置かれて事務を執ってきたが、安政二年に蝦夷地が幕府領となり、津軽藩以下五藩に分担して警備させることになった時にも、熊石番所は箱館奉行の支配下に置かれた。幕府は直轄地に資金を廻そうとしたのである。敦賀に元仕入金を廻すことは、船主を通して蝦夷地に送金することになるが、船主に荷物買入のための資金を貸したわけである。

文久三年には蝦夷地から荷物も着いて、元仕入金の返済も始まったが、一一月に元仕入金を差し出すように会所役人より申し渡され一万両を引き受けることになった。ところが、同年八月に三井八郎右衛門が大坂での箱館産物会所の御用御免願いを出したことはすでに記したが、一二月には三井三郎助が箱館方御用御免の願書を箱館方役人中に出した。しかも嶋田・小野両家にも了解を求める願書を出している。(48)

乍恐以書附奉願上候

一昨戌年、於京都被仰付候箱館方御用達之義、私方元来諸御用筋多端、且者手代共無人ニ付手廻り兼可申哉、万一不行届之義御座候而者却而奉恐入候間、何卒御免可被成下候様、其砌内願仕候得共、組合も有之候事故相勤可申様御利解被為在候付、御請奉申上処、去月廿三日、江戸駿河町、同苗八郎右衛門名前店ゟ出火ニ而、同所出店三ヶ所其外大蔵穴蔵迄焼落、其上近辺類焼仕、何共奉恐入候、右ニ付店々焼失而已ニ無御座、種々入用金相嵩候儀御座候而、莫大之散財、且者今以御咎中ニ付家業も不仕罷有、此末相続方ニ拘り一統必至難渋当惑仕候次第ニ御座候、乍併旧来奉相勤居候御為替御用、幷其外御用向等者聊不都合無御座候様大切奉相勤度奉存候付、何卒新規被仰付候箱館御用之廉者、此節御免之御沙汰被成下候様偏ニ奉願上候、右願之通御聞済被成下候ハヽ、旧来奉相勤候御用向無滞相勤永続可仕と難有仕合可奉存候、此段幾重ニも奉願上候以上

文久三年亥十二月　　　　三井三郎助　印

箱館方御役人中様

ここで御用御免を願い出る理由としたのは、同年一一月に越後屋江戸本店より自火を出して、江戸本店が焼失したにとどまらず、近所に類焼して被害を与えたことであった。類焼した町々には見舞金を配り、それが銀一〇六三貫目に及んだのである。このような非常出費にとどまらず越後屋は利益金が落ち込んでいくなど経営は破綻状況に近くなっていった。これは越後屋の事情であって、両替店の三井三郎助とは営業組織の上では異なるが、同じ三井家としてこれ以上の元仕入金の出金には耐えられなくなっていたのである。この願書が幕府に認められることはなく、その後も元仕入金の出金を余儀なくされていった。三井京都両替店の文久三年末の箱館産物会所への元仕入金の貸出残高は一万五一八〇両二歩一朱であった。

ここで文久三年の三家の元仕入金の総括的決算を表6-13から見てみよう。京都、敦賀、堺の元代は一万二三〇〇両となる。元代の利金と元代に対する一パーセントの掛屋入用、売徳の二割と一割五分にあたる元仕入金出金者と掛

屋への配分金などが合わせて二二七四両となり、それらは三家の収益となる。敷金を立て替えた利足も八両一歩あった。それらから加入金出金者への配分金と、すでに返済された元仕入金を差し引くと残高が九九九両三歩二朱と銀七五匁二分八厘となり、元治元年五月に三家は一家当たりは三三三両一歩と銀二八匁四分二厘ずつを受け取っているのである。

3　元治元年の勘定

元治元年（一八六四）になると、箱館産物会所の活動は最も活発になった。京都元仕入金の活用が軌道に乗ったということができるのであろう。表6-14にこの年の元代内訳と払代、売徳を示した。元代の総額は三万三五八三両余であるから、文久三年の取扱高より二・三倍に増している。元代の中で最も大きな割合を占めているのが大坂元代であり、次が敦賀であり、堺がそれに次いでいる。表6-15に見るように、第二回から第五回までの元仕入金が用いられている。元仕入金による荷物の四七パーセントが大坂に送られているのである。表6-14に戻ると、運賃や蝦夷地での諸掛、元仕入金の利足などと元代との合計と払代との差額が売徳となるが、大坂が最大となり、堺がそれに次ぎ、敦賀はわずかなものとなり、京都元代に至っては元代の銀換算値が二一二貫目余であるのに対して、売徳は五九貫目余もの赤字となっている。金銀換算値が大坂では一両当たりほぼ銀九二匁九分四厘であるのに、敦賀では銀六三匁四分七厘となっていることの意味はここでは明らかにしえない。売徳の合計は八一五貫目余であり、損失は五九貫目余であったため、差額の合計は七五六貫目余となる。

表6-13　文久三年の箱館産物会所京都元仕入金の勘定

京敦賀堺元代	1万2300両		
三カ所元代利金	914両1歩2朱	銀 4匁17	
元代之一分掛屋入用	148両　　2朱	銀43匁54	
敦賀ニ而敷金立替金	600両		
敷金之利足	8両1歩	銀 3匁24	
有志人へ売徳二割配分	722両2歩	銀25匁02	
掛屋へ売徳一割五分配分	489両	銀16匁67	
〆　合計	1万5182両1歩	銀92匁64	
加入金出金者へ配分渡	82両1歩2朱	銀17匁36	
三家へ追々渡高	1万3500両		
敷金三家へ渡高	600両		
〆　合計	1万4182両1歩2朱	銀17匁36	
差引	999両3歩2朱	銀75匁28	
一家当たり	333両1歩	銀28匁42	

出所）「文久三亥年分御産物代銀勘定調書」（三井文庫所蔵史料　続1447）.

表 6 -14　元治元年の元代内訳と払代，売徳

内　訳	元　代	同左銀換算	払　代	売　徳
大坂	1 万5943両 永　86文 3 分	1481貫750匁44	2720貫812匁25	572貫685匁14
堺	4869両 永　19文 7 分	452貫526匁69	832貫463匁9	177貫978匁18
敦賀	1 万0064両 1 歩 永　76文 8 分	638貫769匁12	936貫291匁69	56貫805匁67
京都	2262両 3 歩 永　12文 3 分	212貫699匁65	235貫658匁37	△59貫348匁67
寅吉丸	49両 1 歩 永　5 文 6 分	4貫133匁27	8貫508匁64	2貫330目73
千尋丸	167両 2 歩 永 147文 1 分	15貫758匁83	28貫724匁17	5貫614匁45
亥年元代端金	217両 銀　1 匁34			
亥年鮭元代端金	10両 永　11文 4 分			
合　計	3 万3583両 永 109文 銀　1 匁34	2805貫638匁	4762貫449匁02	815貫414匁17 △59貫348匁67

出所）「元治元子年分御産物代銀勘定調書」（三井文庫所蔵史料　続1448）．

表 6 -15　元治元年京都元仕入金内訳

出金回	日　付	金　高		内　訳
第二回	文久 2 年 9 月	1781両 2 歩	永 71文 8 分	敦賀元代金
第三回	文久 2 年10月	9113両	永187文 7 分	子年元代金
第四回	文久 3 年 3 月	1 万0545両 2 歩	永 17文 1 分	子年元代金
第五回	文久 3 年11月	1 万1698両 3 歩	永168文 3 分	子年元代金
		49両 1 歩	永　5文 6 分	寅吉丸元代金
		167両 2 歩	永147文 2 分	千尋丸元代金
	合計	3 万3356両	永 97文 6 分	

出所）「元治元子年分御産物代銀勘定調書」（三井文庫所蔵史料　続1448）．
「元仕入出入控」（三井文庫所蔵史料　追532-1）．

ところで京都元仕入金の仕法は蝦夷地荷物を敦賀と堺に輸送することを基本にしているはずであるが、元治元年には大坂が第一の市場となっているのである。仕法を逸脱しているわけであるが、次に引用する元治元年の京都御用達の願書がその理由を明らかにしている[49]。

乍恐口上書

一箱館元仕入御産物京都出金之分、越前敦賀、并泉州境於御会所、御売捌可相成御仕法ニ而、昨亥年分御売捌御用奉相勤難有仕合奉存候、然ル処近来別而肥シ物直段宜敷、大坂商人共重立相望罷在候ニ付、京都出金堺表へ相廻候分も大坂表へ御廻シ相成、同所於御会所手広御売捌相成候ハヽ、商人共弁利、自励合直組入札等仕候ハヽ、御益筋も可相立と奉存候ニ付、此段奉願上候

右之段奉願上度、御聞届被成下候ハヽ、難有可奉存候、以上

元治元子年三月廿六日

伊勢屋嘉七 印
富田屋宗助 印
鍵屋徳次郎 印
笹屋熊四郎 印
小野善助名代
野村庄次郎 印
嶋田八郎左衛門名代
本田丈助 印
三井三郎助名代
山崎甚五郎 印

箱館方御会所

蝦夷地から大坂、敦賀に送られてくる荷物には食料品と肥料になるものとがあって、食料品は京都市場を目当てとして敦賀に送荷することの利点もあったが、肥料の場合は堺に送っても大坂に廻ることになるため、直接大坂に送るほうが好都合であるという願書であった。それは箱館役所から認められ、これ以降、京都元仕入金であっても大坂への送荷を主力とするようになっていく。

この元治元年の勘定を個別に見ていこう。表6-16から元治元年の大坂捌勘定を見てみよう。大坂捌荷物の船毎の元代は表6-17に示されている。一番船の妙光丸から一九番船の加徳丸まで蝦夷地の荷物を積んで一九艘の船が大坂に入港したのである。五六五石積の千尋丸から一五五石積の冨永丸まで船に大小があり、元代にも大きな格差がある。大坂捌荷物の元代は銀に換算して一四八一貫目余で、それに運賃と松前、大坂の諸掛、利銀などを加えて合計が二一四八貫目となり、払代が二七二〇貫目となっているため、差額の売徳が五七二貫目の高額に達している。蝦夷地と大坂とにおける価格差の幅の大きさによってこの高利潤が可能となったのである。売徳の五割は箱館会所に上納される。元代は一万五九四三両余であるが、文久二年一〇月の四二四四両余と同三年一一月の一万一六九八両余の元仕入金が用いられ、慶応元年一月に精算されるまでの利足が勘定から差し引かれている。

表6-18の堺捌荷物の勘定では、元代が四五二貫目余で、諸入用や利銀の合計が六五四貫目余となり、払代が八三二貫目余であったため、差し引きした売徳は一七七貫目余となった。文久三年より元代が減っているにもかかわらず売徳は増加している。元代に対する売徳の割合では倍増しているのである。利銀は五九貫一四七匁余であるが、文久二年一〇月より元治元年一一月までの二六カ月分の利足となっている。堺の場合には七艘が入港しており、その船名前と船別元代は表6-19のとおりである。表6-17にも名前の見える船があり、大坂・堺の両港に荷物を下ろしたのである。

次に表6-20から敦賀捌勘定を見てみよう。敦賀捌勘定は一四艘による荷物の売買勘定であるが、元代は六三八貫目余で、それに運賃、諸掛、利銀などを加えて八七九貫目余となり、売払代が九三六貫目余となったため、差額の売

表 6 -17　元治元年の大坂売捌荷物の船別元代

妙光丸	826両 2 歩	永 72文 9 分
吉徳丸	1044両 3 歩	永 44文 4 分
松栄丸	580両 2 歩	永163文 8 分
千歳丸	454両 2 歩	永248文 4 分
栄壽丸	950両 1 歩	永 66文 5 分
日出丸	1943両 1 歩	永178文 1 分
栄徳丸	508両 2 歩	永 61文 3 分
喜長丸	670両 1 歩	永149文 7 分
大黒丸	1144両	永 61文 8 分
栄徳丸	700両	永 9文 9 分
富栄丸	292両	永 61文 3 分
飛龍丸	879両 2 歩	永121文 8 分
大恩丸	1409両 3 歩	永184文 1 分
千尋丸	1107両 2 歩	永 56文 3 分
大黒丸	1678両 1 歩	永 50文 7 分
住吉丸	508両 3 歩	永236文 5 分
仁政丸	104両 1 歩	永 43文 2 分
甲子丸	888両 2 歩	永 43文 8 分
加徳丸	250両	永231文 8 分
合　計	15943両	永 86文 3 分
利　金	1369両	永159文 4 分

出所）「元治元子年分御産物代銀勘定調書」（三井文庫所蔵史料　続1448）.

表 6 -19　元治元年の堺売捌荷物の船別元代

嘉徳丸	1142両	永 14文 3 分
天神丸	911両	永150文 7 分
妙光丸	291両 2 歩	永192文 3 分
明徳丸	708両	永248文 1 分
万祥丸	401両 2 歩	永 90文 4 分
袋槌丸	667両 3 歩	永119文 1 分
栄徳丸	746両 1 歩	永204文 8 分
合　計	4869両	永 19文 7 分
利　金	636両 1 歩	永155文 8 分

出所）「元治元子年分御産物代銀勘定調書」（三井文庫所蔵史料　続1448）.

表 6 -16　元治元年の大坂売捌勘定

払　代	2720貫812匁25
元代	1481貫750匁44
運賃	162貫866匁44
松前諸掛	149貫456匁3
大坂諸掛　払代之六分	163貫248匁74
掛屋入用　元代銀之一分	14貫817匁5
売捌人手当　払代之五厘	13貫604匁06
仲買四厘引	10貫883匁25
蔵敷賃其外	15貫559匁36
元代江掛り候利銀	135貫638匁98
箇立入用	302匁04
合計	2148貫127匁11
差引　売徳	572貫685匁14
五割上納	286貫342匁57
五割金主其外江被下候分	286貫342匁57

出所）「元治元子年分御産物代銀勘定調書」（三井文庫所蔵史料　続1448）.

表 6 -18　元治元年の堺売捌勘定

払　代	832貫463匁9
元代	452貫526匁69
運賃	50貫114匁14
松前熊石諸掛	32貫582匁1
堺諸掛	49貫947匁83
掛屋入用	4貫525匁27
売捌人手当	4貫162匁32
蔵敷賃	1貫479匁81
元代江掛候利銀	59貫147匁56
合計	654貫485匁72
差引　売徳	177貫978匁18
上納	88貫989匁09
金主其外江被下銀	88貫989匁09

出所）「元治元子年分御産物代銀勘定調書」（三井文庫所蔵史料　続1448）.

徳は五六貫八〇五匁となった。なお荷物の一部は国島で売却されている。

箱館産物会所の勘定で船毎の勘定がわかる史料は少ないが、元治元年の京都捌荷物の場合にはそれが積荷の内訳まで明らかになる。この京都勘定は日吉丸、順風丸、八幡丸、宝永丸、妙喜丸、大運丸、猋帆丸の七艘の荷物の売り払いについてのものである。表6-21に明らかなように、元代が二一二貫目余であったが、諸掛が八二貫目となり、払高が二三五貫目余にとどまったために、五九貫目余りの赤字となっているのである。それぞれの船の積み荷は表6-22のとおりである。積み荷は撰鰊鯑（数の子）、身欠鯡（にしん）、干鱈などの食料品ばかりである。日吉丸の場合の史料を次に引用する。(50)

日吉丸伊右衛門乗

撰鰊鯑百弐本

熊石御買上目方千八百弐拾三貫八百目

表6-20　元治元年の敦賀売捌勘定

払　代	936貫291匁69
元代	638貫769匁12
運賃	60貫825匁89
松前熊石諸掛	44貫837匁56
敦賀諸掛	33貫872匁40
掛屋入用	6貫387匁68
売捌人手当	4貫681匁43
水揚蔵入入用	7貫052匁00
国島ニ而売払諸掛	10貫153匁40
同上敦賀会所へ１分上納	1貫450匁49
利銀	71貫456匁05
合計	879貫486匁02
差引　売徳	56貫805匁67
上納	28貫402匁84
金主其外へ被下候高	28貫402匁83

出所）「元治元子年分御産物代銀勘定調書」（三井文庫所蔵史料　続1448）．

表6-21　元治元年の京都売捌勘定

払　代	235貫658匁37
元代	212貫699匁65
運賃	9貫347匁81
松前諸掛	8貫465匁40
熊石諸掛	837匁43
敦賀より京都迄運賃幷諸掛	29貫225匁93
払代一分上納銀	2貫356匁57
掛屋入用元代	2貫126匁99
売捌人手当	1貫178匁29
元代利足銀	28貫768匁97
合計	295貫007匁04
差引	△59貫348匁67

出所）「元治元子年分御産物代銀勘定調書」（三井文庫所蔵史料　続1448）．

表 6 -22　元治元年の敦賀着船の積み荷

船　名	積み荷	目　方	
日吉丸	撰鰊鯑	熊石買上目方1823貫800目	売渡目方1598貫目
順風丸	雪走り身欠鯡	松前買上本数21万6000本	売渡本数20万7360本
	雪走り身欠鯡	松前買上本数32万4000本	売渡本数31万1040本
八幡丸	干鱈	熊石買上目方719貫目	売渡目方642貫300目
	塩干鱈	熊石買上目方512貫目	売渡目方393貫400目
宝永丸	建細走り身欠鯡	松前買上本数21万6000本	売渡本数20万7360本
	同身欠鯡	松前買上本数25万4880本	売渡本数24万4685本
	建細走り身欠鯡	松前買上本数10万8000本	売渡本数10万3680本
	建細走り身欠鯡	松前買上本数10万8000本	売渡本数10万3680本
妙喜丸	身欠鯡	松前買上本数22万2480本	売渡本数21万3581本
	身欠鯡	松前買上本数 6 万0480本	売渡本数 5 万8060本
	身欠鯡	松前買上本数46万4400本	売渡本数44万5824本
大運丸	身欠鯡	松前買上本数51万1200本	売渡本数49万0752本
[illegible]帆丸	上々走り身欠鯡	松前買上本数 4 万7520本	売渡本数 4 万5620本
	上身欠鯡	松前買上本数61万7760本	売渡本数59万3050本
	身欠鯡	松前買上本数24万本	売渡本数23万0400本
	建細中身欠鯡	松前買上本数20万9520本	売渡本数20万1139本
	同身欠鯡	松前買上本数29万7600本	売渡本数28万5696本
	撰鰊鯑	松前買上目方1175貫112匁	売渡目方1064貫556匁 4 分

出所）「甲子年蝦夷地産物京都御払代勘定仕上書」（三井文庫所蔵史料　追531-1）.

表 6 -23　元治元年の京都売捌荷物の船別勘定

船　名	元　代	諸　掛	小　以	払　高	売　徳
日吉丸	13貫235匁96	5貫695匁79	18貫931匁75	18貫142匁	△　789匁75
順風丸	19貫111匁85	8貫313匁68	27貫425匁53	30貫067匁2	2貫641匁67
八幡丸	19貫752匁44	6貫138匁86	25貫891匁3	27貫276匁04	1貫384匁74
宝永丸	22貫842匁	10貫686匁3	33貫528匁3	34貫756匁14	1貫227匁84
妙喜丸	28貫673匁7	12貫086匁44	40貫760匁14	33貫565匁51	△ 7貫194匁63
大運丸	27貫354匁53	10貫056匁52	37貫411匁05	21貫674匁88	△15貫736匁17
[illegible]帆丸	81貫729匁17	29貫329匁8	111貫058匁97	70貫176匁6	△40貫882匁37
合　計	212貫699匁65	82貫307匁39	295貫007匁04	235貫658匁37	△59貫348匁67

出所）「甲子年蝦夷地産物京都御払代勘定仕上書」（三井文庫所蔵史料　追531-1）.

内　百弐拾七貫六百六拾匁　　　熊石ゟ敦賀迄船中用捨七分引
届目方
　千六百九拾六貫百四拾目
内　九拾八貫百四拾目　　　京都へ為登之節懸改目欠減し
一売渡目方千五百九拾八貫目　　　但拾七貫目壱本ニ付銀百九拾三匁替
　此代銀拾八貫百四拾弐匁
　　（以下略）

日吉丸の積荷物は撰鰊鯑（数の子）一〇二本であった。その熊石で買い入れた目方は一八二三貫八〇〇目であったが、敦賀までの船中での用捨高は一二七貫六六〇目、京都への陸送途中の欠減高は九八貫一四〇目であったため、売却目方は一五九八貫目であった。買上目方の八七・六パーセントにまで減少しているのである。表6-22のどの荷物についても買上目方ないし本数と売渡目方、本数との差は大小はあれ、見られる。輸送途中で乾燥したり腐敗することが考えられ、それは当然予想されているのであるが、八幡丸の積み荷の塩干鱈五一二貫目のように船中で五一貫二〇〇目、陸送中に七貫八〇〇目、京都で売捌の節に五九貫六〇〇目も減り、四分の三にまで減ったものもある。表6-23の船別勘定を合わせて見てみよう。七艘の船毎に元代と諸掛、払高、売徳が計算されているのである。日吉丸の売却代銀は一八貫一四二匁であった。熊石での買上代にあたる元代は一三貫二三五匁余であるため差額は五貫目弱あるが、運賃や利銀などの諸掛が五貫六九五匁余あるために、この決算は七八九匁の損失を生じている。大運丸の場合は身欠鯡を二一三本積んでいた。それは二四〇〇本入りであったから、松前での買上数は五一万一二〇〇本であった。その買上価格は二七貫三五四匁であった。そのうち二万四四八本が松前から敦賀までの船中で用捨となり、売渡目方は四九万七五二本であった。そしてその売渡価格は二一貫六七四匁余であったから、それだけで元代を六貫目近く下廻っているのである。妙喜丸の身欠鯡の売渡値段は、表6-22の上から順に二四〇〇本につき銀一三五匁、一一三匁、一〇〇匁であり、大運丸では同じく銀一〇六匁であった。このように次第に値崩れしていったとみることができる。大運丸の場合、その上に一〇貫目もの諸掛があるため、合計すれば一五貫目以上の赤字になるのである。

猋帆丸の場合も全体の四割ほどを積みながら、払代が七〇貫目余にとどまり、元代を一一貫目余も下廻っている。諸掛を加えると四〇貫目余もの赤字となる。元仕入金の勘定が船毎になされていることは表6-17の大坂捌荷物や表6-19の堺捌荷物においても同様であるが、このように船毎に計算されている諸掛には敦賀までの運賃だけでなく、敦賀から京都への運賃、掛屋入用、売払人手当、元代利足なども計算されている。日吉丸の場合で諸掛の内訳を次に示す[51]。

銀五貫六百九拾五匁七分九厘
　内訳ケ
　　銀九百九拾六匁四分八厘
　　此金拾両弐歩　永百文九分
　　銀四百弐拾三匁四分五厘
　　此金四両弐歩　永四文八分
　　此銭三拾貫六百三拾三文
　　銀弐貫八拾壱匁壱分弐厘
　　銀百八拾壱匁四分二厘
　　銀百三拾弐匁三分六厘
　　銀九拾匁七分一厘

諸掛
　運賃銀四拾弐石四斗三合五夕
　百石ニ付金弐拾五両割
　但シ両替銀九拾四匁替
　御場所表掛り物縄莚代
　御役銭壱石ニ付七百弐拾文四一八宛
　両替銀九拾四匁替
　同丁銭六貫八百文
　敦賀ゟ京都迄運賃幷諸懸り物〆高
　御払代壱分　上納銀
　元代壱分　掛屋入用
　御払代五厘　売捌人手当

銀壱貫七百九拾匁弐分五厘　　　元代利銀

小以

銀拾八貫九百三拾壱匁七分五厘

利銀はいずれも文久三年三月から慶応元年五月まで二七カ月分のものとなっている。蝦夷地から敦賀までの運賃に較べて敦賀から京都までの運賃が二倍になっている。日吉丸は元代が一三貫二三五匁九分六厘であるため、諸掛との合計は一八貫九三一匁七分五厘となるが、払代が一八貫一四二匁であったため、七八九匁七分五厘の損失となる。箱館産物会所から元仕入金を借り入れた場所請負人は、それを海産物で会所に返済するのであり、会所御用達が荷物を雇船に積み込み、船主からは敷金をとることになる。「京都元仕入仕法」にも次のように記されている。(52)

一雇船差下シ不申、蝦夷地ニ而雇船致、元仕入荷物積入候ハヽ、右雇船ゟ鋪金と唱船頭身元金差出候間、右荷物無滞着船相成候ハヽ、右敷金当地懸集金之内ゟ下ケ渡可申、右敷金者直々蝦夷地ニ残り候分と差引、彼地之分明年之元仕入金ニ相成候事

雇船であるから運賃をとって海上輸送にあたり、北前船のように船主が荷物を買い取るわけではない。敦賀や大坂から雇船を差し廻すというのでもなく、蝦夷地にいる船を調達することになる。蝦夷地で会所の荷物を積み込んだ雇船は敷金を払うことになる。熊石買上とか、松前買上とか記されているのは、在地の会所が請負人や漁業者とのあいだで元仕入金やその利足と荷物との清算を行い、船毎の荷物に元代を設定するのである。船主は敦賀など入港地で運賃と敷金を受け取って清算することになる。

ここで表6-24から元治元年の箱館産物会所の京都元仕入金の総括的決算を見てみよう。元代が三万三〇〇〇両である。利足と一分の掛屋入用、元仕入金出金者への売徳の二割の配分金、掛屋への売徳の一割五分の配分金との合計が六五九五両一歩余となっている。三井、嶋田、小野三家がこれらを受け取るのであるが、京都捌荷物の損金も三家の負担となり、またすでに返済された元仕入金高と敷金を差し引きして四五二八両が三家の決算利益となる。三井が

表6-24　元治元年の箱館産物会所京都元仕入金の勘定

元代	3万3300両
利足	3385両1歩　永150文4分
元代之一分掛屋入用	316両3歩　永146文
金主江被下候二割之分	1641両　永164文2分
掛屋江被下候一割五分	1251両3歩　永 96文3分
〆　合計	3万9895両1歩　永 56文9分
三家江旧冬より追々渡高	3万2400両
大坂堺敦賀三ケ所敷金〆高	2740両2歩　永 15文6分
子年京都損銀	226両2歩　永173文7分
〆　合計	3万5367両　永189文3分
差引	4528両　永117文6分
内訳　三井決算差引尻	1746両　永179文9分
嶋田小野決算差引尻	1390両3歩　永218文8分

出所）「元治元子年分御産物代銀勘定調書」（三井文庫所蔵史料　追530-2）.

表6-25　三井・嶋田・小野三家の元仕入金の受取高（その2）

年　月	三　井	嶋　田	小　野	内　訳
慶応元年正月5日	1000両	1000両	1000両	敦賀元代
正月17日	1000両	1000両	1000両	大坂元代
正月26日	1500両	1500両	1500両	大坂元代
正月晦日	1800両	1800両	1800両	大坂元代
2月22日	190両2歩	190両2歩	190両2歩	昆布代利足
	銀　2匁3分8厘	銀　2匁3分8厘	銀　2匁3分8厘	
4月15日	1000両	1000両	1000両	敦賀元代
閏5月14日	1500両	1500両	1500両	敦賀京都元代
8月24日	1746両		1390両3歩	子年決算差引尻
	銀　16匁1分9厘		銀　19匁6分9厘	
8月23日	300両			丑年敦賀元代
11月12日	1300両	1300両	1300両	丑年敦賀元代
11月12日	22両3歩	24両2歩	22両3歩	敦賀問屋貸利足

出所）「元仕入金内請取帳」（三井文庫所蔵史料　追533）.

表 6-26　敦賀問屋貸金の利足と返済

日　付	三家分	三井分	内　訳
文久2年10月	2000両	650両	貸出
3年4月	70両	22両3分	戌10月より亥3月迄6カ月利足
10月	70両	22両3分	亥4月より9月迄6カ月利足
元治元年11月	70両	22両3分	亥10月より子3月迄6カ月利足
慶応元年3月	70両	22両3分	子4月より9月迄6カ月利足
閏5月	70両	22両3分	子10月より丑3月迄6カ月利足
11月	70両	22両3分	丑4月より8月迄6カ月利足
12月	500両	150両	元入金　改高1500両
	11両2分2朱	4両2分2朱	元入金500両の丑9月より12月迄4カ月利足
	銀2匁49	銀2匁49	
2年5月	52両2分	17両2分	丑9月より寅2月迄6カ月利足
2年5月	500両	150両	元入金　改高1000両
	8両3分	2両2分2朱	元入金500両の寅3月より5月迄3カ月利足
11月	35両	12両1分	寅3月より8月迄6カ月利足
3年3月	29両2朱	10両3朱	寅9月より卯正月まで5カ月利足
	331文	165文	
3年3月	1000両	350両	元入金　皆済

出所）「敦賀問屋貸当御会所江出金控」（三井文庫所蔵史料　追532-4）.
注）貸出高の内訳は三井，小野が650両，嶋田が700両.

表 6-27　京都元仕入金　六回から十回まで

回	日　付	金高と内訳	運用と返済
第六回	元治元年11月	3078両 永 212文3分	三井　1026両　永70文8分 嶋田　1026両　永70文8分 小野　1026両　永70文8分 運用　丑年敦賀元代入　3078両　永212文3分 返済　皆済
第七回	元治元年12月	30000両	三井　10000両 嶋田　10000両 小野　10000両 但し富田屋茂兵衛よりの加入金1200両を含む 運用　大坂元入金　1295両3分 返済　1295両3分
第八回	慶応元年6月	3000両	三井　1000両　御用金 嶋田　1000両 小野　1000両
第九回	慶応2年正月	10000両	三井　3400両 嶋田　3300両 小野　3300両 但し富田屋茂兵衛よりの加入金1200両を含む
第十回	慶応2年5月	10000両	三井　3400両 嶋田　3300両 小野　3300両

出所）「元仕入出入控」（三井文庫所蔵史料　追532-1）.
注）第六回，第九回の加入金を差し引きした三家の実際の出金高は不明.

一七四六両、嶋田・小野が一三九〇両三歩ずつを配分されることになる。表6‐25には慶応元年の三家への元仕入金の返済について記した。同年には三井では九四〇〇両が、嶋田・小野では九一〇〇両の元仕入金が返済されている。同表では八月二四日に子年決算差引尻が渡されていることがわかる。ここで子年決算差引尻の一三九〇両三歩が嶋田に渡されていないことの理由はわからない。記載漏れと考えられる。なお同表で一一月に敦賀問屋貸の利足が記されている。三井・嶋田・小野三家は敦賀で元仕入金のほかに問屋や会所への貸付金を迫られた。文久二年七月には三家は敦賀表会所に五〇〇〇両を用立てるようにと申し渡されて、一〇月にそのうち二〇〇〇両を貸し出している。敦賀問屋貸金の利足と返済は表6‐26に示されている。嶋田が七〇〇両、三井・小野が六五〇両ずつであった。年に七パーセントの利足付であったために、同表のように三家は半年毎に利足を受け取り、慶応元年一二月と二年五月、三年三月に分割して償還されている。三家はそのほかに、文久三年一二月に縄莚買入代として四〇〇両を、元治元年五月に土蔵買入代として四五〇両を、同月に船手への貸金として一〇〇〇両を敦賀会所に貸し出している。[53] その配分は縄莚代が三井・嶋田が一三〇両ずつで、小野が一四〇両、土蔵買入代は一五〇両ずつ、船手貸は三井と嶋田が三五〇両ずつで、小野が三〇〇両であった。縄莚代と土蔵買入代は月〇・五パーセント、船手貸は月〇・七パーセントの利子付きであった。三家はそれらの利足を受け取り、徐々に償還されたが、慶応三年においても縄莚代は全額が、土蔵代は三五〇両が、船手貸は五〇〇両が残っていた。

ここで表6‐27から第六回以降の元仕入金について見よう。元治元年一一月の第六回の三〇七八両と永二一二文三分は慶応元年の敦賀元代に運用されたと記されている。これは表6‐4の第一回と表6‐6の第三回の京都元仕入金に記されている昆布元代差次の合計の数値とまったく符合している。この数値は「元仕入出入控」だけでなく、「箱館方諸用記」と「元治元子年分御産物代銀勘定調書」にも昆布元代差次之分として記されているのであるが、第一回と第三回の京都元仕入金で買い入れた昆布を元治元年一〇月に箱館で売り捌き、その金高をそのまま再度、元仕入金として運用したわけで、三家は慶応元年二月には、文久二年五月から元治元年一〇月までの利足として四五六両三歩と永五六文六分、売徳のなかで元仕入金出金者への二割の配分金と、元〆三家への一割五分の配分金を合わせて一一四両二歩、永二一三文を受け取っている。

元治元年一二月に三家は第七回の元仕入金として三万両を出金している。文久二年と三年に、それぞれ合計して三万両を出金していて、元治元年九月にも、三家は一〇月と一一月の二度に分けて一万五〇〇〇両ずつ合わせて三万両を出金するように大坂箱館会所から申し渡された。元治元年九月に、京都御用達三家のもとに大坂会所詰の渡辺大輔より書状が届いている。そこでは次のように記されている[54]。

当年者当方幷敦賀表共多分入津相成、猶未着船無之分も不残瀬戸内入津之よりハ先着船々ゟも申立、壱艘も海難筋無之、殊ニ当地の相庭も相進、夫々御益之見据も相付重畳之至存候、右ニ付皆着相成候ハヽ、元代四万ニもおよび可申と存候間、多分之荷物捌方売急候而も相庭合ニ拘り（中略）元方明年之仕入方肝要ニ付、可相成者差向壱万五千両程者来月初旬ニも貴地差向、同月中箱館着金有之候様致度存候

荷物の売り捌きがすすめば、返済金を再度元仕入金として出金することができると、まず一万五〇〇〇両の出金を申し付けられ、年に合計して三万両の出金を命じられたのであったが、三家は「是迄出金高当時残り四万三千両余凡御皆済ニも可相成趣を以被仰渡候ニ付、三家相談致し候処、右之通当年出金いたし、猶明春ニも又々出金被仰談候而者迷惑ニ付成丈減少いたし度[55]」という意図から、次のように一万両ずつ二度出金することを申し出ている[56]。

乍恐以書附奉願上候

一蝦夷地御産物元仕入金三万両当冬分、両度ニ割合差下シ候様被仰談候趣奉畏候、当年者御産物多分入津相成候ニ付無異儀御請可奉申上之処、当七月火災後甚以不融通、殊ニ一同類焼仕、出金而已相嵩当惑罷在候折柄左ニ奉申上候

一金壱万両　当十月晦日迄江戸着之積

一金壱万両　十一月二五日迄江戸着之積

右之通御産物御払代金御下ケ引継差下シ申度奉存候、何卒前文之次第御憐察御聞届被成下候様奉願上候以上

元治元子年十月十三日

小野善助名代
江林孫兵衛　印
嶋田八郎左衛門名代
本田丈助　印
三井三郎助名代
山崎甚五郎　印

大坂箱館御会所

この願書は認められなかったが、このような駆引の結果、三家は江戸の会所に三万両を為替送金している。なおその際に、箱館で売り捌いた昆布代三〇七八両と永二一二文三分、大坂に入港した雇船一二艘分、堺に入港した五艘分、敦賀に入港した四艘分の敷金、それに文久三年に敦賀に入港した千歳丸の敷金の合計二六五四両二歩、永三貫三八八文を差し引きした二万四二六三両三歩、永一四九文七分を上納することを大坂箱館会所に願い出たが、それも却下され、三万両全額の上納を申し付けられている。敷金は別途下げ渡すと通達された。慶応元年一一月になり大坂、堺、敦賀の子年（元治元年）分の敷金立替高として二七四〇両二歩、永一五文六分の返済を受けている。

4　慶応元年の勘定

京都元仕入金による蝦夷地産物の買入が始まって三年目の慶応元年（一八六五）の箱館産物会所の元仕入金勘定を表6-28から見てみよう。元治元年一二月の三万両の元仕入金が運用されていれば慶応元年には相当の商いがなされていたはずである。しかし元治元年の三分の一にまで減ってしまった。同年の元仕入金は一万二一九五両二歩であり、全体の四三パーセントの荷物が大坂に輸送されている。敦賀元代は六五九七両三歩、永二二〇文五分であったが、九

表6-28　慶応元年の京都元仕入金の元代と払代

	元　代	同左銀換算	払　代	売　徳
大坂元代	5314両2歩 永　183文4分	540貫769匁04	922貫140匁09	117貫890匁6
敦賀元代	5626両2歩 永　66文7分	360貫100目33	515貫269匁76	29貫093匁48
敦賀元代	971両1歩 永　152文8分	98貫111匁68		
子年端金	283両 銀　11匁15			
合　計	1万2195両2歩 永　152文9分 銀　11匁15			

出所）「慶応二丑年分御産物代銀勘定調書」（三井文庫所蔵史料　続1449）.
注）この史料では971両1歩の敦賀元代の払代は不明.

表6-30　慶応元年の敦賀売捌勘定

払　代	515貫269匁76
元代	360貫100目33
運賃	24貫994匁17
松前諸掛	31貫036匁52
掛屋入用	3貫600目99
売捌人手当	2貫576匁14
敦賀諸掛	18貫603匁04
浜上入用	8貫304匁92
元代利銀	36貫959匁97
合計	486貫176匁22
差引　売徳	29貫093匁48
上納	14貫546匁74
金主へ被下候銀	14貫546匁74

出所）「慶応二丑年分御産物代銀勘定調書」（三井文庫所蔵史料　続1449）.
注）売徳の半額が上納されるのであるが，「去亥年一昨子年敷金不足之分足銀払」として6貫360目1分，「丑年分敷金京都返金払」として20貫918匁5分5厘があったため，差し引きして12貫731匁9分1厘の不足となり，「不足之分元仕入壱分上納其外積金之内より操替相下ケ，追而寅年入船荷物御益金出来之上戻シ入候積り」として処理された.

表6-29　慶応元年の大坂売捌勘定

払　代	922貫140匁09
元代	540貫769匁04
運賃	53貫092匁75
松前諸掛	40貫920匁70
掛屋入用	5貫407匁68
売捌人手当	4貫610匁69
大坂諸掛	55貫328匁41
仲買四厘引	3貫543匁08
蔵敷其外	7貫689匁66
仕入金箱館江差送入用	152匁62
元代利銀	92貫734匁86
合計	804貫249匁49
差引　売徳	117貫890匁60
五割上納	58貫945匁30
二割金主江被下候分	23貫578匁12
一割五分掛屋江被下候分	17貫683匁59
一割売捌人江被下候分	11貫789匁06
五分元仕入金世話致候者江被下候分	5貫894匁53

出所）「慶応二丑年分御産物代銀勘定調書」（三井文庫所蔵史料　続1449）.

七一両一歩、永一五二文八分の荷物は京都に送られている。京都に送られたのは撰数の子と身欠鯡である。慶応元年の京都元仕入金のうち大坂捌勘定の元代は表6-29の示すように、銀換算して五四〇貫七六九匁四厘である。運賃、諸掛、利金を加えて八〇四貫目余となり、売徳は一一七貫目余となる。払代と元代は元治元年に比べてもともに三〇パーセント台にまで減っている。この大坂捌荷物の元代は四〇一八両三歩が文久三年三月の元仕入金であり、一二九五両三歩が元治元年一二月の元仕入金であった。したがって前者の場合の利足は慶応二年四月までの三九カ月分の利足、後者の場合でも一八カ月の利足である。元仕入金の運用における経営効率はさらに悪化している。元代、諸経費の合計と払代の比率を利益率とみると、大坂元代の場合は一四・七パーセントであるのに対して、敦賀元代は六パーセントにすぎない。しかし大坂元代でも元治元年の二六・六の利益率に比べれば著しい低下ということができる。

表6-30が慶応元年の敦賀捌勘定である。大運丸以下七艘の荷物の売捌勘定であるが、払代、元代ともに元治元年の五六パーセント前後に減っている。次に示す京都の売捌人惣代と敦賀御用達との書状では、肥し物に比べて身欠鯡の売捌の苦境を表わしている。[57]

乍恐口上書

蝦夷地御産物元仕入御仕法被仰渡、於京地有志出金仕、年々御物御廻し方ニ相成候ニ付、売捌人被仰付、夫々売徳歩合等頂戴仕難有奉存候、然ル処近年御物追々御元代高直ニ相成候ニ付而者、胴鯡、白子、撰鰊鯑、〆粕御売払ニ相成候処、聊御益筋ニ相成候得とも、身欠鯡之儀者、昨子年京都へ為御登ニ相成候分多分之損失ニも相成、当年之儀者一段御元代も高直ニ相成、前書胴鯡其外品々と者違ひ、直組も進ミ不申、御役々様始メ私とも迄心配仕候共、御益筋如何可有之哉と奉存候、箱館表御仕入方御丹精被遊、遠海之処御廻しニ相成、多分御損失ニ相成候而者其詮無之と、乍懸意見込ニ御座候ニ付、身欠鯡之儀当分御廻し方御見合被遊候而者如何可有之候哉、乍恐私共見込之趣此段奉申上候

慶応元丑年十月　　京都御用達

売捌人惣代
鍵屋徳次郎
敦賀御用達
西岡林助
山本伝兵衛

敦賀御会所

このような蝦夷地での買入価格の上昇が、会所の経営の低落を生んでいったのである。ところで箱館産物会所が設置されると、上納金を納めるために入港地の問屋の口銭は削られたのであったが、敦賀の問屋は三年分の会所への上納金が滞りとなっていき、会所から早く上納するように厳しく仰せ付けられて、慶応元年一一月に、敦賀の箱館方御用達の大和田荘兵衛、山上宗助、打它弁次郎が次のような内容の願書を奉行所に出している。(58)

是迄申請候口銭之内ゟ上納仕候而者、永続も難仕次第柄相違も無御座候、右故箱館方御会所江壱歩上納も滞り恐入罷在候処、御会所ゟ追々御憐愍之御取扱等被下置難有奉存候、且昨子年奉歎願候節ニ者、人気も相違仕居候得共、是迄御定之口銭ニ而者迚も永続之見通しも難相付、就而者、歩合増御聞済無之候而者私共押而利解ニも難及御憐察被成下置候様仕度、尤此度仕法相立歩合五歩之内仲銀共壱歩之儀者湊仕法ニ仕、問屋共難渋人相続方手当、其外無余義入用之節者御指図ヲ以出金仕候ハヽ、一同安心家業相続可相成見込之趣至極尤ニ相聞可申哉ニ奉存候

敦賀では箱館会所設立以前は、商品の取引にともなう問屋口銭は四分五厘で、船手問屋口銭が二分、買手口銭が一分、札歩が一分二厘、仲買が三厘という内訳であった。札歩については不明である。会所設立後は、同じ四分五厘であっても、箱館会所への上納が一分となり、船手問屋と買手の双方が得ていた口銭が五厘ずつ減って、その分が会所に上納されることになったのである。願書では以前のように船手問屋と買手の口銭を五分ずつ上積みすることを願い出ているのであるが、その結果ははっきりしていない。敦賀の問屋や仲買が会所設立によって難儀したことは間違い

ないであろう。それに当時の政治的理由が加わっていた。「諸用記」には元治元年一二月付で次のように記されている。[59]

此度東国ゟ浪士二千人程京都へ罷登り候趣ニ而、越前今庄宿迄罷越候ニ付、敦賀表大騒動諸侯様方近々御出張之由、市中不成一方混雑道中筋通行等六ケ敷よし、在賀鍵屋徳次郎殿ゟ宿次を以通達有之

武田耕雲斎の率いる水戸藩浪士が挙兵したのが元治元年三月で、徳川慶喜に陳情するために一一月に西上の途についた。敦賀北部の木ノ芽峠付近で加賀藩兵らと対峙し、一二月一七日には降伏している。敦賀はこれによって緊迫した事態になったが、蝦夷地海産物の商売にも差し支えたと、慶応元年六月に敦賀会所詰板倉庄次郎が京都に来たときに、三家の手代に次のように話している。[60]

敦賀表昨年浪士一件ゟ殊之外不人気ニ相成、商船入津有之候而も買人無之ニ付、無拠端浦ニ而売払、自ラ御取締筋ニも差支候ニ付、此度於大坂評儀之上敦賀御会所おいて御買上ケ之御仕法相立候

港ともいえない漁村部において荷物を売り払っている始末で、敦賀会所の荷物の売捌に難儀したため、敦賀に入った船の荷物を買い上げる、あるいは問屋の荷物を買い上げるという仕法を実施しようとしたのである。表6-26では、三家は慶応元年六月に三〇〇〇両の元仕入金を納めている。御用金と記されているのであるが、敦賀表粕類御手当金という名目であった。

一蝦夷地産物之内粕類之儀者、於敦賀表不向之品ニ而問屋之者共買競不申、依之自ラ端浦ニ而売払仕、御取締ニも相拘り候ニ付、此度敦賀表入津之粕類、於御会所御買上之御仕法相立候付、御会所金之内江元仕入之振合を以、金三千両私共ゟ差加出金可致旨被仰談奉畏、則此度金三千両調達仕候、[61]

京都御用達が三〇〇〇両を出金して、敦賀に入港する船手の粕類を買い上げて売り払うという仕法で、売徳は元仕入金の場合と同様に掛屋や金主に配分することにした。表6-31にその別元仕入金三〇〇〇両による買上荷物の勘定を示した。この勘定では京都より三〇〇〇両、大坂より三〇〇〇両の元仕入金の出金があったことになっている。船

手より買上荷物の二七五貫〇六三匁余と、問屋より買上荷物の二八三貫一八二匁余を加えると五五八貫二四五匁余となり、それに歩合や掛屋入用や売捌人手当、利銀などを含めた合計が六〇六貫二八〇目余となる。払代の合計が六一三貫四四六匁で、それに会所への上納金の一〇貫四九二匁余を加えると六二三貫九三九匁余となる。それらの決算では売徳が一七貫六五九匁余となる。それを京都と大坂で折半しているのであるが、京都の三家が受け取る分は掛屋入用の半分と京都利銀、それに京都益金の半分の合計して一六貫八〇六匁余である。この勘定の決算は慶応二年四月になされたため、元年六月より二年三月までの一〇カ月分の利銀が支払われている。これらは京都、大坂からの元仕入金を場所請負人に前貸しすることによって仕入れた荷物を上方で売り捌くのとは異なり、北前船などの廻船業者の荷物を買い入れる商取引である。これは蝦夷地の場所請負人に元仕入金を渡しても、返済にあたる海産物荷物が会所に届かなくなる、あるいは長期化するという事態がおこったためであり、元仕入仕法が行き詰まりを示したことの表われであると考えることができる。田端宏氏[62]により、場所請負人の佐藤家の場合に、箱館産物会所よりの借入金が明治三年においても滞り金となっていることが明らかにさ

表6-31　慶応元年の敦賀船手，問屋より買上荷物売捌勘定

	船手より買上荷物	問屋より買上荷物	右　寄
払代	311貫349匁73	302貫096匁83	613貫446匁56
上納金	9貫077匁06	1貫415匁91	10貫492匁97
合計	320貫426匁79	303貫512匁74	623貫939匁53
買上代	275貫062匁79	283貫182匁87	558貫245匁66
買手へ下遣ス	3貫113匁50	3貫020匁97	6貫134匁47
歩合引キ	7貫701匁75		7貫701匁75
掛屋入用	2貫750匁63	2貫831匁83	5貫582匁46
売捌人手当	1貫556匁75	1貫510匁48	3貫067匁23
浜上ケ其外入用	4貫124匁86	2貫089匁42	6貫214匁28
大坂出金利銀			9貫600目
京都出金利銀			9貫600目
元金輸送入用			134匁25
合計	294貫310匁28	292貫635匁57	606貫280目10
売徳	26貫116匁51	10貫877匁17	17貫659匁43
大坂出金益金			8貫829匁72
内　大坂届銀			4貫414匁86
敦賀会所除銀			2貫648匁92
当会所被下銀			1貫765匁94
京都出金益金			8貫829匁71
内　当年元仕入金			4貫414匁86
京都金主へ被下銀			4貫414匁86

出所）「慶応二丑年分御産物代銀勘定調書」（三井文庫所蔵史料　続1449）.

れている。年賦による償還が必要になっていることは、すでに元仕入金としての機能を果たしていないのであり、また田嶋佳也氏[63]によって、箱館産物会所の元仕入金が松前問屋の貸付金の代替となっていることが明らかにされている。そのような場所請負人の経営状況が蝦夷地産物の上方への輸送を遅延させていった理由であり、箱館産物会所の元仕入金を破綻させていったのであった。

ここで慶応元年の京都元仕入金の総括的決算を表6-32から見てみよう。元代は一万二〇〇〇両である。利足は一六一八両一歩であるが、大坂元代と敦賀元代、それに船手

表6-34　京都両替店の箱館元仕入金出資高（期末残高）

		両 分 朱
文久3年	上	15,482-0-3
	下	15,180-2-1
元治元年	上	14,954-2-3
	下	19,846
慶応元年	上	14,825-1-2
	下	11,500
2年	上	15,700
	下	15,900
3年	上	15,900
	下	13,350

出所）「勘定目録」（三井文庫所蔵史料　続5424～続5468）.

表6-32　慶応元年の箱館産物会所京都元仕入金の勘定

元代	1万2000両		
利足	1618両1歩	永 58文9分	
元代之一分掛屋入用	100両	永 16文9分	銀 5貫407匁68
金主江被下候二割之分	97両1歩	永123文6分	銀27貫743匁2
掛屋江被下候一割五分	85両2歩	永111文3分	銀20貫807匁4
〆　合計	1万3901両1歩	永 60文7分	銀53貫958匁28
旧冬より追々渡高	1万2750両		銀53貫958匁28
差引	1151両1歩	永 60文7分	
一家当たり	383両3歩	永 20文2分	

出所）「慶応二丑年分御産物代銀勘定調書」（三井文庫所蔵史料　続1449）.

表6-33　三井・嶋田・小野三家の元仕入金の受取高（その3）

年月	三井	嶋田	小野	内訳
慶応2年3月15日	2433両3歩	2484両3歩2朱	2420両　2朱	別紙書付之通
	銀 5匁7分9厘	銀 8匁2分8厘	銀 3匁9分	
6月17日	450両	450両	450両	敦賀元代幷敷金運賃
6月24日	50両	50両	50両	敦賀別元仕入金3000両利足
12月10日	445両2歩3朱	250両0分1朱	383両3分	丑年決算差引尻
	銀14匁6分5厘	銀　5分1厘	銀 2匁6分3厘	
慶応3年8月6日	1000両	1000両	1000両	寅年大坂元代
9月5日	1200両	1200両	1200両	寅年敦賀廻り大坂元代
9月22日	350両	350両	350両	敦賀元代
9月22日	銀15貫	銀15貫	銀15貫	大坂売徳被下銀
	930目2分6厘	930目2分6厘	930目2分6厘	
9月22日	16両2歩2朱	16両2歩2朱	16両2歩2朱	敦賀買上出金3000両不勘定ニ付
	銀 3匁8分8厘	銀 3匁8分8厘	銀 3匁8分8厘	別段御下渡金50両三ツ割

出所）「元仕入金内請取帳」（三井文庫所蔵史料　追533）.

買、問屋買の利足も含まれている。掛屋入用と、売徳の二割と一割五分の配分金を合わせて、一万三九〇一両と銀五三貫九五八匁余となり、すでに返済のすんだ一万二七五〇両、銀五三貫九五八匁余と差し引きして三家の配分金は一一五一両一歩となっている。表6-24の元治元年と比較しても御用達三家の収益は三分一となっているのである。表6-33に慶応二、三年の三家の元仕入金受取高が示されている。慶応元年の決算差引尻は二年一二月に渡されているが、均等とはなっていない。理由は不明である。慶応元年中には表6-25に示したように二万七六〇〇両が返済されている。三井京都両替店の勘定目録から見てみると、箱館元仕入金の出金残高は表6-34のとおりであり、これでは慶応元年上期までは当座貸も含まれているが、それを推計しても慶応元年末までには返済が貸出を大きく上回っている。表6-33の慶応二年三月の別紙書付には二〇〇〇両ずつの大坂元代が含まれているが、同年正月と五月に一万両ずつ元仕入金の出金があるために二年末にはまた増加している。

5　慶応二年の勘定

文久二年より元治元年まで年に三万両ずつ元仕入金が蝦夷地に送られて産物の買い集めに当てられてきた。慶応元年には三〇〇〇両の別元仕入金が敦賀に送られただけであった。しかし慶応二年（一八六六）分の元仕入金については元年一〇月にすでに正月に一万両、六月に二万両を出金するようにと申し渡されていた。箱館産物会所では従来どおり三万両規模の蝦夷地産物の買入を企図したわけである。三井・嶋田・小野の三家は慶応二年正月には三年分の元仕入金として一万両を出金して、二月に江戸へ為替送金していた。ところが、六月の二万両の出金に対しては、三月に次のような願書を箱館方会所に出して難色を示した(64)。

乍恐口上書

一箱館御産物元仕入金之儀、昨丑年十月庄三郎、孫兵衛出勤之砌、正月金壱万両、六月金弐万両差立可申様被仰談奉承知候処、素々去亥三月御請奉申上候出金高、其御仕法ニ基キ候而者、金高過分ニ候得とも、一昨子年差下シ金三万両代品、旧冬入船可申御事と相心得罷有之程之儀ニ付、其後も入船可有之歟、御払代御下ケ高も難計、旁以御賢慮如何者乍默聴者御請も不仕候処、弥其余入船も無御座候付、右両度下シ方差支候間、去正月清右衛門、金右衛門を以奉申上候、正月之分金壱万両差立申候間、御払代之内早々御下ケ渡奉願上、猶六月下シ之分御操替御下ケ方之儀奉願上候処、昨年十月私共も及承候、其後御仕法御変革相成候ニ付、御操替之義も難被成、其上六月下シ之分於彼地御手配相成有之由、右両人江被仰渡候段伝承仕恐入奉存候、前書奉申上候通、其砌聴之御伺不仕不念之儀申訳無之候、然ルニ不融通之時節銘々手配操差詰候義者幾重ニも奉申上候儀ニ而、当六月之分御断申上度奉存候得共、箱館表御不都合之趣御利解御座候付、半高金壱万両丈ケ者如何様共操合セ下し方可仕候、何卒右金高を以可然様御都合被成下度奉願上候以上

三月廿三日

小野善助名代

江林孫兵衛　印

嶋田八郎左衛門名代

駒田庄三郎　印

三井三郎助名代

山崎甚五郎　印

大坂御会所

慶応元年には入港する船数も減ってきて、出金しても下げ渡される見通しがないと二万両の出金を渋ったのである。その願書は認められなかったため、四月に再度断りの願書を大坂箱館会所に出しているのである。三家が押し切ったかたちとなって、慶応二年には二月と六月の合わせて二万両の出金にとどまった。これらが実際に蝦夷地に運ばれて元仕入金として場所請負人に貸し付けられたかどうかは疑問に感じられるところがある。なお慶応三年になると、会

所から元仕入金出金についての申し渡しがなかった。蝦夷地荷物の輸送そのものが滞ってきて、元仕入金が機能しなくなり、会所経営が破綻を示してきた段階で、出金そのものが行われなくなったのである。なお三家は慶応三年正月に急の御用として敦賀での買米用として五〇〇〇両の出金を申しつけられた。正月一七日の三家名代から加藤清右衛門への書状では、「此度箱館表より敦賀湊江、御買米ニ付、右代金五千両急ニ上納可致旨被仰談候ニ付、右金子京地ゟ出金可致様早々評議之上、否可得御意候旨委細御紙面之趣承知仕候、早速拙者共打寄談判仕候処、御承知之通京地之儀者、昨年来殊之外不融通ニ而、早春ニ至り候而も一向不廻り候処、近来箱館方御下ヶ金無数、別而旧冬者一切御下ケ金等も無御座候ニ付、猶更金操ニ手支、一同当惑心痛罷有之折柄ニ而、迚も此度之出金者少しも京地ニ而難出来候間、此段不悪承知被成下[65]」と断っているのである。別の書状でも「前年ゟ右御元仕入金御約定之内、箱館下し金五千両丈、当地ニ而正金納可致、此度箱館表ゟ敦賀湊江鍵順丸御買米入用ニ付、其代銀箱館納之為替金いたし候付、右五千両丈差急上納金国元ゟ通達有之候付[66]」とも記されている。京都三家はこの買米名目の元仕入金を出金していない。ところが三井大坂両替店は、慶応三年正月二七日に箱館会所に五〇〇〇両を出金しているのである。敦賀買米との関連を明確に示す史料はないが、ここでは関連があるものと考えられる。その証文の写しを次に示す[67]。

加入銀預り手形之事

一金五千両

代銀六百六拾五貫弐百五拾目

右者蝦夷地御産物御会所御元直仕入之内へ加入銀慥ニ受取申候、則御元仕入之内へ差加江可申候、右返済之儀ハ御産物来卯十月限ニ者可致到着候間、其節売払代銀加入銀高ニ月五朱之利足相添相渡可申候、為後日預り手形依如件

慶応三卯年正月廿七日

三井八郎右衛門名代

加藤清右衛門 ㊞

花岡喜太郎 ㊞

三井元之助殿

三井元之助は三井大坂両替店の店名前である。大坂で箱館方御用達を勤めていた三井八郎右衛門は、越後屋大坂本店が引き受けていたのであったが、越後屋経営が行き詰まってきたため、慶応二年（一八六六）五月になり三井大坂両替店が代わって引き受けることになった。八郎右衛門の名前はそのままであった。それについて「慶応二寅年ゟ両替店支配請持之儀、元方ゟ依御頼無拠相談之上引請申候、御名前之儀者矢張已前之通八郎右衛門様御名前、名代之儀も清右衛門、喜兵衛為相勤申候、万事取扱当店請持之事」[68]と記されている。箱館産物会所への出金が避けられなくなった三井八郎右衛門が、大元方を通して三井大坂両替店にその代払いを頼み込んだという経緯が考えられ、三井八郎右衛門が、加入金を出金した三井元之助あてに預り手形を書いているのである。慶応二年五月に三井大坂両替店はすでに元仕入金五〇〇〇両を出金していたのであり、「押切帳」からその手形の写しを次に記す。[69]

加入銀預り手形之事

一金五千両　　此分元銀受取

代銀五百弐拾三貫七百五拾目　　利足不渡り

右者、蝦夷地御産物御会所御元直仕入之内へ加入銀慥受取申候、則御元仕入之内へ差加へ可申候、右返済之儀ハ御産物来卯十月限ニ者可致到着候間、其節売払代銀加入銀高ニ月五朱之利足相添相渡可申候、為後日預り手形依如件

慶応二寅年五月　　三井八郎右衛門名代

加藤清右衛門 ㊞

花岡喜太郎 ㊞

竹川彦太郎名代

磯井默兵衛
岡田宗助

三井元之助殿

掛屋の三井八郎右衛門と竹川彦太郎とが大坂両替店の元之助あてに加入銀の預り手形を書いたが、月〇・五パーセントの利足で荷物が大坂に到着する翌年一〇月までの期限であった。この慶応二年五月の五〇〇〇両が返済されたのは慶応三年一二月であった[70]。

ここで慶応二年の蝦夷地産物の売捌勘定を検討してみよう。表6-33では、慶応三年に寅年大坂元代や敦賀元代が返済されているのであるから、慶応二年にも蝦夷地から荷物が大坂や敦賀に着いていることは間違いないのであるが、慶応二年（一八六六）の元仕入金の勘定帳は残されていないために、決算の総体は不明である。しかし同年の取引を示す二つの史料がある。一つが建順丸と蛭子丸の払代勘定であり、あとの一つが長徳丸と宝力丸、永福丸の払代勘定である。表6-35の建順丸と蛭子丸の二艘の船銀勘定では蝦夷地産物買入代銀である元代は四〇一貫三五六匁余であり、金換算すると三一六〇両一歩と永三五文二分となり、表6-36の長徳丸、宝力丸、永福丸の三艘の元代は三三八貫一〇七匁余で金換算すると二六六二両一歩と永一四文八分となる。慶応二年の元仕入金による蝦夷地産物の取扱いがこれだけであると必ずしも断定することはできないが、この年の元代は、それらを合計すると、七三九貫目余りとなり、金換算すると五八二二両二歩と永五〇文になる。慶応元年に比べても半減している。これらの元仕入金は、元治元年一二月に徴収された三万両の中から用いられている。したがって表6-27で、一二九五両三歩のみが運用されたという記載は正しくないことになる。ところで表6-35と表6-36とから、荷物は大坂に送られたことが明らかになる。建順丸、蛭子丸では元代がそれぞれ二九五貫目余、一〇六貫目余であって大坂までの運賃や蝦夷地、大坂での諸掛などを加えると四二一貫余、一五七貫目余となり、売却代がそれぞれ六二六貫目余、二一四貫目余であったため、三六一貫目余の売徳となる。ところが金換算して三一六〇両余の元代に対して月五朱で、慶応三年八月までの三四カ

表 6 -35　慶応 2 年の建順丸と蛭子丸の払代勘定

内　訳	建順丸	蛭子丸	右　寄
払代	626貫518匁99	214貫023匁68	840貫542匁67
元代	295貫333匁77	106貫022匁44	401貫356匁21
箱館松前より敦賀迄運賃	21貫380匁97	8貫153匁16	29貫534匁13
敦賀より大坂迄運賃	29貫865匁66	10貫981匁58	40貫846匁24
敦賀囲幷積出之節諸入用	4貫406匁02	2貫240匁69	6貫646匁71
箱館穂足内諸掛	16貫834匁03	11貫662匁47	28貫496匁5
元代金百分の一	2貫953匁33	928匁17	3貫881匁5
大坂諸掛　払代六分	37貫591匁14	12貫841匁42	50貫432匁56
掛屋入用　元代銀一分	2貫953匁34	1貫060匁22	4貫013匁56
売捌人手当　払代五厘	3貫132匁59	1貫070匁12	4貫202匁71
仲買四厘引	2貫428匁82	842匁28	3貫253匁1
蔵敷其外	4貫822匁83	1貫642匁44	6貫465匁27
元代江掛候利銀			68貫230匁56
合計	421貫701匁5	157貫426匁99	647貫359匁05
差引　売徳	204貫817匁49	56貫596匁69	193貫183匁62
内　五割上納			96貫591匁81
二割金主江被下候分			38貫636匁73
一割五分為替掛屋江被下候分			28貫977匁54
一割売捌人其外荷物取扱候者江被下候分			19貫318匁36
五分元仕入金世話致し候者江被下候分			9貫659匁18

出所）「寅年敦賀廻京都元仕入荷物御払代船銀御勘定仕上」（三井文庫所蔵史料　追535-4）.

表 6 -36　慶応 2 年の長徳丸，宝力丸，永福丸の払代勘定

内　訳	長徳丸	宝力丸	永福丸	右　寄
払代	238貫558匁42	298貫125匁81	101貫010匁93	637貫695匁16
元代	133貫533匁21	160貫594匁73	43貫979匁69	338貫107匁63
運賃	12貫676匁37	15貫302匁43	4貫585匁22	32貫564匁02
松前穂足内諸掛	14貫688匁65	9貫153匁89	4貫837匁76	28貫680匁3
元代金百歩一	1貫153匁58	1貫605匁95	375匁73	3貫135匁26
大坂諸掛	14貫313匁51	17貫887匁55	6貫060匁66	38貫261匁72
掛屋入用	1貫335匁33	1貫605匁95	439匁8	3貫381匁08
売捌人手当	1貫192匁79	1貫490匁63	505匁05	3貫188匁47
仲買四厘引	918匁31	1貫139匁73	363匁42	2貫421匁46
蔵敷其外	2貫093匁	2貫384匁27	805匁26	5貫282匁53
元代江掛候利銀				55貫787匁76
合計	181貫904匁75	211貫165匁13	61貫952匁59	510貫810匁23
差引　売徳	56貫653匁67	86貫960匁68	39貫058匁34	126貫884匁93
内　五割上納				63貫442匁47
二割金主江被下候分				25貫376匁98
一割五分為替掛屋江被下候分				19貫032匁74
一割売捌人其外荷物取扱候者江被下候分				12貫688匁49
五分元仕入金世話致候者江被下候分				6貫344匁25

出所）「寅年廻京都元仕入荷物御払代船銀御勘定仕上」（三井文庫所蔵史料　追535-5）.

月の利足を支払うことになるため、五三七両余、銀にして六八貫二三〇目余の利銀を差し引いて一九三貫目余がこの両船勘定の決算利益となる。長徳丸、宝力丸、永福丸の場合でも、三三八貫目余の元代に対して運賃や諸掛を加えた合計が四五五貫目余となり、三艘の売払代が六三七貫目余であったため一八二貫目余の差引となるが、元治元年一二月から慶応三年七月までの三三カ月分の利足五五貫目余がかかるために売徳は一二六貫目余となる。これらは慶応二年の勘定とはいいながら、三年七、八月に清算が終わっているのである。長徳丸ほか二艘の勘定で三井、嶋田、小野三家が受け取ったのは、元代の二六六二両一歩、その利足の四三九両一歩、掛屋入用の三貫三八一匁八厘、売徳のうちの二割の金主への被下銀の二五貫三七六匁九分八厘、一割五分の為替掛屋への被下銀の一九貫〇三二匁七分四厘で、合計して三一〇一両二分と銀四七貫七九〇目八分であった。換算して四四一貫六八六匁一分となる。元代と諸経費の合計の払代に対する比率を利益率とみると、表6-35の建順丸等の勘定では二九・八パーセント、表6-36の長徳丸等の勘定では二四・八パーセントとなっている。きわめて高率の利益をあげているのである。京都への身欠鰊の輸送では損失を生んだが、この時期には蝦夷地と大坂との間での価格差による販売利益は相当なものであったわけで、したがって蝦夷地産物を買い入れることができ、大坂に順調に輸送することができれば箱館産物会所の経営は順調なものであったに違いなかった。

慶応三年には荷物売捌勘定の史料もみられないが、「箱館方御用留」[71]によると、慶応三年に元仕入金の勘定がなされたのは、三月に一五九六両一歩、永二三三文六分の敦賀元代があり、この利足は二三一両一歩と永二四〇文一分であった。元治元年一二月に出金された元仕入金であったため、慶応三年三月までの二九カ月分の利足であった。一一月にも同じ元治元年一二月の元仕入金の三四三両一歩、永七四文六分の勘定がなされ、利足は六三両二歩、永一五文余りであった。三年一一月までの三七カ月分の利足であったのである。このように慶応三年には箱館産物会所はほとんど機能を停止してしまったが、慶応三年末の三井京都両替店の箱館方への貸金の残高は一万三三五〇両であった。そして慶応四年の戊辰戦争の後に、大坂の会所とそこにあった蝦夷地産の荷物は薩摩藩兵に接収されて、その使命を終えた。

6　三井両替店の勘定

筆者は慶応元年（一八六五）下期には箱館産物会所への融通から上がった収益が京都両替店の打利足の三分の一を占めていると記したことがある。[72]それをもう一度細かく検討してみる必要がある。箱館方の掛屋を勤めた三井、嶋田、小野の三家は、元仕入仕法に明らかになっているように、元代の一パーセントを掛屋入用として受け取り、元仕入金の出金高に応じて月に〇・五パーセントの利子を受け取る。そして売徳のうちの一割五分を掛屋が受け取るとともに、二割を金主の立場で受け取ることになる。京都の場合は掛屋が金主を兼ねているので、三井・嶋田・小野三家の受取高は相当な額にのぼるのである。表6-13によれば、文久三年の元代利金と元代の一分の掛屋入用、売徳の二割にあたる有志への配分金と一割五分の掛屋への配分金の合計が二二七四両と銀八九匁四分となり、加入金出金者への配分を差し引き、二一九一両二歩二朱と銀七二匁四厘となる。一家あたり七三〇両二歩と銀二四匁一厘となるのである。また敦賀では、船主が箱館で払った敷金を箱館の会所に代わって掛屋の三家が返済し、その敷金の利子を会所から受け取るのである。表6-13ではその利子が八両一歩と銀三匁二分四厘ある。元治元年の場合には、表6-24に明らかなように三家の配分金は六五九五両一歩と永五六文九分となる。慶応元年の場合は表6-32に示されたように、一九〇一両一歩と銀五三貫九五八匁二分八厘、永六〇文七分となる。この三年分を合計すると、一万〇六八八両二朱と銀五四貫〇三〇匁三分二厘、永一二六文六分となる。一家当たりは三五六二両余と銀一八貫目余である。ところが三井、嶋田、小野三家はそれらをそのまま受け取ったわけではなかった。利益金決算にはいくつかのステップのあることが考えられる。表6-12、表6-25、表6-33には、元治元年（子年）と慶応元年（丑年）の決算差引尻が記されているが、文久三年のものは記載がない。しかしこの二つの決算のレベルではその数値に共通性が認められる。三井両替店の収益の内訳をみるには「大福帳」によらなければならないが、それは関連する時期には慶応元年下期と慶応三年の上期、下期しか残されていない。そこで慶応元年下期の「大福帳」[73]から箱館産物会所関連の利足内訳を示したのが表6-37である。合計が二二七五両三歩三朱、銀九匁九分一厘となっていて、京都両替店の打利足合計が金換算して六〇七九両三歩であるため、箱館産物会所関連の利足は三七パーセントを占めていることになる。これは重要な収益源であることは間違いないのであるが、その内容を見てみよう。四五一両三歩と銀四匁五分は文久三年中に返済された元仕入金四一〇〇両の利足である。また一四五二両は元治元年に返済された一万一三〇〇両の元仕入金の利足である。利率はそれぞれ月〇・五パーセントと月〇・六パーセントである。この表に記されているのは、慶応元年閏五月までに返済された元仕入金の利足と敦賀での貸金の利足だけである。三井両替店では貸出金とその利足というレベルに戻って処理されているのである。しかも三井三郎助が掛屋御用を始めて以来同年上期末までの元金の利足の総額がこの年度に記されているのであって、慶応元年上期限りの利潤という訳ではない。慶応元年九月になって箱館方の元仕入金の決算がなされたのである。

表6-37　慶応元年下期の京都両替店の箱館産物会所関連利足

日付	金高	内訳
9月21日	451両3歩 銀4匁5分	箱館元仕入金　亥年中御返済高元金4100両分利足　月5朱
	1452両	右同断　子年中御返済高元金1万1300両分利足　月6朱
	51両3歩2朱	右同断　江戸ニ而御捌相成候鮭元代　御返済高400両分
	152両1歩 銀2匁3分8厘	右同断　箱館ニ而御捌相成候御産物元代金1026両　永70文7分利足
9月25日	113両3歩	敦賀問屋中江貸出金元650両　戌10月より丑3月まで30カ月利足　年7朱
	8両1歩3朱 銀　7分5厘	敦賀御会所江出金縄莚代元金130両亥12月より子12月まで13カ月利足　月5朱
	6両	同所土蔵買入ニ付出金元150両　子5月より12月まで8カ月分利足　月5朱
	17両　2朱 銀2匁2分8厘	箱館方用達笹屋熊四郎外三人船手貸元金280両　子5月より11月まで7カ月分利足
	22両3歩	敦賀問屋中江貸元金650両　丑4月より8月まで閏共6カ月分利足　年7朱
	2275両3歩3朱 銀9匁91	合計

出所）「大福帳」（三井文庫所蔵史料　続1017）．
注）同期の京都両替店の打利足高合計は4955両2朱と銀110貫664匁49で，金に換算すると6079両3歩となる．

問題なのは売徳の配分金の記載がないことである。慶応三年の上期・下期ともに箱館方関連の利益金の記録はない。繰り返しになるが、「敦賀堺三家元代壱分請取控」[74]という史料によると、三井・嶋田・小野三家は元代の一分としての掛屋入用を文久三年から慶応元年までの三年間に五一貫〇九〇匁九分四厘受け取っている。年別では文久三年では一一貫目余、元治元年には二八貫目余、慶応元年には一一貫目余というようになっている。また「京都堺敦賀御払代五割売徳三家配分控」[75]によると、三家は売徳のうち金主の受け取る二割の配分金と掛屋の受け取る一割五分とを合計して四二四貫七〇九匁五分三厘受け取っている。年別では文久三年には八四貫目余、元治元年には二八〇貫目余、慶応元年には五九貫目余である。その合計を三家で割ると一家あたり一五八貫目余となる。これらを三井の勘定帳から確認することはできない。箱館産物会所の掛屋御用と元仕入金との決算と三井両替店の決算とのあいだにはいくつかのステップがあり、箱館方掛屋御用の益金とは別に、両替店では元仕入金利足の決算がなされ、売徳配分金が両替店内部でどのように決算処理されているかは明らかとならない。それを収益として勘定すれば箱館方に関連する益金の比率はさらに大きなものとなる。越後屋大坂本店の場合も売徳の配分に関与したはずであるが、これも不明である。大坂両替店の場合は慶応三年上期の勘定目録では箱館方利足の記載があるが、数値の内訳は不明である。

三　元仕入金の終焉

以上の節で箱館産物会所の大坂元仕入仕法と京都元仕入仕法の展開について記してきた。幕府は自らの資金を出すことなく、上方の町人の資金を動員して蝦夷地産物を買い入れて、上方に廻送して売り捌くという流通過程から利潤を得ようとして、三井など御用商人に取り扱わせようとしたが、町人資金を幅広く動員することには失敗している。しかし京都元仕入仕法のように年間に三万両という規模ではあるが、蝦夷地産物の買集めと販売の軌道は敷かれた。元仕入仕法は文久三年から元治元年にかけて一時的には活況を呈したのである。ところがその資金循環は機能しなくなっていった。資金が肥大化していったために、取り扱いにあたった掛屋も自ら資金的にバックアップすることも困難となり、慶応二年以降は経営破綻状況に陥っていった。箱館産物会所の京都元仕入仕法は慶応二年五月に三家の一万両で出金は終わっている。慶応三年には募集はなされていない。

戊辰戦争が勃発すると幕府軍は敗走したが、大坂にあった箱館産物会所とその荷物は薩摩軍によって接収されることになった。産物会所の御用達は慶応四年正月に次のように薩摩藩に荷物だけは下げ渡してくれるように願書を出している。(76)

乍恐以書付奉申上候

松前箱館両所諸産物元仕入金之儀者、京坂有志之者共ゟ加入金掛集高を以、右場所江差下出金高之内、当時差引残高五万七千両計御座候を、差出毎ニ御役人方請候事申請有之候、御運上冥加銀売徳ニ応し相納御座候、且又当時土蔵入置候諸荷物も、着船毎ニ運賃、敷金、上荷水揚仲士賃、蔵屋敷ニ至迄皆荷主ゟ罷出、夫々相払申候金高三千八百両余御座候、右品物早春売捌可仕候処ニ、此度御詰合御役人方過急之御出立場合ニ相成候付、誠ニ当惑仕居候所江、右土蔵荷物不残御封印附ニ相成奉恐入候得共、此程奉御願上候通、則京坂町人共加入集出金高之内仕入荷物ニ相違無御座候、乍恐何卒御憐愍を以御慈悲之御沙汰奉願上候以上

辰正月　　　　　　　　　　　　　　　京坂荷物主惣代
　　　　　　　　　　　　　　　　　　　　加藤清右衛門
　　　　　　　　　　　　　　　　　　　　花岡喜太郎

　　薩州御役所

ここでは加入金の残高が五万七〇〇〇両であると記している。加藤清右衛門、花岡喜太郎は会所にある荷物を早く売り払いたいと申し出ているのである。明治四年一〇月に小野・嶋田・三井三家が京都府庁にあてて出した、次に引用する旧幕府への貸上金の覚えには五万五六七八両と永五七文三分が記されている。(77)

旧幕府江貸上ヶ金之覚

文久三亥年十二月

一金三千九百七拾三両三分
　永五拾七文三分

元治子年十二月二五日

一金三万両
　内金千二百九拾五両三分　元済

慶応元丑年六月

一金三千両

慶応二寅年二月

一金壱万両

同二寅年六月

一金壱万両

〆金五万五千六百七拾八両
　永五拾七文三分

右者旧幕府御執政中箱館御産物元仕入調達金御座候以上

明治四年辛未十月

小　野　善　助　印

嶋田八郎左衛門　印

三　井　三　郎　助　印

京都府御庁

この数値は表6-27に掲載されている第七回から第一〇回までの元仕入金に該当するとみられるが、文久三年一二月の三九七三両三歩は同表には記載されていない。これは表6-8に記されている一万五〇〇〇両のうち、一万両を一一月にまず為替送金して、後から五〇〇〇両を送金することになったが、そこから敦賀と堺で立替払いした船手への敷金とその利足の一〇二六両と永一九二文七分を差し引きして、残りの三九七三両三歩を送金したからである。表6-8の史料では慶応元年までに皆済されているのであるが、ここでは未済として扱われている。藩債処分に関する府県への提出書では、貸し出した証文に記された金高をそのまま載せて、その内の返済高を記入しない場合があるため、必ずしも正確とは言いがたい点がある。これに関しても、明治元年九月の下書きには七回から一〇回までの元仕入金五万一七〇四両一歩の総額に対して、七六五〇両と銀四七貫七九〇目七分八厘が「寅年大坂敦賀元代幷利足売徳之内へ御下渡(78)」と記されている。ここには元代だけでなく、利足や売徳配分金も含まれているようであるが、「敷金運賃立替之分御下ケ渡無之候ニ付未決算相成不申候」と記されていて、決算前の数値で確定値ではないことが断ってある。「貸上金之覚」では元治元年の三万両は一一九五両三歩だけ返済されたことになっているが、それは慶応元年の大坂捌勘定だけの数値であって、慶応二年分の二件の五八二二両二歩の元代もこの三万両のうちで、その決算は慶応三年八月には終わっている。またこの三万両のうちで慶応三年に一九三九両三歩の元代が返済されているのである。この元治元年の三万両の決算を終える前に箱館産物会所はその使命を終えたわけである。

三井・嶋田・小野三家は文久二年一〇月に敦賀問屋に二〇〇〇両を貸して以来、文久三年一二月に縄莚買入金として四〇〇両を、元治元年五月に土蔵買入金として四五〇両を、船手貸しとして一〇〇〇両を貸し出していた。それらは順次償還されていたが、慶応三年末になっても、縄莚買入金はそのすべてが、土蔵買入金は三五〇両が、船手貸しは五〇〇両が残っていた。それらは幕府への貸金にも含まれないものである。

さらに三井・嶋田・小野の三家が船手に渡す敷金は、荷物売捌の勘定のなかに入らないために、会所への貸金として扱われる。元仕入金による蝦夷地荷物を大坂や敦賀に輸送する船手は箱館で敷金を払うのだが、入港地で三井・嶋田・小野の掛屋が敷金を立て替えて支払ったのである。文久三年には元仕入金を送金するときに敷金分も差し引いて送金したが、その後はすべてを送金して、敷金は後に支払われるようになった。慶応二年一〇月の次の書状がそれを示している。[79]

一敷金建替之儀者、先年者箱館元仕入下シ金之内ニ而差引致、江戸表江差立可申候御約定之所、近年者元仕入金高都合丈ケ差立、敷金之儀者、御会所ゟ江戸表江元御直仕入金御都合内ゟ御下ケ戻しニ相成候定ニ御座候間、一昨年御下渡金丑十月迄延引相成申候、尤当時建替金銀者無利足ニ而、大坂掛屋方者建替来候間、

元治元年分の敷金が慶応二年でも繰り延べされているのであった。明治元年の記録では、三家の大坂と敦賀での敷金と運賃の立替分が、慶応三年分として四六四四両三歩あった。大坂では九月二四日、一〇月一〇日、一七日、一一月二日、四日、一二日、二四日と六回あり、二三四四両三歩に及び、敦賀では御用達の鍵屋に二三〇〇両を敷金分として渡しているのである。これらも明治元年以降もそのまま残ってしまったのであった。ここでは箱館産物会所の元仕入金の動向から、その経営破綻に至る経緯を記してきたが、箱館産物会所の運営は蝦夷地産物の独占的な取扱いという点からみても大きな問題を抱えていた。会所の仕法が従来の問屋や仲買の得ていた口銭を侵すものであったために、協力を得られないばかりか、邪魔されることも多く、上納金も滞り、抜け荷も多くみられたのである。

一会所上納歩合仕組取直し候処、元来会所附仲買と唱候問屋幷附船止宿之類入船届をも不致、素人其外江売払品々少なからす外仲買江売渡し品之内、会所仕切洩ニ相成、仲買共ゟ者定法之前金差出候而も、問屋共ニ於テ会所江不納も不少、右者人気不折合ゟ会所之仕法不被行故之儀ニ付、只今迄請合役ヲ始、立合御勘定其外懸り一同心痛仕候根元ニ御座候処、一昨年、昨年上方筋動揺変化ニ随ひ弥不納相成、会所も既ニ難相立模様ニ至り候[80]

これは慶応元年の大坂箱館会所の様子を示した書状の一部であるが、会所付の仲買までが統制を乱すようになっていた状況を訴えている。

本章では、万延元年から慶応三年までの期間に箱館産物会所の元仕入仕法の経営破綻に至る経緯を追った。元仕入金の江戸送金から箱館への送金、蝦夷地での産物の買い集め、大坂、堺、敦賀への輸送までの過程に三年間も要するということは経営的な欠陥ではあるが、この非効率的経営はさらに、元仕入金に見合う荷物が蝦夷地から届かなくなるというように事態を深化させていったのである。それに関しては場所請負人の実態が元仕入金仕法を成功させるほど成長していなかったという点がすでに指摘されている。箱館産物会所から場所請負人や問屋への貸出金残高が、松前関係だけで慶応三年に四万〇四七二両、明治二年に三万一一四二両あり、開拓使から返納を求められて、いずれも年賦償還を求めたという事実があった[81]。元仕入金が滞り貸しとなって、買入資金として機能しなくなり、荷物を上方に送ることができなくなっているのである。箱館産物会所の元仕入金の運用の特質については、田端宏氏[82]と田嶋佳也氏[83]によって貸付先である場所請負人の佐藤栄右衛門家の史料の分析から明らかにされてきている。安政五年の「大福帳」からは、佐藤家は松前問屋から大量に資金を借り入れているが、文久三年になると箱館産物会所が最大の借入先となり、箱館産物会所の低利資金が松前問屋の金融の肩代わりとしての機能を果たすようになったという。佐藤家の文久三年の箱館産物会所からの借入金高は五六七二両一朱で、返済高は四二一四両二朱となり、利足は二一四両一歩となっている。ただし漁獲荷物によって返済されている。文久三年は活況を呈した年度であり、一四五七両は繰越しされたが、この段階では元仕入金がおおむね順調に機能しているということができる。佐藤家の借入金のなかで箱館産物会所の占める比重は圧倒的になっていたが、それが次第に滞り金となっていき、明治三年には三二〇〇両が年賦償還となっているのである。元仕入金として機能しなくなったわけである。箱館産物会所の資金が松前問屋の資金の肩代わりになったという事実が、元仕入金仕法の破綻を表わしている。

（1）「箱館御用由緒書」（三井文庫寄託史料、北五八―二）。
（2）「島方諸用記　二」（三井文庫所蔵史料、本一〇二一）。
（3）「箱館方仮御用留」（三井文庫所蔵史料、追五二八）。
（4）同右。

（5）「江大箱館方証無番状刺」（三井文庫所蔵史料、別六三二）。「諸産物元仕入御仕法幷江戸大坂書状写」（函館市立図書館所蔵『福島屋文書』）。
（6）「江大箱館方証無番状刺」（三井文庫所蔵史料、別六三二）。「諸産物元仕入御仕法幷江戸大坂書状写」（函館市立図書館所蔵『福島屋文書』）。
（7）「諸産物元仕入御仕法幷江戸大坂書状写」（函館市立図書館所蔵『福島屋文書』）
（8）「加入銀預押切帳」（三井文庫所蔵史料、別一二五二）。
（9）「江大箱館方証無番状刺」（三井文庫所蔵史料、別六三二）。
（10）「箱館方仮御用留」（三井文庫所蔵史料、追五二八）。
（11）「諸産物元仕入御仕法幷江戸大坂書状写」（函館市立図書館所蔵『福島屋文書』）
（12）「御相談書」（三井文庫所蔵史料、本一五八七―一二）。
（13）「箱館方一条申上書」（三井文庫所蔵史料、本一五八七―九）。
（14）三井文庫所蔵史料、追五二八。
（15）「御相談書」（三井文庫所蔵史料、本一五八七―一二）。
（16）「箱館方仮御用留」（三井文庫所蔵史料、追五二八）。
（17）「箱館方一条申上書」（三井文庫所蔵史料、本一五八七―九）。
（18）「箱館方仮御用留」（三井文庫所蔵史料、追五二八）。
（19）同右。
（20）「御仕法通箱館下し金六月十月年両度定」（三井文庫所蔵史料、本一五八七―八）
（21）同右。
（22）同右。
（23）「箱館方仮御用留」（三井文庫所蔵史料、追五二八）。
（24）「箱館方産物会所用達御免願控」（三井文庫所蔵史料、本一一八三―四）。
（25）「箱館方取扱掛屋御用御免願」（三井文庫所蔵史料、本一五八七―七）。
（26）「江大箱館方証無番状刺」（三井文庫所蔵史料、別六三二）。
（27）同右。
（28）「箱館方加入金出金猶予願」（三井文庫所蔵史料、本一五八七―一）。
（29）大坂本店「金銀出入帳」（三井文庫所蔵史料、続四五七九―一～続四六九九―一）
（30）『奈良市史』通史三。
（31）「蝦夷箱館産物元仕入金仮仕法書」（国立史料館所蔵、三井高維蒐集文書）。
（32）「元仕入金調達ニ付報告書」（国立史料館所蔵、三井高維蒐集文書）。
（33）「箱館方仮御用留」（三井文庫所蔵史料、追五二八）。
（34）同右。
（35）同右。
（36）「箱館方仮御用留」（三井文庫所蔵史料、本六七三甲）
（37）『敦賀市史』通史編、上巻。
（38）「箱館方仮御用留」（三井文庫所蔵史料、本六七三甲）
（39）「元仕入出入控」（三井文庫所蔵史料、追五三二―一）。
（40）「箱館方仮御用留」（三井文庫所蔵史料、追五二八）。
（41）同右。

(42) 同右。
(43)「箱館方仮御用留」（三井文庫所蔵史料、本六七三甲）。
(44)「元治元子年分御産物代銀勘定調書」（三井文庫所蔵史料、続一四四八）。
(45) 同右。
(46)「箱館方仮御用留」（三井文庫所蔵史料、追五二八）。
(47)「箱館方仮御用留」（三井文庫所蔵史料、本六七三甲）。
(48)「箱館方仮御用留」（三井文庫所蔵史料、追五二八）。
(49)「箱館方諸用記」（三井文庫所蔵史料、追五二九）。
(50)「蝦夷地産物京都御払代勘定仕上書」（三井文庫所蔵史料、追五三二―一）。
(51) 同右。
(52)「箱館方仮御用留」（三井文庫所蔵史料、追五二八）。
(53)「縄莚買入方敦賀御会所江出金控」（三井文庫所蔵史料、追五三二―一二）、「敦賀表土蔵買入当御会所江出控」（同、追五三二―一三）、「用達中江船手貸金控」（同、追五三二―一四）
(54)「箱館方諸用記」（三井文庫所蔵史料、追五二九）。
(55) 同右。
(56) 同右。
(57)「仕入方ニ付上申書」（三井文庫所蔵史料、追五三一―一四）。
(58)「見込書」（三井文庫所蔵史料、追五三一―一七―五）。
(59)「箱館方諸用記」（三井文庫所蔵史料、追五二九）。
(60)「箱館方御用留」（三井文庫所蔵史料、本四八六―四）。
(61) 同右。
(62) 田端宏「幕末期の場所請負人経営」（『北大史学』一二号、一九六八年）。
(63) 田嶋佳也「漁業経営における資金需要の実態と特質」（地方史研究協議会編『蝦夷地・北海道』一九八一年）。
(64)「箱館方御用留」（三井文庫所蔵史料、本四八六―四）。
(65)「箱館書状留」（三井文庫所蔵史料、別九一九）。
(66) 同右。
(67)「加入銀預押切帳」（三井文庫所蔵史料、別一二五二）。
(68) 同右。
(69) 同右。
(70)「箱館方諸事控」（三井文庫所蔵史料、本一三七五）。
(71) 三井文庫所蔵史料、本四八六―四。
(72) 拙稿「幕末・維新期の御為替三井組」『三井文庫論叢』一三号。
(73) 三井文庫所蔵史料、続一〇一七。
(74) 三井文庫所蔵史料、追五三二―五。
(75) 三井文庫所蔵史料、追五三二―六。
(76)「箱館方御用留」（三井文庫所蔵史料、本四八六甲）。
(77)「旧幕府執政中箱館産物元仕入貸上金高覚并証文覚」（三井文庫所蔵史料、追五三五―二五）。
(78)「元仕入金請取高覚」（三井文庫所蔵史料、追五三五―二一）。
(79)「建替論談一条」（三井文庫所蔵史料、追五三五―三一）。
(80)「箱館事務」（東京大学史料編纂所所蔵史料）。
(81)『松前町史』通説編第一巻下。
(82) 田端宏「幕末期の場所請負人経営」『北大史学』一二号。
(83) 田嶋佳也「漁業経営における資金需要の実態と特質」

（地方史研究協議会編『蝦夷地・北海道』）。

第七章　会計元立金と小西新右衛門

一　「会計官調達金元帳」

財政基盤をもたないで成立した維新政府は、当面の運用資金確保のために、旧幕府時代と同様に御用金政策をとった。旧幕府勢力追討のための戦費調達が緊急の課題であったのであり、金穀出納所の参与となった福井藩士由利公正と名古屋藩士林左門は京都、大坂を中心として町人、農民から御用金を募集したのである。三井三郎助と小野善助、嶋田八郎左衛門が金穀出納所の御用達を命じられた。慶応四年一月二九日に会計元立金三〇〇万両調達の方針が出された。そしてまず二月一三日には三井・小野・嶋田三家と下村正太郎に一万両ずつ、伊勢屋弥太郎、竹原屋弥兵衛、万屋忠兵衛、万屋甚兵衛、甲屋次郎兵衛、近江屋九郎三郎の六軒の京都の両替商に合わせて一万両というようにまず五万両が急御用途金として出金させられている。これは月一分の利足付であった。大坂においても一五名の両替商が金穀出納所の御用掛に任命され、京都と同じ二月一三日に合わせて五万両を御親征入用金として出金している。その内訳は鴻池屋善右衛門と加嶋屋久右衛門、加嶋屋作兵衛の三名に五五〇〇両ずつ、米屋平右衛門に四五〇〇両、辰巳屋久左衛門、平野屋五兵衛、千草屋亀之助、米屋喜兵衛の四名に三五〇〇両ずつ、鴻池屋庄兵衛に二七〇〇両、加嶋屋作五郎と米屋伊太郎に二五〇〇両、加嶋屋重郎兵衛と鴻池屋市兵衛に二〇〇〇両、米屋長兵衛に一八〇〇両、嶋屋市之助に一五〇〇両という配分であった。以後三月から翌明治二年春までにかけて、調達されていったのである。その調達額を示しているのが「会計官調達金元帳」二七冊である。

「会計官調達金元帳」は一甲、一乙から二より二六まで二七冊ある。三井文庫の所蔵であり、これは大蔵省文庫に所蔵されていた文書の写本であるが、原本は関東大震災によって焼失したため、三井文庫本のみとなってしまった。これは応募者一人当たりの出金高と名前、それに利足の支払いについて記してあるが、償還の日付は記されていない。一甲は大坂、堺、兵庫、伊丹の出金の部分、一乙から二五までは京都、山城、近江の町方、村方の出金の分、二六は御用達と江戸町人の分である。京都、山城、近江の一乙から二五までは時間的な経過に従っている。二六の江戸は時間的には最も遅くなって明治二年以降となる。記載様式の一例として一乙の四番目の糸屋長左衛門の事例を次に示す。(1)

別弐

三月二日納、即預り書遣ス

御池東洞院西入町

一金五百両　　糸屋長左衛門

此利金四拾五両　辰三月ヨリ

同十月迄閏とも

〆九ケ月

此利金六拾両　辰十一月より

巳十月迄

〆拾弐ケ月分

内

利金　三拾六両　商法司利納分

差引

利金　弐拾四両　　前同断

〆

まし金弐両　　前同断

〆

糸屋長左衛門は三月二日に五〇〇両を納めて、一〇月までに月一パーセントで閏月を含めて九カ月分の四五両を受け取っていることになる。さらに翌二年一〇月までに一二カ月分の六〇両の利足が付いているのである。ただし翌二年の利足のうちで三六両の「商法司利納分」は、ほかの事例では「商法司江利納分」と記されていて、商法司への出資金としての扱いになっている。ここからは償還について記されていないとはいえ、一月毎の利足が計算されていて、江戸時代の御用金とは質的に異なっていることが明らかである。

「会計調達金元帳」の数値を最初に合計して分析したのは中井信彦氏である。[2]沢田章[3]が示した各種の元立金の記録にはいろいろと相違があり、「会計調達金元帳」を基本的出典として示すということは首肯できるものであり、それによると中井氏の計算では元立金の応募額は合計して二八五万五三九一両であるという。それを商人、農民、その他に分け、それぞれ八七・四パーセント、一〇・四パーセント、二・二パーセントとしている。また商人を三都商人、地方都市商人、在方商人とに分類し、さらに三都商人を御為替方三組、御用達商人、株仲間、個人、町中に分類し、個人が一〇五万両を占めるとしている。また別の表では地域による分類をして、京都を含む山城が一一九万両、大坂を含む摂津が六九万両としている。これだけで六六パーセントを占めることになる。これらの分析は維新権力の経済基盤はどこにあったかという点からなされたもので、それとして受け入れられるものであるが、冊に従って検討することにしたい。

会計元立金三〇〇万両調達の建議がなされたのは正月二一日で、二三日には可決されている。そして二月一三日に京都と大坂とで御用達が五万両ずつ調達したことは前記した。維新政府が資金調達の場として期待したのは大坂であった。三井の手代山中伝次郎と小野の手代西村勘六は由利公正に従ってともに大坂に向かい、大坂町人の説得にあたったのであり、三月から大坂町人の御用金調達が始まっている。「御基金調達元帳」一甲の最後の総計を引用すると以下のとおりとなる。

総計金百万六千八百九拾八両(4)

内訳　弐万両　三井三郎助　五月十八日元金下渡済

三井元之助

七拾六万八千五百六拾八両三歩弐朱　大坂納

千両　同永代上納

三千五百両　越前国三国　宮越屋又蔵納

千両　西ノ宮　四井屋久兵衛納

拾四万千弐百八拾壱両弐朱　兵庫津納

六万八千五百両　伊丹納

弐万三千四拾八両　境納

大坂納から境納までの七件の合計が総計の一〇〇万六八九八両と等しくなる。大坂町人の納高が七六万八五六八両余で、そのほかに越前三国や西宮、それに兵庫、伊丹、堺とに分かれているのである。大坂について見てみよう。二月一六日に御用掛の一五人のほかに七二人の大坂町人を会計局御用所に集めて、由利公正から御用金の請書を差し出すように迫った。二月一九日になると三二二人の大坂町人を集めて三〇〇万両の調達金の上納を申し渡している。さらに二月二〇日には三二八人の大坂町人を呼び出して調達金を申し渡している。最初の一五名のほかに合計して七二二人に調達金を申し渡したのであり、江戸幕府の御用金賦課の中心は大坂町人であり、それを踏襲したわけであり、由利公正より相談を受けた三井では、大坂の富豪を説得しなければ会計元立金の成功はおぼつかないと言われたこと

表7-1　大坂の1万両以上応募者名前

名　　前	金　　高
石崎（米屋）喜兵衛	20,930両3歩1朱
殿村（米屋）平右衛門	15,950両
長田（加嶋屋）作兵衛	18,489両3歩
高木（平野屋）五兵衛	10,250両
中原（鴻池屋）庄兵衛	16,020両1歩1朱
山中（鴻池屋）善右衛門	22,650両
広岡（加嶋屋）久右衛門	19,638両
平瀬（千草屋）宗十郎	12,320両2歩2朱

出所）「御基金調達元帳」一甲（三井文庫所蔵史料　W―1―40）。

によるものでもあった。井上（鴻池屋）市兵衛家の日記では三月一日に「先月十四日被仰出五万両今朝一統皆納被仰付候事」(5)と記されていて、大坂の一五軒の御用達によって実際に納められたのは三月一日であった。三月になり大坂町人の応募が始まり、大坂の御用所に上納されるようになっていった。この御用金では、最初の一五名に五万両を配分した以外には、目標総額を三〇〇万両と定めているが、幕府御用金のような人数を定めて割り振って一人ひとりの上納高を指定するということはなされなかった。しかし現場においては強制がなされなかったということはできない。幕府との共生関係にあった大坂町人が、その敵方である京都の新政権にすぐに協力的になれるというものでもなく、古くより御所との関係が深かった三井などが説得にあたった。そして大坂町人の納高は三月より九月までの納高を合計すると七六万八五六八両三歩二朱で、永代納高が一〇〇〇両である。ただしそれには大坂町人の個人としての出金高とともに、株仲間としての七万一一六二両、両替仲間としての六万〇五六二両一朱が含まれている。個人としての出金はそれらを差引して六三万六八四四両余となる。人数では一七二三人となる。これらは一度になされたものではなく、三月から九月まで段階的に何度もなされている。三月に応募したのは五五六人であった。前記した七六万八五六八両余のうち、一四万五〇〇〇両が「辰閏四月三条殿御東下御用調達高」という名目であり、九万一五〇〇両二歩が「辰九月御東幸御用調達高」という名目であった。一人平均して三七〇両ということになるが、高額出金者から一〇両、二〇両という出金者までまちまちである。この中で一万両以上の応募者を示したのが表7-1である。ここに示されたのは、江戸時代の幕府御用金の多額応募者名前でもある。これらは一度に応募されたわけではなく、鴻池屋善右衛門の場合では三月に五五〇〇両、閏四月に御東下御用として九一五〇両、六月に三五〇〇両、九月に御東幸御用として四五〇〇両で合計して二万二六五〇両というように四度に分けて納められている。石崎喜兵衛の場合も三月に三五〇〇両、閏四月に御東下御用として六三〇〇両、六月に一〇三〇両三歩一朱、九月に御東幸御用として一万〇一〇〇両で合計して二万〇九三〇両三歩一朱というように四度に分けている。多額の納入者に限らず、大坂町人には繰り返し繰り返し課せられて、何度かに分けて納めていることが多い。

次に諸株の応募は七万一一六二両となるが、一〇四の仲間からの応募で、応募高はまちまちであるが、最高額は古銅古道具仲間組頭河内屋辰蔵外弐人の四五三〇両となり、南組質屋仲間組頭堺屋清右衛門の四一三七両一歩、酒小売仲間肝煎明石屋善七外一人の四〇八〇両などが高額なものである。これらはわずかな例外を除いて七月以降の出金となる。両替仲間も合わせて六万〇五六二両一朱の出金があり、十人両替の天王寺屋五兵衛や平野屋五兵衛、鴻池屋善右衛門、米屋平右衛門、鴻池屋庄兵衛、加嶋屋作五郎、米屋長吉郎の七軒は、上記の出金とは別個に合わせて七二三七両を出金している。本両替仲間行司の近江屋楢之助や炭屋安兵衛、炭屋彦五郎、仲間に加わる両替商なども出金している。これらも七月以降の出金となる。なお閏四月には本両替仲間として二万両、三井三郎助・三井元之助両名で二万両の出金がある。

二　京都、山城、近江の元立金

「会計官調達金元帳」の一冊目乙より二五冊目までの二五冊は、京都、山城、近江での応募者の名前と金高を示している。それを一冊毎に内容を示したのが表7-2である。人数と金高の合計を計算したが、その地域別の集約も示した。そしてこの二五冊の地域別の集約の合計を示したのが表7-3である。この合計は一一五万三四一三両一朱となる。そのうち京都での応募者は七〇万九二二五両で、前記した大坂の応募に匹敵する額となる。また山城諸郡の村方での応募高が一八万両、近江の村方と町方の応募高が一七万両となる。伊勢では村方での募集はなく、津、松坂、

表7－2　京都，山城，近江の会計元立金

	人数／金高	開始日	内　　訳
1冊目乙	197人 96,535両160貫目	2月13日より	京都96,535両160貫目
2冊目	186人 38,260両	3月19日より	京都25,410両，城州村方1,850両， 江州村方町方11,000両
3冊目	192人 67,670両	4月2日より	京都42,600両，城州村方2,270両， 江州村方町方14,100両，勢州町方3,000両， 奥州盛岡500両，東本願寺門主内5,000両， 不明200両
4冊目	197人 75,190両	5月17日より	京都75,190両
5冊目	197人 70,460両	5月19日より	京都70,160両，城州村方300両
6冊目	197人 59,140両	5月20日より	京都58,890両，城州村方250両
7冊目	196人 54,260両	5月25日より	京都41,130両（うち町中200両）， 城州村方12,930両，不明200両
8冊目	164人 37,850両	6月8日より	京都1,350両（うち町中250両），城州村方22,500両， 江州村方町方9,000両，讃岐琴平5,000両
9冊目	154人 31,010両	6月12日より	京都4,360両（うち町中110両）， 城州村方16,650両，江州村方町方10,000両
10冊目	198人 44,780両	6月19日より	京都6,500両（うち町中4,650両）， 城州村方23,180両，江州村方町方15,100両
11冊目	205人 38,300両	6月24日より	京都5,900両（うち町中3,300両）， 城州村方24,300両，江州村方8,100両
12冊目	205人 39,550両	6月28日より	京都6,250両（うち町中1,800両，町惣代2,500両）， 城州村方26,550両，江州村方4,750両， 勢州村方2,000両
13冊目	119人 38,150両	7月3日より	京都2,900両（うち町惣代1,050両）， 城州村方9,100両，江州村方15,850両， 勢州町方8,200両，高野山最勝院2,000両， 不明100両
14冊目	200人 42,180両	7月8日より	京都18,830両（うち町惣代4,150両）， 城州村方5,000両，江州村方17,800両， 為替方550両
15冊目	209人 29,980両	7月12日より	京都29,480両（うち町惣代1,550両）， 城州村方200両，江州村方300両
16冊目	190人 29,050両	7月12日より	京都25,100両，城州村方2,650両， 江州村方1,300両
17冊目	252人 47,075両	7月19日より	京都29,825両（うち町中300両，町惣代3,300両）， 城州村方5,450両，江州村方5,900両， 勢州村方800両，丹後久美浜5,000両， 大坂100両
18冊目	201人 35,250両	7月24日より	京都23,600両（うち町中650両，町惣代3,200両）， 城州村方6,100両，江州村方5,550両

	人数／金高	開始日	内　　訳
19冊目	200人 43,150両	7月29日より	京都13,600両，城州村方12,450両， 江州村方6,600両，勢州村方500両， 久美浜知県事10,000両
20冊目	200人 29,900両	8月20日より	京都22,650両（うち町惣代400両），城州村方550両， 江州村方6,700両
21冊目	216人 36,660両	8月24日より	京都23,510両，城州村方1,600両， 江州村方7,100両，勢州村方4,450両
22冊目	198人 27,295両	9月2日より	京都24,245両，城州村方400両，江州村方2,550両， 不明100両
23冊目	199人 33,050両	9月5日より	京都21,900両，城州村方100両，江州村方6,050両， 勢州町方5,000両
24冊目	199人 50,350両	9月7日より	京都21,000両，京都府15,000両，城州村方1,350両， 江州村方12,900両，不明100両
25冊目	162人 63,318両1朱	9月17日より	京都18,310両，城州村方4,900両， 江州村方9,800両，勢州町方18,400両， 丹後久美浜3,908両1朱，讃岐琴平3,000両

注1）人数は1件あたり1人として数えた．したがって複数名前で出金している場合も1人となっている．
　2）不明というのは名前のみで所在が不明の場合である．
　3）京都には個人名の場合と，町中，および町惣代名前の場合とがある．
出所）「会計元立金調達帳」（三井文庫所蔵史料　W－1－40）．

表7－3　京都，山城，近江の元立金の合計

京都	709,225両
山城村方	180,630
江州村方町方	170,450
勢州町方	42,350
讃岐	8,000
丹後	18,908両1朱
奥州	500
京都府	15,000
東本願寺	5,000
高野山	2,000
為替方	550
不明	800
合計	1,153,413両1朱

注）表7－2の地域別合計

四日市、相可という町方の豪商、伊勢商人を対象に募集している。そのほかに個別的にみると、京都府からの一万五〇〇〇両の出金があり、奥州とは盛岡の井筒屋善八郎の五〇〇両で、為替方の小野家の縁者となり、小野が支払ったものである。丹後は旧幕府領であった久美浜からの応募であり、八月には八冊目にあるように、久美浜知県事よりの一万両の出金がある。讃岐とは金刀比羅宮が応募したものであり、高野山とは高野山最勝寺の応募であって、寺社からの応募もみられる。

会計調達金元帳の冊数は上納日の推移を示している。一冊目乙の最初は二月一三日の三井・嶋田・小野三家の三万両と、下村（大丸屋）の一万両、それに伊勢屋弥太郎など京都御掛屋両替の六名の一万両であり、三月二日に糸屋長左衛門、池田屋長兵衛の五〇〇両、柏原孫左衛門の二五〇〇両など二三件である。(6) 応募単位は最低でも一〇〇両となり、おおむね五〇両ずつのきざみで増えていく。ところで京都より応募のあった七〇万両余のうち、町中による応募が一万一二六〇両で、町惣代による応募が一万六一五〇両になり、個人名による応募は六八万一八一五両になる。町中とは個人としては最低単位による応募のできない町人が集まって資金を持ち寄り、町単位で応募したもの、あるいは応募を強制されたものと考えられ、町惣代による応募もほぼ同様なものと考えられる。京都の商人と手工業者とが応募したもので、幕府時代にはあまり御用金徴収の対象とはなっていなかった。京都町人の中で資産をもつのはおおむね呉服問屋であり、そのほかには御掛屋両替がいる。そして前者のなかで有力なのは江戸呉服問屋の京都本家ということになる。越後屋三井家は御用達であるため別扱いとなるが、柏屋や大黒屋、槌屋、伊藤屋、伊豆蔵、田原屋という江戸呉服問屋の京都本家が大口出金者となり、大丸屋の下村家は五月一九日に一万両を出金している。

山城村方とは、山城の宇治郡、愛宕郡、紀伊郡、乙訓郡、葛野郡、綴喜郡、久世郡、相楽郡の村々からの応募である。同様に近江の村々からも応募がなされているが、近江の場合には彦根、近江八幡、長浜、日野という町方の商人、いわゆる近江商人が応募している。三冊目では江州の外村与左衛門、藤野四郎兵衛、阿部市兵衛、松居久左衛門といった近江商人が一〇〇〇両ずつ応募している。なお外村与左衛門、藤野四郎兵衛、阿部市兵衛、松居久左衛門には一〇冊目と二四冊目でも二〇〇〇両ずつ出金させ、繰り返し出金させているのである。小林吟右衛門も通算して六五〇〇両を出金している。

維新政府は元立金の徴募にあたり、三井に大坂、京都、近江の富裕の者の名前を書き上げさせていたが、江戸に店舗をもつ伊勢商人もその対象としていた。伊勢商人の最初は江戸で紙問屋の店をもつ四日市の村田七右衛門であった。

また江戸の紙、茶問屋で、伊勢の相可に本家がある西村三郎右衛門家の史料を以下に引用する。(7)

(1)

勢州相可
大和屋三郎右衛門

右之者御用有之候間、六月十日近衛殿邸江可罷出事

辰五月
会計官

(2)

勢州相可
大和屋三郎右衛門

一金壱万両

右者会計御基立御用被仰候事

辰六月

(3)

京都会計官御用筋ニ付、此程中上京罷立候処、帰郷之砌、別封帰着次第御届可申旨被申聞上候間、以態使御届申上候御落手請取書此表へ御遣し可被成候、以上

六月二日
小津清左衛門

手代善三郎
長谷川次郎兵衛
手代善九郎
西村三郎右衛門殿

明治元年六月に西村三郎右衛門は京都の近衛邸に呼び出され、一万両の元立金が課されている。六月には苗字帯刀も許されている。伊勢の元立金募集に関しては小津家と長谷川家とが仲介にあたっている。ところで西村家は、八月二日と一二月二日にそれぞれ五〇〇両と二〇〇両を出金しているに止まっている。江戸の木綿、繰綿問屋で、津に本家のある川喜田久太夫家文書の中に明治元年六月付で帯刀苗字御免御書付という包紙に三通の書付が入っており、一つは五月の太政官令であり、後の二つは以下のとおりである。(8)

（1）

一金七千両
勢州津
川喜田久太夫
右者会計御基金御用被仰付候事
辰六月

（2）

勢州津
川喜田久太夫
右者会計御基金御用掛被仰付候ニ付、御用中苗字帯刀御免被成候事
辰六月

川喜田家では七〇〇〇両の元立金を割り当てられるとともに、苗字帯刀御免となっているが、実際は四度に分けて

四〇〇〇両を出金している。この二人の例においても割合高と実納高には大きな隔たりがみられるのであり、一万両や七〇〇〇両という数字は予定総額を配分したというよりも、根拠なく過大な額の出金を課したことになる。伊勢国においては村方には割り当てられないで、津の川喜田、田中、中条、松坂の長谷川、小津、四日市の村田、相可の西村、白子の久住などの各家で、江戸に木綿や紙、茶などの店舗をもつ豪商にのみ割り当てられているのであり、三井の答申によるものと考えられる。表7-3よりみて、第三冊目では四日市の江戸紙問屋村田七右衛門外四名に三〇〇〇両を納め、第一二冊では小津清左衛門、長谷川次郎兵衛という江戸大伝馬町に木綿問屋の店舗をもつ商人に一〇〇〇両ずつが、第一三冊目では川喜田、田中、中条などに八二〇〇両となり、第二三冊目、第二四冊目では明治元年も九月になって長谷川・小津両家で一万五六〇〇両を納めている。川喜田・田中両家でも六〇〇〇両となり、大問屋に多額を課すようになった。

会計元立金では幕府御用金のように、賦課総額と人数を定めて、一人ひとりの配分高の一覧を示すということはなく、成り行きに従って募集していき、同じ人に何度も繰り返して課すということが行われている。

三　伊丹の元立金と小西新右衛門

明治元年二月付で会計裁判所より「御用之儀在之候間、来ル晦日朝五ツ時二条城会計裁判所江可罷出候事」[9]という書付が、伊丹の樽屋吉右衛門をはじめとして、今津、伝法、鳴尾、尼崎、佃、小松、青木、魚崎、呉田、御影、新在家、大名、神戸、池田、加茂、古槻、酒井、川原、道具川原、小浜、富田、福井、郡、十八条、新免という町や村に廻された。二月の晦日に京都二条城に集まったところで、会計元立金の件が申し渡されたのであり、その文面を含む明治元年三月付の請書を以下に引用する。[10]

先月晦日被為召出被仰渡左ニ

此度於太政官万機被聞召候ニ付、金穀其外民間戸口賦役等迄総会計局御取扱相成候間、其方共向後会計御用被仰候、然而ハ何連も厚相心得正路を以上下共差支無之様精々尽力可有之候、
尤是迄仕来候融通方者勿論、新規取引之廉も尚慥成引当を以手広被為融通度御趣意候間、心付之次第も有之候ハ、早々可申出候事

一金弐百万両

右者此度会計為御元立調進可有之事

右御返弁之儀者、地方を以御引当可被成下候筈ニ候得共、尚好之筋も有之候ハ、可申出候事

右之通被仰渡難有承知奉畏候、精々尽力仕身分相応之御用可奉相勤候、乍恐御請書奉差上候以上

慶応四辰年三月

伊丹

樽屋吉右衛門　印

（以下略）

この文面は正月二九日に京都二条城で会計裁判所が京都、大坂の町人を集めて由利公正より申し渡された三〇〇万両の元立金調達の文面と、額面だけ異なってあとは同じものである。この請書には伊丹の樽屋吉右衛門を含めて六一人が署名の下に押印し、もう一通の同じ文面の請書には伊丹の鹿嶋屋利兵衛を含めて二〇五人が署名、押印している。署名したのは伊丹、今津、尼崎、伝法、佃、御影、池田、神戸、魚崎、吹田、鳴尾、塚口といった村々の住人である。その多くは酒造地でもある。

前同断今日大津幷東西江州、勢州四日市、摂州伊丹、池田、灘目等之者共江前右同断被仰渡御為替方よりも名代三人罷出同様之事

但此分者金子弐百万両

これは「御用勤方記」[11]の二月五日付の記事で、京都・大坂町人に申し渡された三〇〇万両調達の文面と同じものを、近江、伊勢、摂津の者には二〇〇万両と言い換えて申し渡しているというのである。前記した大和屋の文書においても二〇〇万両となっている。三〇〇万両と二〇〇万両の二つの元立金構想があったわけではない。ただし、調達予定額のうち一人ひとりの調達額の一覧を作成していないために、三〇〇万両は目標額にすぎない。

小西新右衛門[12]は明治元年二月付で会計裁判所より伊丹役所の御用掛を仰せつけられた。伊丹地域での会計元立金調達の責任を負うことになったのである。三月九日にはさっそく小西新右衛門、小西四郎右衛門、上島八郎兵衛、津国屋勘四郎の四名の伊丹町人が合わせて二〇〇〇両の調達を命じられ、その担保は伊丹近在の加茂村以下一二カ村の物成であった。大坂相場で換算して実米で返済されるという取り決めであった。三月一三日になると小西新右衛門は次のように会計裁判所より催促をうけることになった[13]。

会計御元立金之儀、先達而従太政官被仰出候処、灘目辺未夕睼と御請不申出如何之儀候哉、急務之御用途被為在候間其方ゟ厚申諭尽力艸々可申出候

会計局出張所　印

伊丹御用掛

小西新右衛門

このような申し渡しを受けて、三月一八日に小西新右衛門は出張所に一万四〇〇〇両余を持参し、さらに伊丹、灘目の村々より一万一四〇〇両を集めて上納する旨を知らせている。三月二〇日には上納している。

「御基金調達元帳」の一甲では、大坂とは別個に堺、兵庫、伊丹という区分けがなされている。『堺市史』[14]第六巻には「調達元帳」の堺部分がそのまま引用されている。四月納の一三〇〇両の指吸善兵衛が最初で最高額であり、堺酒造仲間の一四〇〇両、泉州岸和田酒造仲間の一二五両を含めて堺口で二万三〇四八両が納められている。個人としては五七八人が二万一五二三両を納め、一人当たりでは三七両余で、かなり小規模である。ここでは一〇両を納めた者

が二七一人、一一両から一八両までを納めたものが八九人、二〇両から二五両までを納めたものが五三人というように、少額ずつ幅広く納めるようになっている。

表7-4に「御基金調達元帳」一甲の伊丹として区分された六万八五〇〇両のすべてを示した。村名よりみると、その名前の所在は摂津の、淀川より北側の地域を伊丹役所が取り扱ったことになる。郡名では島上郡から島下郡、豊島郡、川辺郡、武庫郡、菟原郡にかけての地域にあたる。二四七口で六万八五〇〇両となり、平均で二七七両余となる。この表からは伊丹の小西新右衛門の応募額の多さが突出している。三月に二〇〇〇両を納め、七月に一万六〇三〇両を納めているのである。

次に兵庫口では、三月に北風荘右衛門外五名が会計裁判所の御用掛りを命じられているのであるが、元立金調達高では播州加東郡の近藤文蔵の一万六〇〇〇両を最高として一四万一二八一両二朱がここに含まれている[15]。百足屋又右衛門以下二三名が一万五〇〇〇両応募し、西宮の紅野平左衛門、八馬喜兵衛の両名が一万両、神戸の生島四郎太夫が一万両など高額の応募者がいるが、一一三口で一四万一二八一両二朱の応募で、一人当たりもかなりの高額となる。記載されているのは西摂津と播磨の出金者となる。ところで六月納入が最初で、時期的にも遅くなり、しかも表7-4に示したように、御影村の酒造業者の嘉納屋治兵衛は伊丹口で二〇〇〇両、兵庫口で三〇〇〇両を、嘉納屋次郎右衛門は伊丹口で一五〇〇両、兵庫口で三〇〇〇両を納入し、伊丹口で出金した者が兵庫口で再度出金しており、伊丹役所と兵庫役所とから応募を求められたわけで、伊丹口で出金した者のうち兵庫口で再度納入した額は一万八三七五両に及んでいる。

ところで大坂で株仲間に対して御用金が課せられたように、明治元年閏四月に十二郷酒造家に対して御用金が課せられることになった[16]。その内訳は灘四郷が二万二〇〇〇両、今津が六〇〇〇両、大坂三郷が一万両、伝法が二〇〇〇両、西宮が六〇〇〇両、北在が一五〇〇両、兵庫が三〇〇〇両、尼崎が五〇〇〇両、堺が四〇〇〇両、池田が一〇〇〇両、八幡が八〇〇〇両、そして伊丹が三五〇〇両で合計して六万〇八〇〇両となった。ところがそのままの額で納めら

表7－4　伊丹の会計元立金

	金高	村名	名　前	納　月
1	18,030両	伊丹	小西新右衛門	3月納（2,000両），7月納（16,030両）
2	2,000両	御影村	嘉納屋治兵衛	3月納　〔兵庫口で7月に3,000両納〕
3	1,500両	石谷村	木村屋喜兵衛	3月納　〔兵庫口で7月に1,000両納〕
4	1,500両	御影村	嘉納屋治郎右衛門	3月納（800両），8月納（700両）〔兵庫口で7月に3,000両納〕
5	1,500両	伝法村	岸田屋仁兵衛・惣右衛門	3月納
6	1,500両	今津村	小豆嶋屋松三郎	3月納　〔兵庫口で7月に1,000両納〕
7	1,200両	鳴尾村	辰馬屋半右衛門	3月納
8	1,000両	魚崎村	赤穂屋市郎右衛門	3月納
9	700両	鳴尾村	辰馬屋与左衛門	3月納
10	650両	今津村	大坂屋文次郎	3月納　〔兵庫口で7月に500両納〕
11	600両	尼ケ崎	直場屋吉右衛門	3月納
12	500両	石谷村	木村屋喜八朗	3月納
13	500両	御影村	嘉納屋長兵衛	3月納
14	500両	御影村	材木屋利助	3月納　〔兵庫口で7月に800両納〕
15	500両	今津村	小池屋利右衛門	9月納
16	500両	伊丹	伊塚吉右衛門	3月納
17	500両	伊丹	鹿嶋屋利兵衛・庄蔵・小池屋甚三郎	閏4月納（300両），6月納（200両）
18	450両	今津村	小豆嶋屋政五郎	3月納　〔兵庫口で7月に300両納〕
19	450両	今津村	米屋三九郎	3月納　〔兵庫口で7月に300両納〕
20	450両	御影村	伊勢屋長太夫	4月納（150両），閏4月納（300両）〔兵庫口で7月に300両納〕
21	400両	御影村	嘉納屋甚吉	3月納　〔兵庫口で7月に500両納〕
22	400両	塚口村	九兵衛・喜右衛門・長兵衛・甚右衛門	6月納（100両），8月納（300両）
23	400両	御影村	嘉納屋弥兵衛	3月納（200両），8月納（200両）〔兵庫口で7月に100両納〕
24	400両	御影村	伊勢屋嘉右衛門	4月納（200両），8月納（200両）〔兵庫口で7月に500両納〕
25	400両		柴屋長右衛門	3月納　〔兵庫口で7月に1,000両納〕
26	400両	富田村	布屋忠兵衛	3月納
27	400両	今津村	小豆嶋屋伴五郎	3月納
28	400両	魚崎村	荒牧屋太左衛門	3月納　〔兵庫口で7月に550両納〕
29	370両	今津村	小豆嶋屋卯之平	閏4月納
30	370両	魚崎村	山路屋久次郎	閏4月納　〔兵庫口で7月に450両納〕
31	350両	今津村	米屋与作	4月納　〔兵庫口で7月に300両納〕
32	330両	今津村	小西屋平兵衛	閏4月納　〔兵庫口で7月に200両納〕
33	300両	大石村	松屋甚右衛門	3月納
34	300両	御影村	嘉納屋治作	3月納　〔兵庫口で7月に1,200両納〕
35	300両	青木村	灘屋七郎兵衛	3月納
36	300両	加茂村	猪兵衛	3月納
37	300両	御影村	薩摩屋弥兵衛	3月納　〔兵庫口で7月に500両納〕
38	300両	郡村	万次郎	3月納
39	300両	鳴尾村	辰馬屋半右衛門	3月納
40	300両	尼ケ崎	泉屋利兵衛	3月納
41	300両	御影村	大和屋徳蔵	4月納

	金高	村名	名　前	納　月
42	300両	御影村	木屋伊兵衛	4月納　〔兵庫口で7月に300両納〕
43	300両	石谷村	茂左衛門	4月納
44	300両	庄所村	利右衛門	4月納（200両），7月納（100両）
45	300両	新在家村	若林屋与左衛門	5月納（200両），7月納（100両） 〔兵庫口で7月に500両納〕
46	300両	伊丹	茜屋和助	4月納（200両），6月納（100両）
47	300両	大石村	桝形屋梅	閏4月納
48	300両	伊丹	茜屋利兵衛	4月納（150両），6月納（150両）
49	270両	今津村	小池屋利三郎	9月納
50	260両	稗田村	若林屋与兵衛	閏4月納
51	250両	尼ケ崎	平野屋吉右衛門	閏4月納（100両），6月納（50両）， 7月納（100両）
52	250両	三番村	玄右衛門	9月納
53	250両	成少路村	与兵衛	5月納
54	250両	木器村	吉郎兵衛	閏4月納
55	200両	伊丹	小西茂十郎	7月納
56	200両	伊丹	加勢屋与右衛門	閏4月納
57	200両	呉田村	吉田喜平治	閏4月納　〔兵庫口で7月に100両納〕
58	200両	切畑村	戎屋利兵衛	6月納
59	200両	御影村	嘉納屋作兵衛	8月納
60	200両	木器村	九郎兵衛	3月納
61	200両	江口村	得次郎	4月納（100両），6月納（100両）
62	200両	御影村	米屋善四郎	8月納　〔兵庫口で7月に300両納〕
63	200両	富田村	干鰯屋吉右衛門	3月納
64	200両	伊丹	油屋八郎兵衛	3月納
65	200両	伊丹	津国屋勘四郎	3月納
66	200両	伊丹	小西屋四郎右衛門	3月納
67	200両	小松村	市右衛門	3月納
68	200両	佃村	邦之助	4月納
69	200両	御影村	沢田屋重兵衛	4月納　〔兵庫口で7月に100両納〕
70	200両	池尻村	吉郎右衛門	4月納
71	200両	八丁村	権右衛門	4月納（150両），5月納（50両）
72	200両	小曾根村	治兵衛	4月納（150両），7月納（50両）
73	200両	御影村	鍵屋与作	4月納（100両），8月納（100両）
74	200両	新免村	九左衛門	4月納（100両），8月納（100両）
75	200両	蔵垣内村	治郎松	閏4月納（150両），7月納（50両）
76	200両	昆陽村	弥一右衛門	閏4月納（100両），6月納（100両）
77	200両	尼ケ崎	塚口屋五郎兵衛	閏4月納（100両），6月納（100両）
78	200両	尼ケ崎	鍋屋平三郎	3月納（100両），6月納（100両）
79	200両	御影村	網屋仁兵衛	4月納（100両），8月納（100両） 〔兵庫口で7月に100両納〕
80	200両	榎坂村	源十郎	4月納（100両），閏4月納（100両）
81	200両	御影村	材木屋孫七	4月納（100両），8月納（100両）
82	180両	御影村	嘉納屋作之助	3月納
83	180両	生瀬村	又兵衛・次作・利兵衛	5月納（90両），7月納（90両）
84	180両	住吉村	甚左衛門・伊三郎	6月納（90両），7月納（90両） 〔兵庫口で7月に100両納〕
85	175両	大石村	松屋米三郎	閏4月納（100両），7月納（75両）

	金高	村名	名　前	納　月
86	170両	今津村	小池屋利兵衛	閏4月納
87	170両	石谷村	若林屋茂兵衛	閏4月納
88	170両	大石村	吉坂屋又右衛門	閏4月納
89	170両	三田村	畑屋市兵衛	閏4月納（100両），6月納（70両）〔兵庫口で7月に300両納〕
90	160両	池田	丹波屋市右衛門	4月納
91	150両	水堂村	亦兵衛	5月納
92	150両	伊丹	丸屋とよ	5月納
93	150両	戸之内村	米屋庄蔵	5月納
94	300両	新在家村	井筒屋豊七	3月納（150両），7月納（150両）
95	150両	戸之内村	茂兵衛	5月納
96	150両	東市場村	門蔵	5月納　〔兵庫口で7月に100両納〕
97	150両	利倉村	卯右衛門	5月納
98	150両	勝部村	五郎兵衛	5月納
99	150両	山口村	金仙寺屋長次郎	5月納
100	150両	名塩村	上山屋伊兵衛	6月納
101	150両	三番村	源左衛門	9月納
102	150両	東明村	灘屋政次郎	閏4月納
103	150両	伊丹	茜屋作兵衛・竹田屋伊三郎	閏4月納
104	150両	伊丹	安倉屋由兵衛	閏4月納
105	150両	鳴尾村	大黒屋半三郎	閏4月納
106	150両	熊野田村	秀松	6月納（75両），7月納（75両）〔兵庫口で7月に100両納〕
107	150両	味舌村	定次郎	4月納
108	150両	御影村	嘉納屋治助	4月納
109	150両	御影村	伊勢屋長七	4月納
110	150両	米谷村	忠右衛門・定太郎	4月納（100両），6月納（50両）
111	150両	寺内村	万兵衛	4月納（100両），7月納（50両）
112	150両	小曾根村	作次郎	4月納（100両），7月納（50両）〔兵庫口で7月に100両納〕
113	150両	北村	利右衛門	閏4月納（100両），5月納（50両）
114	150両	東明村	柴屋又四郎	4月納（50両），8月納（100両）
115	150両	鳥羽村	市右衛門	閏4月納（100両），5月納（50両）
116	150両	名塩村	弓場屋五郎兵衛	閏4月納（100両），5月納（50両）
117	150両	才寺村	与右衛門	5月納（75両），7月納（75両）〔兵庫口で7月に300両納〕
118	150両	伊丹	久代屋文次郎	5月納（100両），8月納（50両）
119	150両	千僧村	新太郎	5月納（100両），7月納（50両）
120	150両	次屋村	貫蔵	4月納（100両），閏4月納（50両）
121	150両	池田	伊丹屋半兵衛	3月納
122	150両	今津村	小豆嶋屋栄次郎	3月納
123	150両	神戸	橋本屋藤左衛門	3月納〔兵庫口で6月に200両納，7月に325両納〕
124	150両	二ツ茶屋町	但馬屋善右衛門	3月納〔兵庫口で6月に150両納，7月に150両納〕
125	150両	尼ケ崎	油屋喜兵衛	4月納
126	140両	岸部東村	八兵衛	閏4月納
127	140両	小野村	七兵衛	閏4月納（40両），5月納（100両）

	金高	村名	名　前	納　月
128	130両	大石村	丸屋くの	閏4月納（70両），7月納（60両）
129	130両	吹田村	要喜知	閏4月納
130	130両	道祖本村	善九郎	閏4月納
131	125両	柳谷村	伊兵衛	4月納
132	120両	木器村	油屋九郎左衛門	5月納
133	120両	本庄村	丈右衛門	閏4月納（50両），5月納（70両）
134	120両	熊野田村	弥三兵衛	5月納（50両），7月納（70両）
135	120両	住吉村	前田屋辰三郎	6月納（60両），7月納（60両）
136	110両	伊丹	伝法屋吉右衛門	8月納
137	100両	広根村	新右衛門	4月納（50両），閏4月納（50両）
138	100両	道場川原	嶋屋嘉兵衛	3月納（50両），4月納（50両）
139	100両	才寺村	貫治	4月納（50両），6月納（50両）
140	100両	八幡村	若林屋嘉兵衛	4月納（50両），6月納（50両）
141	100両	新在家村	角屋九郎兵衛	4月納（50両），6月納（50両）
142	100両	新在家村	塩屋伊兵衛	4月納（50両），6月納（50両）
143	100両	小原野村	新右衛門	4月納（40両），5月納（60両）
144	100両	下佐曽利村	卯兵衛	4月納（50両），5月納（50両）
145	100両	道場川原	清右衛門	4月納（50両），5月納（50両）
146	100両	八幡村	林屋吉五郎	4月納（50両），8月納（50両）
147	100両	塚本村	新七	7月納（50両），8月納（50両）
148	100両	成少路村	重治郎	7月納（50両），8月納（50両）
149	100両	池田	中嶋屋忠右衛門	6月納（50両），8月納（50両）
150	100両	池田	油屋伊助	5月納（50両），8月納（50両）
151	100両	池田	西田屋倉次郎	5月納（50両），7月納（50両）
152	100両	蒲田村	三次郎	5月納（50両），7月納（50両）
153	100両	池田	千切屋藤助	5月納（50両），9月納（50両）
154	100両	木器村	市松	5月納（40両），7月納（60両）
155	100両	伊丹	油屋作兵衛	閏4月納（50両），6月納（50両）
156	100両	池田	雑喉屋太兵衛	閏4月納（50両），7月納（50両）
157	100両	尼ケ崎	梶屋久右衛門	閏4月納（40両），7月納（60両）
158	100両	伊丹	金屋四郎左衛門	閏4月納（50両），6月納（50両）
159	100両	大石屋	松屋助七	閏4月納（50両），7月納（50両）
160	100両	千僧村	助五郎	4月納
161	100両	池田	丹波屋市太郎	9月納
162	100両	御影村	米屋善四郎	4月納
163	100両	八幡村	田中屋惣右衛門	9月納
164	100両	池田	吉川屋九兵衛	8月納
165	100両	池田	山本屋熊吉	8月納
166	100両	広根村	真十郎	閏4月納（30両），7月納（70両）
167	100両	尼ケ崎	鉛屋治右衛門	閏4月納（50両），6月納（50両）
168	100両	伊丹	万屋伊兵衛	閏4月納（50両），6月納（50両）
169	100両	庄所村	長左衛門	閏4月納（50両），9月納（50両）
170	100両	酒井村	総右衛門	4月納
171	100両	名塩村	上中屋治兵衛	6月納
172	200両	道場川原	泉屋仙助	3月納（100両），6月納（100両）
173	100両	原田村	佐左衛門	閏4月納（50両），7月納（50両）
174	100両	新在家村	角屋惣五郎	5月納
175	100両	木器村	九郎兵衛	6月納
176	100両	桜塚村	庄兵衛	5月納

	金高	村名	名　前	納　月	
177	100両	伊丹	大文字屋文三郎	5月納	
178	100両	福井村	高木半兵衛	5月納	
179	100両	今津村	小池屋利右衛門	3月納	〔兵庫口で7月に300両納〕
180	100両	今津村	小池屋利三郎	3月納	〔兵庫口で7月に200両納〕
181	100両	守部村	半兵衛	5月納	
182	100両	伊丹	樽屋嘉兵衛	5月納	
183	100両	伊丹	大和田屋三千太郎	5月納	
184	100両	池田	綿屋かと	5月納	
185	100両	伊丹	樽屋利兵衛	5月納	
186	100両	池田	小部屋文兵衛	閏4月納	
187	100両	木部村	米谷屋吉右衛門	閏4月納	
188	100両	伊丹	大和田屋伊三郎	閏4月納	
189	100両	池田	西田屋与兵衛	閏4月納	
190	100両	伊丹	桜井なお	閏4月納	
191	100両	吹田村	孫兵衛	4月納	
192	100両	道祖本村	甚助	4月納	
193	100両	蒲田村	太郎兵衛	4月納	
194	100両	伊丹	豊島屋利兵衛	4月納	
195	100両	伊丹	茜屋勘左衛門	4月納	
196	100両	伊丹	紙屋卯助	4月納	
197	100両	桜村	安五郎	4月納	
198	100両	御影村	網屋仁左衛門	4月納	
199	100両	青木村	浜屋茂兵衛	4月納	〔兵庫口で8月に100両納〕
200	100両	小浜村	茶木屋太十郎	3月納	
201	100両	十八丁村	内蔵丞	3月納	
202	100両	富田村	布屋忠蔵	3月納	
203	100両	池田	干鰯屋藤兵衛	3月納	
204	100両	山口村	伝蔵	4月納（50両），6月納（50両）	
205	80両	井野草村	利右衛門	閏4月納	
206	80両	青木村	山形屋忠右衛門	4月納	〔兵庫口で8月に50両納〕
207	80両	安倉村	弥三兵衛	5月納（30両），7月納（50両）	
208	80両	熊野田村	与右衛門	5月納（30両），7月納（50両）	
209	80両	大石村	丸屋寅松	4月納	
210	75両	吹田村	与右衛門	4月納	
211	75両	柳谷村	伊兵衛	5月納	
212	70両	大川瀬村	儀右衛門	閏4月納	
213	70両	三番村	庄右衛門	9月納	
214	70両	酒井村	総右衛門	5月納	
215	70両	守部村	佐五右衛門	7月納	
216	60両	道場川原	泉屋又兵衛	4月納	
217	50両	池田	荒布屋清右衛門	9月納	
218	50両	山田別庄村	真之丞	6月納	
219	50両	篠原村	喜左衛門	6月納	
220	50両	蔵人村	重助	4月納	
221	50両	御弊村	陣左衛門	7月納	
222	50両	新稲村	四郎五郎	6月納	
223	50両	上谷上村	佐次右衛門	6月納	
224	50両	寺本村	惣五郎	7月納	
225	50両	木器村	九左衛門	7月納	

	金高	村名	名　前	納　月
226	50両	西川村	九郎左衛門	7月納
227	50両	二良村	市郎兵衛	4月納（20両），5月納（30両）
228	50両	千僧村	竹五郎	7月納
229	50両	安場村	治兵衛	4月納
230	50両	三田村	麴屋小三郎	閏4月納
231	50両	尼寺村	佐右衛門	閏4月納
232	50両	走井村	右平次	閏4月納
233	50両	岩谷村	若林儀兵衛	閏4月納
234	50両	吹田村	万屋はつ	閏4月納
235	50両	安倉村	新右衛門	5月納
236	50両	蔵人村	重助	5月納
237	50両	川原村	信兵衛	3月納（30両），7月納（20両）
238	50両	今津村	米屋善兵衛	3月納
239	50両	越木岩村	兵右衛門	4月納
240	50両	魚崎村	赤穂屋あや	4月納
241	50両	鷲林寺村	久右衛門・源兵衛	4月納
242	50両	下穂積村	七右衛門	4月納
243	50両	鳴尾村	喜右衛門	4月納
244	50両	米谷村	塩田屋卯右衛門	4月納（25両），5月納（25両）
245	50両	垂水村	佐一郎	4月納（25両），7月納（25両）
246	40両	曲利村	甚兵衛	閏4月納
247	30両	大石村	吉坂屋尚平	閏4月納
	〆68,500両			

注）兵庫口に辰屋半左衛門の7月納の1,000両と辰屋与左衛門の7月納の600両がある．これらはそれぞれ(7) 辰馬屋半右衛門，(9) 辰馬屋与左衛門と考えられる．人数は1件あたり1人として数えた．したがって複数名前で出金している場合も1人となっている．
出所）「御基金調達元帳」一甲（三井文庫所蔵史料　W—1—40）．

れることはなく、七月二一日から八月二日にかけて、灘四郷酒造行事が九一九二両一朱、今津酒造行事が一九〇一両一朱、西宮酒造行事が二五八一両三歩二朱、伊丹酒造行事が一五〇〇両、池田酒造行事が四〇〇両、八幡酒造行事が二〇五両、尼崎酒造行事が二五〇両、合計して一万六〇三〇両を納めることになった。[17] これが小西新右衛門が七月に納めた元立金となったのである。

（1）「会計官調達金元帳」一乙（三井文庫所蔵史料、W—一—四〇）。
（2）中井信彦「商人地主の諸問題」（『明治維新と地主制』岩波書店、昭和三一年）。
（3）沢田章『明治財政の基礎的研究』（宝文館、昭和九年）。
（4）「御基金調達元帳」（三井文庫所蔵史料、W—一—四〇）。
（5）東北大学図書館所蔵。
（6）「会計官調達金元帳」一乙（三井文庫所蔵史料、W—一—四〇）。
（7）西村修久家所蔵文書。
（8）石水博物館所蔵文書。

(9)「二条城会計裁判所出頭人名録」（伊丹市立博物館収蔵小西家文書、V—一）。

(10)「会計基立金調達御請書」（伊丹市立博物館収蔵小西家文書、V—二五—一）。

(11)「御用勤方記」（三井文庫所蔵史料、本四八二）。小西家文書の中には三月の三〇〇万両調達の布告（「会計基立金調達に付き布告」V—二一—二）、および二〇〇万両の布告（「会計基立金調達に付き布告」V—三一—一）も所蔵されている。

(12) 小西新右衛門家については拙稿「江戸下り酒問屋小西屋の経営」（『三井文庫論叢』三一号）、同「近世中期の小西屋新右衛門家の大名金融」（『三井文庫論叢』三二号）参照。

(13)「金穀出納所御用留」（三井文庫所蔵史料、本三八八）。

(14)『堺市史』第六巻（堺市役所、昭和四年）。

(15)「御元金調達元帳」（三井文庫所蔵史料、W—一—四〇）。

(16)「会計御用所日記」（伊丹市立博物館収蔵小西家文書、V—七）。

(17)「会計局御用所枝券録」（伊丹市立博物館収蔵小西家文書、V—一五）。

あとがき

本書は、財団法人三井文庫の紀要である『三井文庫論叢』にこれまで書いてきた論文の中から、幕府の財政、金融と三井との関わりを扱った論文をまとめたものである。

掲載号数とタイトルは「はじめに」で記したとおりである。最初の論文が二〇年前のもので、第七章を除けば最近のものまで足掛け一五年間にわたるものではあるが、近世の経済史研究は日進月歩というわけでもなく、このようにまとめることに躊躇するものはない。これらは幕府の物価、金融、貿易、貨幣、流通に関する個々の政策の実態の事例をまとめたものであり、江戸時代の幕府経済研究に関して幅広く扱うことができたと考えているが、それは御用商人としての三井の間口の幅の広さによるものである。ここで取り上げた課題は、一つひとつが大きな問題領域に属しているため、研究としては今後も具体的な作業が必要となる。

本書は『江戸幕府御用金の研究』と題しているが、幕府御用金すべての実態について明らかにしようという意図をもったものではない。そのような構想を立てた時期もないわけではないが、文化、天保、幕末期の御用金については徴収額やその返済についての数値のデータはいくらでもあるものの、論点を立てて実証し論文にすることができるようなデータを集めることはできなかったのである。

宝暦期から文化期までの幕府御用金や融通金は、幕府による大名財政支援という性格のものであり、幕末期の御用金は幕府財政そのものの補塡という課題をもつ。また、財政基盤をもたないままで成立した明治政府が旧幕勢力を討伐するための軍事費確保の目的で最初に行なったのは、「会計基立金」という名の御用金の徴収であった。徴収した対象は、上方の都市町人および山城、近江の農民であった。したがって明治維新は、その背面から見ると、行きづまった体制の放棄と大量の大名の借金の整理の過程でもあった。明治政府は、公債を交付して年賦償還という形で大名と商人との間の膨大な貸借関係を清算するのである。

融通方両替商の公金貸付の課題については、ここでは鴻池善右衛門家と高崎藩の事例で示したが、具体的な事例分析の豊富化は必要であり、かつ可能である。

御為替三井組は、元文期から貨幣引替の役割を与えられていたが、幕末期に引き続き貨幣引替の御用を勤めた時には、この時期に特有の問題をかかえていた。むしろ三井組は将軍家茂が上洛し京都に滞在するようになると、財政支出機関としての性格を帯びるようになったのであった。そのような環境の中で、貨幣引替の御用を勤めていたのである。

大坂銅座や箱館産物会所についても、前者は貿易銅と地売銅を取り扱う機関であるが、その会計は長崎会所のそれと重複するところがあるように、落札商人の資金の流れと不可分の関係にあって、その経営分析から照射することが可能である。同じように、箱館産物会所についても、研究蓄積のある分野であるが、場所請負人経営の中から照らし出すことが可能となる。

会計元立金は明治政府の御用金政策であるが、その償還と大政官札や商法司との全過程を解明する課題は残っている。

私は、大学院博士課程在学中から三井文庫に就職し、三〇年近く経済史研究、商業・金融史研究に携わってきた。三井文庫は文部省からは民間研究機関として認知されていて、科学研究費の配分などもたびたび受けているが、社会一般から認知されているわけではかならずしもない。『近世大名金融史の研究』を刊行する機会を得たちょうどその頃に、国立市にある某国立大学の図書館からは、「財団法人」の者というだけの理由で突然閲覧を拒絶されたことがあった。官尊民卑意識が丸出しであった。そうしたことにもかかわらず、三井文庫の所蔵史料は、江戸時代の都市経済史史料としては質量ともに最高のものであることは間違いない。しかしながら、三井文庫の史料だけで仕事のできる時代は終わったことも確かである。

私の現在の関心は本書の内容からは離れていて、そしてその次の仕事のメドも付いたので、いままで書いてきた論文を三冊目としてまとめておこうと、法政大学出版局にお願いした次第である。

私はこのあと取り組まなければならないテーマがいくつか与えられている。そして商業史研究、金融史研究、経済史研究をより豊かなものにしなければならない。そのために関連史料を野良犬のように探し回らなければならない。過去の仕事を引きずりながら、現在のテーマに関する史料を探し回る過程で、過去の仕事に足りないものを埋めてくれる史料にめぐりあうことがあれば幸いである。

本書では、主に三井文庫の所蔵文書を用いているが、大阪大学経済学部所蔵の鴻池家文書や長崎県立対馬歴史民俗資料館所蔵の宗家文書、伊丹市立博物館収蔵の小西家文書、それに国立史料館の所蔵文書等も利用させていただいた。宮本又郎先生はじめ、関係各位には大変お世話になりました。

また本書の刊行に当たっては、財団法人日本生命財団の第二二回出版助成の恩恵に与ることができた。同財団にたいして深く感謝の意を表するとともに、法政大学出版局への推薦書をお書きいただいた作道洋太郎先生、永原慶二先生には厚く感謝申し上げる次第である。法政大学出版局の〈叢書・歴史学研究〉に私の著書を加えていただくことは研究生活を始めて以来、私の長年の夢であった。それを叶えていただいた、同出版局の平川俊彦編集長に深く感謝したい。

平成一四年一月

賀川隆行

索　引

あ　行

か　行

さ　行

た　行

な　行

は　行

ま　行

や　行

ら　行

賀川隆行（かがわ・たかゆき）

1947年福井県武生市に生まれる．1970年一橋大学社会学部卒業．1975年同大学院博士課程単位修得退学．1973年より三井文庫研究員．日本近世経済史専攻．1983年社会学博士．著書に『三井事業史』本篇第一巻（三井文庫，1980年，共著），『近世三井経営史の研究』（吉川弘文館，1985年），『崩れゆく鎖国』（集英社版『日本の歴史』14巻，1992年），『近世大名金融史の研究』（吉川弘文館，1996年）．現住所：埼玉県所沢市北秋津860-7．

＊叢書・歴史学研究＊
江戸幕府御用金の研究

2002年３月７日　　初版第１刷発行

著　者　賀　川　隆　行

発行所　財団法人　**法政大学出版局**

〒102-0073　東京都千代田区九段北3-2-7
電話03（5214）5540／振替00160-6-95814
製版・印刷／三和印刷　製本／鈴木製本所

ISBN4-588-25049-3

（価格は消費税抜きで表示してあります）

浅香年木著
日本古代手工業史の研究
古代から中世への移行期における生産様式の変貌を手工業生産の発展と社会的分業の展開過程に視点をおいて究明する一方、官営工房中心の分析がもつ限界を衝き、在地手工業の技術と組織とを精細に発掘・評価して古代手工業の全体像を提示する。

7000円

山本弘文著
維新期の街道と輸送（増補版）
明治初年における宿駅制度改廃の歴史的意義と、これを断行した維新政府の政策の問題性とを実証的に跡づける。わが国における馬車輸送登場後の資本主義的交通・輸送・道路体系の成立過程を対象に、初めて学問的な鍬入れを行なった経済史的研究
3800円

佐々木銀弥著
中世商品流通史の研究
荘園領主経済と代銭納制、国衙・国衙領と地方商業の展開過程及び座商業を実証的に追求し、商品流通の中世的構造の特質を解明することにより、中世の新たな歴史像に迫る。従来の通説を方法論的に検討し、中世商業史研究に画期をもたらした労作
6800円

旗田　巍著
朝鮮中世社会史の研究
高麗時代を中心に、新羅・李朝にわたって、郡県制度、土地制度、家族・身分・村落制度を精細に考察し、朝鮮中世社会の独自な構造と特に土地私有の発展過程を解明する。土地国有論の克服等によって、戦後わが国朝鮮史研究の水準を一挙に高めた。

〔品切〕

宮原武夫著
日本古代の国家と農民
人民闘争史観の鮮烈な問題意識に立って、古代国家と農民との矛盾を租税・土地制度・生産諸条件等において綿密に考究し、その上に律令体制下の農民闘争と奴婢の身分解放闘争を展望し位置づける。古代史研究に大きく寄与する新鋭の野心的労作。

〔品切〕

家永三郎著
田辺元の思想史的研究
——戦争と哲学者——

西田哲学と並び立つ壮大な思想体系を構築し、「種の論理」に立つ十五年戦争下の協力と抵抗、戦後の宗教的自省とにおいて独自の思索を続けた田辺元。その哲学の生成と展開、思想史的意義と限界を追求し、昭和思想史の一大焦点を鮮やかに照射する
〔品切〕

秋山國三／仲村研著
京都「町」の研究
班田制、条坊制、巷所、「町内」等、平安京から近世京都に至る都市形成の指標を、主に個別の「町」の成立・変貌を描きつつ追求する。研究史をつぶさに展望、同時に荘園研究で培われた実証的方法によって、近年の都市史研究に大きく寄与する。
7000円

米田雄介著
郡司の研究
古代国家とその律令的地方行政機構の本質、ならびに在地の階級関係と人民闘争の実態をともに追求するための結節点として郡司研究は長い歴史と蓄積をもつ。先行業績の厳密な検討の上に、郡司制の成立・展開・衰退の過程と意義を本格的に考察。
6800円

衣笠安喜著
近世儒学思想史の研究
〈思想の社会史〉、つまり思想的営為と社会構造との関連を重視する見地から、近世儒学の展開とその法則性を追い、幕藩制社会の思惟様式を分析する。とくに羅山朱子学、折衷学派、差別思想、文人精神、幕末の変革思想等々に独自な視座をもって迫る。
〔品切〕

小葉田淳著
金銀貿易史の研究
わが国鎖国前一世紀間の金輸入の実態を明らかにして従来の通説をくつがえした画期的論考を初め、中近世の金銀銅・硫黄・水銀をめぐる日朝・日中間貿易、技術と産業の発達を論じた九篇を集成、明代漳泉人の海外通商、唐人町に関する三篇を付す。
〔品切〕

杉井六郎著
徳富蘇峰の研究
近代日本の言論・思想界に巨歩をしるした蘇峰の、明治九年熊本バンド結盟から、同三十年に欧米旅行より帰国するまでの思想形成期に焦点を当て、そのキリスト教、「国民」の論理、明治維新＝吉田松陰観、中国観・西欧文明観等の内実を追求する。
〔品切〕

土井正興著
スパルタクス反乱論序説（改訂増補版）
スパルタクス評価の変遷を辿り、国際的な研究業績の検討に立って、奴隷反乱の経緯と背景、思想史的・政治史的意義とを考察した、わが国スパルタクス研究史上初の本格的労作。初版以降の研究動向と著者の思想的発展を補説し、関連年表も増補。
〔品切〕

誉田慶恩著
東国在家の研究
中世的収取体制の下で幾多の夫役を担いつつ、多彩な農業生産活動を展開した東国辺境地帯の在家農民の実像を古典的在家から田在家への推移のうちに捉える。実証的で周到な論証に加え、研究史を深く検討し、宗教史との関連をも鋭く示唆する好著。
〔品切〕

鬼頭清明著
日本古代都市論序説
正倉院文書に記された高屋連赤万呂ら三人の下級官人の生活と行動を追求し、その舞台である平城京の「都市」としての歴史的性格を生々と考察する。優婆塞貢進、民間写経、出挙銭等に関する論稿も収め、さらに文化財保存問題の現状と課題に及ぶ。
4800円

浅香年木著
古代地域史の研究——北陸の古代と中世 1
古代のコシ＝北陸地域群の独自な発展過程を、対岸の東アジア及び畿内・イヅモ地域群等との交通、在地首長層と人民諸階層の動向・扇状地・低湿地の開発等の分析によって追求。日本海文化圏を想定して近年の〈地域史〉の模索に貴重な寄与をなす。
7800円

浅香年木著
治承・寿永の内乱論序説——北陸の古代と中世 2
有数の平氏知行国地帯である北陸道において、在地領主層と衆徒・堂衆・神人集団の「兵僧連合」が義仲軍団の構成勢力として反権門闘争を展開した過程を分析。従来の東国中心の内乱論を問い直す一方、転換期北陸道のダイナミズムを見事に活写。
〔品切〕

浅香年木著
中世北陸の社会と信仰——北陸の古代と中世 3
南北朝動乱と一向一揆の時代の北陸——その庄園領有関係、領主層の動向、商品流通の実態を踏まえつつ、社会生活と信仰、特に泰澄伝承と寺社縁起、在地寺院・村堂をめぐる結衆＝共同体的結合の様相と地域の特殊性を追求する。畢生の三部作完結
7500円

杉山　宏著
日本古代海運史の研究
明治以降の研究史の検討を踏まえて、朝鮮半島との交流、海人の性格、船舶管理、官物輸送、津と船瀬の造営管理、運送賃、海賊取締等にわたり、律令制成立前—確立期—崩壊期の時期区分に従って古代海運の実態を究明。斯学における初の本格的研究
4700円

柚木　學著
近世海運史の研究
上方—江戸間、瀬戸内、そして日本海と、近世の主要航路に展開された海上輸送の実態を追求、とくに菱垣廻船、樽廻船、北前船の問屋組織、輸送状況、経営実態を、船と航海術の技術史的背景も視野に入れて分析、近世海運の特質を総体的に捉える。
〔品切〕

小早川欣吾著
日本担保法史序説
資本主義以前のわが国において、法制度と経済生活の接点をなした「質」概念の発達、即ち人的担保と物的担保の成立と発展の動向、その諸形態、保証の種類と性格、時代的特質を、研究史上初めて通史的に体系づけた記念碑的労作。待望の改訂新版
5800円

平山敏治郎著
日本中世家族の研究
公家衆や武士団の中世家族のうち、主に前者に焦点をあて、家の成立と相続、旧家・新家の動向、同族的結合、家礼・門流の問題を考察する。伝承文化の基軸としての家族的結合を、民俗学と歴史学の接点から初めて本格的に追求した注目の書下し。
〔品切〕

小野晃嗣著
日本産業発達史の研究
中世における製紙・酒造・木綿機業の三つの産業の成立・展開を追い、その製造技術と組織、流通過程及び用途、幕府の酒屋統制等をも実証的に究明。堅実な方法と物の生産の場への斬新な視角とは産業史研究の範とされ、多大の影響を与えた。新版
5800円

秋山國三著
近世京都町組発達史
——新版・公同沿革史
戦国末期より明治三〇年の公同組合設立に至る京都町組三百年の沿革を通観し、町組＝都市の自治を、制度・組織・理念にわたり巨細に追究した古典的労作。著者急逝の直前まで製作に没頭して完成された町組色分け図を付し、増補改訂を得た新版。
9500円

村瀬正章著
近世伊勢湾海運史の研究
伊勢湾・三河湾の近世海運の実態を、廻船業の経営を中心に、浦廻船と商品流通、河川水運、沿海農村の構造的変容、海難及び海上犯罪、造船と海運業の近代化の諸問題にわたって追求する。地方史と海運史の結合がもたらした貴重な研究成果である。
5800円

周藤吉之著
高麗朝官僚制の研究
高麗朝は宋の官僚制を導入した官僚国家である。その両府・三司・翰林院・宝文閣・三館等々の中枢的機関と地方制度、科挙制、さらに内侍・茶房、兵制に及ぶ官僚制の全体を、宋のそれと綿密に比較し考証する。朝鮮中世の制度史的基底を照射する
7800円

新村拓著
古代医療官人制の研究
——典薬寮の構造
令制医療体制の成立から崩壊に至る過程を、国家医療の軸となった内薬司・典薬寮の機構、医療技術官の養成、薬事・医事行政の成立と展開等にわたって追求、中世医療体制の成立までを展望する。通史としての日本医療史を構築する注目の第一作。
8500円

丹治健蔵著
関東河川水運史の研究
利根川を中心とする近世河川水運は江戸市場の形成に大きな役割を果した。河川問屋・船積問屋の盛衰、領主による河川支配と川船統制の構造、川船の種類や技術を究明、併せて信濃川水運との比較、明治以降の動向をも検討。関係史料67点を付す。

〔品切〕

仲村研著
中世惣村史の研究
——近江国得珍保今堀郷
今堀日吉神社文書の編纂研究を基礎として、惣村農業の形態、村落生活の様相、座商業の特質と展開、守護六角氏と家臣団の郷村支配の実態、郷民の祭祀・芸能等、多角的に追求。今堀郷の徹底的かつ実証的な解明により中世惣村の構造を見事に描く。
9500円

江村栄一著
自由民権革命の研究
自由民権運動を広範な民衆運動の中に位置づけ、国会設立建白書・請願書の網羅的分析、主権論争及び秩父・群馬等の激化事件の考察、新潟県の運動の事例研究等により、ブルジョア民主主義革命としての全体像を描く。〈自由民権百周年〉記念出版。

〔品切〕

新村拓著
日本医療社会史の研究
——古代中世の民衆生活と医療
悲田院・施薬院の機能と歴史を皮切りに、古代中世の疾病と治療。祈療儀礼や養生観、僧医・民間医の動向、医薬書の流布、薬種の流通等々を多面的に検討し、病気と病人を取りまく問題を社会史的に浮彫りにする。医史学の技術偏重を超える労作。
7500円

岡藤良敬著
日本古代造営史料の復原研究
――造石山寺所関係文書

正倉院文書中の造石山寺所関係文書は、古代の建築・彫刻・絵画・工芸等の造営・製作事業の実態を伝える世界史的にも稀な史料である。先行業績を踏まえ、文書断簡の接続・表裏関係、編成順序、記載内容を精細に検討し古代の原型を見事に復原。

6800円

船越昭生著
鎖国日本にきた
「康熙図」の地理学史的研究

清代の康熙帝が在華イエズス会士に実測・作成させた「皇輿全覧図」とそれを採り入れた西欧製地図の伝来は、日本人の世界像の形成、近代的地図作成技術と地理学の発達を促した。百点近い地図図版を収め、その受容・考証・利用の過程を克明に追求

10000円

浜中　昇著
朝鮮古代の経済と社会
――村落・土地制度史研究

正倉院所蔵新羅村落文書の精緻な分析により、統一新羅における家族と村落の歴史的性格を考察し、また高麗期の土地制度を田柴科、小作制、公田と私田、民田の祖率、賜給田、量田制、田品制等にわたって検討、朝鮮古代史の基礎構造を究明する。

8000円

田端泰子著
中世村落の構造と領主制

山城国上久世荘、備中国新見荘、近江国奥島荘、津田荘その他における村落結合の実態を具さに検討する一方、小早川家・山科家等の領主制の構造、さらに農民闘争の展開を分析する。戦後の研究史を継承して、中世後期社会像の一層の具体化に寄与

6500円

今谷　明著
守護領国支配機構の研究

南北朝・室町期の畿内近国における管国組織の復原を主眼とし、守護所、郡代役所等、地方官衙の成立・所在地・立地条件、守護・守護代・郡代等の人名・在職期間等を精細に考証して、守護領国概念の有効性と復権を説き、その具体像を提示する労著

8900円

前川明久著
日本古代氏族と王権の研究

古代氏族の成立と発展の過程、とくに記紀神話伝承および伊勢神宮・熱田社の成立に果たした役割をはじめその実態を、考古学・歴史地理学・神話学等の広い知見を採り入れて考察、政治史の枠をこえて大和政権＝古代国家の本質と構造を解明する。

〔品切〕

山口隆治著
加賀藩林制史の研究

加賀藩の山廻役、御林山、七木の制、植林政策、請山と山割、焼畑、さらに大聖寺藩の林制等を考察して研究史の欠落を埋める労作。宮永十左衛門「山廻役御用勤方覚帳」をはじめ、「御領国七木之定」、「郷中山割定書并山割帳」等の参考史料を付す。

4500円

牧野隆信著
北前船の研究

その起源と発達の過程、経営と雇用の形態、労使関係、航海と海難、文化交流の実態等々を実証的に追究、北前船の「航跡」を照らし出す。研究史を踏まえ、民俗学の成果を取り入れ、北前船とは何かに答えた、第一人者の三十余年に及ぶ研究の集成。

〔品切〕

小野晃嗣著
日本中世商業史の研究

「油商人としての大山崎神人」をはじめ、北野麴座、興福寺塩座・越後青苧座・奈良門前市場・淀魚市等の具体的考証で、今日の中世商工業史及び非農業民研究の先駆となり、今なお大きな影響を与えている著者の単行本未収録全論考（網野善彦解説）

6800円

小野晃嗣著
近世城下町の研究〔増補版〕

江戸や大坂はロンドンやパリをも凌駕せんとする巨大都市であった。世界史的視座から城下町の成立と発展・没落の過程、組織構造、封建社会におけるその経済的意義を究明した古典的名著。「近世都市の発達」他三編の都市論を増補。（松本四郎解説）

7800円

米沢　康著
北陸古代の政治と社会

国造制・国郡制の実態から古代氏族の存在形態と伝承の究明を始め、神済とその史的環境、北陸道の伝馬制、さらに越中からみた『万葉集』の独自な考察に及び、辺境後進地域と見なされてきた北陸＝越中の実像を描き上げる。日生財団刊行助成図書

6800円

前川明久著
日本古代政治の展開

律令国家の展開、特に七・八世紀政治の特質を究明すべく、聖徳太子妃入内、蘇我氏の東国経営、飛鳥仏教と政治、大化改新と律令制、壬申の乱と湯沐邑、陸奥産金と遣唐使、近江・平城・平安各遷都、等を論ずる。日置氏、名張厨司に関する論考を付す。

4800円

土井正興著
スパルタクスとイタリア奴隷戦争
前著『反乱論序説』以来二四年、〈反乱〉から〈蜂起〉へ、さらに〈戦争〉へとその見方を深めた著者は、スパルタクス軍の構成と再南下問題等の細部を検討する一方、古代トラキアや地中海世界の動向の中に位置付けて〈戦争〉の意味を解明する。
11600円

網野善彦著
悪党と海賊　日本中世の社会と政治
鎌倉後期から南北朝動乱期にかけて活動した悪党・海賊を取り上げ、彼らの位置づけをめぐる従来の通説を検討する一方、その存在形態を明らかにして、中世社会に定位する。精力的な実証研究を通じて日本史像の転換を促し続ける網野史学の原点。
6700円

川添昭二著
中世九州地域史料の研究
覆勘状、来島文書、肥前大島氏関係史料、豊前香春・香春岳城史料、宗像大社八巻文書、太宰府天満宮文書等々を分析・考証して、九州の中世史料総体を論ずる一方、地域規模の史料研究の意義と方法を問う。調査・整理・刊行の技術にも論究する。
7300円

宇佐美ミサ子著
近世助郷制の研究　西相模地域を中心に
近世の宿駅制を維持すべく設けられた補助的な人馬提供制度であり、同時に地域に役負担を課す幕府の経済支配政策の一環でもあった助郷制。小田原宿・大磯宿を中心に、その成立と実態、地域間の係争や貨幣代納への転換、解体への過程を究明する。
9000円

山内　譲著
中世瀬戸内海地域史の研究
弓削島荘・菊万荘・得宗領伊予国久米郡等の沿岸部・島嶼部荘園の存在構造、産物と輸送などの特質の分析はじめ、塩入荒野の開発、村上氏＝海賊衆の水運・流通・軍事の各方面の活動と海城の実態、伊予河野氏の成立と消長の過程等々を追究する。
7100円

笠谷和比古著
近世武家文書の研究
「文書学」と「文書館学」の統一的研究の必要を唱える独自の視点から、全国に伝存する近世武家文書の内容構成を網羅的に概観し、幕藩関係及び各大名家（藩）間の、またその内部で作成・授受される、諸文書の類型・機能・伝存等々を考察する。
5300円

⑨

江戸幕府御用金の研究

賀川隆行著

宝暦・天明期の大坂御用金の指定・上納・返済・年賦証文等を分析、賦課と反発、その経済効果や混乱の実態を解明する。また、文久以降の三井組・大坂銅座・長崎会所・箱館産物会所等の業務・財政構造から近世後期の金融・経済政策を展望する。